파이썬을 활용한 딥러닝 전이학습

Transfer Learning으로
빠르고 손쉽게 구축하는 고급 딥러닝 모델

파이썬을 활용한 딥러닝 전이학습

Transfer Learning으로
빠르고 손쉽게 구축하는 고급 딥러닝 모델

지은이 디파니안 사르카르, 러그허브 발리, 타모그나 고시

옮긴이 송영숙, 심상진, 한수미, 고재선

펴낸이 박찬규 엮은이 전이주 디자인 북누리 표지디자인 Arowa & Arowana

펴낸곳 위키북스 전화 031-955-3658, 3659 팩스 031-955-3660

주소 경기도 파주시 문발로 115 세종출판벤처타운 311호

가격 30,000 페이지 412 책규격 188 x 240mm

초판 발행 2019년 10월 11일

ISBN 979-11-5839-145-4 (93000)

등록번호 제406-2006-000036호 등록일자 2006년 05월 19일

홈페이지 wikibook.co.kr 전자우편 wikibook@wikibook.co.kr

이 도서의 국립중앙도서관 출판시도서목록 CIP는
서지정보유통지원시스템 홈페이지(http://seoji.nl.go.kr)와
국가자료공동목록시스템(http://www.nl.go.kr/kolisnet)에서 이용하실 수 있습니다.
CIP제어번호 CIP2019038755

Packt   하나봄

딥러닝 전이학습
파이썬 등 활용한

고급 딥러닝 모델을
빠르고 쉽게 구현하는
Transfer Learning으로

디판잔 사카르, 라구브 벨리,
타모그나 고시 지음
/
송영숙, 정상원, 양서윤, 고재성 옮김

단순히 개념으로만 존재했던 것을 현실로 만들어 준 여러 사람이 없었다면 이 책의 출간은 불가능했을 것이다. 부모님, 딕비조이(Digbijoy)와 삼파(Sampa), 파트너, 듀바(Durba), 반려 동물들, 가족, 친구들이 저작의 노고에 대해 지속적 지원을 아끼지 않은 것에 감사한다. 팩트(Packt)의 모든 팀에도 깊이 감사한다. 특히 투샤르(Tushar), 세이리(Sayli), 운나티(Unnati)는 전체 여정 동안 지치지 않고 우리를 지원해 주었다. 또한 이 책을 자신의 책 서문에 소개해주고 KD너겟(Kdnuggets)에서 멋진 일을 하고 있는 매튜 마요(Matthew Mayo)에게 감사한다.

컴퓨터 비전에서 사전 훈련된 모델로 뛰어난 시각 자료와 콘텐츠를 제공해준 아드리안 로즈브록(Adrian Rosebrock)과 PyImageSearch, 이미지 채색을 위해 멋진 전략과 구현을 제공해준 페데리코 발다사레(Federico Baldassarre), 디에고 곤잘레스 모린(Diego Gonzalez-Morin), 루카스 로데스 귀라오(Lucas Rodes-Guirao), 에밀 월너(Emil Wallner), 효율적인 이미지 캡션을 구축하기 위한 팁을 제공해 준 아누러그 미시라(Anurag Mishra), 전이학습과 전체 파이썬 AI 에코 시스템에 매우 유용하고 매력적인 콘텐츠를 만들어서 모두를 위한 딥러닝과 인공지능이 되도록 도와준 케라스의 창시자 프랑소와 숄레(François Chollet)에게 감사한다.

마지막으로 인공지능이라는 세계에서 새로운 영역을 탐색할 수 있도록 기회를 준 인텔의 관리자이면서 멘토인 고팔란(Gopalan), 산예브(Sanjeev), 나겐드라(Nagendra), 그리고 모든 친구들과 동료들에게 감사한다. 스프링보드(Springboard)의 직원들, 특히 스르쟌 산틱(Srdjan Santic)은 놀라운 사람들과 배우고 교류할 기회를 제공했을 뿐만 아니라 데이터 과학과 인공지능을 더 많은 사람이 배울 수 있도록 열정과 열의, 그리고 비전을 전파해 주었다. 온라인 저널 사이트 "Towards Data Science"의 루도빅 베니스턴트(Ludovic Benistant)는 감사하게도 세계 다른 나라와 인공지능에 대해 더 많이 배우고 공유해서 이 분야의 최첨단 연구와 작업을 수행할 수 있도록 도와줬다. 마지막으로, 이 여정을 함께 할 수 있었던 공저자 러그허브(Raghav)와 타모그나(Tamoghna), 그리고 평론가 니틴 판워(Nitin Panwar)에게도 헤아릴 수 없이 깊은 감사의 마음을 표한다.

– 디파니안 사르카르

이 기회를 통해 부모님인 서닐(Sunil)과 네루(Neeru), 아내 스와티(Swati), 형제 라잔(Rajan), 가족, 선생님, 친구, 동료 및 멘토들에게 감사의 말을 전하고 싶다. 이 놀라운 여정을 함께 해준 공저자이면서 좋은 친구인 디파니안 사르카르(Dipanjan Sarkar)와 타모그나 고시(Tamoghna Ghosh)에게도 감사한다. 관리자이면서 멘토인 비넷(Vineet), 라비(Ravi), 밤시(Vamsi)와 데이터 과학 분야의 새로운 영역을 개척할 수 있도록 지원하고 격려해준 옵툼(Optum)의 모든 팀원에게 감사한다.

이번 여정의 기회를 주고 지원해준 팩트(Packt) 출판사와 투샤르 굽타(Tushar Gupta), 아리아만 싱(Aaryaman Singh), 세이리 니칼제(Sayli Nikalje), 운나티 구하(Unnati Guha)에게도 감사한다. 이 책은 니틴 판워의 통찰력 있는 피드백과 제안 없이는 완성되지 못했을 것이다. 마지막으로, 케라스를 창시한 프랑소와 숄레와 파이썬 생태계 및 커뮤니티, 그리고 매일 놀라운 기술과 툴에 정통하기 위해 노력하는 동료 저자들과 연구원들에게도 특별히 감사한다.

– 러그허브 발리

다시 없을 기회를 제공해주고 이번 여정 내내 나를 안내해 준 팩트(Packt) 팀 전체에 감사의 말을 전한다. 이 책의 공동 저자들도 나의 멘토가 돼 주었다. 그들은 통찰력 있는 제안과 지도로 나를 도와줬다. 이 책을 참을성 있게 검토해주고 피드백을 준 니틴에게 감사한다. 지속적인 영감을 주고 연장된 작업 시간에도 참을성 있게 기다려준 아내 도엘(Doyel)과 아들 아누 러그(Anurag)에게도 감사한다. 또한 인텔 관리자분들의 격려와 지원에도 감사한다.

– 타모그나 고시

최근 끝없이 이어지는 머신러닝의 혁신에 친숙할 것이다. 그런데 머신러닝 모델을 훈련하는 데 무엇이 필요한지 알고 있는가? 일반적으로 주어진 머신러닝 모델은 특정 과제에 대해 특정 데이터로 훈련한다. 이 훈련 과정에는 유난히 많은 리소스와 시간이 소요될 수 있고, 결과 모델이 과제 제한적라서 모델의 최대 잠재력이 실현되지 않는다.

예를 들어 최적 성능의 신경망 모델은 연구자나 실무자들이 미세 튜닝을 여러 번 반복해서 이루어진 결과인 경우가 많다. 이렇게 훈련된 모델을 더 광범위한 과제에 추가로 활용할 수는 없을까? 전이학습에는 모델이 원래 훈련하지 않은 시나리오에서도 사용할 수 있도록 기존 머신러닝 모델을 활용한다.

사람들이 이전에 배운 모든 것을 버리지 않고 매번 환기해 새로운 과제를 수행하듯이, 전이학습을 통한 머신러닝 모델은 새로운 과제를 훈련하면서 얻은 지식을 전이할 때 원래 모델의 연료로 사용되던 계산과 전문 지식을 새로운 과제로 확장한다. 간단히 말하면, 전이학습을 통해 교육 시간을 절약하고 기존 머신러닝 모델의 유용성을 확장할 수 있다. 또한 모델을 처음부터 훈련시키는 데 일반적으로 필요한 많은 양의 훈련 데이터를 사용할 수 없는 작업에는 매우 유용한 기술이다.

복잡한 개념에 친숙해지는 것과 실제로 이러한 개념을 구현하는 것은 실제로 매우 다른데, 『파이썬을 활용한 딥러닝 전이학습』이 여기에서 빛을 발할 것이다. 이 책은 딥러닝과 전이학습의 개념을 깊이 파고드는 것부터 시작한다. 그런 다음 텐서플로 및 케라스와 같은 파이썬 생태계의 최신 딥러닝 툴을 활용해 실제 예제 및 연구 문제로 이러한 개념을 실제로 구현한다. 디파니안과 러그허브, 타모그나는 잘 만들어진 출판물을 통해 독자들이 이론과 실제를 훌륭하게 결합할 수 있도록 하는 데 탁월한 능력을 지녔다.

전이학습은 여러 분야에서 많은 가능성을 보여줬으며 현대 머신러닝 연구에서 매우 활발한 분야다. 아주 기초부터 시작할 수 있는 딥러닝과 전이학습에 관한 완벽한 가이드를 찾고 있다면 『파이썬을 활용한 딥러닝 전이학습』이 그 첫 단계가 되어줄 것이다.

Kdnuggets의 편집자
매튜 마요(Matthew Mayo)
@mattmayo13

디파니안 사르카르(Dipanjan(DJ) Sarkar)

데이터 과학과 머신러닝, 딥러닝을 활용해 대규모 지능형 시스템을 구축하고 있는 인텔의 데이터 과학자다. 데이터 과학 및 소프트웨어 엔지니어링 분야의 전문 기술로 석사 학위를 취득했다.

현재 머신러닝과 자연어 처리, 통계 방법, 딥러닝을 전문적으로 분석하고 있다. 교육에 대해 열정적이고 스프링보드(Springboard)와 같은 다양한 조직에서 데이터 과학의 멘토로 활동하고 있다.

인공지능 및 데이터 과학 분야의 핵심 온라인 저널 "Towards Data Science(데이터 과학자를 향하여)"의 편집자이자 주요 기여자다. 또한 R, 파이썬, 머신러닝, NLP 및 딥러닝에 관한 책을 여러 권 썼다.

러그허브 발리(Raghav Bali)

옵텀(United Health Group)의 데이터 과학자다. 유스케이스에 기초해서 머신러닝, 딥러닝, 의료와 보험 관련 자연어 처리로 기업 수준의 솔루션 연구와 개발을 하고 있다. 이전에 인텔에서 상황 주도적인 데이터 중심의 IT 기획에 관여했었다. 또한 세계 유수의 기관들과 함께 ERP와 금융 영역에서 일했다. 러그허브는 또한 주요 출판사와 함께 여러 권의 책을 저술했다.

러그허브는 국제정보기술연구소 방갈로르(Bangalore)에서 정보기술로 석사학위(금메달리스트)를 취득했다. 풀어야 할 문제들로 바쁘지 않을 때는 독서와 사진찍기를 좋아한다.

타모그나 고시(Tamoghna Ghosh)

인텔의 머신러닝 엔지니어다. 마이크로소프트 연구소(Microsoft Research, MSR) 인도에서의 4년간의 핵심 연구 경험을 포함해 총 11년의 경력이 있다. MSR에서 그는 암호 분석 연구 분야 조교로 블록 암호를 푸는 일을 했다.

빅 데이터, 머신러닝, 자연어 처리, 정보 검색, 데이터 시각화 및 소프트웨어 개발에 전문적인 지식이 있다. 인도통계연구소에서 M.Tech(컴퓨터 과학)로 학위를 받았고 콜카타 대학(University of Calcutta)에서 M.Sc(수학)과 함수 해석학, 수학적 모델링/동적 시스템 전문가로 학위를 받았다. 가르치는 데 열정을 갖고 있으며 인텔에서 다양한 수준으로 데이터 과학에 관한 내부 교육을 하고 있다.

길을 걷다 보면 우연히 누군가를 만나서 이야기를 나누기도 하고 그냥 스쳐 지나가기도 한다. 이 책의 역자들은 짧게는 2년에서 길게는 5년 정도 함께 스터디하면서 만났다. 그 기간 동안 서로 전공이 굉장히 다름에도 불구하고 스터디할 때나 번역 기간 내내 참을성 있게 이야기를 나누면서 서로의 멘토가 되었다. 역자들이 만날 수 있도록 큰 스터디팀을 열어 진행하고 있는 싸이그래머의 김무성 님께 감사의 말씀을 전한다. 거친 번역 초고를 매끄럽게 고칠 수 있도록 성심성의껏 조언해주신 김동혁, 김혜진, 변재혁, 송치성, 이동원 님께도 깊이 감사한다. 이분들과 함께 번역 원고를 수정하고 스터디하고 편집본을 검토했을 뿐만 아니라 춘천에 여행을 다녀오면서 많이 끈끈한 사이가 되었다. 특히, 김동혁 님은 번역뿐만 아니라 7장 전체의 코드에 주석을 달고 공유해주었다. 추천사를 써주신 김성훈 교수님과 박진호 교수님, 전창욱 님, 송치성 님께 고개 숙여 감사의 말씀을 전한다. 이미 한 분야에서 인정받는 자리에 있으면서도 늘 열린 마음으로 오픈 소스 생태계와 교육 전반에까지 신경 쓰는 위대한 영혼을 가진 분들을 만날 수 있는 것은 엄청난 행운이다. 마지막으로 도전 과제와 같은 책의 번역을 구상하고 탁월한 리더십을 발휘해주신 위키북스의 박찬규 대표님과 모든 장과 절을 꼼꼼히 읽고 피드백해 준 전이주 님이 없었다면 이 정도의 번역서가 나오기 어려웠을 것이다. 깊이 감사드린다. 이렇게 많은 분의 도움이 있었음에도 여전히 남아 있는 미진함은 온전히 역자들의 몫일 것이다. 이 책이 활자가 되어 세상에 나가고 나서 독자 여러분들과 피드백을 통해(피드백 보낼 주소: klanguage1004@gmail.com) 공감하고 수정하면서 모두가 조금 더 성장할 수 있기를 기대해 본다.

2019년 10월 역자 일동

전이학습이란 어떤 데이터나 환경에서 배운 다음, 배운 내용을 다른 곳에 사용하는 것이다. 배드민턴을 배워 잘 치게 되면 이와 유사한 종목인 테니스를 쉽게 배울 수 있는데, 이는 라켓을 잡는 방법이나 상대방의 움직임을 보는 법 등 이미 배운 것을 활용해 테니스라는 새로운 종목에 전이하여 학습했다고 볼 수 있다. 이렇듯 인류와 인류 지능에 있어서 전이학습은 매우 중요한 부분이고, 우리는 매일, 또 매 순간 전이학습을 사용하고 있다.

이 전이학습을 어떻게 인공지능 시스템에 적용해 하나의 데이터에서 배운 학습을 다른 도메인에 적용하느냐는 매우 중요한 문제고 우리가 더 발전된 인공지능 시스템을 개발하기 위해서 반드시 풀어야 할 숙제다.

이 책은 바로 이 중요한 주제를 아주 쉽고 재미있게 다룬다. 딥러닝의 기본 개념부터 시작해 CNN, RNN, 그리고 캡슐넷과 어텐션, 메모리넷 등 중요한 네트워크의 구조를 모두 설명한다. 이 책의 큰 장점은 설명 후 바로 유닉스 명령이나 코드가 나와서 이론적인 부분을 다시 코드 등을 보면서 실제 실험해가며 이해할 수 있다는 점이다. 이후 딥러닝을 이용한 전이학습의 구체적인 원리와 응용을 설명하고 이전의 학습이 비전, NLP, 오디오 등의 도메인에서 실제 활용되는 예를 설명한다.

전이학습은 매우 중요하지만, 앞으로 더 연구되고 발전될 여지가 많은 분야고 이 책은 그 전이학습의 기본을 완전히 이해하고 이를 실전을 통해 익힐 수 있는 매우 좋은 책이다.

무엇보다도 역자들이 뛰어난 딥러닝 실력을 바탕으로 간결하면서도 일관된 문체로 서술해 마치 독자를 빨아들이듯 집중하게 하고 술술 책이 읽어지는 경험을 선사할 것이다.

– 김성훈 홍콩과기대/네이버 Clova AI

딥러닝은 이제 인공지능 관련 기술의 대세가 되어, 많은 사람이 딥러닝을 공부하고 여러 프레임워크를 이용해 자신의 관심 분야에 딥러닝을 적용하고 있다. 딥러닝이 매우 좋은 성과를 내고 있기는 하지만, 모델 학습에 많은 컴퓨팅 자원과 시간이 소요되는 것도 사실이다. 따라서 수요가 많은 대표적인 과제에 대해서는 많은 학습 데이터와 컴퓨팅 자원을 가지고 있는 회사나 기관에서 좋은 모델을 만들어 공개하고, 일반 사용자는 이런 모델을 가져다가 자기 용도에 맞게 튜닝하여 사용하는 방식이 일반화되고 있다. 즉 제로에서 출발해 모델을 만들기보다는 남이 만든 모델을 가져다가 쓰는 일이 훨씬 더 빈번히 일어나고 있고, 이러한 추세는 앞으로 더 가속화될 것이다. 그래서 전이학습에 대해 더 주목할 필요가 있는 것이다.

이 책은 이 분야에 오랫동안 종사한 필자들의 경험과 노하우가 고스란히 녹아들어 있어, 전이학습에 관심이 있는 독자들에게 큰 도움이 될 것이다.

역자 중 송영숙 선생은 한국문학 연구자로 출발해 외국인을 위한 한국어교육, 한국어학, 언어유형론, 데이터 과학 등의 여러 분야를 거치며 폭넓은 경험을 쌓았고, 그 다양한 분야의 도메인 지식이 머신러닝과 딥러닝에서도 진가를 발휘하고 있다.

역자들의 깊은 지식과 정성이 녹아 있는 이 책을 통해 독자들이 전이학습의 세계에 한 걸음 더 다가가기를 기대한다.

– 서울대학교 국어국문학과 박진호

전이학습은 이미지, 언어 등 다양한 분야에 활용되며 전통적인 학습 방법보다 좋은 성능을 내고 있다. 딥러닝 분야에 중요한 한 축을 담당하는 전이학습을 설명하는 한글책에 대한 목마름을 『파이썬을 활용한 딥러닝 전이학습』이 가뭄의 단비처럼 갈증을 해소해 주고 있다. 전이학습을 처음 접하는 초심자에게는 기초적인 내용을 쉽게 풀어서 설명하고 있으며, 중급자에게는 전이학습을 활용할 수 있는 예제를 하나하나 풀어서 설명해 주는 좋은 책이다. 이 책을 통해 한 단계 더 업그레이드 되는 자신을 경험하기를 바란다.

– LG 사이언스파크 전창욱

전이학습을 통한 접근은 비교적 적은 데이터와 시간으로도 원하는 도메인 또는 목적에 맞춰 응용할 수 있기 때문에 현업에서도 주목을 받고 있다. 이러한 강점을 바탕으로 전이학습은 최근 이미지, 자연어처리, 음성처리 등 다양한 영역에서 두각을 나타내며 연구되고 있다.

이 책은 전이학습의 배경지식이 될 수 있는 다양한 딥러닝 아키텍처부터 전이학습까지 직관적이고 친절한 설명으로 딥러닝과 전이학습에 대한 독자의 폭넓은 이해를 돕는다. 그뿐만 아니라 흥미로운 예제를 통해 전이학습으로 실제 문제를 해결하는 방법과 딥러닝 모델링을 통해 저자의 팁과 노하우를 엿볼 수 있다. 책에 수록된 예제를 저자가 이끄는 대로 직접 풀어 나가보자. 그렇게 하면 전이학습 메커니즘의 오묘한 매력에 빠져 인공지능에 대한 새로운 통찰을 얻을 수 있을 것이다.

– 엔씨소프트 음성인식팀 송치성

디지털화와 자동화가 전 세계적 추세가 되면서 기술 분야의 전문가나 프로그래머들 역시 최신 기술과 도구의 활용법을 배우는 것이 중요해졌다. 《파이썬을 활용한 딥러닝 전이학습》은 실무자들이 자신의 분야에서 새로운 기술과 도구를 사용할 수 있도록 돕기 위한 책이다. 이 책의 구성은 크게 다음 세 부분으로 되어 있다.

- 딥러닝 기초
- 전이학습의 핵심
- 전이학습 사례 연구

전이학습(Transfer learning)은 **머신러닝(machine learning, ML)**의 기법으로 머신러닝의 문제 세트 중 하나를 훈련하면서 얻은 지식으로 다른 유사 문제를 해결한다.

이 책의 목적은 두 가지다. 첫째, 딥러닝과 전이학습에 관한 자세한 내용을 집중적으로 다루고 이해하기 쉬운 개념과 예제로 이 둘을 비교 및 대조한다. 둘째, 텐서플로, 케라스, 파이썬 등의 기존 생태계를 활용해 실제 사례와 연구 문제 등을 실습 예제로 다룬다.

이 책은 머신러닝과 딥러닝의 핵심 개념부터 시작해서 중요한 딥러닝 아키텍처인 CNN, DNN, RNN, LSTM, 캡슐 네트워크 등을 다룬다. 그다음, 전이학습의 개념을 익히고 VGG, 인셉션(Inception), ResNet 등 사전 훈련된 '최신 네트워크'를 다룬다. 그리고 이러한 네트워크를 활용해 딥러닝 모델의 성능을 어떻게 향상시킬 수 있는지에 관해서도 설명한다. 마지막으로 **컴퓨터 비전, 오디오 분석, 자연어 처리(NLP)** 같은 분야에서의 실제 사례와 연구 문제를 다룬다.

이 책을 다 읽을 때쯤이면 각자의 시스템에서 딥러닝과 전이학습 이론을 구현할 만반의 준비가 돼 있을 것이다.

대상 독자

《파이썬을 활용한 딥러닝 전이학습》은 최신 전이학습 방법을 적용해 어려운 실세계 문제를 해결하고자 하는 데이터 과학자, 머신러닝 엔지니어, 분석가 및 개발자를 위한 책이다.

머신러닝과 파이썬에 기본적으로 능숙해야 한다.

이 책의 내용

1장 '머신러닝의 기초 원리'에서는 모든 데이터 과학, 머신러닝 또는 딥러닝 프로젝트를 위한 산업 표준 프레임워크/워크플로를 제공하는 CRISP-DM 모델을 소개한다. 또한 탐색적 데이터 분석, 특성 추출과 엔지니어링, 평가 매트릭스 등과 같이 머신러닝 환경에서 기본적인 여러 중요 개념을 다룬다.

2장 '딥러닝의 기초'에서는 신경망의 기본 구성 요소와 딥러닝의 훈련 방법 같은 핵심 내용을 간략히 살펴본다. 단일 신경 유닛의 작동 원리, 활성화 함수, 손실 함수, 최적화기와 하이퍼 파라미터를 포함한 신경망의 중요 개념부터 시작한다. 또한 강력한 클라우드 기반의 딥러닝 환경을 설정하는 데 중점을 둔다.

3장 '딥러닝 아키텍처 이해하기'에서는 오늘날 딥러닝에서 사용하는 다양한 표준 모델 아키텍처를 이해하는 데 중점을 둔다. 1960년대의 전통적 ANN으로부터 전체가 연결된 **심층 신경망(Deep Neural Networks, DNN)**, **합성곱 신경망(Convolutional Neural Networks, CNN)**, **순환 신경망(Recurrent Neural Networks, RNN)**, **장단기 메모리 네트워크(Long-Short Term Memory Networks, LSTM)** 등과 같은 필수 모델 아키텍처까지의 긴 여정을 따라가 보고 최근의 캡슐 네트워크(Capsule Networks)도 다룰 예정이다.

4장 '전이학습의 기초'에서는 전이학습의 개념과 관련된 핵심 개념, 용어 및 모델 아키텍처를 살펴본다. 사전 훈련된 모델과 관련된 개념 및 아키텍처에 관해 자세히 설명한다. 또한 전이학습과 딥러닝을 비교/대조하고, 전이학습의 유형과 전략에 대해서도 이야기한다.

5장 '전이학습의 위력 발휘하기'에서는 캐글의 데이터 세트를 가지고 실제 예제를 다뤄본다. 이때 딥러닝 모델을 활용하는데, 적은 수의 데이터 포인트가 있을 때 직면하는 문제를 알아보고 이러한 시나리오에서 전이학습으로 진정한 위력과 잠재력을 최대한 발휘하는 방법과 뛰어난 모델을 제공한다. 잘 알려진 개와 고양이 분류 과제를 데이터 사용 제약이 덜한 방식으로 다루는 방법을 살펴본다.

6장 '이미지 인식과 분류'에서는 이 책의 앞 부분에서 자세히 살펴본 개념을 처음으로 실세계에 적용하고 관련 유스케이스를 알아본다. 이 장에서는 이미지 분류 작업에 대한 소개로 시작해 다양한 이미지 분류 문제에서 많이 쓰이는 최신 딥러닝 모델을 살펴보고 구현한다.

7장 '텍스트 문서의 범주화'에서는 자연어 처리에서 많이 하는 텍스트 문서 분류에 전이학습을 적용하는 방법을 알아본다. 이 장에서는 먼저 다중 클래스 텍스트 분류 문제, 전통적 모델, 20개의 뉴스 그룹과 성능 같은 벤치마크 텍스트 분류 데이터 세트를 개괄적으로 소개하면서 시작한다. 그리고 나서 텍스트 분류를 위한 딥러닝 문서 모델과 소스 모델을 비교하고 장점을 소개한다. 밀집 벡터를 사용해 단어의 특성을 표현하는 방법을 배우고 소스 범주와 타깃 도메인이 다른 텍스트 범주화 문제에 전이학습을 적용하는 방법을 배운다. 문서 요약과 같은 비지도 과제도 설명한다.

8장 '오디오 이벤트 식별과 분류'에서는 매우 짧은 오디오 클립을 식별하고 분류하는 어려운 문제를 해결한다. 이 과정에서 컴퓨터 비전 영역의 사전 훈련된 딥러닝 모델의 위력을 완전히 다른 오디오 식별 영역에 적용하는 혁신적인 기술을 사용해 전이학습을 활용한다.

9장 '딥드림'에서는 진정한 인공지능의 최전선에 있는 핵심 아이디어 중 하나인 생성적 딥러닝(generative deep learning) 영역을 소개하는 데 초점을 맞춘다. 합성곱망(convnets, CNNs)이 어떻게 전이학습을 활용해 생각하고 꿈꾸며 이미지에서 패턴을 시각화하는지를 중점적으로 설명한다. 딥드림은 2015년 구글이 처음 출시한 이후 심층 네트워크가 스스로 생각하고 꿈꾸는 것처럼 이미지에서 생성하기 시작한 흥미로운 패턴 때문에 돌풍을 일으키며 퍼져나갔다.

10장 '스타일 전이'에서는 딥러닝과 전이학습, 생성적 학습의 개념을 활용해 다양한 콘텐츠 이미지와 스타일 실습 예제를 통해 예술적 이미지의 신경 스타일 전이를 보여준다.

11장 '자동 이미지 캡션 생성기'에서는 자연어 생성(이미지 캡션)과 더불어 컴퓨터 비전에서 가장 복잡한 문제 중 하나를 다룬다. 이미지를 고정된 범주로 분류하는 것은 불가능하지는 않지만 어려운 과제이고, 사진이나 장면에 사람처럼 자연어로 텍스트 캡션을 넣는 것은 조금 더 복잡한 일이다. 전이학습과 자연어 처리, 생성 모델을 활용해 자동으로 이미지에 캡션을 넣는 시스템을 구축하는 방법을 기초부터 배운다.

12장 '이미지 채색'에서는 흑백 또는 그레이 스케일 음영 이미지의 색상을 지정하는 특별한 사례 연구를 소개한다. 이 장에서는 다양한 색상 스케일의 기초와 이미지 채색이 왜 어려운 작업인지를 소개한다.

이 책을 최대한 활용하려면

1. 머신러닝과 파이썬 기초 지식이 있으면 좋다.
2. 데이터 분석과 머신러닝, 딥러닝에 대한 열렬한 관심이 있다면 유익할 것이다.

예제 코드 내려받기

이 책의 예제 코드는 아래 위키북스 홈페이지에서 내려받을 수 있다.

- https://wikibook.co.kr/transfer-learning

다음 단계에 따라 코드 파일을 내려받을 수 있다.

1. 웹 브라우저에서 https://wikibook.co.kr/transfer-learning/으로 이동한다.
2. [예제 코드] 탭을 선택한다.
3. [ZIP 형식으로 다운로드]를 클릭해 예제코드를 내려받거나 [깃허브 저장소]를 클릭해 깃허브 저장소로 이동한다.

파일을 내려받고 나면 다음 최신 버전의 도구를 이용해 파일 압축을 해제하거나 압축을 풀어야 한다.

- 윈도용: WinRAR/7-Zip

- macOS용: Zipeg/iZip/UnRarX

- 리눅스용: 7-Zip/PeaZip

이 책의 예제 코드는 깃허브 저장소(https://github.com/wikibook/transfer-learning)에서도 내려받을 수 있다. 코드가 업데이트되면 깃허브 저장소에 반영될 것이다.

컬러 이미지 내려받기

이 책에 사용된 그림/다이어그램의 컬러 버전은 https://www.packtpub.com/sites/default/files/downloads/HandsOnTransferLearningwithPython_ColorImages.pdf에서 내려받을 수 있다. 또한 위키북스 홈페이지에서도 내려받을 수 있다.

표현 규정

CodeInText: 본문에 사용된 코드, 데이터 베이스의 테이블 이름, 폴더 이름, 파일 이름, 파일 확장명, 경로명, 사용자 이름과 트위터 계정의 이름 등을 나타낸다. 예는 다음과 같다. "일단 완료되면 ~/.bashrc 끝에 다음 줄을 추가하는 것을 잊지 말자(이 책에서는 vim을 사용했다)."

코드 블록은 다음과 같이 나타낸다.

```
import glob
import numpy as np
import os
import shutil
from utils import log_progress

np.random.seed(42)
```

코드의 특정 부분을 강조하고자 할 때는 관련 행 또는 항목을 굵게 표시했다.

```
preprocessor = Preprocess()
corpus_to_seq = preprocessor.fit(corpus=corpus)

holdout_corpus = test_df['review'].values
holdout_target = test_df['sentiment'].values
holdout_corpus_to_seq = preprocessor.transform(holdout_corpus)
```

명령줄의 입력과 출력은 다음과 같다.

```
ubuntu@ip:~$ mkdir ssl
ubuntu@ip:~$ cd ssl
ubuntu@ip:~/ssl$
```

굵은 글꼴: 새 용어나 중요한 단어, 또는 화면에 표시되는 단어를 나타낸다. 예를 들어, 메뉴 또는 대화상자에 있는 단어는 책에서 다음과 같이 나타냈다. "일단 인스턴스를 실행하고 나면 **인스턴스** 부분을 체크아웃해도 인스턴스에 연결을 시도할 수 있다."

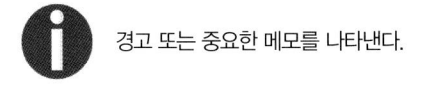 경고 또는 중요한 메모를 나타낸다.

 팁과 트릭은 이렇게 나타낸다.

01

머신러닝의
기초 원리

04

전이학습의 기초

12

이미지 채색

언젠가 AI는 사람을 아프리카의 화석과 같은 존재로 기억할 것이다. 먼지 속에 살면서 투박한 언어와 도구를 쓰고 직립 보행을 했던, 멸종에 임박한 유인원으로.

– 네이선 베이트먼(Nathan Bateman), 영화 '엑스 마키나'(2014)

이 인용문이 완전히 과장된 것처럼 보일 수도 있고 납득하기 어려울 수도 있다. 하지만 기술과 과학이 발전하는 속도를 생각하면 이 말이 현실이 될지 아닐지는 아무도 알 수 없다. 인류는 늘 지적이고 자기 인식이 가능한 기계를 만드는 것을 꿈꿔왔다. 최근 기술의 발전과 연구의 진전, 컴퓨터 연산력의 대중화에 따라 **인공지능(AI)**과 **머신러닝(ML)**, 딥러닝이 이 분야의 전문가와 일반인의 엄청난 관심을 받으며 명성을 얻고 있다. 할리우드 영화가 보여주는 미래는 논란의 여지가 있지만, 우리는 이미 일상에서 지능형 시스템을 보고 사용하기 시작했다. 구글 나우(Google Now), 시리(Siri), 알렉사(Alexa), 코타나(Cortana) 같은 지능형 대화 엔진에서부터 자율주행 자동차에 이르기까지 일상에 스마트 기술이 점차 도입되고 있다.

학습하는 기계의 시대에 새로 발을 내딛는 이 시점에 그 기본적인 아이디어와 개념이 오랫동안 존재해 왔고 전 세계의 지식인들에 의해 지속해서 발전돼 왔다는 것을 이해하는 것은 중요하다. 알다시피 전 세계 데이터의 90%가 불과 지난 몇 년 사이에 만들어졌고, 지금도 계속 더 빠른 속도로 훨씬 더 많은 데이터가 만들어지고 있다. 머신러닝, 딥러닝, AI 분야는 이렇게 많은 양의 데이터를 활용해 다양한 실제 문제를 해결하는 데 도움을 준다.

이 책은 세 부분으로 나뉜다. 이 첫 번째 부분에서는 AI와 머신러닝, 딥러닝과 관련된 기본 개념과 용어 설명으로 시작해 딥러닝 아키텍처에 대해 깊고 자세히 다룬다.

이 장과 이어지는 장에서는 딥러닝을 다루기 전에 머신러닝의 기본 개념을 간략하게 설명한다. 이 장에서 다룰 내용은 다음과 같다.

- 머신러닝 소개
- 머신러닝 방법론
- CRISP-DM(머신러닝 프로젝트를 위한 작업 흐름)
- 머신러닝 파이프라인
- 탐색적 데이터 분석
- 특성 추출과 엔지니어링
- 특성 선택

이 책의 모든 장은 이전 장에서 다룬 개념과 기법을 토대로 한다. 머신러닝의 기초와 딥러닝에 관해 잘 아는 독자들은 필요한 주제를 골라 선택해서 읽어도 되지만, 각 장을 순차적으로 읽는 것이 가장 좋다. 이번 장의 코드는 깃허브 저장소(https://github.com/wikibook/transfer-learning)의 1장 폴더에 있으니 필요한 부분이 있으면 참조하기 바란다.

왜 머신러닝인가?

우리는 일상에서 디지털 세상과 다양하게 접촉할 수밖에 없는 세상에 살고 있다. 우리에게는 통신, 여행, 오락 등을 도와주는 컴퓨터가 있다. 항상 사용하는 디지털 온라인 제품(앱, 웹사이트, 소프트웨어 등)은 일상 업무에서 반복적인 작업을 피하게 해준다. 이러한 소프트웨어가 정해진 작업을 할 수 있도록 개발자들은 컴퓨터 프로그래밍 언어(C, C++, 파이썬, 자바 등)를 사용해 각 명령어를 직접 구현해 왔다. 다음 그림은 컴퓨터 장치(컴퓨터, 전화 등)와 입력 및 정의된 출력이 있는 프로그래밍된 소프트웨어 애플리케이션 사이의 전형적인 상호작용을 보여준다.

전통적인 프로그래밍 패러다임

현재 패러다임이 다양한 도메인과 양상의 작업을 처리하기 위한 매우 복잡한 소프트웨어/시스템을 개발하게 돕고 있기는 하지만, 그러한 프로그램이 작동하려면 누군가 직접 규칙을 정의하고 코드로 구현해야 한다. 이런 작업은 사람이 하려면 어렵거나 시간이 오래 걸리는데, 컴퓨터는 쉽게 해결한다. 예를 들어 복잡한 계산, 대량의 데이터 저장, 거대한 데이터베이스 검색 등은 규칙이 정의되면 컴퓨터가 효율적으로 할 수 있는 작업이다.

그러나 사람은 직관적으로 해결할 수 있지만 프로그래밍하기는 어려운 부류의 문제도 있다. 개체 식별이나 게임 플레이 등과 같은 문제는 사람에게는 자연스럽지만, 규칙의 세트로 정의하기는 어렵다. 앨런 튜링(Alan Turing)은 자신의 기념비적인 논문인 "Computing Machine and Intelligence(계산 기계와 지능)"(https://www.csee.umbc.edu/courses/471/papers/)에서 **튜링 테스트**를 소개하고 범용 컴퓨터가 이런 작업을 할 수 있는지를 논의했다.

범용 컴퓨팅에 대한 생각을 구체화한 새로운 패러다임은 더 넓은 의미의 AI를 탄생시켰다. 머신러닝 패러다임으로 더 잘 알려진 이 새로운 패러다임은 컴퓨터나 기계가 무엇을 하도록 직접 프로그래밍하는 게 아니라 경험에서 배우게 하는 것이다.

AI는 포괄적인 연구 분야고, 머신러닝과 딥러닝은 그 안의 특정 하위 분야라고 할 수 있다. AI는 다른 하위 분야도 포함하는 일반적인 분야로서, 학습을 포함하거나 포함하지 않을 수 있다(예: 심볼릭 AI 참고). 이 책에서는 머신러닝과 딥러닝에만 집중하려고 한다. 인공지능, 머신러닝, 딥러닝의 범위는 다음과 같이 시각화할 수 있다.

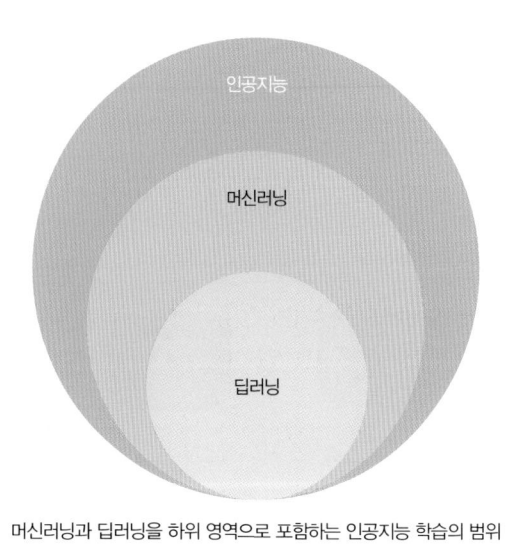

머신러닝과 딥러닝을 하위 영역으로 포함하는 인공지능 학습의 범위

공식적 정의

톰 미첼(Tom Mitchell)이 말한 머신러닝의 공식적 정의는 다음과 같다.

"어떤 과제 T(Task)에서 측정되는 성능 P(Performance)가 경험 E(Experience)로부터 학습된 것이라면 컴퓨터 프로그램은 T의 수행과 P의 측정에 대해 E를 경험함으로써 향상됐다고 말할 수 있다."

이 정의는 머신러닝의 본질을 매우 간결하게 담고 있다. 이를 더 잘 이해하기 위해 실생활의 예를 들어보자. 스팸 메일을 식별하는 것이 과제(T)라고 해보자. 스팸과 스팸이 아닌 이메일에 대한 많은 예시(또는 경험 E)를 시스템에 제공할 수 있는데, 엄밀하게 보면 이때 시스템은 프로그래밍한다기보다는 학습한다고 해야 할 것이다. 그러고 나서 그 시스템 또는 프로그램이 스팸 메일을 잘 식별하는지 학습된 작업 성능(P)을 측정한다. 흥미롭지 않은가?

얕은 학습과 딥러닝

머신러닝은 훈련 예제에서 패턴을 식별하고 이러한 학습된 패턴(또는 표현)을 새로운 데이터에 적용하는 작업이다. 또한 머신러닝은 (대부분의 경우) '단층 표현(single layered representations)'을 배우는 특성이 있기 때문에 **얕은 학습(shallow learning)**이라고도 불린다. 여기서 '표현의 층이란 무엇인가?'와 '딥러닝이란 무엇인가?'라는 질문을 할 수 있는데, 이어지는 장에서 이 질문에 답하겠다. 먼저 딥러닝을 간략히 살펴보자.

딥러닝은 주어진 과제를 해결하기 위해 훈련 예제로부터 의미 있는 연속적 표현을 배우는 머신러닝의 하위 분야다. 딥러닝은 연속적 표현을 포착하는 여러 층으로 구성된 인공 신경망과 긴밀하게 결합돼 있다.

이 부분이 잘 이해되지 않더라도 걱정할 필요는 없다. 앞에서 언급했듯이 이어지는 장에서 더 많은 내용을 자세히 다룰 것이다.

머신러닝이 유행어처럼 된 것은 많은 양의 데이터 생성과 수집, 그리고 빨라진 연산력 덕분이다. 다음 절에서 머신러닝에 관해 좀 더 깊이 있게 살펴보겠다.

머신러닝 기법

머신러닝은 매우 넓은 범위를 포괄하는 AI의 인기 있는 하위 분야다. AI가 이렇게 대중적이 된 이유 중 하나는 복잡한 알고리즘과 기술, 방법론을 포함하는 포괄적인 도구 상자가 있기 때문이다. 이 도구 상자는 수년간 개발되고 개선됐으며, 새로운 도구 상자가 계속 연구되고 있다. 머신러닝 도구 상자를 이해하고 현명하게 사용하려면 다음과 같은 몇 가지 도구 상자의 범주를 고려해야 한다.

사람이 얼마나 지도하느냐에 따른 범주화:

- **지도 학습:** 이 클래스의 학습에는 사람의 개입이 많이 들어간다. 지도 학습 알고리즘은 훈련 데이터와 출력 사이의 연관성을 매핑해 학습하고, 학습하지 않은 데이터에 이것을 적용한다. 분류와 회귀는 지도 학습 알고리즘의 두 가지 주요 유형이다.

- **비지도 학습:** 이 클래스의 알고리즘은 입력과 출력/레이블을 연관시키지 않고, 입력 데이터에 내재된 잠재적 구조와 패턴, 관계를 학습한다. 군집화, 차원 축소, 연관 규칙 마이닝 등이 비지도 학습 알고리즘의 몇 가지 주요 유형이다.

- **준지도 학습:** 이 알고리즘은 지도 학습과 비지도 학습을 혼합한 것이다. 이 학습에서 알고리즘은 소량의 훈련 데이터와 그보다 많은 레이블이 부착되지 않은 데이터로 작동한다. 즉, 주어진 과제를 해결하기 위해 지도 방식과 비지도 방식을 모두 창의적으로 이용한다.

- **강화 학습:** 이 알고리즘은 지도 학습과 비지도 학습 방법과는 약간 다르다. 강화 학습에서는 중심 주체인 에이전트를 일정 기간 환경과 상호 작용하면서 어떤 보상을 극대화하도록 훈련한다. 에이전트는 환경과의 상호 작용으로부터 보상/벌칙에 기초해 전략/정책을 반복적으로 배우고 바꾼다.

데이터 가용성에 따른 범주화:

- **배치 학습: 오프라인 학습**이라고도 불린다. 필요한 훈련 데이터가 있을 때 활용되는 학습 유형으로, 모델은 생산 또는 실세계로 배포되기 전에 학습과 세부 조정을 거친다.

- **온라인 학습**: 이름에서 알 수 있듯이, 이 학습은 일단 데이터를 사용할 수 있게 되면 학습이 중단되지 않는다. 오히려 데이터가 미니 배치로 시스템에 입력돼 학습 과정이 새로운 데이터 묶음(배치)으로 계속 진행된다.

앞에서 논의한 범주화는 머신러닝 알고리즘이 어떻게 구성되고 이해되고 이용될 수 있는지에 대한 추상적인 관점을 제공한다. 가장 일반적인 분류 방법은 지도 학습과 비지도 학습 알고리즘으로 나누는 것이다. 이 두 가지 범주에 대해 좀 더 자세히 알아보자. 나중에 소개할 더 발전된 주제를 이해할 때 도움이 될 것이다.

지도 학습

지도 학습 알고리즘은 일종의 추론 알고리즘으로, 그 추론의 대상은 데이터 예제('**훈련 예제**(training samples)'라고도 함)와 그에 대응하는 출력('**레이블**(label)'이라고도 함)을 활용해 양자를 매핑하는 함수다. 추론된 매핑 함수나 학습된 함수는 이 훈련 과정의 출력이 된다. 그다음 학습된 함수로 새로운 학습하지 않은 데이터(입력 요소)를 정확하게 매핑해서 학습된 함수의 성능을 테스트한다.

지도 학습 알고리즘의 몇 가지 핵심 개념은 다음과 같다.

- **훈련 데이터 세트**: 훈련 과정 중에 이용되는 훈련 예제과 그 출력을 **훈련 데이터**(training data)라고 한다. 형식적으로 훈련 데이터 세트는 입력 요소(대개 벡터값)와 그 해당 출력 요소(또는 신호)로 구성된 요소가 2개인 튜플이다.
- **테스트 데이터 세트**: 기존에 사용하지 않은 데이터 세트로 학습된 함수의 성능을 테스트한다. 이 데이터 세트 역시 입력 데이터와 그에 대응하는 출력 신호를 포함하는 요소가 2개인 튜플이다. 이 세트의 데이터 포인트는 훈련 단계에서는 사용하지 않는다(이 데이터 세트는 검증 세트로 더 세분화된다. 이에 관해서는 이어지는 장에서 더 자세히 살펴본다).
- **학습된 함수**: 훈련 단계에서의 출력이다. '추론 함수' 또는 '모델'이라고도 한다. 이 함수는 훈련 데이터 세트의 훈련 예제(입력 데이터 및 그에 대응하는 출력)를 기초로 추론한다. 이상적인 모델/학습 함수는 학습하지 않은 데이터도 일반화할 수 있는 방식으로 그 매핑을 학습한다.

이용할 수 있는 지도 학습 알고리즘은 다양하다. 유스케이스의 요구사항에 따라 크게 분류 모델과 회귀 모델로 나눌 수 있다.

분류

분류 알고리즘은 쉽게 말해서 '객관적인' 질문에 답하거나 '예/아니오'를 예측하는 데 도움을 준다. 예를 들어, 이러한 알고리즘은 '오늘 비가 올까?' 또는 '이 종양이 암일까?' 등의 시나리오에 유용하다.

엄밀히 말하면, 분류 알고리즘의 핵심 목표는 입력 데이터 포인트에 따라 사실상 범주형으로 돼 있는 출력 레이블을 예측하는 것이다. 출력 레이블은 본래 범주형이다. 즉, 그것들은 각각 이산적인 클래스 내지 범주에 속한다.

로지스틱 회귀 분석, 서포트 벡터 머신(SVM), 신경망, 랜덤 포레스트, k-최근접 이웃(KNN), 의사결정 트리 등이 대표적인 분류 알고리즘이다.

여러 자동차 모델을 평가할 수 있는 실세계의 유스케이스가 있다고 가정해 보자. 문제를 단순화하기 위해 모델이 다중 입력 훈련 예제를 기반으로 각 자동차 모델에 대한 출력을 '수용할 수 있는 것'과 '수용할 수 없는 것'으로 예측한다고 가정하자. 입력되는 훈련 예제에는 구입가, 문의 개수, 수용 인원, 안전성 등의 특성이 있다.

출력 클래스 레이블의 항목은 각 데이터를 '수용할 수 있는 것' 혹은 '수용할 수 없는 것'으로 나타낸다. 다음 그림은 이러한 이진 분류 문제를 나타낸 것이다. 분류 알고리즘은 지도 학습 모델을 준비하기 위해 훈련 예제를 입력으로 받는다. 그런 다음 이 모델은 입력을 활용해 새로운 데이터에 대한 평가 레이블을 예측한다.

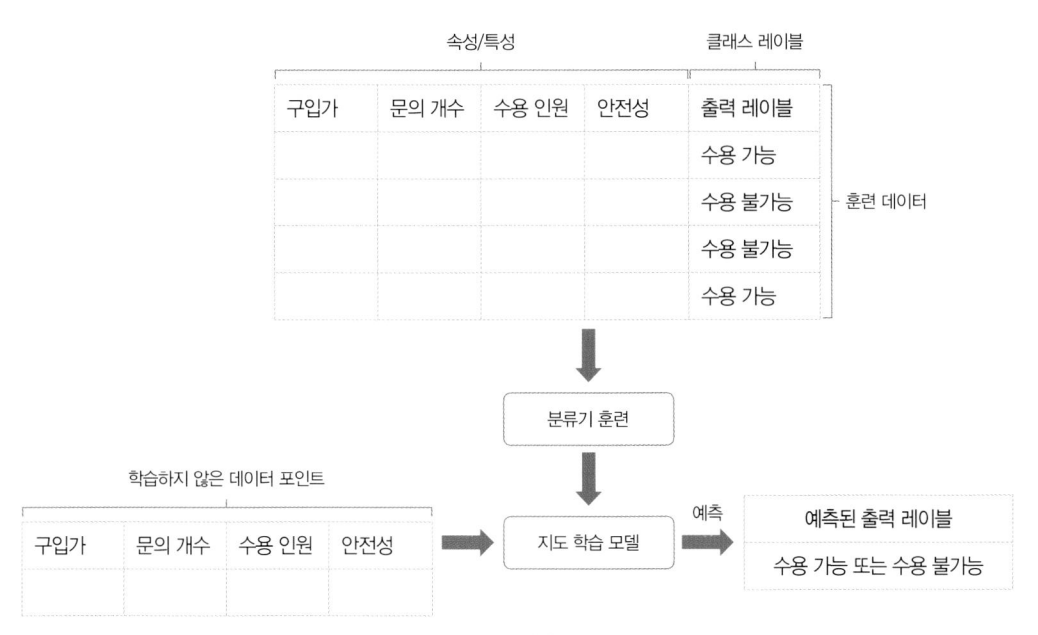

지도 학습: 자동차 모델 평가를 위한 이진 분류

분류 문제의 경우 출력 레이블이 개별 클래스가 되므로 출력될 수 있는 클래스가 2개밖에 없으면 그 작업을 **이진 분류 문제**라고 하고, 2개를 초과할 경우에는 다중 분류라고 한다. 내일 비가 내릴지 여부를 예측하는 것은 이진 분류 문제고(여기서 출력은 '예' 또는 '아니오'), 스캔한 필기 이미지의 숫자를 예측하는 것은 10개의 레이블(0에서 9까지의 출력 레이블로)을 갖는 다중 분류 문제다.

회귀

이 유형의 지도 학습 알고리즘은 '몇 개' 또는 '얼마나'라는 '정량적' 질문에 답할 수 있게 해준다. 엄격하게 말하자면 회귀 모델의 핵심 목표는 값의 추정이다. 이 경우, 회귀 알고리즘의 출력 레이블은 본질적으로 연속이다(분류 알고리즘이 이산적인 것과 반대).

회귀 문제의 경우, 입력 데이터를 '독립 변수' 또는 '설명 변수'라고 하고, 그 출력을 '종속 변수'라고 한다. 또한 회귀 모델은 입력 데이터(혹은 독립 데이터)와 출력 신호(또는 종속 신호)로 구성된 훈련 데이터 예제를 사용해 훈련된다. 지도 회귀 알고리즘으로는 선형 회귀, 다변량 회귀, 회귀 트리 등이 있다.

 회귀 모델은 종속 변수와 독립 변수 사이의 관계를 모델링하는 방법에 따라 더 세부적으로 분류될 수 있다.

단순 선형 회귀 모델은 단일 독립 변수와 단일 종속 변수로 동작한다. **일반 최소 제곱법**(Ordinary Least Squares, OLS) 회귀는 대중적인 선형 회귀 모델이다. 다중 회귀 또는 다변량 회귀의 종속 변수는 하나지만, 각 관측치는 다중 설명 변수로 구성된 벡터다.

다항식 회귀 모델은 다변량 회귀의 특별한 경우다. 여기서 종속 변수는 독립 변수의 차수 n에 따라 모델링된다. 다항식 회귀 모델은 종속 변수와 독립 변수 사이의 비선형 관계를 적합시키거나 매핑하기 때문에 **비선형 회귀 모델**이라고도 불린다.

선형 회귀의 예는 다음과 같다.

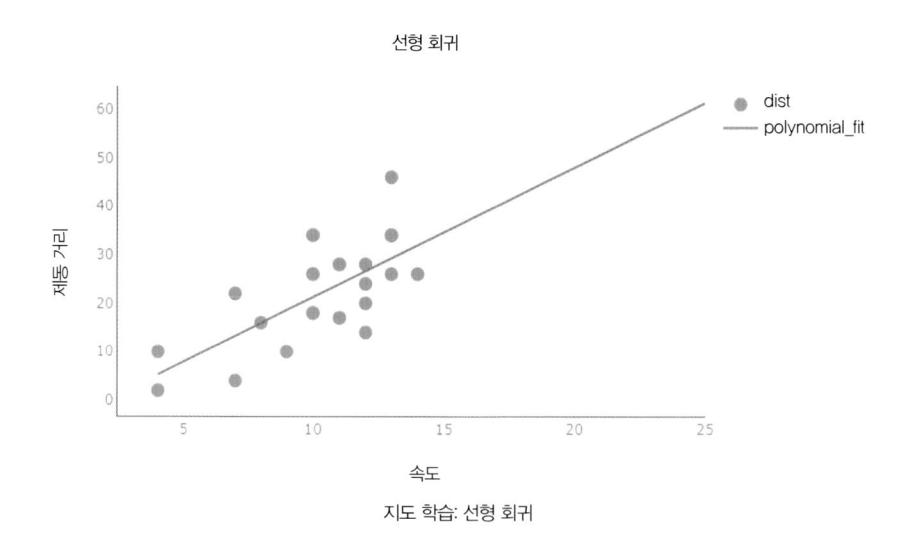

지도 학습: 선형 회귀

다른 회귀 유형을 이해하기 위해 자동차의 제동 거리를 속도를 기준으로 추정하는 유스케이스를 생각해 보자. 훈련 데이터를 기초로 자동차의 제동 거리를 자동차 속도의 선형 함수 내지 다항 함수로 모델링할 수 있다. 여기서 주된 목표는 훈련 데이터가 과대 적합되지 않게 오차를 최소화하는 것임을 기억해야 한다.

위 그래프는 선형 적합도를 나타내며, 다음 그래프는 동일한 데이터 세트에 대한 다항식의 적합도를 나타낸다.

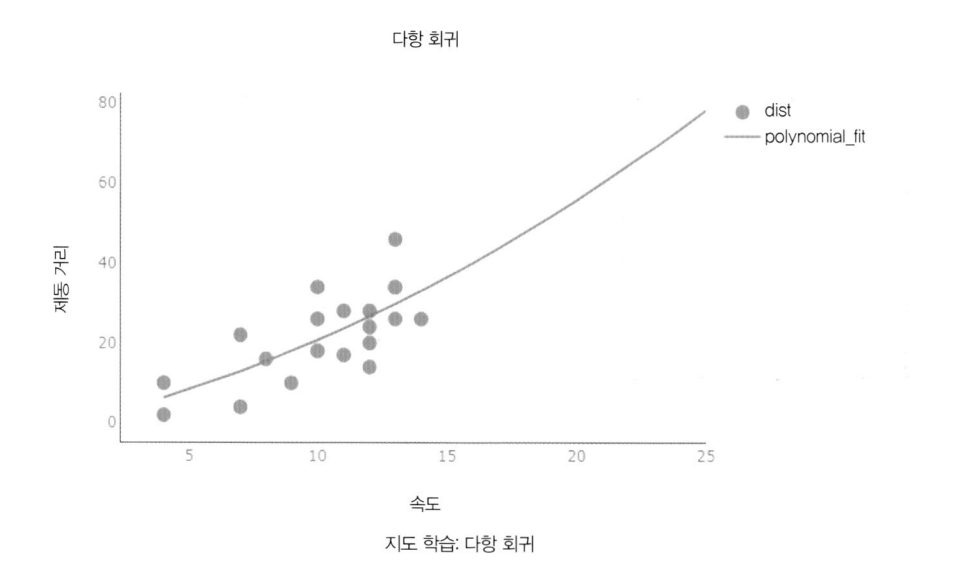

지도 학습: 다항 회귀

비지도 학습

이름에서 알 수 있듯이, 이 유형의 알고리즘은 지도 없이 개념을 학습한다. 지도 학습 알고리즘은 입력 데이터와 출력 신호로 구성된 훈련 데이터 세트를 기반으로 매핑 함수를 추론한다. 이와 달리 비지도 알고리즘은 훈련 데이터 세트에서 출력 신호가 없이도 패턴과 관계를 찾는 작업을 한다. 이 유형의 알고리즘은 가공하지 않은 입력 데이터 세트에서 의미 있는 통찰을 얻기 위해 입력 데이터 세트에서 패턴이나 규칙을 알아내거나 그룹이나 군집으로 묶이는 데이터를 찾아낸다.

비지도 알고리즘은 출력 신호나 레이블을 포함하는 훈련 데이터 세트를 사용할 수 없을 때 유용하다. 실제로 많은 경우에 데이터 세트는 출력 신호 없이 제공되고 데이터 세트에 수작업으로 레이블을 붙이기도 어렵다. 따라서 비지도 알고리즘은 이러한 현실적인 문제점을 해소하는 데 도움이 된다.

지도 학습 알고리즘과 마찬가지로 비지도 학습 알고리즘도 이해하고 배우기 쉽게 범주를 나눌 수 있다. 다음은 비지도 학습 알고리즘의 여러 범주다.

군집화

지도 학습에서의 분류(classification)를 비지도 학습에서는 **군집화(clustering)** 라고 부른다. 이러한 알고리즘은 입력/훈련 데이터 세트를 출력 레이블 없이 군집화해야 하거나 그룹 데이터 포인트를 다시 그룹화 하거나 범주화할 때 도움이 된다. 이러한 알고리즘은 입력 데이터 세트로부터 패턴과 관계를 발견하는데, 다음 그림에서 보듯이 다양한 그룹을 몇 가지 유사도 측정값에 기초한 고유 특성으로 재그룹화할 수 있다.

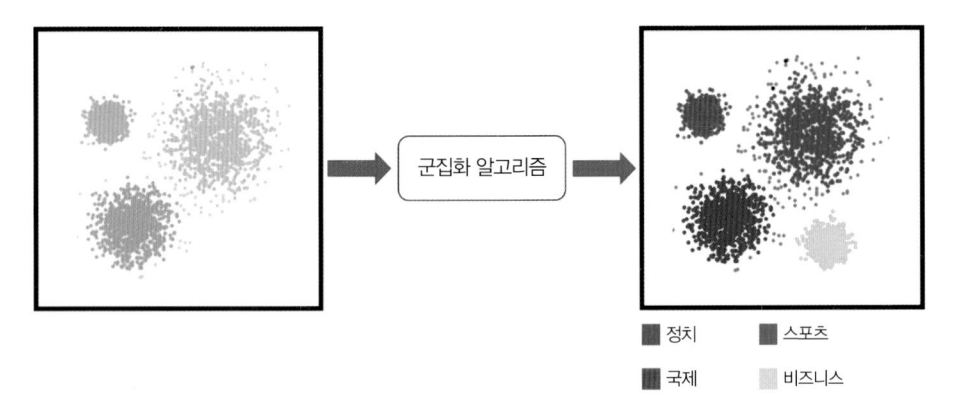

정치　　스포츠

국제　　비즈니스

비지도 학습: 뉴스 기사 군집화

뉴스 기사와 같은 실세계의 예가 군집화를 이해하는 데 도움이 될 것이다. 매일 수백 개의 뉴스 기사가 작성되는데, 각 기사는 정치, 스포츠, 오락 등에 이르는 다양한 주제로 돼 있다. 이러한 기사를 위 그림과 같이 그룹화해서 비지도 방식으로 군집화할 수 있다.

군집화 프로세스를 수행하는 방법은 다양하다. 많이 알려진 방법은 다음과 같다.

- 중심화 기반 방법: K−평균(K−means)과 K−중앙자(K−medoid)

- 응집과 분리의 계층적 군집화 방법: 와드(Ward)와 친근도 전파(affinity propagation)

- 데이터 분포 기반 방법: 가우스 혼합 모델

- 밀도 기반 방법: DBSCAN 등

차원 축소

데이터와 머신러닝은 서로 필수불가결한 관계지만, 데이터가 점점 더 커지고 많아짐에 따라 많은 이슈가 발생한다. '데이터의 과다한 특성' 또는 '비대해진 특성 공간'이 일반적으로 발생하는 문제다. 데이터를 분석하고 시각화할 때 거대한 특성 공간에서의 포즈 문제 등이 훈련, 메모리, 공간 제약 조건과 같은 이슈를 발생시킨다. 이는 **차원의 저주**로도 알려져 있다. 비지도 방식은 레이블이 부착되지 않은 훈련 데이터 세트에서 정확한 통찰력으로 패턴을 추출할 때도 도움이 되고 데이터의 차원을 줄일 때도 유용하다.

즉, 비지도 방식은 사용 가능한 전체 특성에서 대표적인 특성 세트를 선택해 특성 공간을 줄이는 데 도움이 된다.

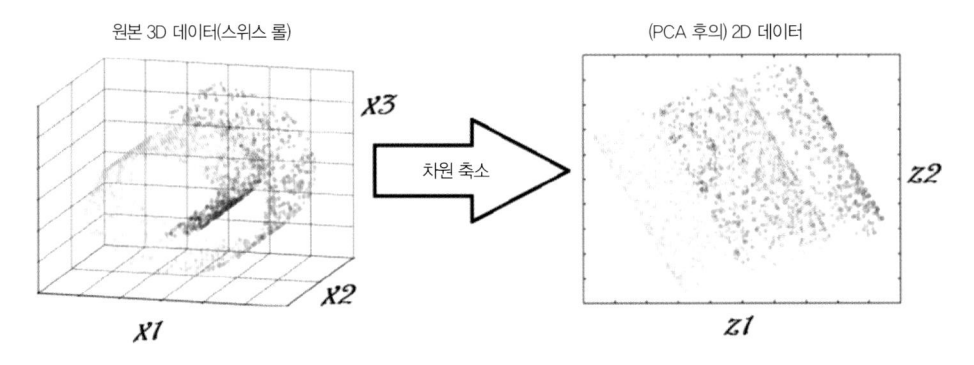

비지도 학습: PCA를 이용한 차원 축소

주성분 분석(PCA), 최근접 이웃, 판별 분석은 대표적인 차원 축소 기법이다.

이 그림은 PCA에 기초한 치원 감소 기법의 작업 결과를 나타낸 것이다. 왼쪽 그림은 3차원 공간으로 표현한 데이터로, 롤케익 같은 모습을 보여준다. PCA를 적용하면 데이터는 오른쪽 그림처럼 2차원 공간으로 변환된다.

연관 규칙 마이닝

이 유형의 비지도 머신러닝 알고리즘은 상거래 데이터 세트에서 패턴을 이해하고 추출하는 데 도움을 준다. **시장 바구니 분석(Market Basket Analysis, MBA)**이라고도 불리는 이 알고리즘은 상거래 전반에 걸쳐 품목 간의 흥미로운 관계와 연관성을 확인하는 데 도움을 준다.

연관 규칙 마이닝을 이용하면 '사람들이 특정 가게에서 어떤 물건을 함께 사는가?', '와인을 사는 사람들이 치즈를 사는 경향이 있는가?' 등과 같은 질문에 대답할 수 있다. FP-성장, ECLAT, Apriori가 연관 규칙 마이닝 작업에 가장 널리 사용되는 알고리즘이다.

이상 탐지

이상 탐지(Anomaly detection)는 이력을 기록한 데이터를 기초로 이상 사건 내지 이상 관찰 값을 식별하는 작업이다. 이상 탐지를 **이상값 탐지(outlier detection)**라고도 한다. 이상이나 이상값은 보통 간헐적으로 발생하거나 짧은 시간 안에 폭발하듯 발생하는 특성이 있다.

이 과제에는 비지도 방식으로 데이터의 정상적인 동작을 파악하고 학습할 수 있는 알고리즘을 만들기 위해 이력 데이터 세트를 입력해야 한다. 학습하고 나면 알고리즘은 학습된 행동과 다른 패턴을 식별하게 된다.

CRISP-DM

데이터 마이닝에서의 교차 산업 표준 프로세스(Cross Industry Standard Process for Data Mining, CRISP-DM)는 데이터 마이닝 및 분석 프로젝트에 가장 널리 사용되는 프로세스 중 하나다. CRISP-DM은 필요한 프레임워크를 제공하는데, 이는 비즈니스 요구사항부터 최종 구축 단계, 그리고 그 사이의 모든 과정까지 데이터 마이닝 및 분석 프로젝트를 실행하기 위한 필수 단계와 워크플로를 명확하게 설명해준다.

전체 명칭이 아닌 약어로 더 유명한 CRISP-DM은 데이터 마이닝 및 분석 프로젝트에서 테스트되고 시행된 강건한 산업 표준 프로세스 모델이다.

CRISP-DM은 비즈니스 요구사항을 공식화하는 것부터 데이터에서 통찰력을 얻기 위한 솔루션 테스트, 배포에 이르기까지의 모든 프로젝트를 실행하는 데 필요한 단계, 프로세스, 워크플로 등을 명확하게 보여준다. 데이터 과학, 데이터 마이닝, 머신러닝은 여러 반복적인 과정을 통해서 데이터에서 통찰력과 정보를 얻으려고 한다. 따라서 데이터를 분석하는 것은 과학일 뿐만 아니라 진정한 인문학이라고 말할 수 있다. 왜냐하면 이유 없이 알고리즘을 실행하기만 하는 것이 아니라 사업에 대한 이해, 투자하는 노력의 실제 가치, 그리고 최종 결과와 통찰력을 표현하는 적절한 방법과 같은 많은 노력이 포함되기 때문이다.

데이터 과학 및 데이터 마이닝 프로젝트에서는 본질적으로 반복적으로 데이터로부터 의미 있는 통찰력과 정보를 얻으려고 한다. 데이터 과학은 과학인 동시에 인문학이라서 실제 알고리즘을 적용하기 전에 비즈니스 가치와 당면한 데이터를 이해하고(이것은 다시 여러 번의 반복을 거친다) 최종 평가하고 배포하는 데 많은 시간이 소요된다.

CRISP-DM은 소프트웨어 엔지니어링 프로젝트(라이프 사이클 모델이 다른)와 유사하게 데이터 마이닝 및 분석 프로젝트를 엔드-투-엔드로 추적하는 데 도움을 준다. 이 모델은 비즈니스와 데이터 이해의 측면에서부터 평가 및 최종 배포에 이르기까지 6가지 주요 단계로 나뉘는데, 사실상 이 모든 단계는 반복적이다. 다음 그림을 보자.

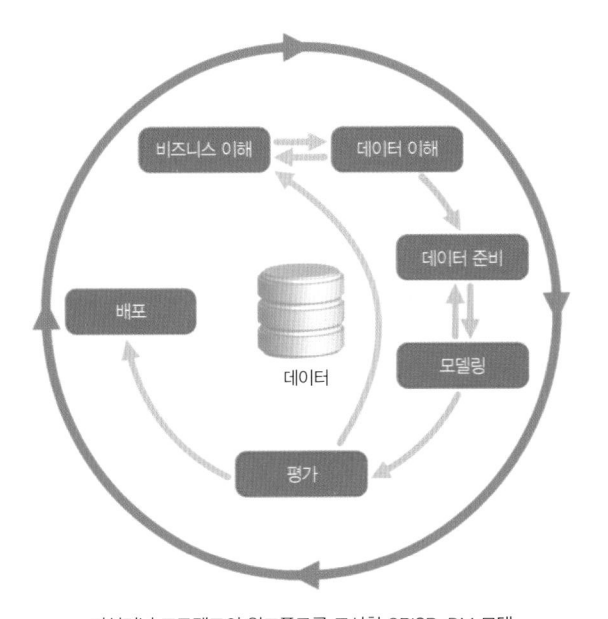

머신러닝 프로젝트의 워크플로를 묘사한 CRISP-DM 모델

이제 CRISP-DM 모델을 더 잘 이해하기 위해 이 6개 단계에 대해 자세히 알아보자.

비즈니스 이해

첫 번째이자 가장 핵심적인 단계는 비즈니스를 이해하는 것이다. 이 핵심적 단계는 비즈니스 환경과 비즈니스 요구사항을 설정하는 것부터 시작한다. 비즈니스 업무 요건을 공식적으로 정의하는 것은 이 문제를 데이터 과학 및 분석의 문제로 변환해 진술하기 위해 중요하다. 이 단계는 또한 비즈니스팀과 데이터 과학팀이 모두 같은 이해를 바탕으로 기대와 성공 기준을 설정하고 프로젝트의 진행 상황을 추적하는 데도 사용된다.

이 단계의 주요 산출물은 중요한 시점, 일정, 가정, 제약, 주의사항, 예상되는 문제, 성공 기준으로 구성된 세부 계획이다.

데이터 이해

CRISP-DM 프레임워크의 두 번째 단계는 데이터 수집과 이해다. 이 단계에서는 직전 단계에서 형식화된 문제를 해결하기 위해 데이터를 이해하고 분석하며 더 깊이 검토한다. 이 단계는 앞서 기술한 상세 사업 계획을 바탕으로 한 다양한 소스의 자료를 살피는 것부터 시작한다. 이들 소스는 데이터를 수집하고 여러 속성을 분석하며 데이터 품질의 기록하는 데도 사용한다. 또한 이 단계는 일반적으로 탐색적 데이터 분석을 포함한다.

탐색적 데이터 분석(Exploratory data analysis, EDA)은 매우 중요한 하위 단계다. EDA를 하는 동안 데이터의 다른 속성과 그 데이터만의 특징과 특질을 분석한다. 또한 이전에 보지 못했거나 무시됐을 수 있는 패턴을 좀 더 잘 이해하고 발견하기 위해 데이터를 시각화한다. 이 단계에서 다음 단계를 위한 기초를 다지기 때문에 소홀히 해서는 안 된다.

데이터 준비

모든 데이터 과학 프로젝트에서 세 번째 단계이자 가장 많은 시간을 소비하는 것이 데이터 준비 단계다. 데이터 준비는 비즈니스상의 문제를 이해하고 이용 가능한 데이터를 탐색한 다음 이뤄진다. 이 단계는 데이터 통합(integration), 정제(cleaning), 랭글링(wrangling), 특성 선택 및 특성 엔지니어링을 포함한다. 여기서 가장 먼저 해야 할 중요한 작업은 데이터 통합이다. 다양한 출처에서 데이터가 이용되기 때문에 더 나은 사용을 위해서 특정 키나 속성을 기초로 데이터를 조합해야 할 때가 있다.

데이터 정제와 랭글링은 매우 중요한 단계다. 여기에는 누락된 값, 데이터 불일치, 잘못된 값 등을 수정하고 머신러닝 알고리즘이 입력값으로 사용할 수 있는 형식으로 데이터를 변환하는 작업이 포함된다.

데이터 준비는 데이터 과학 프로젝트에 소요되는 전체 시간의 60~70%를 차지하는 단계로, 가장 많은 시간이 소요되는 단계다. 데이터 통합이나 랭글링과는 별도로 이 단계에는 관련성, 품질, 가정, 제약 조건에 근거해서 주요 특성을 선택하는 것도 포함된다. 이를 **특성 선택**이라고도 한다. 그리고 기존 특성에서 새로운 특성을 도출하거나 생성해야 할 때도 있다. 유스케이스의 요구사항에 따라 생년월일 등으로부터 나이를 도출해내는 것이 그 예다. 이 단계를 **특성 엔지니어링**이라고 하며, 이 역시 유스케이스에 따라 필요할 때가 있다.

모델링

네 번째인 모델링 단계는 실제 데이터의 분석과 머신러닝이 이뤄지는 단계다. 이 단계에서는 모델링을 위해 이전 단계에서 준비한 정제되고 포맷이 맞춰진 데이터를 활용한다. 반복적 프로세스로 데이터 전처리 단계와 동시에 진행되는데, 모델/알고리즘에 따라 다양한 속성의 세트를 가진 다른 데이터 세팅/포맷이 요구된다.

모델링 단계에서는 모델링 기법 또는 알고리즘의 선택은 물론이고 관련 툴과 프레임워크를 선택하기도 한다. 이 단계에는 비즈니스 이해 단락에서 규정한 기대와 기준에 기초한 모델의 구축, 평가, 미세 튜닝이 포함된다.

평가

모델링 단계에서 성공 기준, 성능 벤치마크 및 모델 평가 항목을 충족하는 모델을 만들고 나면 그다음으로 철저한 평가 단계가 따른다. 배포 단계를 진행하기 전인 이 단계에서는 다음과 같은 점을 고려한다.

- 품질 및 비즈니스 목표에 부합하는지에 따른 모델 결과 평가

- 추가적인 가정 또는 제약 완화 여부 식별

- 데이터의 품질, 누락된 정보, 데이터 과학팀 또는 **주제 전문가**(SMEs)[1]가 제공하는 기타 피드백

- 엔드-투-엔드로 머신러닝 솔루션을 배포하는 비용

---

1 (옮긴이) SMEs(Subject Matter Expert): 주제 전문가 또는 내용에 대한 전문가를 의미한다.

배포

CRISP-DM 모델의 마지막 단계는 산출물 배포다. 개발, 미세 튜닝, 검증, 테스트를 여러 번 반복한 모델을 저장하고 생산 환경에 대비한다. 하드웨어와 소프트웨어에서 요구한 세부 사항을 포함해 적절한 배포 계획도 세운다. 또한 배포 단계에는 생산 후의 결과, 성능 및 기타 지표로 모델을 평가하기 위한 모니터링도 포함된다.

표준 머신러닝 워크플로

CRISP-DM 모델은 머신러닝과 관련 프로젝트 관리를 위한 높은 수준의 워크플로를 제공한다. 이번 절에서는 머신러닝 프로젝트를 진행하기 위한 표준 워크플로의 기술적 측면과 구현에 대해 살펴본다. 간단히 말하면 머신러닝 파이프라인은 엔드-투-엔드 워크플로로, 데이터 집약적인 프로젝트의 다양한 측면으로 구성된다. 사업 이해, 위험 평가, 머신러닝 또는 데이터 마이닝 기술 선정 등의 초기 단계를 거치고 나면 그다음으로 프로젝트를 추진하는 솔루션 단계로 나아간다. 전형적인 머신러닝 파이프라인 또는 워크플로는 여러 하위 요소를 포함하며, 이를 그림으로 표현하면 다음과 같다.

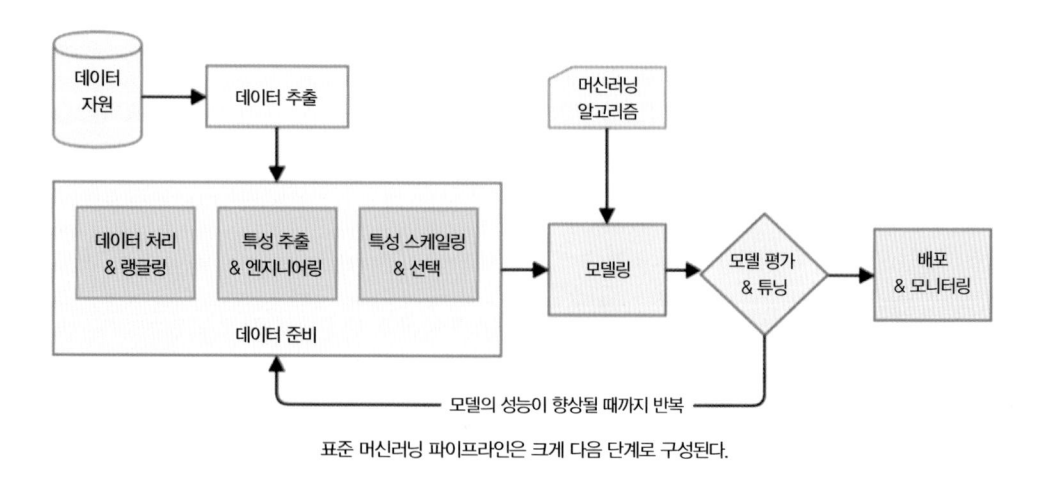

표준 머신러닝 파이프라인은 크게 다음 단계로 구성된다.

데이터 검색

일반적으로 프로젝트가 시작될 때 데이터 수집과 추출이 이루어진다. 데이터 세트는 구조화돼 있거나 구조화돼 있지 않은 데이터를 포함해 각종 형태로 제공되는데, 데이터가 누락되거나 노이즈가 있는 데이터가 포함돼 있을 때도 많다. 각 데이터 유형과 포맷은 관리 측면뿐만 아니라 처리를 위해서도 특별한 구조가 필요하다. 예를 들어, 트윗을 분석하는 프로젝트일 경우 일반적으로 JSON 형식으로 된 트위터 API에 맞춰 트윗을 추출하는 구조를 개발할 필요가 있다.

경우에 따라 이미 구조화돼 있거나 구조화돼 있지 않은 공공 데이터 세트 또는 개인 데이터 세트를 포함할 수 있으며, 이 두 경우 모두 추출 메커니즘을 개발하는 것 외에 추가적인 데이터 사용 권한이 필요할 수 있다. 이에 대해서는 다양한 데이터 형식 작업에 관한 책《Practical Machine Learning with Python》(Apress 2017) 3장에서 자세히 설명하고 있다.

데이터 준비

이 단계가 전체 파이프라인에서 시간을 가장 많이 소모하는 곳이라는 점을 다시 한번 강조한다. 이 단계는 다음과 같은 기초적이고 중요한 하위 단계를 포함하는 상당히 세부적인 단계다.

- 탐색적 데이터 분석
- 데이터 처리와 랭글링
- 특성 엔지니어링과 특성 추출
- 특성 스케일링과 선택

탐색적 데이터 분석

지금까지 프로젝트의 모든 초기 단계는 비즈니스 환경, 요구사항, 위험 등을 중심으로 진행됐다. 이 단계에서 실제로 수집되고 사용 가능한 데이터를 처음으로 깊이 있게 탐구하게 된다. EDA는 데이터의 다양한 측면을 이해하도록 돕는다. 이 단계에서는 데이터의 여러 속성을 분석하고 흥미로운 통찰을 하며 더 깊이 이해하기 위해 다른 차원의 데이터를 시각화하기도 한다.

이 단계에서 데이터 세트의 중요한 특성을 수집하는 것은 프로젝트의 후반에도 유용하지만, 파이프라인 초기에 잠재적인 문제를 식별하고 완화(또는 식별하거나 완화)하는 데도 도움이 된다. 이 책에서는 EDA 프로세스와 중요성을 이해할 수 있도록 이번 장의 후반부에서 흥미로운 예제를 다룰 것이다.

데이터 처리와 데이터 랭글링

이 단계는 데이터를 사용 가능한 형태로 변환하는 것과 관련이 있다. 첫 번째 단계에서 찾은 원본 데이터는 대부분의 경우 머신러닝 알고리즘에서 사용할 수 없다. 엄격하게 보면 데이터 랭글링(wrangling)은 데이터를 한 양식에서 다른 양식으로 정리, 변환, 매핑하는 과정으로, 프로젝트 라이프 사이클의 후반부에 사용한다. 이 단계에는 누락된 데이터 첨가, 형 변환, 중복 항목 처리와 이상값 처리 등이 포함된다. 이해를 돕기 위해 이 단계는 유스케이스 중심으로 다른 장에서 좀 더 다루겠다.

특성 엔지니어링과 특성 추출

전처리와 랭글링된 데이터는 이제 특성 엔지니어링과 특성 추출 단계에서 활용할 수 있다. 이 단계에서는 기존 속성을 활용해 나중에 머신러닝 알고리즘으로 활용할 수 있도록 상황/유스케이스 별 특성을 추출한다. 여기서는 데이터 유형에 따라 다른 기법을 사용한다.

특성 엔지니어링과 추출은 서로 상당히 관련이 있는 단계인데, 이번 장의 후반부에서 더 자세히 살펴본다.

특성 스케일링과 특성 선택

데이터 세트의 특성이 너무 많아 전체 솔루션에 역효과를 미치는 경우가 있다. 너무 특성이 많으면 데이터 세트를 처리하거나 다룰 때도 문제가 되고 데이터의 해석, 시각화 등도 어렵다. 이런 문제를 공식적으로 **차원의 저주**라고 부른다.

따라서 특성 선택은 정보를 많이 손실하지 않고도 모델링 단계에서 활용할 수 있는 특성의 표현 세트를 확인하는 데 도움이 된다. 특성을 선별하기 위한 다양한 기법이 있는데, 그중 일부를 이 장의 후반부에서 설명하겠다.

모델링

모델링 과정에서는 일반적으로 특정 비용 함수를 최적화하기 위해 머신러닝 메소드나 알고리즘에 데이터를 입력하고 모델을 훈련시킨다. 이 과정은 대부분 오류를 줄이고 데이터로부터 학습된 표현을 일반화하는 것을 목표로 한다.

데이터 세트와 프로젝트 요구사항에 따라 하나의 머신러닝 기법을 적용하기도 하고 여러 머신러닝 방법을 조합해서 적용하기도 한다. 여기에는 앞서 '머신러닝 기법' 절에서 설명한 것과 같이 분류나 회귀 같은 지도 학습 방법이나 군집화 같은 비지도 학습 방법, 또는 서로 다른 방법을 결합하는 하이브리드 방법이 포함될 수 있다.

모델링은 대개 반복적인 과정이다. 종종 여러 알고리즘이나 기법을 쓴 다음에 모델을 평가하는 성과 지표를 바탕으로 최적의 모델을 선택한다. 이 책은 전이학습에 관한 책이기 때문에 앞으로 대부분 딥러닝 기반 모델을 구축할 테지만, 모델링의 기본 원칙은 머신러닝 모델과 상당히 유사하다.

모델 평가와 튜닝

모델을 개발하는 것은 데이터 학습의 한 부분일 뿐이다. 모델링, 평가, 튜닝의 반복되는 단계를 거쳐 최상의 성능을 내는 모델을 미세 튜닝하고 선택할 수 있다.

모델 평가

모델은 기본적으로 데이터의 일반화된 표현과 이 표현을 학습하는 데 사용된 기본 알고리즘이다. 따라서 모델 평가는 구축된 모델을 특정 기준에 따라 측정해서 성능을 평가하는 과정이다. 모델 성능은 일반적으로 어떤 모델이 효과적인지를 결정하는 데 도움이 되는 수치를 제공하기 위해 정의된 함수다. 종종 이러한 평가 지표에 기초해서 적합한 모델을 구축하기 위해 비용 또는 손실 함수를 최적화한다.

사용되는 모델링 기법에 따라 관련 평가 지표도 달라진다. 지도 학습 방법인 경우에는 일반적으로 다음과 같은 기법을 활용한다.

- 모델 예측과 실제 값의 대비를 기반으로 한 혼동 행렬 생성. 관측 값 중 하나를 긍정 클래스(주로 관심을 두는 클래스)로 간주하는 **참인 긍정**(TP, True Positive), **거짓인 긍정**(FP, False Positive), **참인 부정**(TN, True Negative), **거짓인 부정**(FN, False Negative) 등의 지표.

- 정확도(전체 성능), 정밀도(모델의 예측력), 재현율(히트율), F1 점수(정밀도와 재현율의 조화 평균)를 포함하는 혼동 행렬에서 도출된 지표.

- ROC(receiver operator characteristic) **곡선**과 AUC(area under curve).

- R–제곱(결정 계수), **평균 제곱근 오차**(RMSE), F–분포, AIC(Akaike information criterion), 회귀 모델에서의 p–값.

군집화 같은 비지도 학습 방법을 평가하기 위한 일반적인 지표는 다음과 같다.

- 실루엣 계수

- 제곱 평균 오차

- 동차성과 완전성, V–측정

- 칼린스카–하라바츠(Calinski–Harabaz) 지수

위 목록은 널리 사용되는 모델 평가 항목이지만, 모든 모델 평가 항목을 나열한 것은 아니다.

교차 검증은 모델 평가 프로세스의 중요한 측면이기도 하다. 교차 검증 과정에서는 하이퍼 파라미터 튜닝을 통해 모델 성능을 평가하기 위해 교차 검증 전략에 기초한 검증 세트를 활용한다. 하이퍼 파라미터는 모델을 조정하는 일종의 손잡이라고 보면 되는데, 효율적이고 더 나은 성능의 모델을 만들기 위해 사용된다. 위와 같은 평가 기법의 사용과 세부적인 사항은 이어지는 장에서 다양한 활용 예제의 모델을 평가해 보면서 명확해질 것이다.

편향-분산 트레이드오프

지도 학습 알고리즘은 입력 데이터부터 출력 신호까지의 매핑을 추론하거나 학습하게 도와준다. 학습의 결과는 목적 함수나 학습된 함수다. 이상적인 상황에서는 목적 함수가 입력 변수와 출력 변수 간의 정확한 매핑을 학습하겠지만, 안타깝게도 이 같은 이상적인 상황은 실제로 존재하지 않는다.

지도 학습 알고리즘을 소개하면서 언급했듯이 **훈련 데이터 세트**라고 불리는 일부 데이터를 사용해 목적 함수를 학습시킨 다음, **테스트 데이터 세트**라고 불리는 또 다른 데이터로 성능을 테스트한다. 알고리즘은 사용 가능한 모든 데이터의 부분 집합만 보기 때문에 예측 출력과 관측된 출력 사이에 오차가 발생한다. 이를 **총 오차** 또는 **예측 오차**라고 하고 다음과 같이 나타낸다.

총 오차 = 편향 오차 + 분산 오차 + 제거 불가능한 오차

제거 불가능한 오차는 노이즈, 문제 정의 방식, 데이터 수집 방식 등에서 기인한 내재적 오차를 말한다. 이러한 오차는 이름에서 알 수 있는 것처럼 제거할 수 없으며, 알고리즘 측면에서 할 수 있는 것도 거의 없다.

편향

편향이라는 용어는 대상 함수를 추론하기 위해 학습 알고리즘에 의해 만들어진 기본 가정을 말한다. 높은 편향은 알고리즘이 목적 함수에 대해 더 많은 가정을 한다는 것을 의미하고, 낮은 편향은 더 적은 가정을 한다는 것을 의미한다.

편향으로 인한 오차는 단순히 예상한(또는 평균) 예측 값과 확인한 실제 값의 차이다. 예측 값의 평균을 구하려면 학습 단계를 여러 번 반복한 다음 결과를 평균하면 된다. 편향 오차는 그 모델이 얼마나 잘 일반화되는지 이해하는 데 도움이 된다. 편향이 낮은 알고리즘은 대개 의사결정 트리, SVM 등과 같은 비모수 알고리즘이며, 편향이 높은 알고리즘은 선형 및 로지스틱 회귀 분석과 같은 모수 알고리즘이다.

분산

분산은 훈련 데이터 세트에 대한 모델의 민감도를 표시한다. 이미 알고 있듯이, 학습 단계는 훈련 세트라고 불리는 사용할 수 있는 모든 데이터 조합의 작은 부분 집합에 의존한다. 이에 따라 분산 오차는 훈련 데이터 세트가 변경될 때 모델 추정치의 변화를 반영한다.

낮은 분산은 기본 훈련 데이터 세트가 거의 변경되지 않는 것을 의미하고, 높은 분산은 주어진 데이터가 다른 방향을 가리킴에 따라 예측 값에 변화가 있다는 것을 의미한다. 의사결정 트리와 같은 비모수 알고리즘은 분산이 높지만, 선형 회귀와 같은 모수 알고리즘은 유연성이 떨어지므로 분산이 낮다.

트레이드오프

편향–분산 트레이드오프는 지도 학습 알고리즘의 편향과 분산 오차를 동시에 감소시키기 어렵기 때문에 생긴 문제로, 목적 함수가 훈련 데이터를 넘어서는 일반화를 하지 못하게 한다. 다음 그림을 보자.

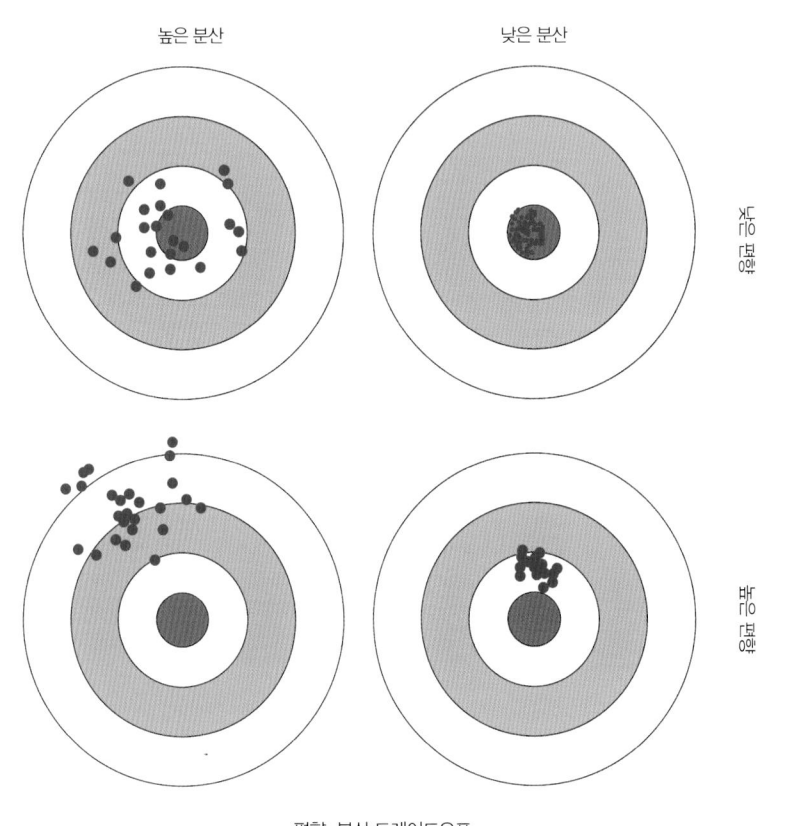

편향–분산 트레이드오프

편향–분산 트레이드오프를 더 깊이 이해하고 싶다면 다음 링크를 방문해 보라.

http://scott.fortmann-roe.com/docs/BiasVariance.html

https://elitedatascience.com/bias-variance-tradeoff

'사람의 키가 주어졌을 때 몸무게를 결정하라' 같은 문제를 고려해 보자. 몸무게와 상응하는 키가 있는 훈련 데이터 세트가 제공될 것이다. 데이터는 다음 그림과 같은 모습이다.

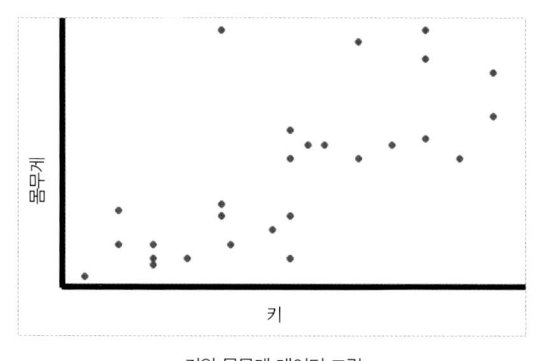

키와 몸무게 데이터 그림

 위 예제는 중요한 개념을 설명하기 위한 모의 예제라는 점을 기억하자. 실제 문제를 해결하는 활용 사례는 후속 장에서 실습하겠다.

이것은 지도 학습 문제의 한 예시로, 회귀 문제에 더 가깝다('왜 머신러닝인가?' 참조). 이 훈련 데이터 세트를 활용해 알고리즘은 개인의 키와 체중의 대응 관계를 찾기 위한 목적 함수를 학습하게 된다.

과소 적합

알고리즘에 따라 훈련 단계에서 다른 결괏값이 나올 수 있다. 학습된 목적 함수가 다음 그림과 같다고 가정해 보자.

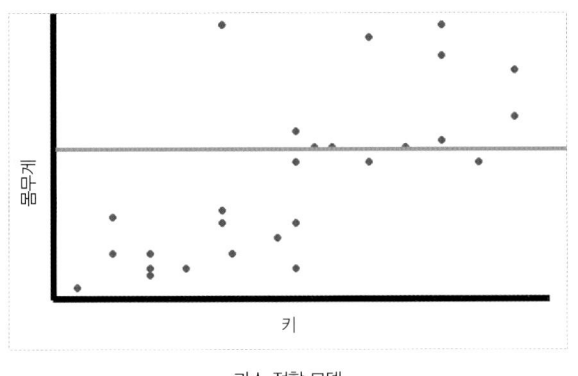

과소 적합 모델

지연 함수(lazy function)[2]를 쓰면 항상 상수 출력값으로 예측한다. 이 타깃 함수는 데이터의 기본 구조를 학습할 수 없기 때문에 결과적으로 **과소 적합(underfitting)** 된다. 과소 적합 모델은 예측 성능이 떨어진다.

과대 적합

훈련 단계에서의 또 다른 극단을 과대 적합(overfitting)이라고 한다. 과대 적합 그래프는 다음과 같다.

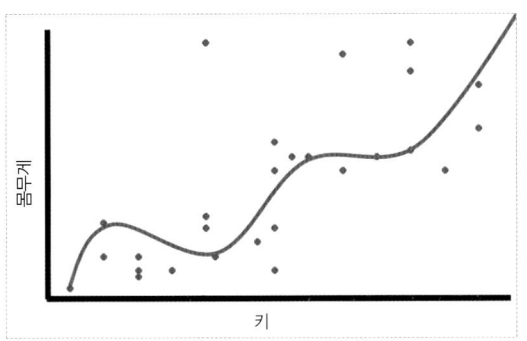

과대 적합 모델

이 그림은 훈련 데이터 세트의 각 데이터 값에 완벽하게 매핑하는 타깃 함수를 보여준다. 이것은 **모델 과대 적합**으로 더 잘 알려져 있다. 이러한 경우 알고리즘은 노이즈까지 포함한 정확한 데이터의 특성을 학습하려고 시도하므로 학습하지 않은 데이터에 대해서는 신뢰성 있게 예측하지 못한다.

---

2 (옮긴이) 지연 함수(lazy function): 계산의 결괏값이 필요할 때까지 계산을 늦추거나 최소만 계산하게 하는 함수를 말한다.

일반화

과소 적합과 과대 적합 사이의 이상적인 지점을 **적정 적합**이라고 한다. 주어진 문제를 잘 일반화할 수 있는 모델의 그래프는 다음과 같다.

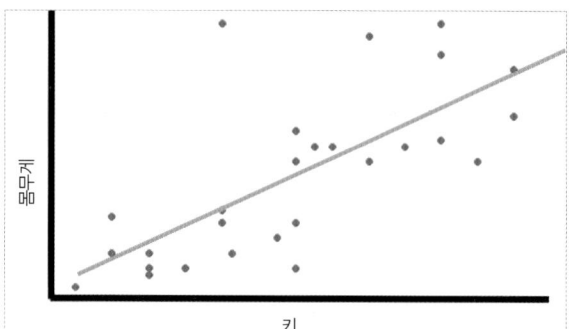

잘 일반화된 적합도

훈련 데이터뿐만 아니라 처음 접하는 데이터에 대해서도 충분히 잘 예측할 수 있는 학습된 함수를 **일반화 함수**라고 한다. 일반화란 타깃 함수가 훈련 단계에서 학습한 개념을 바탕으로 새로운 데이터에서도 얼마나 잘 수행되는지를 의미한다. 위 그림을 통해 잘 일반화된 모델 적합을 볼 수 있다.

모델 튜닝

모델을 준비하고 평가하는 것만큼이나 튜닝은 필수적이다. 우리가 사용하는 여러 머신러닝 프레임워크/라이브러리는 표준 알고리즘을 제공하지만, 제공되는 알고리즘을 그대로 사용하는 일은 거의 없다.

머신러닝 알고리즘은 여러 가지 파라미터나 조정값을 가지고 있는데, 이는 프로젝트 요구사항이나 여러 평가 항목에 맞게 튜닝될 수 있다. 모델 튜닝은 더 나은 결과를 얻기 위해 다양한 하이퍼 파라미터 및 메타 파라미터를 설정하면서 반복적으로 진행된다.

> ⓘ 하이퍼 파라미터는 높은 추상화 계층의 조정값으로, 학습 과정이 시작되기 전에 설정되므로 훈련 단계에서 학습되는 모델 수준의 파라미터와 다르다. 그에 따라 모델 튜닝을 하이퍼 파라미터 최적화라고도 한다.

그리드 서치, 임의의 하이퍼 파라미터 서치, 베이즈 최적화 등은 모델을 튜닝할 때 많이 쓰는 방법이다. 모델 튜닝은 매우 중요하지만, 과도한 튜닝은 학습 과정에 부정적인 영향을 미칠 수 있다. 과다 튜닝과 관련된 일부 이슈는 '편향–분산 트레이드오프'에서 다뤘다.

배포와 모니터링

모델 개발, 평가, 튜닝이 완료되고 결과 개선을 위해 여러 차례 반복하고 나면 모델 배포라는 최종 단계에 도달한다. 모델 배포 단계에서는 모델을 API 엔드포인트 등의 여러 방법을 통해 다른 애플리케이션에 노출시키면서 모델의 지속성 측면을 다루고 모델 모니터링 전략도 개발한다.

우리는 모든 것이 아주 자주 바뀌는 역동적인 세계에 살고 있고, 여기서 다루는 유스케이스와 관련된 여러 인자나 데이터 역시 자주 바뀐다. 솔루션 성능을 점검하고 필요할 때 모델을 수정하기 위해서는 정기 리포트 작성, 로그 기록, 테스트 시행과 같은 모니터링 전략을 반드시 수립해야 한다.

머신러닝 파이프라인은 데이터 과학이나 머신러닝과 관련이 있지만, 그 못지않게 소프트웨어 공학과도 관련이 있다. 지금까지 통상적인 파이프라인의 여러 요소를 간략히 설명하고 다뤘다. 각 유스케이스에 따라 필요에 맞게 표준 파이프라인을 수정해서 이미 아는 실수를 저지르지 않도록 하자. 다음 절에서는 일반적인 머신러닝 파이프라인의 몇 가지 구성요소를 실제 예제 코드와 함께 좀 더 자세히 알아본다.

탐색적 데이터 분석

EDA(탐색적 데이터 분석, Exploratory data analysis)는 머신러닝 프로젝트에서 처음에 하는 작업 중 하나다. 'CRISP-DM' 절에서 살펴본 바와 같이 데이터 이해는 데이터에 대한 다양한 통찰력을 얻고 비즈니스 요구사항과 비즈니스 상황을 더 잘 이해하기 위한 중요한 단계다.

이번 절에서는 시각화를 위한 씨본(seaborn)과 연동되는 데이터 처리 라이브러리인 판다스(pandas)로 실제 데이터 세트를 수집하고 탐색적 데이터 분석(EDA)을 수행한다. 이 분석에 대한 전체 코드와 세부 정보는 파이썬 노트북 game_of_thrones_eda.ipynb에서 확인할 수 있다.

먼저 필요한 라이브러리를 가져오고 다음 코드에 있는 것처럼 환경을 설정한다.

```
In [1]: import numpy as np
   ...: import pandas as pd
   ...: from collections import Counter
   ...:
   ...: # 시각화
   ...: import seaborn as sns
   ...: import matplotlib.pyplot as plt
   ...:
```

```
    ...: # params 세팅
    ...: params = {'legend.fontsize': 'x-large',
    ...:           'figure.figsize': (30, 10),
    ...:           'axes.labelsize': 'x-large',
    ...:           'axes.titlesize':'x-large',
    ...:           'xtick.labelsize':'x-large',
    ...:           'ytick.labelsize':'x-large'}
    ...:
    ...: sns.set_style('whitegrid')
    ...: sns.set_context('talk')
    ...:
    ...: plt.rcParams.update(params)
```

일단 세팅과 필요한 라이브러리가 갖춰지면 데이터에만 집중할 수 있다. 탐색적 분석을 하려는 데이터 세트는 battle.csv 파일로, 이 파일에는 '왕좌의 게임' 시즌 5까지 등장한 모든 주요 전투가 수록돼 있다.

역사상 가장 인기 있는 텔레비전 드라마 시리즈 중 하나인 '왕좌의 게임'은 가상의 대륙인 '웨스테로스(Westeros)'와 '에소스(Essos)'를 배경으로 한 판타지 드라마로, 수많은 등장 인물이 철의 왕좌를 차지하기 위해 싸운다. 이 드라마는 조지 R. R. 마틴(George R. R. Martin)의 '얼음과 불의 노래' 시리즈를 각색한 작품이다. 이 드라마는 데이터 과학자를 포함한 많은 사람의 관심을 끌었다. EDA를 제공하는 이 노트북은 캐글(Kaggle) 데이터 세트로 마일스 오닐(Myles O'Neill)이 좀 더 보강했다(더 자세한 내용은 https://www.kaggle.com/mylesoneill/game-of-thrones 참조). 이 데이터 세트는 여러 사람이 수집하고 기여한 여러 데이터 세트를 조합해서 만들어졌다. 앞으로의 분석에는 battle.csv를 활용한다. 원래 전투 데이터는 크리스 앨번(Chris Albon)이 제공했으며, 더 자세한 내용은 다음 URL에서 확인할 수 있다: https://github.com/chrisalbon/war_of_the_five_kings_dataset.

다음은 pandas로 battle.csv를 읽는 코드다.

```
 In [2]: battles_df = pd.read_csv('battles.csv')
```

데이터 세트는 다음 그림과 같다.

	name	year	battle_number	attacker_king	defender_king	attacker_1	attacker_2	attacker_3	attacker_4	defender_1	...	major_death
0	Battle of the Golden Tooth	298	1	Joffrey/Tommen Baratheon	Robb Stark	Lannister	NaN	NaN	NaN	Tully	...	1.0
1	Battle at the Mummer's Ford	298	2	Joffrey/Tommen Baratheon	Robb Stark	Lannister	NaN	NaN	NaN	Baratheon	...	1.0
2	Battle of Riverrun	298	3	Joffrey/Tommen Baratheon	Robb Stark	Lannister	NaN	NaN	NaN	Tully	...	0.0
3	Battle of the Green Fork	298	4	Robb Stark	Joffrey/Tommen Baratheon	Stark	NaN	NaN	NaN	Lannister	...	1.0
4	Battle of the Whispering Wood	298	5	Robb Stark	Joffrey/Tommen Baratheon	Stark	Tully	NaN	NaN	Lannister	...	1.0

왕좌의 게임 battle.csv의 샘플 행

다음과 같이 데이터의 총 행의 개수, 각 속성의 데이터 타입, 각 수치 속성의 일반 통계를 볼 수 있는데, 판다스의 유틸리티인 shape과 dtypes, describe()를 사용했다. 데이터 세트에는 38개의 전투에 대한 데이터가 있으며, 각 전투는 25개의 속성으로 설명돼 있다.

이제 가상의 지역에서 수년간 있었던 전투의 분포를 이해해 보자. 다음은 분포를 막대그래프로 나타내는 코드다.

```
In [3]: sns.countplot(y='year',data=battles_df)
   ...: plt.title('Battle Distribution over Years')
   ...: plt.show()
```

다음 그림을 통해 299년에 가장 많은 전투가 있었고, 300년, 298년이 각각 그 뒤를 따르고 있음을 알 수 있다.

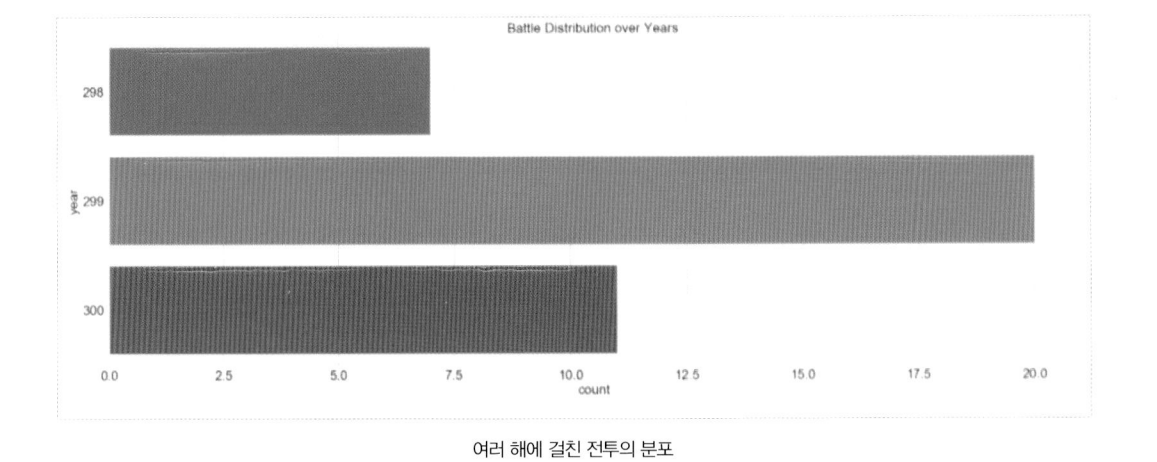

여러 해에 걸친 전투의 분포

왕좌의 게임에서는 상상할 수 있는 모든 장소에서 전투가 발생하므로 전투 지역은 다양하다. 그러나 선호하는 지역이 어디였는지 알아보는 것은 흥미로울 것이다. 다음 코드는 이 질문에 정확하게 답할 수 있도록 도와준다.

```
In [4]: sns.countplot(x='region',data=battles_df)
   ...: plt.title('Battles by Regions')
   ...: plt.show()
```

다음 그림을 보면 **리버랜드(The Riverlands)**에서 가장 많은 전투가 발생하고, **노스(The North)**와 **웨스터랜드(The Westerlands)**가 그 뒤를 따르는 것을 확인할 수 있다.

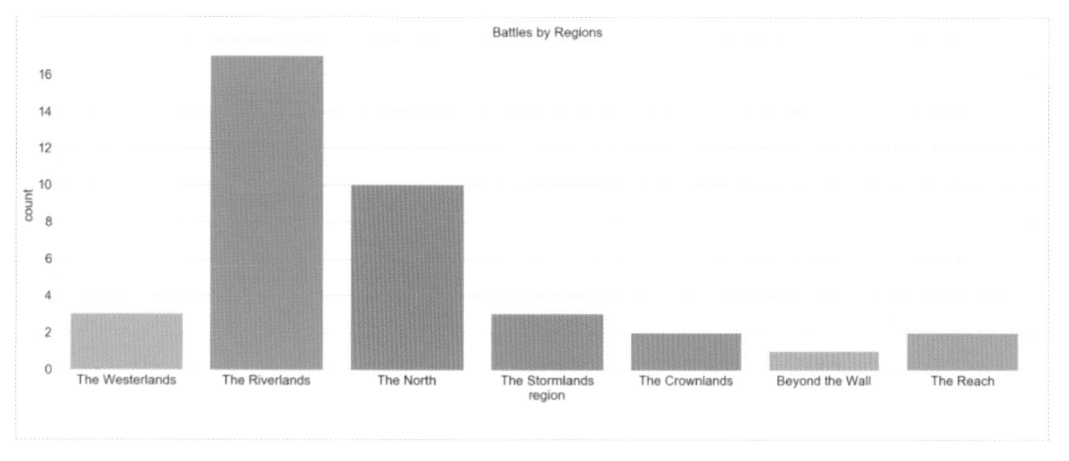

지역별 전투

주목할 만한 또 하나의 흥미로운 점은 장벽을 넘는 전투가 단 한 번 있었다는 것이다(스포일러 경고: 후속 시즌을 계속 봐야 한다).

이와 유사한 분석, 예컨대 어떤 지역에서 주요 등장인물이 잡히거나 사망했는지 등을 알기 위해 집단을 다양한 방식으로 나눠 볼 수 있다.

다음으로 어떤 왕이 가장 많은 공격을 시도했는지 알아보자. 전투에 참여한 각 왕의 비율을 알기 위해 원형 차트를 사용해 시각화한다. 여기서는 왕들의 공격에 관한 분석을 하고 있지만, 왕들의 방어에 대해서도 같은 방법을 사용할 수 있다. 다음은 공격을 시도한 왕들의 비율을 표시하는 원형 차트를 준비하는 코드다.

```
In [5]: attacker_king = battles_df.attacker_king.value_counts()
   ...: attacker_king.name='' # y-axis-label을 off로 해도 된다.
   ...: attacker_king.plot.pie(figsize=(6, 6),autopct='%.2f')
```

공격한 왕들의 전투 비율은 다음과 같은 파이 차트로 표시할 수 있다.

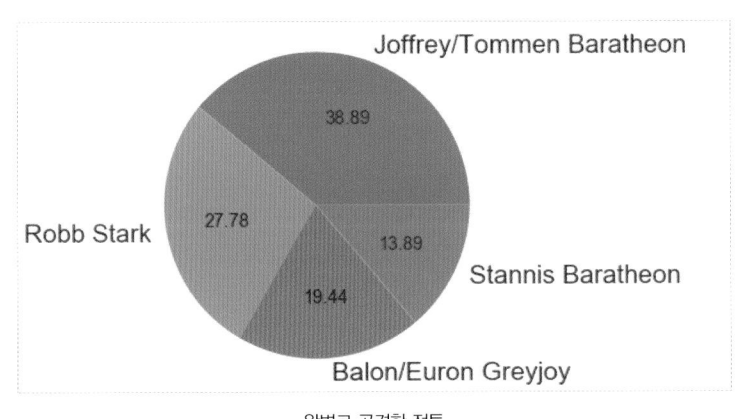

왕별로 공격한 전투

웨스테로스와 에소스의 땅은 적들과 온갖 위협 때문에 위험하다. 각 왕이 몇 번이나 승리했는지 데이터를 좀 더 분석해 보자. 왕들은 자신의 영지를 방어하거나 권력을 위해 공격을 시도할 수도 있기 때문에 각 공방에서 승리했는지를 보는 것도 흥미로울 것이다. 다음은 각 왕의 공격과 수비의 성공 현황을 분석할 수 있는 누적 막대 차트를 만드는 코드다.

```
In [6] : attack_winners = battles_df[battles_df.
   ...:                            attacker_outcome=='win']
   ...:                          ['attacker_king'].
   ...:                            value_counts().
   ...:                            reset_index()
   ...:
   ...: attack_winners.rename(
   ...:      columns={'index':'king',
   ...:          'attacker_king':'wins'},
   ...:              inplace=True)
   ...:
   ...: attack_winners.loc[:,'win_type'] = 'attack'
   ...:
   ...: defend_winners = battles_df[battles_df.
```

```
    ...:                            attacker_outcome=='loss']
    ...:                            ['defender_king'].
    ...:                            value_counts().
    ...:                            reset_index()
    ...: defend_winners.rename(
    ...:         columns={'index':'king',
    ...:                  'defender_king':'wins'},
    ...:                  inplace=True)
    ...:
    ...: defend_winners.loc[:,'win_type'] = 'defend'
    ...:
    ...:
    ...: sns.barplot(x="king",
    ...:             y="wins",
    ...:             hue="win_type",
    ...:             data=pd.concat([attack_winners,
    ...:                             defend_winners]))
    ...: plt.title('Kings and Their Wins')
    ...: plt.ylabel('wins')
    ...: plt.xlabel('king')
    ...: plt.show()
```

이 코드는 각 왕이 공격으로 승리한 횟수와 수비에서 승리한 횟수를 계산한 것이다. 그다음 두 결과를 병합하고 누적 막대그래프로 표시한다. 결과는 다음 그래프와 같다.

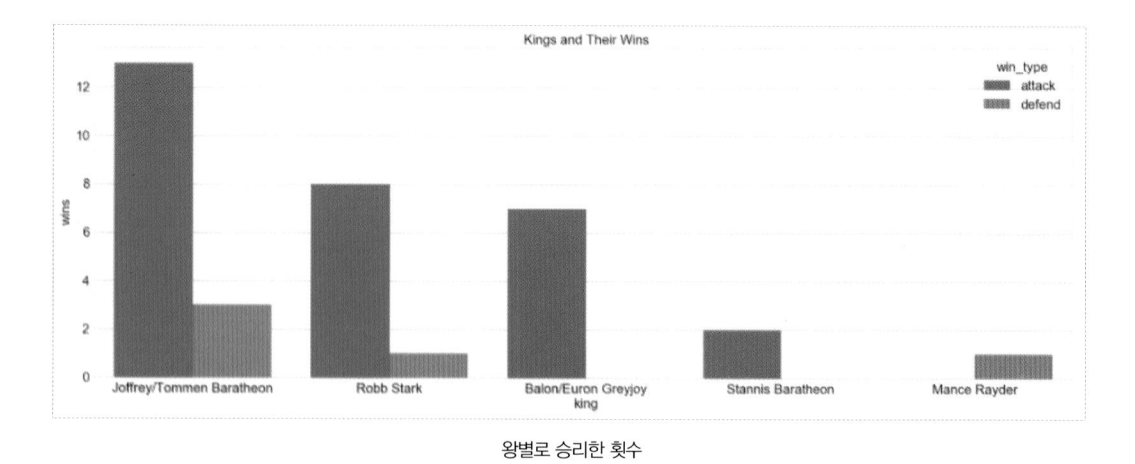

왕별로 승리한 횟수

이 그래프를 통해 **바라테온 가문(Baratheon)**이 수비뿐만 아니라 공격에서도 가장 많은 승리를 거뒀음을 확실히 알 수 있다. 지금까지는 바라테온 가문이 운이 좋은 것 같다. **로브 스타크(Robb Stark)**가 두 번째로 성공한 왕이었다. 당연히 피의 결혼식이 있기 전까지 말이다.

또한 데이터 세트에는 참여 가문의 수, 전투 지휘관, 군의 규모를 설명하는 속성이 포함돼 있다. 전투를 더 잘 이해하기 위해 심층적이고 유사한 분석을 할 수 있다. 각자 직접 파이썬 노트북으로 위와 같은 분석을 몇 가지 연습해 보고 더 많은 팁을 얻기를 바란다.

이 내용을 끝내기 전에 왕좌의 게임에서 가장 크게 대립하는 왕들이 누구인지 알아보자. 이 드라마의 팬이라면 이미 직감하겠지만, 데이터를 통해 구체적인 내용을 알아보자. 다음은 이 질문에 답하는 것을 도와줄 코드다.

```
In [7]: temp_df = battles_df.dropna(
   ...:                         subset = ["attacker_king",
   ...:                                   "defender_king"])[
   ...:                             ["attacker_king",
   ...:                              "defender_king"]
   ...:                             ]
   ...:
   ...: archenemy_df = pd.DataFrame(
   ...:                 list(Counter(
   ...:                     [tuple(set(king_pair))
   ...:                      for king_pair in temp_df.values
   ...:                      if len(set(king_pair))>1]).\
   ...:                         items()),
   ...:                 columns=['king_pair',
   ...:                          'battle_count'])
   ...:
   ...: archenemy_df['versus_text'] = archenemy_df.\
   ...:                     apply(
   ...:                         lambda row:
   ...:                     '{} Vs {}'.format(
   ...:                         row[
   ...:                             'king_pair'
   ...:                             ][0],
   ...:                         row[
   ...:                             'king_pair'
   ...:                             ][1]),
```

```
...:                                    axis=1)
...: archenemy_df.sort_values('battle_count',
...:                          inplace=True,
...:                          ascending=False)
...:
...:
...: archenemy_df[['versus_text',
...:               'battle_count']].set_index('versus_text',
...:                                          inplace=True)
...: sns.barplot(data=archenemy_df,
...:             x='versus_text',
...:             y='battle_count')
...: plt.xticks(rotation=45)
...: plt.xlabel('Archenemies')
...: plt.ylabel('Number of Battles')
...: plt.title('Archenemies')
...: plt.show()
```

먼저 임시 데이터 프레임을 준비하고 공격하거나 방어한 왕의 이름이 기재되지 않은 전투를 제거한다. 정제된 데이터 프레임이 준비되면 행마다 전투에 참여한 대립쌍을 전부 세어본다. 전투 가운데 동일한 왕의 군대끼리 내전한 경우는 무시한다(if len(set(king_pair))>1). 그런 다음 이 결과를 막대그래프로 표시하면 다음과 같다.

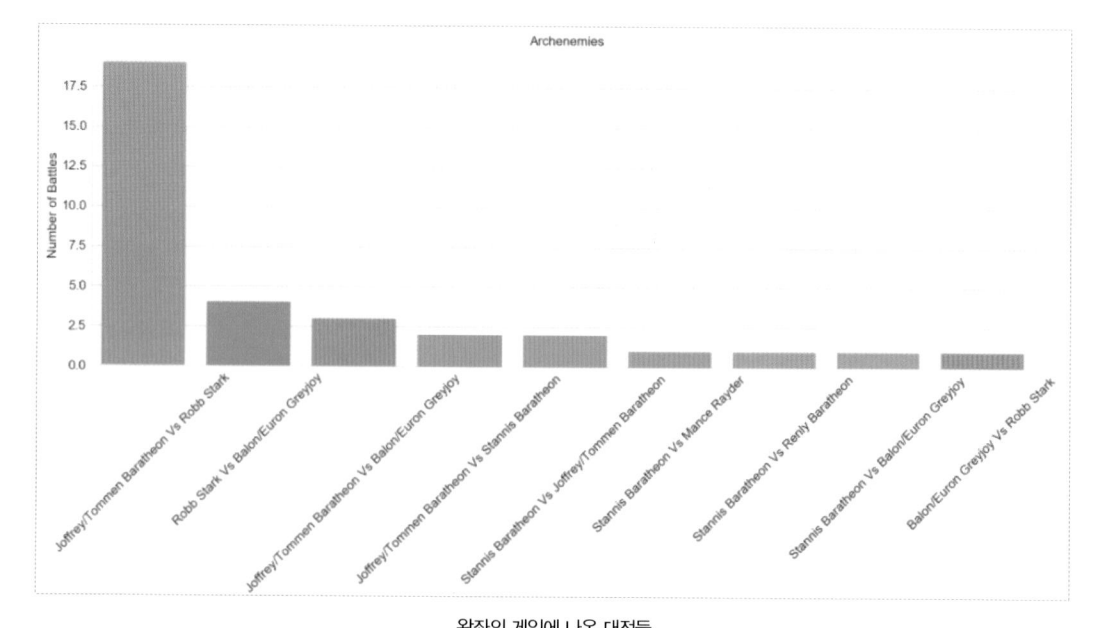

왕좌의 게임에 나온 대전들

데이터가 우리의 직감을 확인해줬다. **로브 스타크(Robb Stark)**와 **조프리 바라테온(Joffrey Baratheon)**이 이미 총 19번의 전투를 치렀고, 다른 쌍은 5번 이하로 전투를 치렀다.

이번 절에서 다룬 분석과 시각화는 데이터 세트에서 할 수 있는 작업을 간략하게 보여준다. 이 데이터 세트 하나에서도 도출할 수 있는 패턴과 통찰이 더 많이 존재할 것이다.

EDA는 머신러닝의 다른 단계로 진입하기 전에 데이터 세트를 자세히 이해하기 위한 매우 강력한 메커니즘이다. 이어지는 장에서는 모델링, 튜닝, 평가, 배포 단계로 들어가기 전에 비즈니스 문제를 이해하는 데 도움이 되도록 데이터 세트를 통해 EDA를 규칙적으로 수행할 것이다.

특성 추출과 특성 엔지니어링

데이터 준비는 모든 머신러닝 프로젝트에서 가장 길고 복잡한 단계다. CRISP-DM 모델에 대해 논의할 때도 데이터 준비 단계가 머신러닝 프로젝트에 소요되는 전체 시간의 약 60~70%를 차지한다고 언급한 적이 있다.

원본 데이터 세트에 대해 전처리와 랭글링을 하고 나면 그다음 단계는 데이터 세트를 머신러닝 알고리즘에 사용할 수 있게 만드는 것이다. 특성 추출은 원본 속성에서 특성을 도출하는 과정이다. 예를 들어, 영상 데이터로 작업할 때의 특성 추출은 원본 픽셀 레벨 데이터로부터 적색, 청색, 녹색의 각 채널 정보를 추출하는 것을 말한다

이와 유사하게 특성 엔지니어링은 기존 특성으로부터 수학적인 변환을 거쳐 추가 특성을 도출하는 과정을 말한다. 예를 들어, 특성 엔지니어링은 한 개인의 월 소득으로부터 연간 소득과 같은 특성을 도출하는 데 도움이 될 것이다(유스케이스의 요구사항에 따라). 특성 추출과 특성 엔지니어링은 모두 미가공 데이터를 사용 가능한 형태로 변환하는 데 도움이 되기 때문에 머신러닝을 하는 사람에 따라 서로 바꿔가며 쓰기도 한다.

특성 엔지니어링에서 쓰는 전략

(데이터 정제와 데이터 랭글링을 진행한) 미가공 데이터 세트를 머신러닝 알고리즘이 활용할 수 있는 특성으로 변환하는 프로세스는 도메인 지식, 유스케이스의 요구사항, 특정 기법들의 조합으로 이루어진다. 특성은 특성 엔지니어링 프로세스의 결과물로서 데이터 저변의 다양한 표현이 나타난 것이다.

특성 엔지니어링은 원본 데이터를 자체로서 의미 있는 표현으로 변환하는 것이므로 데이터의 유형에 따라 활용할 수 있는 다양한 표준 기법과 전략이 있다. 이번 절에서는 몇 가지 전략을 살펴보면서 정형 데이터와 비정형 데이터를 모두 간략하게 다루겠다.

수치 데이터 다루기

수치 데이터는 일반적으로 데이터 세트에서 사용할 수 있는 정수나 부동 소수점 등 숫자의 형태이므로 통상 **연속 수치 데이터**로 알려져 있다. 이러한 수치 데이터는 일반적으로 머신러닝에 친화적인 데이터 유형이다. 앞에서 수치 데이터가 대부분 머신러닝 알고리즘에서 직접 처리될 수 있다는 사실을 간단히 언급했다. 그러나 이 말이 수치 데이터는 별도의 처리나 특성 엔지니어링 단계가 필요 없다는 말은 아니다.

수치 데이터에서 특성을 추출하고 엔지니어링하는 방법은 다양하다. 이번 절에서는 그중 몇 가지 방법을 살펴보자.

- **미가공 측정**: 데이터 속성이나 특성은 추가적인 가공을 하지 않은 데이터 세트로 그 값과 포맷을 그대로 직접 사용할 수 있다. 예컨대 나이나 키, 몸무게 등이 그렇다(데이터 분포가 너무 치우쳐 있는 경우는 제외한다).

- **카운트**: 숫자나 빈도 같은 수치 특성은 중요한 세부 사항을 표시해야 하는 특정 상황에서도 유용하다. 예를 들면, 신용카드 사기 발생 건수, 노래 듣기 횟수, 디바이스의 이벤트 발생 건수 등이 있다.

- **이진화**: 종종 사건이나 특성을 이진화할 필요가 있는데, 특정 항목이나 속성이 존재하는지(보통 1로 표시) 또는 존재하지 않는지(0으로 표시)를 표시하기 위해서다. 이것은 추천 시스템 구축과 같은 상황에서 유용하다.

- **변수 구간화**: 일반적으로 이 방법은 분석 중인 특성 또는 속성의 연속적인 숫자 값을 여러 구간으로 나누거나 그룹화하고, 나눠진 각 구간은 특정 범위 안의 값을 포함하게 한다. 이렇게 개별 구간을 나누면 범주형 데이터 기반 특성 엔지니어링을 추가로 적용할 수 있다. 구간화 전략에는 고정폭 구간화, 적응형 구간화 등 다양한 방법이 있다.

범주형 데이터에 대한 특성 엔지니어링을 더 잘 이해하기 위한 코드는 feature_engineering_numerical_ and_categorical_data.ipynb에 있다.

범주형 데이터 다루기

일반적으로 접하는 또 하나의 중요한 데이터 클래스는 범주형 데이터다. 범주형 특성은 이산 값을 가지고 있는데, 각 값은 유한한 클래스의 세트에 속해 있다. 이들 클래스는 텍스트 또는 숫자로 표현된다. 클래스에 순서가 있는가 그렇지 않은가에 따라 범주형 특성을 각각 **순서형(ordinal)**과 **명목형(nominal)**으로 나눠서 정의할 수 있다.

명목형 특성은 유한한 값의 세트를 가지고 있지만, 자연적인 순서가 없는 범주의 특성을 말한다. 예를 들어, 계절의 날씨, 영화 장르 등은 모두 명목형 특성이다. 자연적인 순서가 있는 유한한 클래스 세트의 범주형 특성을 **순서형 특성**이라고 한다. 예를 들어, 요일, 옷의 사이즈 등이 순서형의 특성이다.

일반적으로 특성 엔지니어링의 모든 표준 워크플로는 이러한 범주형 값을 수치 레이블로 변환한 다음, 이러한 값에 특정 인코딩 방식을 적용하는 것이다. 많이 쓰이는 인코딩 방식을 간략히 정리하면 다음과 같다.

- **원-핫 인코딩:** 이 방식은 구분된 범주의 수가 n개라고 가정하는 범주형 속성에 대해 n개의 이진값 칼럼(Column)을 생성한다.

- **더미 코딩:** 이 방식은 구분된 범주의 수가 n개라고 가정하는 범주형 속성에 대해 n-1개의 이진값 칼럼을 생성한다.

- **특성 해싱:** 이 방식은 해시 함수를 사용해 단일 구간 또는 버킷(새로운 특성의 경우)에 여러 특성을 추가할 때 사용되며, 특성이 많을 때 널리 사용된다.

범주형 데이터에 대한 특성 엔지니어링을 더 잘 이해할 수 있게 도와주는 코드는 feature_engineering_numerical_and_categorical_data.ipynb에서 확인할 수 있다.

이미지 데이터 다루기

이미지 또는 시각 데이터는 풍부한 데이터의 원천으로, 머신러닝 알고리즘과 딥러닝으로 해결할 수 있는 여러 유스케이스가 있다. 이미지 데이터 처리에는 여러 난제가 있으며, 알고리즘을 사용하기 전에 세심한 전처리와 변환이 필요하다. 영상 데이터에 대한 특성 엔지니어링을 하는 가장 일반적인 방법 중 몇 가지는 다음과 같다.

- **메타데이터 정보 또는 EXIF 데이터 활용:** 이미지 생성 날짜, 수정 날짜, 차원 수, 압축 형식, 이미지를 캡처하는 데 사용된 장치, 해상도, 초점 길이 등의 속성을 말한다.

- **픽셀과 채널 정보:** 모든 이미지는 픽셀 값의 행렬 또는 $a(m, n, c)$ 행렬로 볼 수 있다. 여기서 m은 행 수를 나타내고 n은 열의 수를 나타내며 c는 컬러 채널(예: R, G, B)을 가리킨다. 이러한 행렬은 알고리즘과 유스케이스의 요건에 따라 다른 모양으로 변환될 수 있다.

- **픽셀 밝기:** 색을 표현하는 여러 채널이 있는 컬러 이미지로 작업하는 것이 어려울 때가 있다. 픽셀 강도 기반 특성 추출은 원시 픽셀 레벨 값을 사용하지 않고 밝기에 따라 구간화된 픽셀을 사용한다.

- **에지 탐지:** 인접 픽셀 사이의 대비와 밝기의 급격한 변화를 이용해 객체의 에지를 확인할 수 있다. 에지 탐지에 사용할 수 있는 알고리즘은 다양하다.

- **객체 탐지:** 에지 탐지 개념을 객체 탐지까지 확장해 식별한 객체의 경계를 유용한 특성으로 활용한다. 즉, 이미지 데이터의 유형에 따라 다른 알고리즘을 사용할 수 있다.

딥러닝 기반 자동 특성 추출

지금까지 살펴본 영상 데이터나 기타 유형의 특성 추출 방법은 많은 시간과 노력, 도메인에 대한 이해가 필요했다. 이러한 특성 추출은 장점도 있지만 한계도 있다.

최근 딥러닝, 특히 **CNN(Convolutional Neural Networks, 합성곱 신경망)**은 자동으로 특성을 추출할 수 있도록 연구되고 활용돼 왔다. CNN은 이미지 데이터에 최적화된 심층 신경망의 특별한 경우로, 모든 CNN의 핵심에는 기본적으로 슬라이딩된 필터를 이미지의 높이와 너비에 걸쳐 적용하는 합성곱층이 있다. 각 픽셀의 내적 값과 슬라이딩된 필터는 여러 번의 에포크에 걸쳐 학습된 활성 맵을 생성한다. 이러한 합성곱층 덕분에 모든 수준에서 에지, 질감, 모서리 등과 같은 특정 특성을 추출할 수 있다.

딥러닝과 CNN에는 더 많은 내용이 있지만, 간단하게 각 층에서 CNN이 자동으로 여러 저수준과 고수준의 특성을 추출한다고 가정해 보자. 이렇게 하면 특성 추출을 수동으로 할 필요가 없어진다. 다음 장에서 CNN을 좀 더 자세히 탐구하고 CNN으로 특성을 자동으로 추출하는 방법을 살펴보겠다.

텍스트 데이터 다루기

수치형 특성과 범주형 특성을 구조화된 데이터 유형이라고 부른다. 이 유형은 머신러닝 워크플로에서 더 쉽게 처리하고 활용할 수 있다. 텍스트 데이터는 구조화되지 않은 정보의 중요한 원천 중 하나다. 텍스트 데이터는 개념적 이해, 의미론, 형식 및 내용과 관련된 여러 가지 문제를 야기한다. 또한 텍스트 데이터는 머신러닝 알고리즘에 의해 활용되기 전에 숫자 형태로 변환하는 문제를 제시한다. 따라서 텍스트 데이터에 대한 특성 엔지니어링에 앞서 엄격한 전처리와 데이터 정리 단계가 선행돼야 한다.

텍스트 전처리

텍스트 데이터에 대한 특성 추출이나 특성 엔지니어링을 하기에 앞서 신중하고 꼼꼼한 전처리가 필요하다. 텍스트 데이터 전처리와 관련된 다양한 단계가 있다. 다음은 텍스트 데이터에 가장 두루 사용되는 전처리 단계다.

- 토큰화
- 소문자화
- 특수 문자 제거
- 축약과 확장

- 불용어 제거

- 철자 수정

- 어간 추출과 표제어 추출

대부분 기법은 유스케이스와 관련된 장에서 자세히 다루겠다. 이 주제에 대해 더 자세히 알고 싶다면 《Practical Machine Learning with Python》(Apress 2017)의 4장과 7장을 참조하라.

특성 엔지니어링

앞에서 언급한 방법으로 텍스트 데이터가 적절하게 처리되면 특성을 추출하고 수치 형태로 변환하기 위해 다음 기법의 일부를 활용할 수 있다. 텍스트 데이터에 대한 특성 엔지니어링을 더 잘 이해하려면 `feature_engineering_text_data.ipynb`를 참고한다.

- **단어 주머니(Bag-of-words) 모델:** 텍스트 데이터를 표현하기 위한 가장 간단한 벡터화 기법이다. 이 기법에서 각 문서는 N 차원의 벡터로 표현되는데, 여기서 N은 전처리된 코퍼스[3] 전체에 걸쳐 나올 수 있는 모든 단어를 나타내며, 벡터의 각 구성 요소는 단어의 존재 또는 빈도를 나타낸다.

- **TF-IDF 모델:** 단어 주머니 모델은 매우 단순한 가정하에 동작하므로 특정 시점에 다양한 문제를 야기한다. 가장 흔한 문제 중 하나는 단어 주머니 모델이 절대적인 출현 빈도로 단어를 벡터화하기 때문에 일부 최고빈도 단어가 나머지 단어를 의미 없게 만든다는 것이다. TF-IDF(Term Frequency-Inverse Document Frequency) 모델은 절대 빈도를 스케일링 및 정규화 해서 이 문제를 완화한다. 수학적으로 이 모델은 다음과 같이 정의된다.

$$tfidf(w, D) = tf(W, D) * idf(w, D)$$

여기서 $tfidf(w, D)$는 문서 D에서 각 단어 w의 TF-IDF 스코어를 나타낸다. $tf(w, D)$는 특정 문서 D에서 단어 w가 출현한 빈도다. $idf(w, D)$는 역문서 빈도로, w가 포함돼 있는 문서의 빈도로 코퍼스 C의 전체 문서를 나누고 로그를 취해서 계산한다.

단어 주머니와 TF-IDF 외에도 N-그램 주머니(bag of Ngrams)와 같은 워드 변환, Word2vec, GloVe 등과 같은 단어 임베딩 등이 있다. 이 책에서는 그중 몇 가지를 다음 장에서 자세히 다룬다.

---

3   (옮긴이) 코퍼스: 말뭉치라고도 한다. 언어 연구를 위해 텍스트를 컴퓨터가 읽을 수 있는 형태로 모아 놓은 언어 자료를 말한다. 매체, 시간, 공간, 주석 단계 등의 기준에 따라 다양한 종류가 있다(출처: 표준 국어대사전 웹 버전).

특성 선택

특성 추출과 엔지니어링의 프로세스는 기본 데이터 세트에서 특성을 추출할 뿐만 아니라 특성을 생성할 수 있게 도와준다. 이 때문에 처리를 위한 알고리즘에 입력이 너무 많아지는 경우도 발생한다. 이때 입력에 포함된 많은 특성은 중복될 수 있으며 모델이 복잡해지거나 과대 적합으로 이어질 수도 있다. 특성 선택은 존재하거나 생성되는 전체 특성 세트에서 대표적인 특성을 확인하는 과정이다. 선택된 특성 세트는 알고리즘 처리, 복잡성, 과대 적합 문제에 부딪히지 않고 당면 과제를 해결하는 데 필요한 정보를 포함하게 된다. 또한 특성 선택은 더 빠른 처리를 위한 것일뿐더러 모델링 프로세스에 사용되는 데이터를 더 잘 이해하는 데도 도움을 준다.

특성 선택 방법은 크게 다음과 같이 세 가지로 분류할 수 있다.

- **필터링 방법:** 이름에서 알 수 있듯이 이 방법은 통계 점수를 기준으로 특성의 순위를 매기는 데 도움이 된다. 그다음, 순위를 매긴 특성 가운데 일부를 선택한다. 이러한 방법은 대개 모델의 출력과는 관련이 없고, 특성을 독립적으로 평가한다. 임곗값 기반 기법과 상관 계수, 카이 제곱 검정과 같은 통계 검정이 주로 선택되는 방법이다.

- **래핑 방법:** 이 방법은 여러 특성의 부분 집합의 성능을 비교 검색한 다음, 가장 성능이 좋은 부분 집합을 선택하는 데 도움을 준다. 전진 제거와 후진 선택은 특성 선택에서 많이 쓰이는 두 가지 래핑 방법이다.

- **임베디드 방법:** 임베디드 방법은 어떤 형상의 부분 집합이 가장 좋은지를 학습해서 앞의 두 가지 방법 중 가장 좋은 것을 제공한다. 정규화와 트리 기반 방법을 많이 선택한다.

특성 선택은 머신러닝 시스템을 구축하는 과정에서 중요한 부분이다. 또한 특성 선택은 조심해서 하지 않으면 시스템에 영향을 주고 편향이 발생하는 원인이 된다. 유의할 것은 특성 선택을 훈련 데이터 세트와는 별도의 데이터 세트로 해야 한다는 점이다. 특성 선택에 훈련 데이터 세트를 활용하면 한결같이 과다 적합이 발생하고 특성 선택에 테스트 데이터 세트를 이용하면 모델의 성능이 과대 평가될 수 있다.

자주 쓰이는 대부분 라이브러리에서 다양한 특성 선택 기법을 제공한다. 사이킷런(scikit-learn)과 같은 라이브러리에서는 위와 같은 기법을 바로 사용할 수 있다. 이어지는 장에서 이러한 기법 여러 가지를 살펴보고 활용하겠다.

정리

어떤 개념과 기법을 이해하기 위해 탄탄하고 공통적인 기초 지식을 습득하는 것은 어떤 여정에서든 매우 중요하다. 이번 장에서는 머신러닝의 기초에 관해 이러한 목표를 달성하려고 노력했다. 딥러닝, 전이학습, 그리고 고급 개념의 기본 내용을 시작하기 전에 머신러닝의 개념을 확립하는 것은 필수다. 이번 장에서는 꽤 많은 기초 지식을 다뤘으며, 더 자세한 내용을 공부하는 데 필요한 중요한 지침을 제공했다.

이번 장은 머신러닝이 왜 중요한지를 이해하고 어떻게 기존 패러다임과 다른지를 다루면서 시작했다. AI, 머신러닝, 딥러닝의 관계에 대해서도 간략하게 논의했다. 그다음, 지도 학습, 비지도 학습, 강화 학습과 같은 다양한 머신러닝 기법을 제시했다. 어느 지도 학습 방법과 비지도 학습 방법이 흔히 사용되는지에 대해서도 자세히 살펴봤다.

또한 머신러닝 파이프라인과 머신러닝 프로젝트 워크플로에 관한 CRISP-DM 모델에 대해서도 간단하게 소개했다. 여러 개념을 적용하고 EDA의 중요성을 배우기 위해 '왕좌의 게임'에 나온 전투 데이터 세트의 EDA도 살펴봤다. 이 장 끝부분에서는 특성 추출, 특성 엔지니어링, 특성 선택을 소개했다.

다음 장에서는 이러한 개념을 토대로 실제의 다양한 유스케이스에 이 장에서 학습한 내용을 적용한다.

2장 | 딥러닝 기초

이번 장에서는 딥러닝의 핵심 개념을 간단히 살펴보고 딥러닝의 진정한 의미를 이해하기 위한 기초적인 내용부터 시작해 신경망을 비롯한 필수 개념과 용어를 살펴본다. 이번 장을 통해 신경망의 기본 구성 요소와 심층 신경망의 훈련 방법을 개괄적으로 알게 될 것이다. 또한 활성화 함수, 손실 함수, 역전파와 하이퍼 파라미터 튜닝 전략을 비롯한 모델 훈련과 관련된 개념을 다룬다. 이러한 기본 개념은 초보자와 심층 신경망 모델을 사용해 본 경험이 있는 데이터 과학자 모두에게 큰 도움이 될 것이다. 특별히 초점을 둔 부분은 GPU를 지원하는 강력한 클라우드 기반의 딥러닝 환경을 구축하는 방법과 사내에 딥러닝 환경을 설정하는 방법이다. 이 내용은 독자적으로 대규모 딥러닝 모델을 만들어야 하는 사람에게 매우 유용할 것이다. 이번 장에서 다룰 내용은 다음과 같다.

- 딥러닝이란 무엇인가?
- 딥러닝 기초
- GPU를 이용한 강력한 클라우드 기반의 딥러닝 환경 구축
- GPU를 이용한 강력한 사내 딥러닝 환경 구축
- 신경망 기초

딥러닝이란 무엇인가?

머신러닝에서는 입력 데이터를 원하는 출력에 매핑하기 위한 규칙을 자동으로 발견하려고 한다. 그 과정에서 적절한 데이터 표현을 만드는 것은 매우 중요하다. 예를 들어, 이메일을 스팸/햄으로 분류하는 알고리즘을 만들려면 이메일 데이터를 숫자로 나타낼 필요가 있다. 이를 간단히 표현하는 방법은 이진

벡터로 만드는 것인데, 미리 정의된 어휘 속의 단어로부터 각 구성 요소의 단어가 '있다' 또는 '없다'로 나타낸다. 이러한 표현은 풀려는 과제에 종속적이다. 즉, 머신러닝 알고리즘이 수행하기를 원하는 최종 과제에 따라 표현이 달라질 수 있다.

앞의 이메일 예제에서 스팸/햄을 확인하는 대신 이메일의 감성을 분석하고자 한다면 미리 정의된 어휘를 긍정 또는 부정의 의미를 지니는 단어로 구성한 이진 벡터로 표현하는 것이 더 유용하다. 랜덤 포레스트와 로지스틱 회귀와 같은 대부분 머신러닝 알고리즘의 성공적인 적용은 데이터 표현이 얼마나 좋은가에 달려 있다. 어떻게 좋은 표현을 얻을 수 있을까? 일반적으로 이러한 표현은 사람들이 추측해서 수작업으로 만든 특성들이다. 이 단계를 **특성 엔지니어링**(feature-engineering)이라고 부르며, 대부분 머신러닝 알고리즘에서 중요한 단계의 하나다. **서포트 벡터 머신**(Support Vector Machines, **SVMs**) 또는 일반적인 커널 기법은 데이터와 관련성이 높은 표현을 만들기 위해 수작업으로 작성된 데이터 표현을 고차원 공간 표현으로 변환함으로써 분류 또는 회귀로 쉽게 머신러닝의 과제를 해결할 수 있게 한다. 그렇지만 SVM은 매우 큰 규모의 데이터 세트로 확장하기 어렵고 이미지 분류나 음성 인식과 같은 문제에는 효과적이지 않다. 랜덤 포레스트나 **그래디언트 부스팅 머신**(GBMs)과 같은 앙상블 모델은 소규모 작업을 잘 수행하도록 특화된 '약한 모델(weak model)'을 만든 다음, 이러한 약한 모델을 결합하는 방식으로 최종 출력에 도달한다. 그래서 입력 크기가 매우 큰 경우에도 원활하게 작동하게 되는데 손으로 직접 특성을 만들어야 하기 때문에 시간도 많이 걸린다. 요약하면, 앞서 언급한 모든 머신러닝 방법은 비선형 변환에 의한 수작업 특성 세트로 데이터를 표현하는 데이터의 얕은 표현(shallow representation)으로 작동한다.

딥러닝은 머신러닝의 하위 분야로 데이터를 계층적으로 표현한다. 하위 레벨 표현이 조합되어 상위 레벨로 구조화된다. 더 중요한 것은 머신러닝에서 가장 중요한 **특성 엔지니어링**을 완전히 자동화하면 이 표현의 계층이 데이터로부터 자동으로 학습된다는 것이다. 시스템이 추상화의 여러 레벨에서 함수를 자동으로 학습하면서 사람이 만든 특성과는 별도로 입력된 데이터에서 복잡한 표현을 직접 학습해 출력한다.

딥러닝 모델은 실제로 여러 개의 은닉층이 있는 신경망으로, 입력 데이터의 계층적 표현을 만들 수 있다. '심층(deep)'이라고 한 이유는 여러 개의 은닉층을 통해 표현을 얻기 때문이다. 간단히 말하면, 딥러닝은 **계층적 특성 엔지니어링**(hierarchical feature-engineering)이라고 할 수 있다(물론 더 많은 것을 할 수 있지만, 이것이 핵심 원리다). 심층 신경망의 간단한 한 가지 예는 하나 이상의 은닉층이 있는 MLP(multi-layered perceptron)다. 다음 그림에 나온 MLP 기반 얼굴 인식 시스템을 생각해 보자. 가장 낮은 수준의 특성은 일부 에지와 색상 대비 패턴이다. 그다음 층에서는 눈과 코, 입술을 흉내내기 위한 국소적 대비 패턴을 이용할 수 있을 것이다. 마지막으로, 최상위 층이 이러한 얼굴 특성을 사용해 얼굴 템플릿을 만든다. 심층망은 단순한 함수를 조합해서 다음 다이어그램과 같이 복잡성이 증가하는 함수를 만든다.

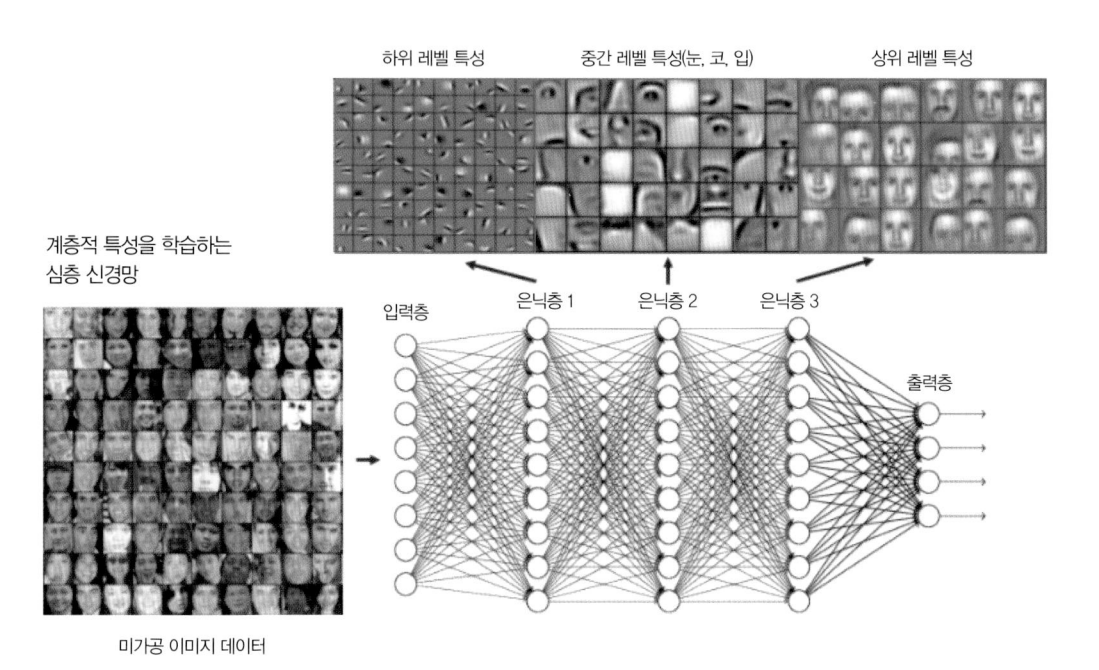

심층 신경망의 계층적 표현(출처: https://www.rsipvision.com/exploring-deep-learning/)

딥러닝을 이해하려면 신경망의 구성 요소와 네트워크의 훈련 방법, 그러한 훈련 알고리즘을 매우 큰 심층 네트워크로 확장하는 방법을 명확하게 이해해야 한다. 신경망에 대한 자세한 내용을 살펴보기 전에 다음 질문에 답해 보자. 왜 지금 딥러닝이 필요한가? 신경망의 이론, 심지어 **합성곱 신경망(CNN)**도 1990년대에 만들어졌다. 그런데 딥러닝이 지금 대중에게 관심을 받는 데는 다음과 같은 세 가지 이유가 있다.

- **효율적인 하드웨어 가용성**: 무어의 법칙은 CPU의 처리 능력을 높이고 컴퓨팅 파워를 향상시켰다. 그 밖에도 GPU는 딥러닝 모델에서 매우 일반적인 연산인 스케일이 조정되는 수백만 개의 행렬 연산에도 매우 유용하다. 연구 커뮤니티들이 CUDA 같은 SDK를 사용하면서 거대한 CPU 클러스터로 하던 일이 이제 소수의 GPU 병렬 처리로 대체됐다. 모델 훈련에는 행렬곱이나 내적과 같은 여러 작은 선형 대수 연산이 포함되며, 이는 CUDA에서 매우 효율적으로 구현되어 GPU에서 실행된다.

- **대용량 데이터 소스와 저렴한 저장소의 이용**: 이제 텍스트, 이미지, 음성을 위한 레이블된 훈련 세트를 무료로 이용할 수 있다.

- **신경망을 훈련하는 데 사용되는 최적화 알고리즘의 발전**: 전통적으로 가중치를 학습하기 위해 신경망에 사용하는 알고리즘
은 경사 하강 또는 확률적 경사 하강(Stochastic Gradient Descent: SGD)뿐이었다. SGD에는 몇 가지 제약, 즉 국소 최솟값
(local minima)이나 느린 수렴 등의 걸림돌이 있었는데, 최신 알고리즘은 이를 극복했다. 이 알고리즘에 관해서는 '신경망 핵심
개념' 이후의 절에서 자세히 설명하겠다.

딥러닝 프레임워크

딥러닝이 널리 보급되고 채택되는 주요 이유 중 하나는 사용하기 쉬운 오픈소스 딥러닝 프레임워크
로 구성된 파이썬 딥러닝 생태계 덕분이다. 그러나 새로운 프레임워크가 지속해서 출시되고 오래된
프레임워크가 수명을 다하는 것을 고려하면 딥러닝 환경이 빠르게 변화하고 있음을 알 수 있다. 딥러
닝 매니아라면 테아노(Theano)가 요슈아 벤지오(Yoshua Bengio)가 이끄는 MILA(https://mila.
quebec/)에서 만든 최초이자 가장 많이 쓰이는 딥러닝 프레임워크임을 알고 있을 것이다. 아쉽게도
테아노의 최신 개발 및 지원은 2017년에 최신 버전(1.0)이 출시된 후에 중단됐다. 따라서 딥러닝 프레
임워크 중에서 구현하고 활용할 수 있는 것은 무엇이 있는지 이해하는 것이 무엇보다 중요하다. 또한
여러 조직이 모두의 이익을 위해 이러한 프레임워크를 구축, 학습, 발표하고 있다는 점도 기억하자(더
나은 기능과 빠른 실행 등을 위해 서로 경쟁하는 경우가 많다). 다음 그림은 2018년 기준 가장 널리 사
용되는 딥러닝 프레임워크를 보여준다.

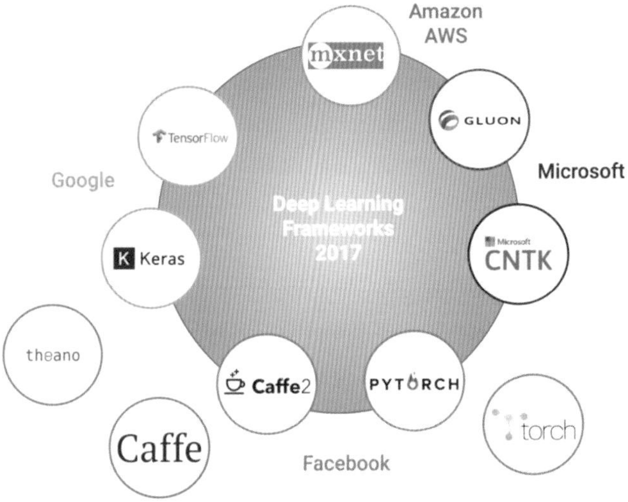

인드라 덴 바카르(Indra den Bakkar)의 뛰어난 묘사가 돋보이는 원본 기사는 **"Towards Data Science"**(https://towardsdatascience.com/battle-of-the-deeplearning-frameworks-part-i-cff0e3841750)를 통해 좀 더 자세히 확인할 수 있다. 가장 인기 있는 딥러닝 프레임워크를 간단히 살펴보자.

- **테아노(Theano)**: 기본적으로 테아노는 지금은 일반적으로 텐서(tensor)로 알려진 다차원 배열에서 효율적인 수치 계산을 가능하게 하는 저수준 프레임워크다. 테아노는 매우 안정적이고 구문은 텐서플로와 매우 유사하다. GPU를 지원하지만 상당히 제한적이다. 특히 여러 GPU를 사용하려는 경우 더욱 그렇다. 1.0 이후에 개발과 지원이 중단됐기 때문에 딥러닝을 구현할 때 테아노를 사용하려면 주의해야 한다.

- **텐서플로(TensorFlow)**: 아마도 가장 많이 쓰이는 딥러닝 프레임워크일 것이다(또는 가장 많이 쓰이는 것 중 하나). 구글 브레인에서 만들었고, 2015년에 출시하자마자 머신러닝과 딥러닝 연구자, 엔지니어, 데이터 과학자들의 많은 관심을 모았다. 출시 초기에는 성능에 문제가 있었지만, 현재도 개발 중이며 출시할 때마다 계속 개선되고 있다. 텐서플로는 다중 CPU와 GPU 기반 실행을 지원하고 C++, 자바, R과 파이썬을 비롯한 여러 언어를 지원한다. 조금 더 복잡한 딥러닝 모델을 구축하기 위한 기호 프로그래밍(symbolic programming) 스타일만 지원했다가 v1.5 이후 널리 보급됨에 따라 더 대중적이고 사용하기 쉬운 명령형 프로그래밍 스타일(**즉시 실행**(eager execution)[1]이라고도 불림)을 지원하기 시작했다. 텐서플로는 일반적으로 테아노와 비슷한 저수준 라이브러리지만, 신속한 프로토타이핑 및 개발을 위해 고급 API 함수를 갖추고 있다. 텐서플로의 중요한 부분은 tf.contrib 모듈에 포함돼 있는데, 케라스 API를 비롯한 다양한 실험적인 기능을 포함하고 있다.

- **케라스(Keras)**: 어떤 문제를 풀기 위해 저수준의 딥러닝 프레임워크를 활용하다가 혼란에 빠지면 언제든지 케라스에 의지할 수 있다. 이 프레임워크는 하드코어 개발자가 아니더라도 과학자를 포함한 다양한 기술 세트를 보유한 사람들이 널리 사용할 수 있다. 케라스는 최소한의 코드로 효율적인 딥러닝 모델을 구축할 수 있는 간단하고 깨끗하며 사용하기 쉬운 고수준 API를 제공하기 때문이다. 케라스의 장점은 테아노나 텐서플로를 비롯한 여러 하위 수준의 딥러닝 프레임워크(**백엔드**라고도 함)를 기반으로 작동하도록 구성할 수 있다는 것이다. 케라스 설명서는 https://keras.io/에서 확인할 수 있으며 매우 상세하다.

- **카페(Caffe)**: 버클리 비전 및 학습 센터(Berkeley Vision and Learning Center)에서 C++(파이썬 바인딩 포함)로 개발된 오래된 학습 프레임워크 중 하나다. 카페에서 가장 중요한 부분은 Caffe Model Zoo의 일부로 여러 가지 사전 훈련된 딥러닝 모델을 제공한다는 것이다. 페이스북은 최근 Caffe2를 오픈소스화 했다. Caffe2는 Caffe에 더 많은 기능을 향상시켜 만들었으며, 이전 제품보다 사용하기가 쉽다.

- **파이토치(PyTorch)**: 토치 프레임워크는 루아(Lua)로 작성됐고 매우 유연하고 빠르며, 자주 성능이 크게 향상된다. 파이토치는 토치에서 영감을 얻어 딥러닝 모델을 만들 수 있는 파이썬 기반 프레임워크다. 단순히 토치에 대한 확장 또는 파이썬 래퍼가 아니라 토치 프레임워크 아키텍처의 다양한 측면을 개선한 완전한 프레임워크다. 여기에는 컨테이너 제거, 모듈 활용과 메모리 최적화와 같은 성능 향상도 포함돼 있다.

---

1 (옮긴이) 동적 그래프를 지원하는 함수로 2017년 10월에 처음으로 소개됐다.
  https://developers.googleblog.com/2017/10/eager-execution-imperative-define-by.html

- CNTK: 마이크로소프트에서 제공하는 오픈소스 코그니티브 툴킷(Cognitive Toolkit) 프레임워크는 파이썬과 C++를 모두 지원한다. 구문은 케라스와 매우 유사하며, 다양한 모델 아키텍처를 지원한다. 엄청난 인기를 얻고 있는 것은 아니지만, 마이크로소프트 내부의 cognitive-intelligence[2]에서도 사용하는 프레임워크다.

- MXNet: 널리 사용되는 XGBoost 패키지의 제작사인 Distributed Machine Learning Community(DMLC)에서 개발했다. 현재 아파치 인큐베이터의 공식 프로젝트다. MXNet은 C++, 파이썬, R, 줄리아 등의 다양한 언어를 지원하는 최초의 딥러닝 프레임워크 중 하나이며, 다른 딥러닝 프레임워크에서 소홀히 했던 윈도를 비롯한 여러 운영체제를 지원한다. 이 프레임워크는 다중 GPU를 지원하기 때문에 매우 효율적이고 확장성도 좋다. 그 결과, **글루온(Gluon)**이라는 고수준 인터페이스를 개발해서 아마존의 딥러닝 프레임워크가 됐다.

- 글루온(Gluon): CNNet뿐만 아니라 MXNet이 최상위에서 활용될 수 있는 고급 학습 프레임워크 또는 인터페이스라고 할 수 있다. 아마존 AWS와 마이크로소프트가 공동으로 개발한 글루온은 케라스와 매우 유사하며 직접적인 경쟁자로 생각할 수 있다. **인공지능을 민주화하자는 비전을 가지고** 시간이 지날수록 더욱더 저수준의 딥러닝 프레임워크를 지원할 것이라고 주장한다. 글루온은 누구나 쉽게 최소한의 코드로 딥러닝 아키텍처를 구축할 수 있는 매우 간단하고 깨끗하며 간결한 API를 제공한다.

- BigDL: BigDL은 빅 데이터를 위한 딥러닝으로 생각하면 된다. 인텔이 개발한 이 프레임워크는 아파치 스파크를 기반으로 하둡 클러스터를 이용해 분산 처리하기 때문에 스파크 프로그램으로 딥러닝 모델을 구축하고 실행할 수 있다. 또한 효율적이고 향상된 성능을 제공하기 위해 많이 쓰이는 인텔 **매스 커널 라이브러리(Math Kernel Library, MKL)**를 활용한다.

딥러닝 프레임워크로 여기서 설명한 프레임워크만 있는 것은 아니지만, 딥러닝 환경에 무엇이 있는지에 대한 대략적인 개념은 얻었을 것이다. 앞에서 나열한 프레임워크를 살펴보고 자신에게 가장 적합한 프레임워크를 선택하자.

일부 프레임워크는 가파른 학습 곡선을 가지고 있어서 학습하고 활용하는 데 시간이 걸릴 수도 있지만, 너무 낙심하지는 말자. 프레임워크별로 장단점이 있지만, 항상 해결해야 할 문제에 더 집중해야 하며 문제 해결에 가장 적합한 프레임워크를 활용해야 한다.

GPU가 지원되는 클라우드 기반의 딥러닝 환경 구축

딥러닝은 CPU가 장착된 표준 단일 PC 설정에서 꽤 잘 작동한다. 그러나 데이터의 크기가 커지고 모델 아키텍처가 점점 복잡해지기 시작하면 견고한 딥러닝 환경에 투자하는 것을 고려하게 된다. 시스템의 주요 기대 사항은 모델을 효율적으로 구축 및 훈련하고, 모델을 훈련하는 데 소요되는 시간을 단축하며, 오작동을 방지하는 것이다. 대부분 딥러닝 계산은 본질적으로 수백만 행렬 연산(행렬로 표시된 데이터)이고 병렬로 빠르게 계산할 수도 있다. GPU는 이러한 측면에서 실제로 잘 동작하는 것으로 입증

됐다. 강력한 클라우드 기반의 딥러닝 환경 또는 사내 환경 구축을 고려할 수도 있다. 이번 절에서는 강력한 클라우드 기반의 딥러닝 환경을 구축할 수 있는 방법을 살펴보겠다.

이와 관련된 주요 구성 요소는 다음과 같다.

- 클라우드 공급자 선택
- 가상 서버 설정
- 가상 서버 구성
- 딥러닝 의존성 설치와 업데이트
- 딥러닝 클라우드 환경에 접근
- 딥러닝 환경에서 GPU 사용 가능 여부 확인

이 구성 요소 각각에 대해 자세히 살펴보고 자신의 딥러닝 환경을 구축하는 데 도움이 되는 단계별 절차를 따라 해보자.

클라우드 공급자 선택

요즘에는 합리적이고 경쟁력 있는 요금을 제공하는 여러 클라우드 제공업체가 있다. 여기서는 데이터와 애플리케이션, 기본 구성을 관리해주는 PaaS(Platform as a Service) 기능을 활용하려고 한다.

다음 그림은 많이 쓰는 클라우드 제공업체를 보여준다.

잘 알려진 제공업체로는 아마존 AWS, 마이크로소프트 애저(Azure), 구글 클라우드 플랫폼(Google Cloud Platform, GCP)이 있다. 이 책에서는 AWS를 활용한다.

가상 서버 설정[3]

이번 절의 나머지 단계를 따라 하려면 AWS 계정을 만들어야 한다. 계정이 없다면 https://aws.amazon.com/에서 만든다. 계정이 준비되면 계정에 로그인하고 https://console.aws.amazon.com/ec2/v2/에서 AWS EC2 제어판으로 이동하면 아마존의 클라우드 컴퓨팅 서비스의 토대인 **엘라스틱 컴퓨트 클라우드(Elastic Compute Cloud, EC2)** 서비스를 이용할 수 있다. 지역을 선택하고 나서 인스턴스 실행을 클릭해 클라우드에 새로운 가상 서버를 만드는 절차를 시작하자.

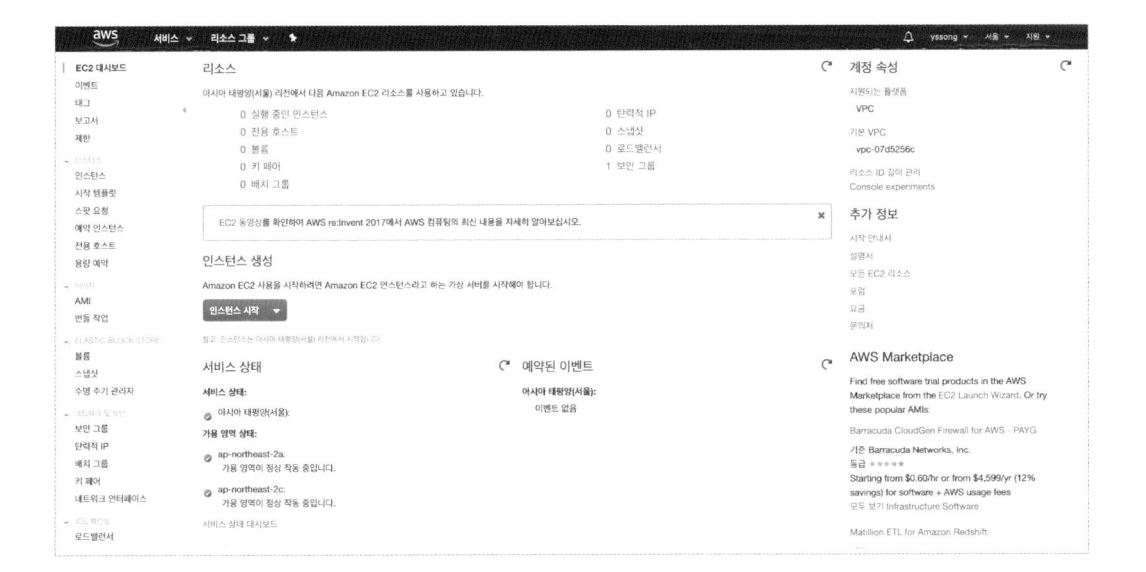

인스턴스 시작(Launch Instance) 버튼을 클릭하면 **아마존 머신 이미지(Amazon Machine Image, AMI)**를 선택하는 페이지로 이동한다. 일반적으로 AMI는 가상 서버를 구축하는 데 필요한 다양한 소프트웨어로 구성된다. 여기에는 다음과 같은 요소가 포함된다.

- 서버의 운영체제와 애플리케이션, 기타 구성 설정을 포함하는 인스턴스의 루트 볼륨에 대한 템플릿.

- AMI를 사용해 인스턴스를 시작할 수 있는 AWS 계정을 제어하는 시작 권한 설정.

- 실행했을 때 인스턴스에 연결할 스토리지 볼륨을 지정하는 블록 디바이스 매핑. 모든 데이터가 이곳으로 간다!

---

3   (옮긴이) AWS에서 제공하는 10분 자습서를 이용하는 것도 유용하다.
https://aws.amazon.com/ko/getting-started/tutorials/

딥러닝을 위해 사전 제작한 AMI를 활용하면 추가 구성 및 관리에 시간을 낭비할 필요가 없어진다. **AWS 마켓플레이스**로 가서 **Deep Learning AMI(Ubuntu)**를 선택하자.

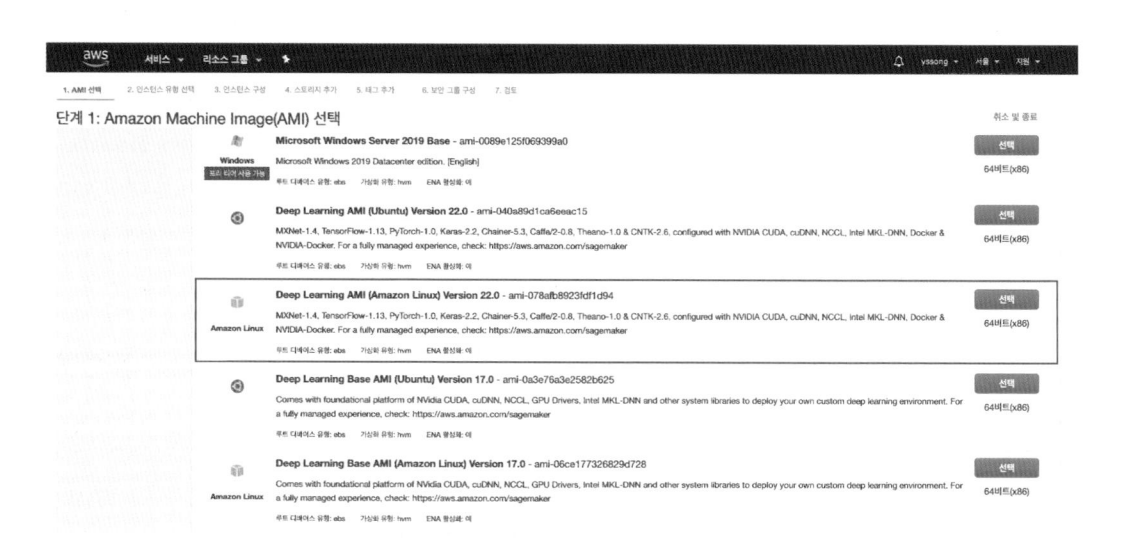

AMI를 선택한 후에 인스턴스 타입을 선택해야 한다. GPU를 사용하는 딥러닝의 경우 **p2.xlarge** 인스턴스를 추천한다. p2.xlarge는 강력하지만 시간당 약 0.90달러로 경제적이다(2018년 기준).

P2 인스턴스는 최대 16개의 NVIDIA K80 GPU, 64개의 vCPU와 호스트 메모리 732GiB를 제공하며, 다음 그림과 같이 192GB GPU 메모리를 함께 제공한다.

Compute optimized	c4.xlarge	4	7.5	EBS 전용	예	높음	예
Compute optimized	c4.2xlarge	8	15	EBS 전용	예	높음	예
Compute optimized	c4.4xlarge	16	30	EBS 전용	예	높음	예
Compute optimized	c4.8xlarge	36	60	EBS 전용	예	10기가비트	예
GPU instances	p2.xlarge	4	61	EBS 전용	예	높음	예
GPU instances	p2.8xlarge	32	488	EBS 전용	예	10기가비트	예
GPU instances	p2.16xlarge	64	732	EBS 전용	예	25 Gigabit	예
GPU instances	p3.2xlarge	8	61	EBS 전용	예	최대 10기가비트	예
GPU instances	p3.8xlarge	32	244	EBS 전용	예	10기가비트	예
GPU instances	p3.16xlarge	64	488	EBS 전용	예	25 Gigabit	예
Memory optimized	r5d.large	2	16	1 x 75 (SSD)	예	최대 10기가비트	예
Memory optimized	r5d.xlarge	4	32	1 x 150 (SSD)	예	최대 10기가비트	예
Memory optimized	r5d.2xlarge	8	64	1 x 300 (SSD)	예	최대 10기가비트	예
Memory optimized	r5d.4xlarge	16	128	2 x 300 (SSD)	예	최대 10기가비트	예

다음으로 인스턴스 세부 사항을 구성한다. 하나 이상의 인스턴스를 시작거나 특정한 서브넷 환경을 설정하거나 종료 동작을 지정하지 않는 한 기본 설정을 그대로 사용해도 된다.

다음 단계는 스토리지 세부 사항을 추가하는 것이다. 일반적으로 필요한 경우 루트 볼륨을 사용해 크기를 늘릴 수 있으며 추가 디스크 공간을 위해 **EBS(Elastic Block Store)** 볼륨을 추가할 수 있다.

그런 다음, 필요에 따라 태그(대소문자를 구분하는 키-값 쌍)를 추가할 수 있다. 지금은 필요하지 않으므로 건너뛴다.

여기서는 보안 그룹 구성의 다음 단계에 더 초점을 맞춘다. 특히 강력한 주피터 노트북을 활용해 외부에서 학습 설정에 접근하려는 경우에는 더욱 신경 써야 한다. 이 기능을 사용하려면 다음과 같이 새 보안 그룹을 만들고 **사용자 지정 TCP** 규칙을 만든 다음 8888번 포트를 열면 활성화할 수 있다.

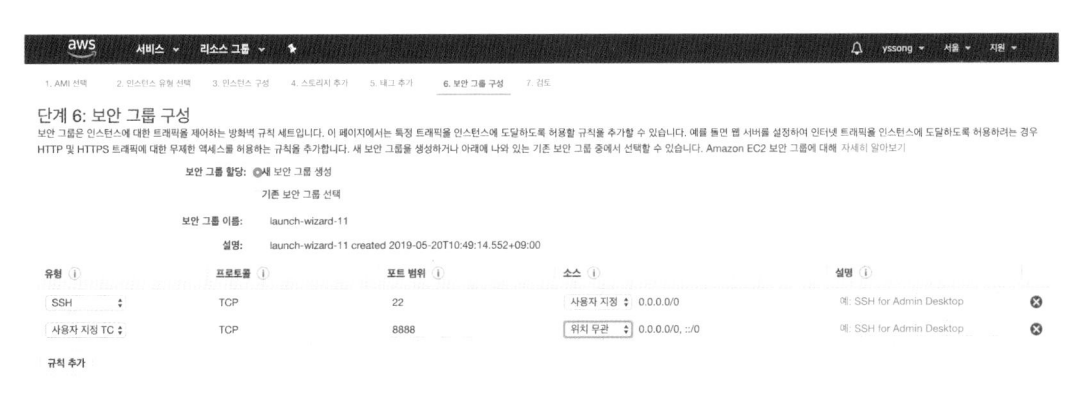

여기서 주의할 점은 이 규칙에 따르면 일반적으로 모든 IP가 인스턴스(주피터 노트북을 실행할 위치)의 해당 포트(8888)에 접근할 수 있다는 것이다. 필요한 경우 보안을 강화할 목적으로 특정 PC 또는 노트북의 IP 주소를 규칙에 추가하는 것으로 처리할 수 있다. 이 밖에도 보안 강화를 위해 나중에 주피터 노트북에 암호 보호 기능을 추가할 수 있다.

마지막으로 인스턴스에 안전하게 연결하기 위해 공개 키와 개인 키를 생성해서 인스턴스를 시작해야 한다. 기존 키 쌍이 없는 경우 다음 그림과 같이 새 키를 생성하고 개인 키 파일을 안전하게 디스크에 저장한 다음 인스턴스를 실행한다.

기존 키 페어 선택 또는 새 키 페어 생성 ✕

키 페어는 AWS에 저장하는 **퍼블릭 키**와 사용자가 저장하는 **프라이빗 키 파일**로 구성됩니다. 이 둘을 모두 사용하여 SSH를 통해 인스턴스에 안전하게 접속할 수 있습니다. Windows AMI의 경우 인스턴스에 로그인하는 데 사용되는 암호를 얻으려면 프라이빗 파일이 필요합니다. Linux AMI의 경우, 프라이빗 키 파일을 사용하면 인스턴스에 안전하게 SSH로 연결할 수 있습니다.

참고: 선택한 키 페어가 이 인스턴스에 대해 승인된 키 세트에 추가됩니다. 퍼블릭 AMI에서 기존 키 페어 제거 에 대해 자세히 알아보기

기존 키 페어 선택 ⬍
키 페어를 선택하십시오
키 페어 없음 ⬍

⚠ 키 페어 없음
키 페어가 없습니다. 계속하려면 위에서 [**새 키 페어 생성**] 옵션을 선택하여 새 키 페어를 작성하십시오.

취소 인스턴스 시작

가상 서버가 부팅되어 실행되기까지 몇 분이 걸릴 수 있으므로 잠시 기다린다. 계정 제한 또는 용량 부족으로 인스턴스를 시작하지 못하는 경우도 종종 있다.

이러한 문제가 발생하는 경우 사용 중인 특정 인스턴스 타입에 대한 한도 증가를 요청할 수 있다(이 경우에는 p2.xlarge).

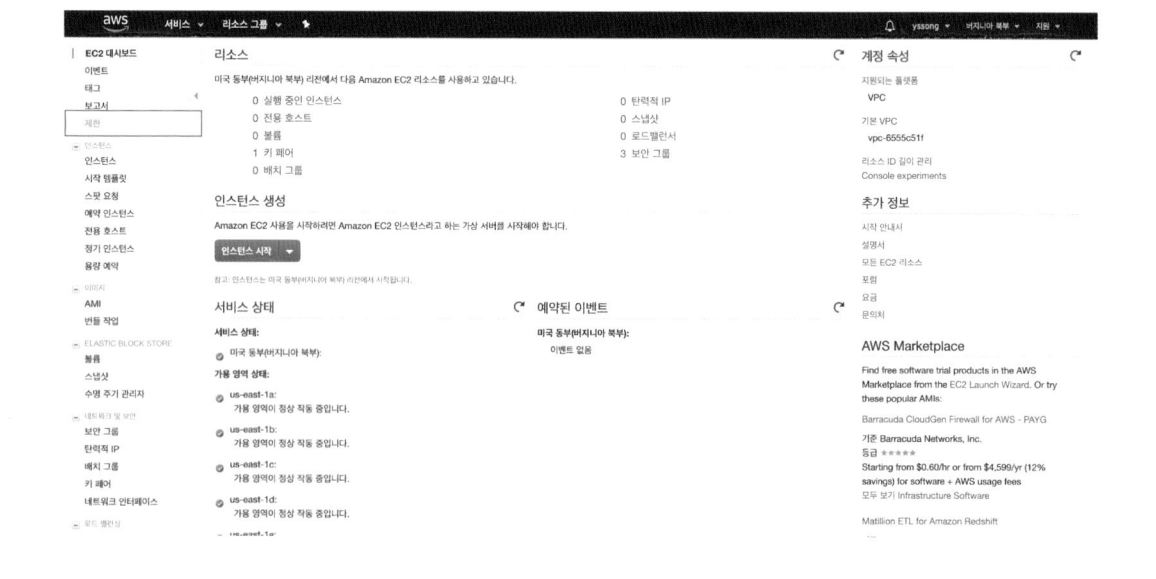

일반적으로 AWS는 24시간 이내에 요청에 응답하고 승인하므로 승인을 받기 전에 잠시 기다리면 인스턴스를 시작할 수 있다. 인스턴스를 실행하면 **인스턴스** 부분을 확인하고 인스턴스에 연결을 시도하면 된다.

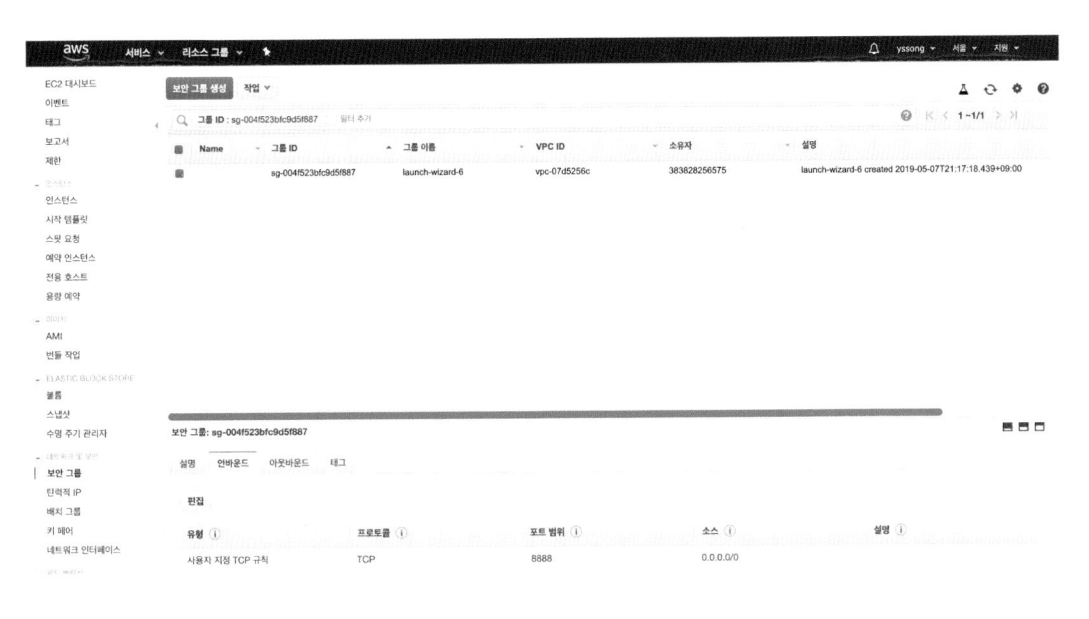

앞에서 비공개 AWS 키를 저장한 로컬 시스템의 명령 프롬프트 또는 터미널을 사용해 이제 인스턴스에 연결할 수 있다.

```
[DIP.DipsLaptop]> ssh -i "my-dl-box.pem" ubuntu@ec2-
xxxxx.compute-1.amazonaws.com
Warning: Permanently added 'ec2-xxxxx.compute-1.amazonaws.com' (RSA) to the list of known hosts.


=======================================================
Deep Learning AMI for Ubuntu
=======================================================
The README file for the AMI : /home/ubuntu/src/AMI.README.md
Welcome to Ubuntu 14.04.5 LTS (GNU/Linux 3.13.0-121-generic x86_64)

Last login: Sun Nov 26 09:46:05 2017 from 10x.xx.xx.xxx
ubuntu@ip-xxx-xx-xx-xxx:~$
```

이제 클라우드 기반 딥러닝 서버에 성공적으로 로그인할 수 있을 것이다!

가상 서버 구성

주피터 노트북을 이용해 터미널에서 코드를 작성하지 않고도 가상 서버에서 분석과 딥러닝 모델링을 할 수 있게 해주는 몇 가지 기본 구성을 설정해 보자. 먼저 SSL 인증서를 설정해야 한다. 새 디렉터리를 만들자.

```
ubuntu@ip:~$ mkdir ssl
ubuntu@ip:~$ cd ssl
ubuntu@ip:~/ssl$
```

디렉터리에 들어가면 OpenSSL을 사용해 새 SSL 인증서를 만든다.

```
ubuntu@ip:~/ssl$ sudo openssl req -x509 -nodes -days 365 -newkey rsa:1024 -keyout "cert.key" -out "cert.pem" -batch
Generating a 1024 bit RSA private key
......+++++
...+++++
writing new private key to 'cert.key'
-----
ubuntu@ip:~/ssl2$ ls
cert.key cert.pem
```

이제 앞에서 이야기했던 주피터 노트북에 암호 기반 보안을 추가해야 한다. 이를 위해 주피터의 기본 구성 설정을 수정해야 한다. 주피터 설정 파일이 없는 경우 다음 명령을 사용해 생성할 수 있다.

```
$ jupyter notebook --generate-config
```

노트북에 암호 기반 보안을 사용하려면 먼저 암호와 해시를 생성해야 한다. 다음과 같이 Ipython.lib에 서 제공하는 passwd() 함수를 활용할 수 있다.

```
ubuntu@ip:~$ ipython
Python 3.4.3 (default, Nov 17 2016, 01:08:31)
Type 'copyright', 'credits' or 'license' for more information
IPython 6.1.0 -- An enhanced Interactive Python. Type '?' for help.
```

```
In [1]: from IPython.lib import passwd
In [2]: passwd()
Enter password:
Verify password:
Out [2]: 'sha1:e9ed12b73a30:142dff0cdcaf375e4380999a6ca17b47ce187eb6'
In [3]: exit
ubuntu@:~$
```

암호를 입력하고 확인하면 함수가 해시를 반환한다. 이 해시는 암호의 해시다(이 경우 입력한 암호 키는 말 그대로 패스워드다. 이 암호를 사용해서는 안 된다!). 조만간 필요할 것이므로 해시 값을 복사하고 저장하자.

다음으로, 텍스트 편집기를 실행해 주피터의 config 파일을 편집하자.

```
ubuntu@ip:~$ vim ~/.jupyter/jupyter_notebook_config.py

# 주피터 노트북의 Configuration 파일
c = get_config()  # config 객체
c.NotebookApp.certfile = u'/home/ubuntu/ssl/cert.pem'
c.NotebookApp.keyfile = u'/home/ubuntu/ssl/cert.key'
c.IPKernelApp.pylab = 'inline'
c.NotebookApp.ip = '*'
c.NotebookApp.open_browser = False
c.NotebookApp.password =
'sha1:e9ed12b73a30:142dff0cdcaf375e4380999a6ca17b47ce187eb6' # replace this

# i를 눌러 새로운 텍스트를 삽입하고 esc를 눌러 저장하고 :wq를 눌러 종료한다.

ubuntu@ip:~$
```

이제 모델 구축을 시작하기 전에 딥러닝을 할 수 있게 해주는 몇 가지 중요한 의존성 패키지를 살펴보자.

딥러닝 의존성 패키지 설치와 업데이트

다른 딥러닝에 비해 GPU를 사용하는 파이썬 딥러닝에는 몇 가지 중요한 측면이 있다. 여기서는 핵심 내용만 다룰 것이므로 자유롭게 다른 온라인 문서와 자료를 참조하기 바란다. 또한 이 단계를 건너뛰고 다음 절로 가서 GPU를 이용한 딥러닝 서버가 이미 활성화돼 있는지 확인할 수도 있다. 새로운 AWS 딥러닝 AMI에는 딥러닝에 GPU를 이용할 준비가 돼 있다.

그러나 설정이 적절하지 않거나 구성의 일부가 잘못돼서(다음 절에서 수행할 테스트에서) 딥러닝이 GPU를 사용하지 못한다면 다음과 같은 단계를 밟아야 한다. 딥러닝 환경에서 '딥러닝 클라우드 환경에 접근하기' 절과 '딥러닝 환경에서 GPU 사용 가능 여부 확인' 절을 참조해서 아마존에서 제공하는 기본 설정이 유효한지를 확인할 수 있다. 제대로 설정돼 있다면 나머지 단계를 따라 하기는 어렵지 않다.

먼저, Nvidia GPU가 작동하고 GPU용 드라이버가 제대로 설치됐는지 확인한다. 다음 명령을 사용해 이를 확인할 수 있다. p2.x는 일반적으로 Tesla GPU를 쓴다.

```
ubuntu@ip:~$ sudo lshw -businfo | grep -i display
pci@0000:00:02.0 display GD 5446
pci@0000:00:1e.0 display GK210GL [Tesla K80]


ubuntu@ip-172-31-90-228:~$ nvidia-smi
```

드라이버가 올바르게 설치돼 있다면 다음 그림과 비슷하게 출력될 것이다.

```
Sun Feb 25 15:18:59 2018
+-----------------------------------------------------------------------------+
| NVIDIA-SMI 384.66                 Driver Version: 384.66                     |
|-------------------------------+----------------------+----------------------+
| GPU  Name        Persistence-M| Bus-Id        Disp.A | Volatile Uncorr. ECC |
| Fan  Temp  Perf  Pwr:Usage/Cap|         Memory-Usage | GPU-Util  Compute M. |
|===============================+======================+======================|
|   0  Tesla K80           On   | 00000000:00:1E.0 Off |                    0 |
| N/A   40C    P8    31W / 149W |      0MiB / 11439MiB |      0%      Default |
+-------------------------------+----------------------+----------------------+

+-----------------------------------------------------------------------------+
| Processes:                                                       GPU Memory |
|  GPU       PID   Type   Process name                             Usage      |
|=============================================================================|
|  No running processes found                                                 |
+-----------------------------------------------------------------------------+
```

오류가 발생하면 다음 단계에 따라 Nvidia GPU 드라이버를 설치하자. 사용 중인 운영체제에 따라 다른 드라이버를 사용해야 한다. 이 책에서는 이전 버전의 Ubuntu 14.04 AMI를 사용했으며, 다음과 같은 명령을 사용했다.

```
# 다음 명령으로 OS 릴리스를 확인한다.
ubuntu@ip:~$ lsb_release -a
```

```
No LSB modules are available.
Distributor ID: Ubuntu
Description: Ubuntu 14.04.5 LTS
Release: 14.04
Codename: trusty


# OS에 맞게 드라이버를 다운로드해서 설치한다.
ubuntu@ip:~$
http://developer.download.nvidia.com/compute/cuda/repos/ubuntu1404/
x86_64/cuda-repo-ubuntu1404_8.0.61-1_amd64.deb
ubuntu@ip:~$ sudo dpkg -i ./cuda-repo-ubuntu1404_8.0.61-1_amd64.deb
ubuntu@ip:~$ sudo apt-get update
ubuntu@ip:~$ sudo apt-get install cuda -y
# 서버를 한 번 다시 시작해야 할 수도 있다.
# 다음 명령으로 GPU 드라이버가 작동하는지 확인한다.
ubuntu@ip:~$ nvidia-smi
```

이 명령을 기반으로 드라이버 및 GPU 하드웨어 세부 정보를 볼 수 있다면 드라이버가 성공적으로 설치된 것이다! 이제 Nvidia CUDA 툴킷 설치에 집중할 수 있다. 일반적으로 CUDA 툴킷은 고성능 GPU 가속 애플리케이션을 개발할 수 있는 개발 환경을 제공한다. 이것은 GPU 하드웨어의 모든 함수를 최적화하고 활용하는 데 사용된다. https://developer.nvidia.com/cuda-toolkit에서 CUDA에 대한 자세한 내용을 확인하고 툴킷을 내려받을 수 있다.

 CUDA는 버전별로 매우 다양하며, 파이썬 딥러닝 프레임워크에 따라 특정 CUDA 버전이 호환된다. 이번 장에서는 CUDA 8을 사용한다. CUDA가 이미 설치돼 있고 서버의 딥러닝 환경이 올바르게 작동하는 경우 이 단계를 건너뛰어도 된다.

CUDA를 설치하려면 다음 명령을 실행한다.

```
ubuntu@ip:~$ wget
https://s3.amazonaws.com/personal-waf/cuda_8.0.61_375.26_linux.run

ubuntu@ip:~$ sudo rm -rf /usr/local/cuda*

ubuntu@ip:~$ sudo sh cuda_8.0.61_375.26_linux.run
# press and hold s to skip agreement and also make sure to select N when asked if you want to
install Nvidia drivers
```

```
# Do you accept the previously read EULA?
# accept

# Install NVIDIA Accelerated Graphics Driver for Linux-x86_64 361.62?
# ************************* VERY KEY ****************************
# ******************* DON"T SAY Y ****************************
# n

# Install the CUDA 8.0 Toolkit?
# y

# Enter Toolkit Location
# press enter

# Do you want to install a symbolic link at /usr/local/cuda?
# y

# Install the CUDA 8.0 Samples?
# y

# Enter CUDA Samples Location
# press enter

# Installing the CUDA Toolkit in /usr/local/cuda-8.0 ...
# Installing the CUDA Samples in /home/liping ...
# Copying samples to /home/liping/NVIDIA_CUDA-8.0_Samples now...
# Finished copying samples.
```

CUDA가 설치되면 cuDNN도 설치해야 한다. 이 프레임워크는 Nvidia에서 개발했으며 **CUDA Deep Neural Network(cuDNN)** 라이브러리의 약자다. 기본적으로 이 라이브러리는 딥러닝과 심층 신경 망 구축을 위한 최적화된 기본 요소들로 구성된 GPU 가속 라이브러리다. cuDNN 프레임워크는 정규 활성화층, 합성곱층과 풀링층, 정규화와 역전파를 포함한 표준 딥러닝 작업과 층에 고도로 최적화돼 있 다. 이 프레임워크의 목적은 특히 NVIDIA GPU를 통해 딥러닝 모델을 훈련하고 성능을 가속화하는 것이다. cuDNN에 대한 자세한 내용은 https://developer.nvidia.com/cudnn에서 확인할 수 있다. 다음 명령을 사용해 cuDNN을 설치하자.

```
ubuntu@ip:~$ wget https://s3.amazonaws.com/personal-waf/cudnn-8.0-
              linux-x64-v5.1.tgz

ubuntu@ip:~$ sudo tar -xzvf cudnn-8.0-linux-x64-v5.1.tgz
ubuntu@ip:~$ sudo cp cuda/include/cudnn.h /usr/local/cuda/include
ubuntu@ip:~$ sudo cp cuda/lib64/libcudnn* /usr/local/cuda/lib64
ubuntu@ip:~$ sudo chmod a+r /usr/local/cuda/include/cudnn.h
              /usr/local/cuda/lib64/libcudnn*
```

일단 완료되면 ~/.bashrc 끝에 다음 줄을 추가하는 것을 잊지 말자(이 책에서는 vim을 사용했다).

```
ubuntu@ip:~$ vim ~/.bashrc
# 이 줄을 끝에 추가한 다음 esc와 :wq를 눌러 저장하고 종료할 수 있다.

export
LD_LIBRARY_PATH="$LD_LIBRARY_PATH:/usr/local/cuda/lib64:/usr/local/cuda
                                  /extras/CUPTI/lib64"
export CUDA_HOME=/usr/local/cuda
export DYLD_LIBRARY_PATH="$DYLD_LIBRARY_PATH:$CUDA_HOME/lib"
export PATH="$CUDA_HOME/bin:$PATH"

ubuntu@ip:~$ source ~/.bashrc
```

일반적으로 이 작업은 GPU에 필요한 대부분 의존성 패키지를 처리한다. 이제 파이썬의 딥러닝 의존성 패키지를 설치하고 설정해야 한다. 보통 AWS AMI에는 아나콘다 배포판이 설치돼 있다. 그렇지 않은 경우에는 https://www.anaconda.com/download에서 파이썬과 운영체제의 버전에 따라 원하는 배포판을 내려받을 수 있다. 일반적으로 리눅스/윈도와 파이썬 3을 사용하고, 이 책에서는 텐서플로와 케라스 딥러닝 프레임워크를 활용한다. AWS AMI에 호환되지 않는 버전의 프레임워크가 설치될 수 있는데, 이것은 CUDA와 호환되지 않거나 CPU 전용 버전일 수 있다. 다음 명령으로 CUDA 8에서 가장 잘 작동하는 텐서플로의 GPU 버전을 설치할 수 있다.

```
# 이전 버전이 설치돼 있다면 제거한다.
ubuntu@ip:~$ sudo pip3 uninstall tensorflow
ubuntu@ip:~$ sudo pip3 uninstall tensorflow-gpu

# 텐서플로 GPU 버전을 설치한다.
ubuntu@ip:~$ sudo pip3 install --ignore-installed --upgrade
https://storage.googleapis.com/tensorflow/linux/gpu/tensorflow_gpu-1.2.0-cp34-cp34m-linux_x86_64.
whl
```

다음으로, 케라스를 최신 버전으로 업그레이드하고 남은 구성 파일도 삭제한다.

```
ubuntu@ip:~$ sudo pip install keras --upgrade
ubuntu@ip:~$ sudo pip3 install keras --upgrade
ubuntu@ip:~$ rm ~/.keras/keras.json
```

이제 클라우드에서 딥러닝 설정을 활용할 준비가 거의 끝났다. 마지막까지 긴장을 풀지 말자.

딥러닝 클라우드 환경에 접근하기

서버의 터미널에서만 코드를 작성하고 싶지는 않을 것이다. 주피터 노트북을 대화형 개발에 활용하려면 로컬 시스템에서 클라우드 서버의 노트북으로 접근해야 한다. 이를 위해 우선 원격 인스턴스에서 주피터 노트북 서버를 실행해야 한다.

가상 서버에 로그인하고 주피터 노트북 서버를 시작하자.

```
[DIP.DipsLaptop]> ssh -i my-dl-box.pem
ubuntu@ec2-xxxxx.compute-1.amazonaws.com
===============================
Deep Learning AMI for Ubuntu
===============================


Welcome to Ubuntu 14.04.5 LTS (GNU/Linux 3.13.0-121-generic x86_64)
Last login: Sun Feb 25 18:23:47 2018 from 10x.xx.xx.xxx


# 주피터 노트북 파일이 있는 디렉터리로 이동
ubuntu@ip:~$ cd notebooks/
ubuntu@ip:~/notebooks$ jupyter notebook
[I 19:50:13.372 NotebookApp] Writing notebook server cookie secret to /run/user/1000/jupyter/notebook_cookie_secret
[I 19:50:13.757 NotebookApp] Serving notebooks from local directory: /home/ubuntu/notebooks
[I 19:50:13.757 NotebookApp] 0 active kernels
[I 19:50:13.757 NotebookApp] The Jupyter Notebook is running at: https://[all ip addresses on your system]:8888/
[I 19:50:13.757 NotebookApp] Use Control-C to stop this server and shut
down all kernels (twice to skip confirmation).
```

이제 로컬 시스템의 브라우저에서 서버 노트북에 접근하기 위해 로컬 인스턴스에서 포트 포워딩을 활성화해야 한다. 다음 구문을 활용하자.

```
sudo ssh -i my-dl-box.pem -N -f -L
local_machine:local_port:remote_machine:remote_port ubuntu@ec2-
xxxxx.compute-1.amazonaws.com
```

이렇게 하면 로컬 컴퓨터의 포트(필자의 경우에는 8890)가 원격 가상 서버의 포트인 8888로 포워딩되기 시작한다. 다음은 필자의 설정이다.

```
[DIP.DipsLaptop]> ssh -i "my-dl-box.pem" -N -f -L
localhost:8890:localhost:8888
ubuntu@ec2-52-90-91-166.compute-1.amazonaws.com
```

이를 **SSH 터널링**이라고도 한다. 따라서 일단 포워딩을 시작하면 로컬 브라우저로 가서 로컬 호스트 주소인 https://localhost:8890으로 이동하자. 이렇게 하면 가상 서버의 원격 노트북 서버로 포워딩된다. 주소에서 https를 사용하는지 확인하자. 그렇지 않으면 SSL 오류가 발생한다.

지금까지 모든 작업을 올바르게 했다면 브라우저에 경고 화면이 표시될 것이며 다음 그림에 설명된 단계를 따르면 모든 노트북에서 작업할 때마다 익숙한 주피터 사용자 인터페이스가 표시될 것이다.

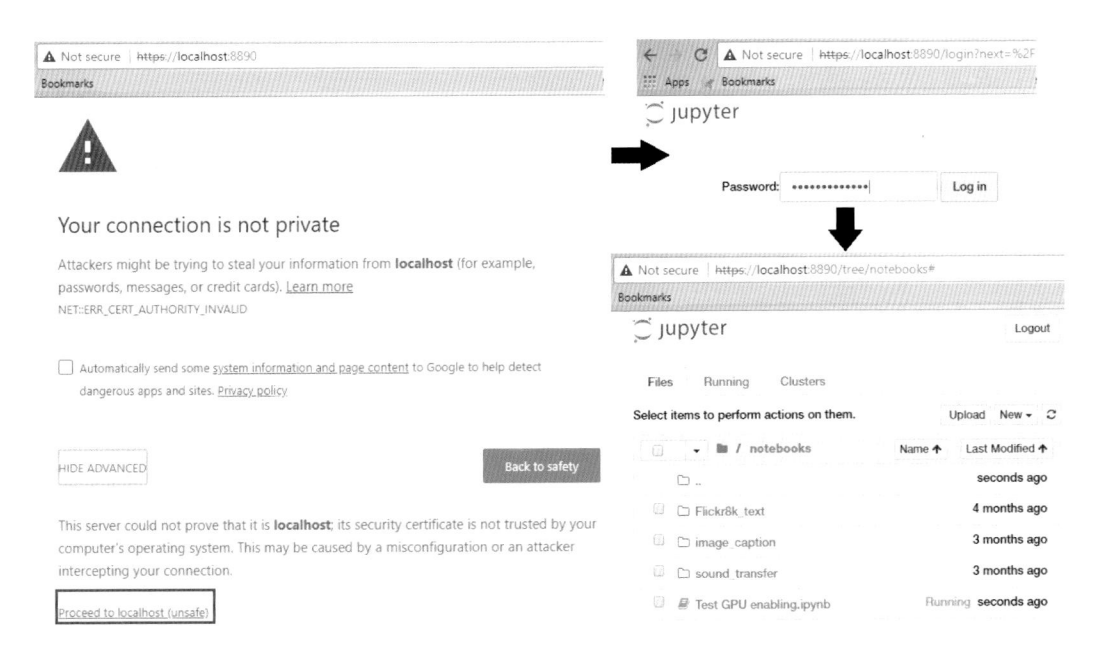

"**Your connection is not private**"이라는 경고는 무시해도 괜찮다. SSL 인증서를 자체적으로 생성했으므로 신뢰할 수 있는 기관이라는 것을 확인하지 못하기 때문에 표시된 것이다.

딥러닝 환경에서 GPU 사용 가능 여부 확인하기

마지막 단계는 모든 것이 제대로 작동하는지, 그리고 딥러닝 프레임워크가 (우리가 시간당 돈을 내고 있는) GPU를 활용하고 있는지 확인한다. 이 테스트를 위해 사용된 모든 코드는 Test GPU enabling. ipynb를 참조했다. 자세한 내용은 곧 다룰 것이다. 맨 처음 할 일은 케라스와 텐서플로가 서버에 올바르게 로드됐는지 검증하는 것이다. 다음과 같이 임포트해서 검증할 수 있다.

```
import keras
import tensorflow


Using TensorFlow backend.
```

이 코드가 오류 없이 로드된다면 잘 된 것이다! 그렇지 않은 경우, 앞에서 수행한 단계를 다시 따라 하면서 검색 엔진에서 오류를 검색해 본다. 각 프레임워크에 대한 깃허브 저장소를 확인하자.

마지막 단계는 텐서플로(tensorflow)가 서버의 Nvidia GPU를 사용할 수 있는지 확인하는 것이다. 다음 테스트로 검증할 수 있다.

```
In [1]: from tensorflow.python.client import device_lib
   ...: device_lib.list_local_devices()

Out [1]:
[name: "/cpu:0"
  device_type: "CPU"
   memory_limit: 268435456
   locality {
   }
   incarnation: 9997170954542835749,

   name: "/gpu:0"
   device_type: "GPU"
   memory_limit: 11324823962
   locality {
     bus_id: 1
```

```
        }
    incarnation: 10223482989865452371
    physical_device_desc: "device: 0, name: Tesla K80, pci bus id:
0000:00:1e.0"]
```

이 결과를 통해 GPU가 장치 목록에 나열돼 있음을 확인하고, 최종적으로 딥러닝 모델을 훈련하는 동안 이를 활용할 수 있다. 이렇게 해서 클라우드에서 강력한 학습 환경을 성공적으로 설정했으니 이제 GPU를 사용해 딥러닝 모델을 더욱 빠르게 훈련할 수 있을 것이다!

AWS는 시간당 인스턴스 요금을 청구하므로 항상 분석을 마치고 모델을 구축한 후에는 인스턴스가 계속 실행되지 않도록 끝내야 한다는 점을 명심하라. 필요에 따라 언제든지 EC2 콘솔에서 인스턴스를 다시 시작할 수 있다.

GPU 지원을 통한 강력한 딥러닝 환경 구축하기

사용자나 조직이 민감한 데이터를 다룰 경우 클라우드 서비스를 활용하기를 원치 않을 것이므로 사내 학습 환경 구축에 주력해야 한다. 여기서 가장 중점을 둬야 할 점은 최대 성능을 발휘하는 딥러닝 모델을 구축하기에 적합한 GPU를 활용하려면 적절한 유형의 하드웨어에 투자해야 한다는 것이다. 하드웨어와 관련해서 특별히 강조하고 싶은 점은 다음과 같다.

- **프로세서(Processor):** i5 또는 i7 인텔 CPU에 투자하라. 인텔 제온(Intel Xeon)에 투자했다가는 일을 그르치게 될 것이다.
- **램(RAM):** 메모리는 최소 32GB의 DDR4 또는 더 좋은 RAM에 투자하라.
- **디스크(Disk):** 1TB 하드디스크가 우수하지만, 빠른 데이터 접근을 위해 최소한 128GB 또는 256GB의 SSD에 투자하라.
- **GPU:** 아마도 딥러닝을 위한 가장 중요한 구성 요소일 것이다. 8GB의 GTX 1070 이상의 NVIDIA GPU에 투자하라.

소홀히 하지 말아야 할 다른 것으로는 메인보드와 파워 서플라이, 견고한 케이스, 냉각기가 있다.

장비 구성이 완료된 후 클라우드 설정을 제외한 소프트웨어 구성은 이전 절의 모든 단계를 반복하는 것으로 충분하다.

신경망 기초

딥러닝 모델에 필수적인 신경망의 기본 개념에 친숙해져 보자.

단순한 선형 뉴런

선형 뉴런은 신경망에서 가장 기본적인 구성 요소다. 다음 그림처럼 개략적으로 표현할 수 있다. $\vec{\mathbf{X}} = (x_1, x_2, \cdots, x_n)$은 입력 벡터를 나타내며 w_i는 뉴런의 가중치다. 훈련 데이터 세트에 구성된 입력 세트, 목푯값, 선형 뉴런은 훈련 세트가 주어지면 해당 목푯값에 매핑할 수 있는 선형 변환을 시도한다. 기본적으로 선형 뉴런은 입출력 관계를 선형 함수 $W^T \vec{\mathbf{X}} = \vec{y}$에 근사한다.

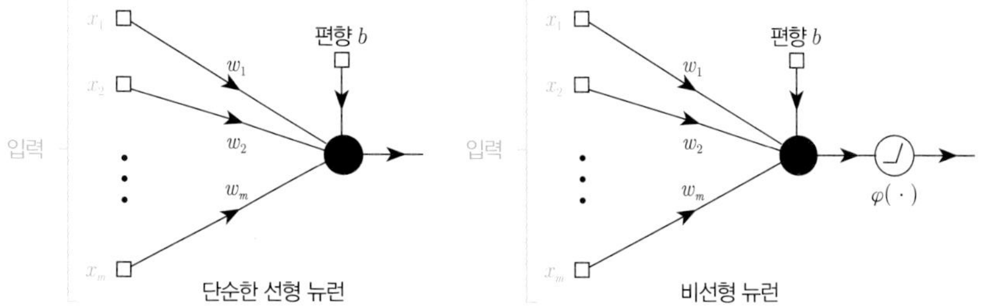

단순한 선형 뉴런과 단순한 비선형 뉴런의 도식 표현

이 단순한 뉴런으로 간단한 문제를 모델링해 보자. 직원 A는 카페테리아에서 점심을 구입한다. 음식은 피시(fish)과 케첩(ketchup), 칩스(chips)가 있다. 몇몇 구성은 메뉴를 각각 구입할 수 있는데, 점원은 총 식사 가격만 알려준다. 며칠 후 각 메뉴의 가격을 알아낼 수 있을까?

이것은 간단한 선형 프로그래밍 문제처럼 보이지만 분석적으로도 쉽게 해결할 수 있다. 선형 신경 유닛을 사용해 이 문제를 나타내 보자. $\vec{\mathbf{X}} = (x_{fish}, x_{ketchup}, x_{chips})$와 그에 상응하는 가중치 $(w_{fish}, w_{ketchup}, w_{chips})$가 있다.

각 식사 가격은 각 구성 메뉴의 가격에 선형 제약으로 이루어진다.

$$Price = w_{fish} * x_{fish} + w_{ketchup} * x_{ketchup} + w_{chips} * x_{chips}$$

앞의 선형 방정식이 제공한 모델에 t_n을 실제 가격으로, y_n을 추정치로 넣어보자. 타깃과 추정치 간의 잔차 가격 차이는 $t_n - y_n$이다. 식사에 대한 잔차 가격의 차이는 양수 또는 음수가 될 수 있으므로 총 오차가 제로가 되면 무효가 될 것이다. 이를 처리하는 한 가지 방법은 잔차 제곱합(sum squared residuals)을 사용하는 것이다. $E = \frac{1}{2}\sum_n (t_n - y_n)^2$이 오차를 최소화할 수 있다면 항목당 가중치/가격 세트를 잘 예측할 수 있을 것이다. 여기서 우리는 최적화 문제에 도달한다. 우선 최적화 문제를 해결하기 위한 몇 가지 방법을 살펴보자.

기울기 기반 최적화

최적화는 기본적으로 어떤 함수 $f(x)$를 최소화하거나 최대화하는 작업을 포함한다. 여기서 x는 숫자 벡터 또는 스칼라다. $f(x)$는 **목적 함수**(objective function) 또는 **척도**(criterion)라고 부른다. 신경망에서는 이를 비용 함수, 손실 함수, 또는 오차 함수라고 부른다. 앞의 예에서 최소화하고자 하는 손실 함수는 E다.

함수 $y=f(x)$가 있다고 가정하자. 여기서 x와 y는 실수다. 이 함수의 미분은 x에 대한 작은 변화가 이 함수를 어떻게 변화시키는지 알려준다. 따라서 미분한 x를 극단적으로 변화시킴으로써 함수의 값을 줄이는 데 사용할 수 있다. x에서 $f'(x)>0$이라고 가정하자. 이것의 의미는 양의 방향으로 x를 증가시키면 $f(x)$가 증가게 되므로, 결국 충분히 작은 ε에 대해서 $f(x-\varepsilon)<f(x)$가 됨을 의미한다. $f(x)$는 도함수의 '반대' 방향으로 작은 보폭으로 x를 움직여서 줄일 수 있다.

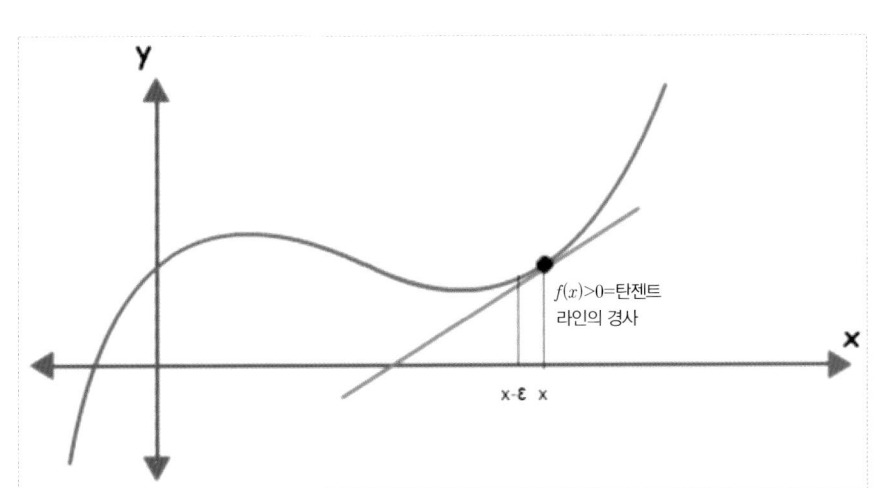

도함수의 방향 또는 그 반대 방향으로 이동해서 함숫값이 변경되는 방식

도함수 $f'(x)=0$이면 이 도함수는 최소 함수에 도달하기 위해 이동해야 하는 방향에 대한 정보를 제공하지 않는다. 미분은 국소 최적(최소/최대)에서 0일 수 있다. x^*에서 함수의 값 $f(x)$가 x^*의 모든 인접 점보다 작은 경우 점 x^*를 **국소 최솟값**(local minimum)이라고 한다. 마찬가지로 국소 최댓값도 정

의할 수 있다. 어떤 점은 최댓값도 최솟값도 될 수 없는데, 그 점에서 미분 $f'(x)$는 0이다. 이를 **안장점** (saddle point)이라고 한다. 다음 그림은 $f'(x)=0$인 세 가지 시나리오를 보여준다.

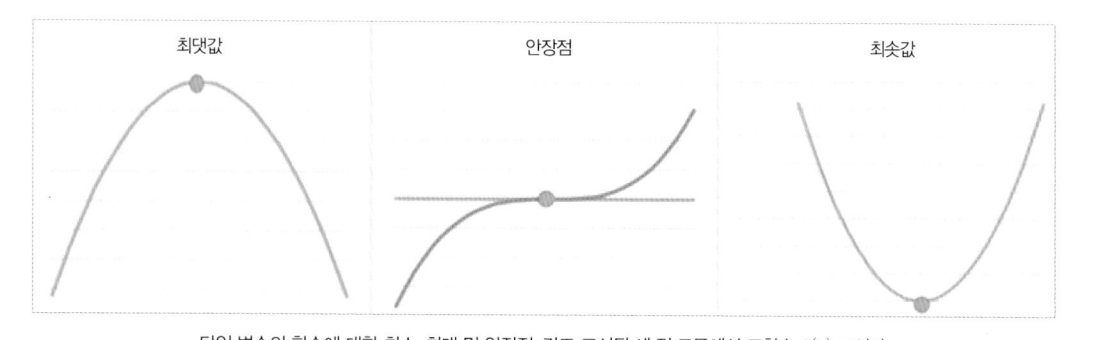

단일 변수의 함수에 대한 최소, 최대 및 안장점. 강조 표시된 세 점 모두에서 도함수 $f'(x)=0$이다.

가능한 모든 x 값 중에서 f 값이 가장 낮은 점을 **전역 최솟값**(global minimum)이라고 한다. 함수에는 하나 또는 여러 개의 전역 최솟값이 있을 수 있다. 그런데 전역 최솟값이 아닌 국소 최솟값이 있을 수도 있다. 반면 함수가 볼록이면 전역 최솟값이 하나만 있고 국소 최솟값은 없음을 보장한다.

일반적으로 머신러닝에서는 몇 가지 변수 $f{:}\mathbb{R}^n \to \mathbb{R}$의 실숫값 함수를 최소화하는 데 관심이 있다. 여러 변수의 실숫값 함수의 간단한 예는 $\vec{x} = (x_1, x_2)$의 열판 온도 함수(hotplate temperature function)인 $f(x_1, x_2) = 50 - x_1^2 - 2x_2^2$이다. 딥러닝에서는 일반적으로 손실 함수를 최소화하려고 하는데, 신경망에서 가중치와 같은 여러 변수의 함수들은 국소 최솟값을 가지는 경우가 자주 있고, 많은 안장점이 매우 평평한 지역으로 둘러싸여 있으며, 전역 최솟값이 있을 때도 있지만 없을 때도 있다. 이 모든 것이 최적화를 매우 어렵게 한다.

여러 변수를 가진 함수의 미분은 편도함수로 표현되는데, 나머지 미분 변수는 일정하게 유지하면서 입력 변수 x_i 중 하나를 변경해서 함수의 변화율을 측정한다. 모든 변수에 관한 부분 미분의 벡터를 f의 **기울기 벡터**(gradient vector)라고 하며 ∇f로 표시한다. 또한 함수가 임의의 방향 $\vec{v}$(유닛 벡터)로 얼마나 빨리 변화할 수 있는지를 알아낼 수 있다. 이는 기울기 벡터 ∇f를 벡터의 방향으로 투영해서 계산한다. 유닛 벡터 $\vec{v}$의 방향 내적은 $\nabla f \cdot \vec{v}$이다. 이것은 $\vec{v}$의 방향에서 f의 **방향 미분 계수** (directional derivative)라고 불리며, 종종 $\nabla_{\vec{v}}$로 표시한다. f를 최소화하기 위해서는 f 값이 최대로 줄어드는 $\vec{x}$를 변화시키는 방향 $\vec{u}$를 찾아야 한다.

$\vec{x_a}$가 $\vec{x}$와 매우 가까운 점이라면 $\|\vec{x} - \vec{x_a}\|$는 매우 작다. 첫 번째로 $\vec{x}$에 대한 테일러 급수의 확장은 다음과 같이 주어진다.

$$f(\vec{x_a}) = f(\vec{x}) + \nabla f(\vec{x}) \cdot (\vec{x_a} - \vec{x}) + o(\| \vec{x_a} - \vec{x} \|)$$

이 방정식의 마지막 항이 $\vec{x}$에 충분히 가까워지려면 $\vec{x_a}$가 충분히 작아야 한다. 두 번째 항은 $\vec{x_a} - \vec{x}$에 따른 f의 방향 미분을 나타낸다. 여기서는 다음과 같다.

$$\nabla f(\vec{x}) \cdot (\vec{x_a} - \vec{x}) = \| \nabla f(\vec{x}) \| \| \vec{x_a} - \vec{x} \| \cos(\theta)$$

그러므로 $f(\vec{x})$는 $\cos(\theta)$가 $\theta = \pi$일 때 최솟값인 -1에서 최대로 축소된다. 위치, 즉 $\vec{x_a} - \vec{x}$가 기울기 벡터 ∇f와 반대 방향을 가리켜야만 한다. 이것이 가장 가파른 하강 방향 $-\nabla f$ 또는 **가장 가파른 경사 하강**(steepest gradient descent) 방향이다. 다음은 이것을 그림으로 설명한 것이다.

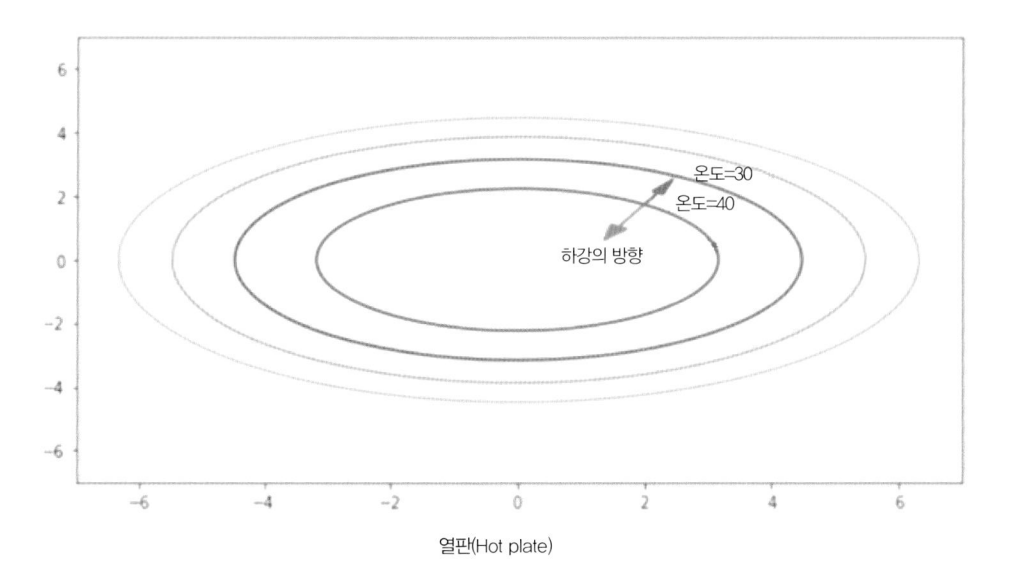

열판(Hot plate)

'열판(Hot plate)' 예제: 주어진 좌표(x와 y)에서의 온도는 $f(x, y) = 50 - y^2 - 2x^2$의 함수로 주어진다. 이 열판은 온도가 50인 중심 $(0, 0)$이 가장 뜨거운 지점이다. 점 (x, y)에서의 그래디언트 벡터는 $\nabla f = (-4x, -2y)$로 주어진다. 열판의 점 $(2.3, 2)$에서의 온도는 40이다. 이 점은 일정한 온도의 등고선에 있다. 따라서 빨간색 화살표로 표시된 것처럼 보폭 ε이 기울기 반대 방향으로 이동하면 온도가 30으로 줄어든다.

텐서플로를 이용해 열판 온도 함수에 대한 경사 하강 최적화를 구현해 보자. 경사 하강을 초기화해야 하므로 $x = y = 2$로 시작한다.

```
import tensorflow as tf
# x,y =(2, 2) 경사 하강 초기화
x = tf.Variable(2, name='x', dtype=tf.float32)
y = tf.Variable(2, name='y', dtype=tf.float32)

temperature = 50 - tf.square(y) - 2*tf.square(x)

# Gradient Descent Optimizer 초기화
optimizer = tf.train.GradientDescentOptimizer(0.1) #0.1은 학습율이다.
train = optimizer.minimize(temperature)
grad = tf.gradients(temperature, [x,y]) #기울기 벡터를 계산해 보자.

init = tf.global_variables_initializer()
with tf.Session() as session:
    session.run(init)
  print("Starting at coordinate x={}, y={} and temperature there is.
              {}".format(
                        session.run(x),session.run(y),session.run(temperature)))
    grad_norms = []
    for step in range(10):
        session.run(train)
        g = session.run(grad)
        print("step ({}) x={},y={}, T={}, Gradient={}".format(step,
                    session.run(x), session.run(y),
session.run(temperature), g))
        grad_norms.append(np.linalg.norm(g))

plt.plot(grad_norms)
```

다음은 앞 코드의 출력 결과다. 각 단계에서 x, y의 새로운 값은 전체 온도가 최대로 축소하도록 기울기 벡터가 제안한 대로 계산한다. 계산된 경사는 이전에 설명한 공식과 정확히 일치한다. 또한 단계마다 기울기 노름(gradient norm)을 계산한다. 다음 코드는 10회 반복되는 동안 기울기가 어떻게 바뀌는 지 보여준다.

```
Starting at coordinate x=2.0, y=2.0 and temperature there is 38.0
step (0)  x=2.79,y=2.40000, T=28.55, Gradient=[-11.2, -4.8000002]
step (1)  x=3.92,y=2.88000, T=10.97, Gradient=[-15.68, -5.7600002]
..........
step (9)  x=57.85,y=12.38347, T=-6796.81, Gradient=[-231.40375, -24.766947]
```

야코비와 헤세 행렬

때때로 입력과 출력이 벡터인 최적화 함수가 필요하다. 따라서 출력 벡터의 각 구성 요소에 대해 기울기 벡터를 계산해야 한다. $f : \mathbb{R}^n \to \mathbb{R}^m$에 대해 m개의 기울기 벡터가 있을 때 이를 행렬 형태로 배열함으로써 편미분 $J_{i,j} = \dfrac{\partial f(\vec{x})_i}{\partial x_j}$의 n×m 행렬을 얻을 수 있는데, 이를 **야코비 행렬**(Jacobian matrix)이라고 한다.

단일 변수의 실숫값 함수의 경우, 한 지점에서 함수 곡선의 곡률을 측정하려면 입력이 변경됐을 때 1차 미분이 어떻게 변화하는지 계산해야 한다. 이를 **이계도함수**(second-order derivative)라고 한다. **이계도함수**가 0인 함수는 곡률이 없고 평평한 선이다. 다변수 함수에 대한 이계도함수를 행렬로 배열한 것을 **헤세 행렬**(Hessian matrix)이라고 부른다. 이때 이차 편미분이 대칭이면, 즉 $\dfrac{\partial^2 f(\vec{x})}{\partial x_i\, \partial x_j} = \dfrac{\partial^2 f(\vec{x})}{\partial x_j\, \partial x_i}$이면 헤세 행렬도 대칭인 실원소 고윳값(real eigen values)을 갖는다. 대응하는 고유 벡터는 다른 방향의 곡률을 나타낸다. 가장 큰 고윳값과 가장 작은 고윳값의 비율을 헤세의 **조건수**(condition number)라고 하는데, 이를 통해 각 고유 차원의 곡률이 서로 얼마나 다른지 측정한다. 헤세의 조건수가 좋지 않은 경우 경사 하강이 제대로 되지 않는다. 한 방향에서는 미분이 빠르게 증가하는데, 다른 방향에서는 천천히 증가하기 때문이다. 경사 하강은 이러한 변화를 인식하지 못하기 때문에 수렴하는 데 오랜 시간이 걸릴 수 있다.

온도로 예를 들면, 헤세가 $\begin{bmatrix} -2 & 0 \\ 0 & -4 \end{bmatrix}$이다. 최대 곡률의 방향은 최소 곡률의 방향보다 2배 더 크다. 그래서 y를 따라 가면서 훨씬 더 빨리 최솟값에 도달하게 된다. 이는 이전의 열판 그림에 나와 있는 온도 등고선을 통해서도 증명할 수 있다.

최적점이 최소인지 최대인지를 확인하기 위해 2차 도함수의 곡률 정보를 사용할 수 있다. 단일 변수에 대해 $f'(x)=0$, $f''(x)>0$이면 x가 국소 최솟값임을 의미하며, $f'(x)=0$, $f''(x)<0$이면 국소 최댓값임을 의미한다. 이를 **2차 도함수 판정**이라고 한다(다음 그림 '곡률 설명' 참조). 이와 유사하게, $\vec{x}$ 에서 다변수 함수에 대해 헤세가 양이면(즉, 모든 고윳값이 양수인 경우) $\vec{x}$에서 f는 국소 최솟값을 얻는다. 헤세가 x 에서 음이면 f는 x에서 국소 최댓값을 얻는다. 헤세가 양의 값과 음의 값을 모두 가지면 x는 f의 안장점이다. 그렇지 않으면 판정은 끝나지 않는다.

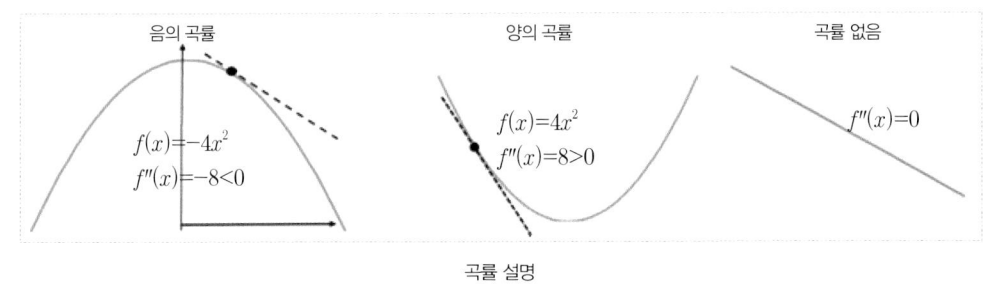

곡률 설명

곡률 정보를 사용해 이계도함수를 구하는 최적화 알고리즘이 있다. 한 가지 방법은 뉴턴(Newton) 방법으로, 볼록 함수의 경우 한 단계만에 최적점에 도달할 수 있다.

미분의 연쇄 규칙

f와 g가 단일 값에 대해 실숫값을 가지는 함수라고 하자. 이때 $y=g(x)$이고 $z=f(g(x))=f(y)$라고 가정하자.

이때 미분의 연쇄 규칙은 다음과 같이 설명할 수 있다.

$$\frac{dz}{dx} = \frac{dz}{dy}\frac{dy}{dx}$$

이와 비슷하게 다변수 함수 $\vec{x} \in \mathbb{R}^m, \vec{y} \in \mathbb{R}^n, g:\mathbb{R}^m \rightarrow \mathbb{R}^n, f:\mathbb{R}^n \rightarrow \mathbb{R}, \vec{y}=g(\vec{x}), z=f(\vec{y})$일 때 $\frac{\partial z}{\partial x_i} = \sum_j \frac{\partial z}{\partial y_j}\frac{\partial y_j}{\partial x_i}$가 된다.

따라서 $\vec{x}$에 대한 z의 기울기 $\nabla_x(z) = \frac{\partial z}{\partial \vec{x}}$는 기울기 벡터 $\nabla_y(z) = \frac{\partial z}{\partial \vec{y}}$를 가지는 야코비 $\frac{\partial \vec{y}}{\partial \vec{x}}$의 곱을 나타낸다. 여기에 다변수 함수에 대한 미분의 연쇄 규칙을 적용하면 다음과 같다.

$$\nabla_x(z) = \frac{\partial \vec{y}}{\partial \vec{x}} \nabla_y(z)$$

신경망 학습 알고리즘은 이처럼 야코비의 기울기 곱으로 구성된다.

확률적 경사 하강

거의 모든 신경망 학습은 하나의 매우 중요한 알고리즘인 SGD(확률적 경사 하강, Stochastic Gradient Descent)에 의해 이루어진다. 이것은 일반적인 경사 하강 알고리즘을 확장한 것이다. 머신 러닝에서 손실 함수는 '카페테리아 예제'의 제곱 오차 E와 같이 사례별 손실 함수의 합계로 작성되는 경우가 많다. 따라서 m개의 훈련 사례가 있다면 경사 함수 또한 m의 덧셈 항을 가질 것이다.

기울기의 계산 비용은 m에 따라 선형적으로 증가한다. 수십억 크기의 훈련 세트의 경우 기울기 계산에 매우 오랜 시간이 걸릴 것이고, 경사 하강 알고리즘의 수렴이 매우 느리게 진행되어 실제로는 학습이 불가능할 것이다.

SGD의 기울기는 사실 기대치[4]라는 간단한 통찰을 기반으로 한다. 작은 샘플 세트에서 기울기를 계산 함으로써 기댓값을 근사할 수 있다. m'(m보다 훨씬 작음) 샘플 크기의 **미니 배치**는 훈련 세트에서 무 작위로 균일하게 뽑을 수 있으며, 그 기울기를 단일 경사 하강 단계[5]를 계산하는 데 사용할 수 있다. '카 페테리아 예제'를 다시 생각해 보자. 연쇄 규칙을 적용하면 오차 함수의 기울기(세 변수의 함수)는 다 음과 같다.

$$\nabla E_i = \frac{\partial E}{\partial w_i} = \frac{1}{2}\sum_n \frac{\partial y^n}{\partial w_i}\frac{\partial E^n}{\partial y^n} = \frac{1}{2}\sum_n -2x_i^n\left(t^n - y^n\right) = -\sum_n x_i^n\left(t^n - y^n\right)$$

이제 n개의 모든 훈련 예제를 사용해 미분을 계산하는 대신, 훈련 예제의 작은 무작위 샘플을 취하는 경우에도 미분을 합리적으로 근사할 수 있게 됐다.

∇E의 기울기는 가중치 업데이트의 예상치를 제공한다. **학습률**이라는 상수 ε을 곱하면 더 많은 것을 제어할 수 있다. 매우 높은 학습률을 취하면 최적화—목적 함숫값이 최소화되지 않고 증가할 수도 있다.

SGD에서는 각 미니 배치를 알고리즘에 적용한 후에 가중치가 업데이트된다. 전체 훈련 데이터를 훈련 알고리즘에 한꺼번에 적용하려면 많은 데이터와 배치가 필요하다. 에포크는 알고리즘이 '전체' 데이터 세트에 적용되는 횟수를 일컫는다.

다음은 카페테리아 문제에 대한 케라스 코드다. 실제 피시 가격은 150원, 케첩은 50원, 칩스는 100원 이다. 여기서는 무작위로 음식물의 샘플을 생성했다. 무게/가격 세트에 대한 초기 추측을 각각 50원으 로 하자. 30에포크 이후에는 각 품목의 진짜 가격에 매우 가까운 결과를 보여 준다.

```
# 계산대에서의 진짜 가격
p_fish = 150; p_ketchup = 50; p_chips = 100
# 식사 가격 샘플: 10일 동안의 식사 가격을 일반화한 데이터
np.random.seed(100)
portions = np.random.randint(low=1, high=10, size=3 )
X = []; y = []; days = 10
for i in range(days):
    portions = np.random.randint(low=1, high=10, size=3 )
    price = p_fish * portions[0] + p_ketchup * portions[1] + p_chips * portions[2]
    X.append(portions)
    y.append(price)
```

```
X = np.array(X)
y = np.array(y)

# 선형 모델 만들기
from keras.layers import Input, Dense
from keras.models import Model
from keras.optimizers import SGD

price_guess = [np.array([[ 50 ], [ 50],[ 50 ]]) ] #가격에 대한 초기 추측
model_input = Input(shape=(3,), dtype='float32')
model_output = Dense(1, activation='linear', use_bias=False,
    name='LinearNeuron',
    weights=price_guess)(model_input)
    sgd = SGD(lr=0.01)
model = Model(model_input, model_output)

# 제곱 오차 손실 E의 확률적 경사 하강도(SGD) 정의

optimizer
model.compile(loss="mean_squared_error", optimizer=sgd)
model.summary()
```

Layer (type)	Output Shape	Param #
input_4 (InputLayer)	(None, 3)	0
LinearNeuron (Dense)	(None, 1)	3

```
Total params: 3
Trainable params: 3
Non-trainable params: 0
```

```
# 반복 최적화에 의한 훈련 모델: 5 사이즈의 미니 배치 SGD

history = model.fit(X, y, batch_size=5, epochs=30,verbose=2)
```

다음 그림에서는 학습률이 반복 SGD 알고리즘의 수렴에 미치는 영향을 보여준다.

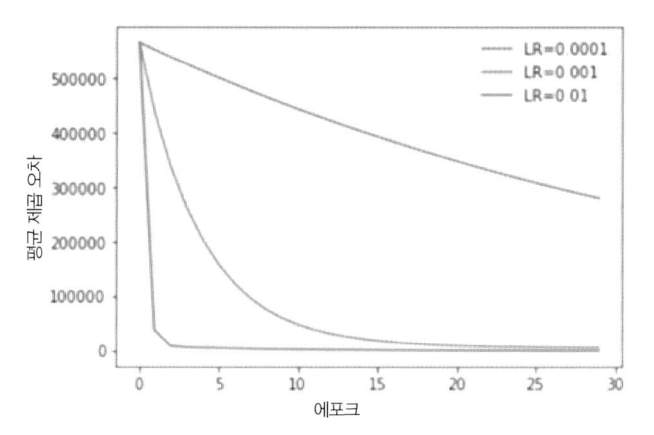

카페테리아 문제에 대한 SGD의 수렴 속도에 대한 학습률의 영향

다음 표는 LR=0.01에 대한 연속 에포크에 대해 가격 추측이 SGD에 의해 어떻게 업데이트되는지 보여준다.

에포크	w_피시	w_케첩	w_칩스
0(initial)	50	50	50
1	124.5	96.3	127.4
5	120.6	81.7	107.48
10	128.4	74.7	104.6
15	133.8	68.9	103.18
30	143.07	58.2	101.3
50	148.1	52.6	100.4

비선형 신경 유닛

선형 뉴런은 간단하지만 계산상 제한적이다. 선형 유닛의 여러 계층으로 이뤄진 깊은 스택을 사용하더라도 선형 변환만 학습하는 선형 네트워크를 여전히 가지고 있다. 훨씬 더 풍부한 (비선형) 변환을 배울 수 있는 네트워크를 설계하려면 신경망 설계에 비선형성을 도입할 필요가 있다. 비선형 함수를 통해 입력의 선형 가중치 합을 전달함으로써 신경 유닛에서 비선형성을 유도할 수 있다.

비선형 함수는 고정돼 있더라도 이 함수의 인수인 선형 유닛의 가중치를 데이터에 부여함으로써 적용할 수 있다. 이 비선형 함수를 비선형 뉴런의 **활성화 함수**라고 한다. 간단한 활성화 함수의 예시로 이진 임곗값 활성화가 있으며, 해당 비선형 장치를 **맥컬록–피츠 유닛**(McCulloch-Pitts unit)이라고 한다. 이것은 스텝 함수이므로 0에서 미분 불가능하다. 또한 0이 아닌 점에서의 도함수는 0이다. 널리 사용되는 다른 활성화 함수로는 시그모이드, tanh, ReLU가 있다. 이들 함수의 정의와 그림은 다음과 같다.

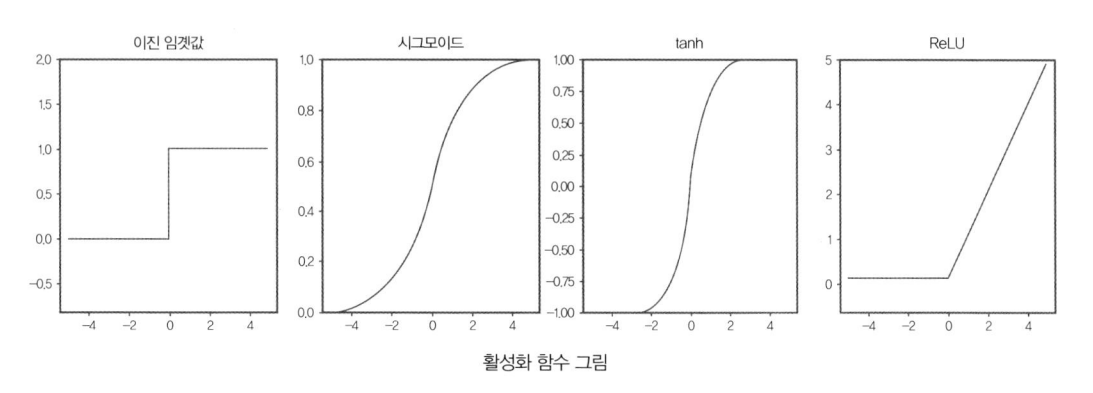

활성화 함수 그림

다음은 활성화 함수의 정의다.

함수 이름	정의[6]
이진 임곗값	$f(x) = \begin{cases} 1, & if \quad x > 0 \\ 0, & otherwise \end{cases}$
시그모이드	$f(x) = \dfrac{1}{1 + e^{-x}}$
tanh	$f(x) = \dfrac{e^x - e^{-x}}{e^x + e^{-x}}$
ReLU	$f(x) = \begin{cases} 1, & if \quad x > 0 \\ 0, & otherwise \end{cases} \quad OR \quad \max\{0, x\}$

k-클래스(k>2) 분류 문제라면 보통 조건부 확률 분포 $P(y \mid x)$로 학습된다. 따라서 출력층에는 k개의 뉴런이 있어야 하며 그 값의 합은 1이 돼야 한다. 모든 k 유닛의 출력의 합이 1이 돼야 한다는 지식을 네트워크에 제공하기 위해 **소프트맥스 활성화 함수**(softmax activation function)가 사용된다. 소프트맥스 활성화 함수는 시그모이드 활성화를 일반화한 것이다. 소프트맥스 함수도 시그모이드 함수와 마찬가지로 각 장치의 출력을 0과 1 사이로 정규화한다.

또한 출력의 총합이 1이 되도록 각 출력을 나눈다.

---

6 (옮긴이) 시그모이드 함수는 연속이라서 미분 가능한 점과 0과 1사이의 값을 갖는다. ReLU는 값이 0보다 작을 때는 0을 값으로 사용하고 0보다 큰 값에 대해서는 해당 값을 사용한다. 이렇게 다른 정의가 필요한 이유는 다음 단락에 나오는 기울기 소실 문제 때문이다.

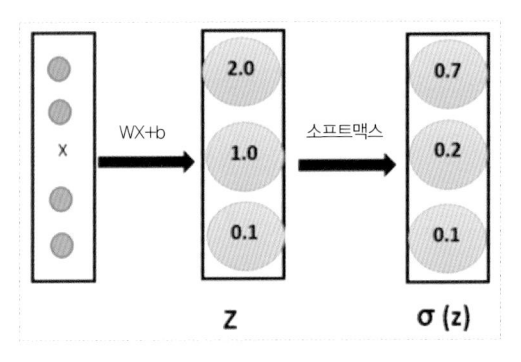

수학적으로 소프트맥스 함수는 다음과 같이 표시된다. 여기서 z는 출력층에 대한 입력 벡터다(10개의 출력 유닛이 있는 경우 z에 10개의 요소가 있다). 그리고 j는 출력 유닛의 인덱스다. 그래서 j=1, 2, ⋯, K다.

$$\sigma(z_j) = \frac{e^{z_j}}{\sum_k e^{z_k}}$$

간단한 비선형 유닛 학습 – 로지스틱 유닛

두 가지 클래스 분류 문제가 있다고 가정해 보자. 즉, 결과 변수 y의 이진값을 예측해야 한다고 하자. 확률적으로 출력 y는 x에 대한 조건부 베르누이 분포다. 신경망은 확률 $P(y=1 \mid x)$를 예측한다. 이때 신경망의 출력이 [0, 1] 사이에 있어야 유효한 확률값이다. 이를 위해 시그모이드 활성화 함수를 사용해 비선형 로지스틱 유닛을 구한다.

로지스틱 유닛의 가중치를 학습하려면 먼저 비용 함수와 비용 함수의 도함수를 찾을 필요가 있다. 확률적인 관점에서, 입력 데이터의 가능도를 극대화하고 싶다면 교차 엔트로피 손실을 자연 비용 함수로 생각할 수 있다. 훈련 데이터 세트가 $X=\{x_n, t_n\}$, $n=1, \cdots, N$이라고 가정하면 가능도 함수는 다음과 같이 쓸 수 있다.

$$p(\vec{t} \mid \vec{w}) = \prod_{n=1}^{N} y_n^{t_n} \{1 - y_n\}^{1-t_n}$$

여기서 y_n은 x_n을 로지스틱 유닛의 입력 데이터로 전달한 후의 시그모이드 유닛의 출력이다. 참고로 $\vec{t}$와 $\vec{w}$는 시그모이드 유닛의 타깃 벡터(훈련 세트의 모든 N 목푯값)와 가중치 벡터(모든 가중치 세트)를 나타낸다. 오차 함수는 가능도에 음수를 취하는 알고리즘으로 정의되며, 교차 엔트로피 비용 함수를 쓴다.

$$E(\vec{w}) = -\ln p(\vec{t} \mid \vec{w}) = -\sum_{n=1}^{N} \{t_n \ln(y_n) + (1-t_n)\ln(1-y_n)\}$$

로지스틱 신경 유닛의 가중치를 학습하기 위해서는 각 가중치의 출력 도함수가 필요하다. 여기서는 '도함수의 연쇄 규칙'을 적용해 로지스틱 유닛의 오차 도함수를 유도하겠다.

$z = \sum_{k=1}^{d} w_i x_i$, $y = sigmoid(z)$, $\dfrac{\partial y}{\partial w_i} = \dfrac{\partial z}{\partial w_i}\dfrac{\partial y}{\partial z} = x_i y(1-y)$라고 하자.

결론적으로 $\dfrac{\partial E}{\partial w_i} = \sum_{n=1}^{N}\dfrac{\partial E}{\partial y_n}\dfrac{\partial y_n}{\partial w_i} = -\sum_{n=1}^{N}\dfrac{t_n - y_n}{y_n(1-y_n)}x_i^n y_n(1-y_n) = -\sum_{n=1}^{N} x_i^n(t_n - y_n)$이 된다.

우리가 알아낸 도함수가 선형 유닛에 대한 제곱 오차 손실의 도함수와 매우 유사해 보인다. 그러나 둘은 동일하지 않다. 교차 엔트로피 손실을 자세히 살펴보고 제곱 오차와 다른 점도 살펴보자. 다음과 같이 교차 엔트로피 손실을 다시 쓸 수 있다.

$$E(\vec{w}) = \begin{cases} -\ln(y_n) & if \ \ t_n = 1 \\ -\ln(1-y_n) & if \ \ t_n = 0 \end{cases}$$

- t_n=1일 때 $y_n = 1 \Rightarrow E(\vec{w}) = 0$ 이지만, $y_n = 0 \Rightarrow E(\vec{w}) = \infty$.
- t_n=0일 때 $y_n = 1 \Rightarrow E(\vec{w}) = \infty$ 이지만, $y_n = 0 \Rightarrow E(\vec{w}) = 0$.
- 즉, 클래스 레이블의 예측과 참 값이 다른 경우 알고리즘에 매우 큰 비용이 부과된다.

이제 로지스틱의 출력에서의 '제곱 오차 손실'을 사용해 보겠다. 비용 함수는 다음과 같다.

$$E(\vec{w}) = \frac{1}{2}\sum_{n}(t_n - y_n)^2$$

결론적으로 다음과 같이 된다.

$$\frac{\partial E}{\partial w_i} = \sum_{n=1}^{N}\frac{\partial E}{\partial y_n}\frac{\partial y_n}{\partial w_i} = -\sum_{n=1}^{N}(t_n - y_n)x_i^n y_n(1-y_n) = -\sum_{n=1}^{N} x_i^n(t_n - y_n)\sigma'(y_n)$$

이 오차의 도함수는 시그모이드 함수 $\sigma'(y_n)$의 도함수에 직접 의존한다. 이제 시그모이드 함수에 의해 y_n이 큰 음수면 0이 되고, y_n이 큰 양수면 1이 된다. 시그모이드 곡선의 평평한 수평 영역에서 기울기가 y_n 값에 비해 지나치게 작게 축소된다. 따라서 제곱 오차의 도함수는 t_n과 y_n의 불일치가 큰 데이터 포인트에 대해서도 아주 작은 업데이트를 하게 된다. 결과적으로 네트워크에서 크게 오분류된다. 이를 **기울기 소실 문제**라고 한다. 이러한 이유로 로지스틱 유닛 훈련에서 최대 가능도(maximum likelihood) 기반의 교차 엔트로피 손실은 항상 선호되는 손실 함수다.

손실 함수

손실 함수는 신경망의 출력을 훈련의 목푯값과 비교해서 손실 값/점수를 산출해 네트워크 예측이 예상 값과 얼마나 잘 일치하는지 측정한다. 앞 절에서 회귀 및 이진 분류와 같은 다양한 작업에 대해 다양한 유형의 손실 함수가 필요하다는 것을 알았다. 다음은 몇 가지 다른 일반적인 손실 함수다.

- **이진 교차 엔트로피**: 로지스틱 유닛에 관한 마지막 절에서 논한 두 가지 분류 문제에 대한 로그 손실 또는 교차 엔트로피 손실.

- **범주형 교차 엔트로피**: K 클래스 분류 문제의 경우 K 클래스에 대해 일반화된 교차 엔트로피를 사용한다.

- **평균 제곱 오차**: 평균 제곱 오차는 앞에서도 살펴봤다. 다양한 회귀 작업에 널리 사용된다.

- **평균 절대 오차**: 방향을 고려하지 않고 예측 세트의 평균 오차 크기를 측정한다. 예측과 실제 관측값의 절대 오차를 테스트 샘플 전체에 평균한 것이다. **평균 절대 오차**(Mean Absolute Error, MAE)는 오차를 제곱하므로 큰 오차에 비교적 높은 가중치를 부여한다.

- **평균 절대 백분율 오차**: 오차 크기를 백분율로 측정한다. 특정한 단위 없이 백분율 오차의 평균으로 계산한다. **평균 절대 백분율 오차**(Mean Absolute Percentage Error, MAPE)는 백분율 해석의 용이성 때문에 자주 사용된다.

- **힌지 손실/제곱 힌지 손실**: 힌지 손실은 SVM에서 사용된다. SVM에서는 주변부에서 잘못 분류된 점을 다른 페널티로 처리한다. 힌지 손실은 교차 엔트로피 손실에 대한 좋은 대안이며, 신경망을 더 빠르게 훈련할 수 있다. 제곱 힌지 손실과 같은 고차원 힌지 손실은 어떤 분류 작업에서는 훨씬 나은 결과를 보여준다.

- **쿨백-라이블러(Kullback-Leibler, KL) 발산**: KL 발산은 하나의 확률 분포가 두 번째 예상 확률 분포와 어떻게 다른지 측정하는 척도다.

데이터 표현

신경망 훈련을 위한 훈련 세트의 모든 입력과 객체는 텐서(또는 다차원 배열)로 표현해야 한다. 실제로 임의의 수의 차원을 2차원 행렬로 일반화하면 텐서가 된다. 일반적으로 부동 소수점 텐서 또는 정수 텐서가 있다. 원시 입력 데이터 유형(이미지, 사운드, 텍스트)이 무엇이든 관계없이 먼저 적절한 텐서 표현으로 변환해야 한다. 이 단계를 데이터 **벡터화(vectorization)**라고 한다. 다음은 이 책에서 자주 사용하게 될 다양한 차원의 텐서를 정리한 것이다.

- **0차원 텐서 또는 스칼라:** 하나의 단일 수를 포함하는 텐서를 0차 텐서 또는 스칼라라고 한다.

- **1차원 텐서 또는 벡터:** 숫자 배열을 포함하는 텐서를 벡터 또는 1차원 텐서라고 한다. 텐서의 차원 수는 텐서 축이라고도 한다. 1차원 텐서에는 정확히 하나의 축이 있다.

- **행렬(2차원 텐서):** 벡터의 배열을 포함하는 텐서는 행렬 또는 2차원 텐서다. 행렬에는 두 개의 축('행'과 '열'로 표시)이 있다.

- **3차원 텐서:** 배열에 (동일한 차원의) 행렬을 쌓아서 3차원 텐서를 얻는다.

어떤 배열에 3차원 텐서를 배치하면 4차원 텐서를 만들 수 있다. 딥러닝에서는 일반적으로 0차원에서 4차원의 텐서를 이용한다.

텐서는 다음 세 가지 속성이 있다.

- 축의 차원 또는 수

- 텐서의 모양, 즉 텐서가 각 축을 따라 몇 개의 원소를 가지고 있는가?

- 데이터 유형: 정수형 텐서 또는 부동 소수점형 텐서

텐서 예제

다음은 전이학습 사용 사례를 논의할 때 자주 사용하는 몇 가지 텐서 예제다.

- **시계열 데이터:** 일반적인 시계열 데이터에는 시간 차원이 있고, 차원은 각 시간 스텝의 함수와 일치한다. 예를 들어, 하루의 온도와 습도의 시간별 측정값은 2D 텐서의 모양 (24, 2)로 표현할 수 있는 시계열 데이터다. 따라서 데이터 배치는 3D 텐서로 표시된다.

- **이미지 데이터:** 일반적으로 이미지는 너비, 높이, 색상 채널의 3차원으로 되어 있다. 따라서 3D 텐서로 표현될 수 있다. 이미지 배치는 다음 그림과 같이 4D 텐서로 표시된다.

- **비디오 데이터:** 비디오는 이미지 프레임으로 구성된다. 따라서 비디오를 나타내려면 하나의 차원이 더 필요하다. 단일 프레임은 컬러 이미지이며, 프레임을 나타내기 위해 세 가지 차원이 필요하다. 이 비디오는 4D 텐서의 모양(프레임, 너비, 높이, 색상 채널)으로 표현된다.

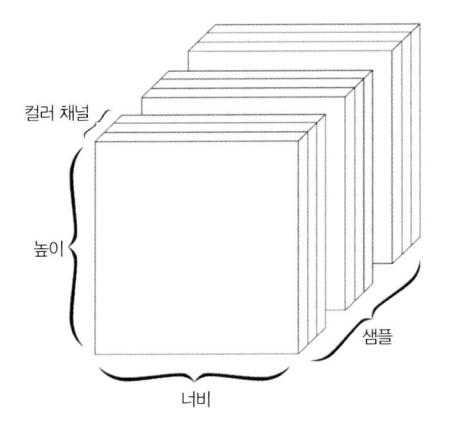

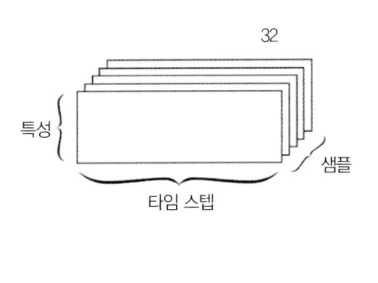

- **텐서로서의 데이터 배치(batch):** 10개의 이미지 묶음이 있다고 가정하자. MNIST 데이터 같은 이진 이미지는 2D 텐서로 나타낼 수 있다. 10개의 이미지 배치의 경우, 3D 텐서로 표현할 수 있다. 이 3D 텐서의 첫 번째 축(축=0)을 **배치 차원(batch dimension)**이라고 한다.

텐서 연산

심층 신경망을 훈련하고/테스트하는 모든 계산은 텐서 연산 세트에 의해 공식으로 나타낼 수 있다. 가령 텐서를 더하고 곱하고 빼는 것처럼 말이다. 다음은 이 책에서 자주 사용되는 텐서 연산의 일부다.

- **요소별 연산:** 텐서의 모든 요소에 독립적으로 함수를 적용하는 것은 딥러닝에서 매우 일반적이다. 예를 들면, 층의 모든 유닛에 활성화 함수를 적용한다. 그 밖의 요소별 연산에는 같은 모양의 두 텐서에 +, −, * 같은 기본 수학 연산자를 요소별로 적용한다.

- **텐서 내적:** 두 텐서의 내적은 두 텐서의 요소별 연산과 다르다. 두 벡터의 내적은 스칼라로, 두 벡터의 요소별 연산의 합과 같다. 행렬과 호환 가능한 모양의 벡터를 내적하면 벡터지만, 호환 가능한 모양의 두 행렬을 내적하면 또 다른 행렬이 된다. 호환 가능한 모양의 두 행렬 x, y에 대해 $dot(x, y)$를 정의하려면 $x.shape[1]=y.shape[0]$이어야 한다.

- **브로드캐스팅:** 서로 다른 모양의 텐서 2개를 추가하고 싶다고 해보자. 이런 경우는 일반적으로 신경망의 모든 층에서 발생할 수 있다. 예를 들어, ReLU층이라면 ReLU층은 다음과 같은 텐서 연산으로 표현할 수 있다: $output=ReLU(dot(W, input)+b)$. 이제 가중치 행렬과 입력 벡터 x의 내적을 계산한다. 그런 다음 벡터에 스칼라 편향 항을 추가한다. 사실, 내적한 출력 벡터의 각 요소에 편향 항을 추가하려고 한다. 그러나 편향 텐서는 0차원 텐서고 벡터는 1차원이다. 이럴 때 더 큰 텐서의 모양과 일치시키기 위해 더 작은 텐서에 브로드캐스팅 함수를 사용할 필요가 있다. 브로드캐스팅에는 두 단계가 포함된다. 축에 작은 텐서를 추가해서 더 큰 텐서의 차원과 일치시킨다. 그런 다음 반복해서 작은 텐서를 큰 텐서의 모양과 일치시킨다. 구체적인 예로 x는 shape (32, 10)이고 y는 shape (, 10)이라고 하자. 이때 x + y를 계산하려고 한다. 브로드캐스팅의 첫 번째 단계에 따라 축을 y(더 작은 텐서)에 추가하고 y1 텐서의 shape (1, 10)을 얻는다. x의 차원을 맞추기 위해 y1을 32번 반복해서 y2 텐서 shape (32, 10)을 얻는다. 그런 다음, 요소별 덧셈 x + y2를 계산한다.

▪ **모양 재조정:** 텐서의 모양 재조정은 텐서 요소를 축에 따라 재배열하는 연산이다. 모양을 바꾸는 한 가지 간단한 예는 2D 텐서로의 전치(transpose)다. 행렬의 전치 연산으로 행과 열을 서로 바꾼다. 모양 재조정의 또 다른 예는 텐서를 평탄화(flatten)하는 것이다. 다차원 텐서는 벡터 또는 1D 텐서로 재구성할 수 있다. 텐서의 모든 요소를 하나의 축을 따라 배치하면 된다. 다음은 텐서플로에서 텐서 연산을 구현한 예다.

```python
# 텐서플로를 이용한 텐서 작동 예시
import tensorflow as tf

# 3개의 상수 초기화: 벡터 2, 스칼라와 2D 텐서
x1 = tf.constant([1,2,3,4])
x2 = tf.constant([5,6,7,8])
b = tf.constant(10)
W = tf.constant(-1, shape=[4, 2])
# 요소별 곱셈/뺄셈
res_elem_wise_mult = tf.multiply(x1, x2)
res_elem_wise_sub = tf.subtract(x1, x2)

# 호환 가능한 2개의 텐서 내적
res_dot_product = tf.tensordot(x1, x2, axes=1)

# 브로드캐스팅: 벡터의 모든 요소에 스칼라 10을 추가
res_broadcast = tf.add(x1, b)

# Wtx 계산
res_matrix_vector_dot = tf.multiply(tf.transpose(W), x1)

# 스칼라 곱
scal_mult_matrix = tf.scalar_mul(scalar=10, x=W)

# 세션 초기화와 실행
with tf.Session() as sess:
output = sess.run([res_elem_wise_mult,res_elem_wise_sub,
                   res_dot_product,
                   res_broadcast,res_matrix_vector_dot,
                   scal_mult_matrix])
print(output)
```

다층 신경망

단층 비선형 유닛은 여전히 입출력 변환을 학습하는 데 제한이 있다. 이를 설명하기 위해서 XOR 문제를 살펴보자. 신경망 모델에 XOR 함수를 학습시키려고 한다. XOR 함수는 두 개의 부울 타입의 입력을 받아서 입력이 서로 다르면 1을 출력하고 동일하면 0을 출력할 것이다.

$X=\{(0,0), (0,1), (1,0), (1,1)\}$의 입력 패턴을 가진 패턴 분류 문제를 생각해 볼 수 있다. 첫 번째와 네 번째는 클래스가 0을 출력하고 다른 클래스는 1을 출력할 것이다. 이 문제를 회귀 문제로 취급하고 **평균 제곱 오차(Mean Square Error, MSE)** 손실과 선형 유닛으로 모델링해 보자. 분석 결과, 원했던 가중치 $\vec{w}(0,0)$과 편향 $b=\frac{1}{2}$에 도달한다. 이 모델은 모든 입력값에 대해 0.5를 출력한다. 결과적으로, 간단한 선형 뉴런은 XOR 함수를 학습할 수 없다.

XOR 문제를 해결하는 한 가지 방법은 선형 모델이 해결책을 찾을 수 있도록 입력의 다른 표현을 사용하는 것이다. 네트워크에 비선형 은닉층을 추가하면 그렇게 할 수 있다. 여기서는 두 개의 은닉 유닛이 있는 ReLU층을 사용하겠다. 출력이 부울 값이므로 가장 적합한 출력 뉴런은 로지스틱 유닛이다. 이진 교차 엔트로피 손실로 가중치를 학습할 수 있다.

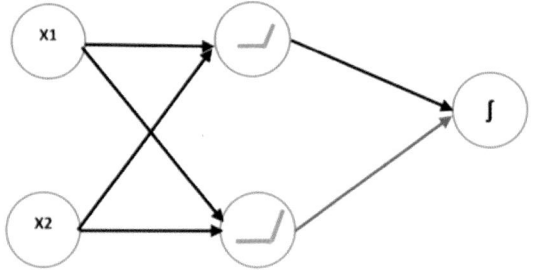

SGD로 이 네트워크의 가중치를 학습하자. 다음은 XOR 함수 학습 문제에 대한 케라스 코드다.

```
model_input = Input(shape=(2,), dtype='float32')
z = Dense(2,name='HiddenLayer', kernel_initializer='ones')(model_input)
z = Activation('ReLU')(z) # 은닉 활성화 ReLU
z = Dense(1, name='OutputLayer')(z)
model_output = Activation('sigmoid')(z) #출력 활성화
model = Model(model_input, model_output)
model.summary()

# 학습률 = 0.5인 SGD 최적화 컴파일 모델
```

```
sgd = SGD(lr=0.5)
model.compile(loss="binary_crossentropy", optimizer=sgd)
# 작은 데이터 세트 - 풀배치(full batch) 이용 - 배치 사이즈를 4로 설정
model.fit(X, y, batch_size=4, epochs=300,verbose=0)
# 모델 출력
preds = np.round(model.predict(X),decimals=3)
pd.DataFrame({'Y_actual':list(y), 'Predictions':list(preds)})
```

이 코드의 출력 결과는 다음과 같다.

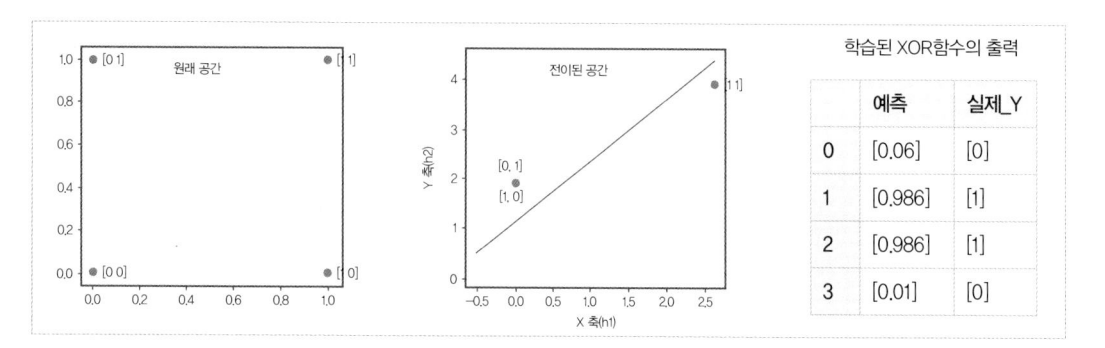

학습된 XOR함수의 출력

	예측	실제_Y
0	[0.06]	[0]
1	[0.986]	[1]
2	[0.986]	[1]
3	[0.01]	[0]

(왼쪽) 4개의 점은 원래 공간을 나타낸다. 다른 클래스를 지나지 않고 0점 {(0,0), (1,1)}인 클래스를 구분할 수 있는 선은 없다. (중앙) 은닉 ReLU 층에서 학습되어 이동한 공간을 표시한다. (오른쪽) 이 표는 함수로 얻은 예측값을 보여준다.

은닉층이 하나만 있는 신경망도 XOR 함수를 배울 수는 있다. 하지만 이 예제를 통해 신경망이 의미 있는 무엇인가를 하기 위해서는 비선형 은닉층이 필요하다는 사실을 알 수 있다. 이제 은닉층이 학습한 입력 변환이 출력 로지스틱 뉴런에서 함수를 학습할 수 있게 하는 방법을 자세히 살펴보자. 케라스에서는 학습된 모델에서 중간 은닉층을 추출해서 출력층로 전달하기 전에 변환한 입력을 추출할 수 있다. 앞의 그림은 네 점의 입력 공간이 어떻게 변형되는지를 보여준다. 변환 후 클래스 1과 클래스 0 포인트는 선으로 쉽게 분리할 수 있다. 다음은 원래 공간과 변환된 공간의 그림을 생성하는 코드다.

```
import matplotlib.pyplot as plt

# 모델에서 중간층 함수 추출
hidden_layer_output = Model(inputs=model.input,
outputs=model.get_layer('HiddenLayer').output)
projection = hidden_layer_output.predict(X) # 예측 함수로 변환을 추출
# 변환된 입력 그리기
fig = plt.figure(figsize=(5,10))
```

```
ax = fig.add_subplot(211)
plt.scatter(x=projection[:, 0], y=projection[:, 1], c=('g'))
```

여러 개의 비선형 은닉층을 쌓음으로써 매우 복잡한 비선형 입/출력 변환을 학습하는 네트워크를 구축
할 수 있다.

역전파 – 심층 신경망 훈련하기

다층 신경망을 훈련하기 위해 경사 하강/SGD를 사용할 수 있다. 그러나 SGD는 네트워크의 모든 가중
치에 대해 손실 함수의 미분을 계산해야 한다. 앞에서 로지스틱 유닛의 도함수를 계산하기 위해 도함수
에 연쇄 규칙을 적용하는 방법을 살펴봤다.

더 깊은 네트워크의 경우에는 서로 다른 깊이의 층에 해당하는 가중치에 관한 손실 함수의 미분을 위
해서 층에 동일한 연쇄 규칙을 재귀적으로 적용할 수 있다. 이를 역전파 알고리즘(backpropagation
algorithm)이라고 한다.

역전파는 복잡한 중첩 함수 또는 함수의 함수를 자동 미분하기 위한 일반적인 최적화 방법으로 1970
년대에 개발됐다. 그러나 1986년 럼멜하트(Rumelhart), 힌튼(Hinton), 윌리엄스(Williams)가 쓴
《Learning representations by back-propagating errors(오차 역전파로 학습된 표현)》(https://
www.iro.umontreal.ca/~vincentp/ift3395/lectures/backprop_old.pdf)이 나오고 나서야 이 알
고리즘의 중요성이 큰 머신러닝 커뮤니티에서 인정받게 됐다. 역전파는 인공 신경망이 좋은 내재적 표
현을 학습한다는 것, 즉 은닉층이 중대한 특성을 배운다는 것을 입증한 첫 번째 방법 중 하나였다.

역전파 알고리즘은 단일 훈련 예제의 모든 가중치에 대해서 오차 미분 $\frac{dE}{d\theta}$ 를 계산하는 효율적인 방법
이다. 역전파 알고리즘을 이해하기 위해 먼저 계산 그래프 표기법으로 신경망을 표현해 보자. 신경망의
계산 그래프에는 노드(node)와 방향성이 있는 에지(edge)가 있으며, 여기서 노드는 변수(텐서)를 나
타내고 에지는 다음 변수에 연결하는 변수의 연산을 나타낸다. 어떤 함수 f에서 $y=f(x)$이면 방향성 있
는 에지에 의해 변수 x가 y에 연결된다.

예를 들어, 로지스틱 유닛의 그래프는 다음과 같이 나타낼 수 있다.

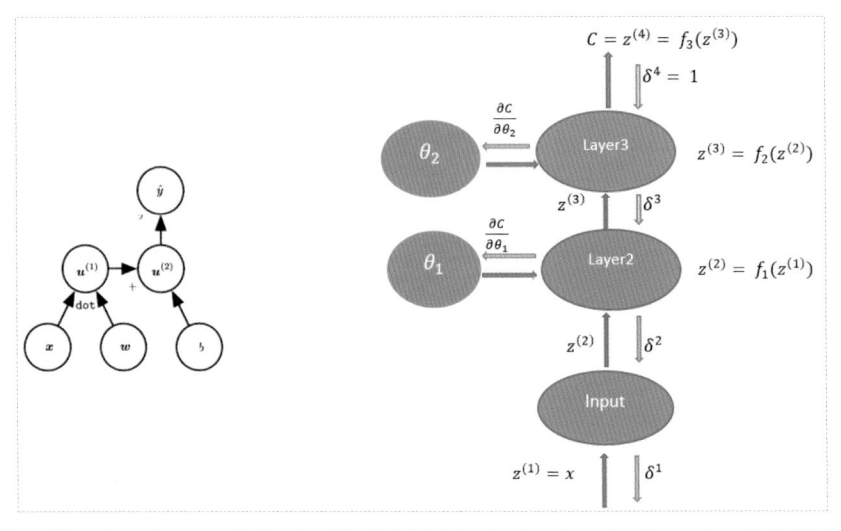

(왼쪽) 계산 그래프로서의 로지스틱 회귀. (오른쪽) 3개의 층이 있는 네트워크 계산 그래프에서 BP 알고리즘의 정보 흐름

여기서 u^1, u^2, $\cdots$, u^n은 계산 노드를 나타낸다. 또한 하나씩 계산될 수 있도록 순서대로 노드를 정렬했다. 여기서 u^n은 스칼라값을 출력하는 손실 함수다. 노드별 θ_k는 네트워크의 파라미터 또는 가중치를 나타낸다. 경사 하강에 적용하기 위해서 모든 편미분 $\frac{\partial u^n}{\partial \theta_k}$을 계산해야 한다. 이 그래프에 전방 계산은 입력 노드로부터 최종 노드 u^n까지 계산 그래프의 방향성 경로에 따라 계산할 수 있다. 이를 **전방 전달 패스(forward pass)**라고 한다.

그래프의 노드가 텐서라서 편미분 $\frac{\partial u^n}{\partial \theta_k}$을 계산하기 위해 여러 변수의 함수에 대한 도함수의 연쇄 규칙이 사용된다. 이 규칙은 야코비와 기울기의 곱으로 표현한다. 역전파 알고리즘은 야코비-기울기 곱(Jacobian-Gradient products)의 시퀀스를 포함한다.

역전파 알고리즘은 다음과 같이 표현된다.

1. 입력 벡터 $X = \{\vec{x_n}\}$, 타깃 벡터 $Y = \{\vec{t_n}\}$, 네트워크 오차를 측정하는 비용 함수 C와 네트워크의 초기 가중치 세트가 주어졌을 때 네트워크의 전방 전달 패스와 손실 C를 계산한다.

2. 역방향 패스 – 각 훈련 예제 $(\vec{x_n}, t_n)$에서 각 층 파라미터/가중치와 관련해서 손실 도함수 C를 계산한다. 이 단계는 다음과 같이 설명할 수 있다.

    a. 입력-타깃 쌍 또는 그것들의 미니 배치에 대한 모든 기울기에 대해 평균을 취함으로써 개별 기울기를 결합한다.

    b. $\Delta \theta_i = -\alpha \frac{\partial C}{\partial \theta_i}$로 모든 파라미터를 업데이트한다. α는 학습률이다.

전체가 연결된 3층 신경망의 '역방향 패스(backward pass)'를 설명하겠다. 이 계산 그래프는 앞의 그림에 나와 있다. $z^{(i)}$를 그래프의 계산 노드로 놓는다. 역전파를 수행하기 위해 편미분 $\frac{\partial C}{\partial z^{(i)}}$는 전방 전달 패스의 역순으로 진행한다. 이를 아래쪽 화살표로 표시했다. 비용 함수의 미분은 다음과 같이 나타낼 수 있다. 층 l 입력 $z^{(l)}$을 가지는 비용 함수를 $\delta^{(l)}$로 정의한다. 맨 위 층에 대해 $\delta^{(4)}=1$이라고 하자. 재귀적으로 계산하기 위해 단일 층을 고려하자. 한 층은 입력 $z^{(l)}$과 출력 $z^{(l+1)}$로 돼 있다. 아울러 그 층에서 입력 $\delta^{(l+1)}$을 받아서 $\delta^{(l)}$과 $\frac{\partial C}{\partial \theta_l}$를 도출한다.

l층의 경우, $\delta_i^l = \frac{\partial C}{\partial z_i^l} = \sum_j \frac{\partial C}{\partial z_{l+1}^j} \frac{\partial z_{l+1}^j}{\partial z_i^l} = \sum_j \delta_i^{l+1} \frac{\partial z_{l+1}^j}{\partial z_i^l}$

이때 i는 기울기 δ_i^l의 i번째 구성 요소를 나타낸다.

이제 역방향 메시지를 계산하기 위한 재귀 공식을 구해 보자. 이를 통해 모델 파라미터에 관한 비용의 도함수 값을 다음과 같이 계산할 수 있다.

$$\frac{\partial C}{\partial \theta_l} = \sum_j \frac{\partial C}{\partial z_j^{l+1}} \frac{\partial z_j^{l+1}}{\partial \theta_l} = \sum_j \delta_j^{l+1} \frac{\partial z_j^{l+1}}{\partial \theta_l}$$

역전파 알고리즘은 계산 그래프에서 원래 값 x에 대한 스칼라 비용 함수 z의 기울기를 계산한다. 알고리즘은 z의 비용 도함수 계산에서 시작하고, z 자체에 적용하면 $\frac{\partial z}{\partial z} = 1$이 될 것이다. 현재 기울기 z를 생성한 전 단계의 기울기는 현재 기울기에서 z를 생성한 연산에 야코비 식을 곱해서 계산할 수 있다. 입력값 x에 도달할 때까지 계산 그래프의 역방향으로 계속 가면서 야코비 식을 곱한다.

신경망 학습의 과제

최적화는 일반적으로 매우 어려운 작업이다. 이번 절에서는 최적화 방법을 포함한 딥러닝 모델 훈련의 몇 가지 공통적인 문제를 설명한다. 이처럼 과제를 이해하는 것은 신경망 모델의 훈련 성능을 평가하고 문제를 해결할 수 있도록 수정안을 내는 데 중요하다.

나쁜 조건

행렬의 조건수(condition number)는 가장 큰 특이값 대 가장 작은 특이값의 비율이다. 나쁜 조건수 행렬에서 조건수가 매우 높다는 것은 보통 가장 낮은 특이값이 가장 높은 특이값보다 지나치게 작고 행렬의 행이 서로 깊이 관련돼 있음을 나타낸다. 이것은 최적화에서 매우 일반적인 문제다. 사실 그것은 볼록 최적화(convex optimization) 문제도 해결하기 어렵게 만든다. 일반적으로 신경망은 이 문제를 가지고 있고, 그것이 SGD가 멈추는 원인이 된다. 즉, 강한 기울기가 있음에도 불구하고 학습이 매우 느려진다. 1에 가까운 양호한 조건수 데이터 세트의 경우에는 오차의 윤곽이 거의 원형이며 음의 기울기는 항상 오차 표면의 최솟점과 직선으로 연결된다. 열악한 조건의 데이터 세트의 경우 오차 표면은 하나 또는 그 이상의 방향에서 대개 평평하고 다른 방향에서는 강하게 곡선을 이룬다. 복잡한 신경망의 경우, 헤세와 나쁜 조건의 영향을 분석적으로 찾는 것은 불가능할 수도 있다. 그러나 훈련 에포크에 대한 제곱 기울기 노름(norm)과 훈련 에포크의 $g^T H g$를 그림으로 그려서 나쁜 조건수를 모니터링할 수 있다.

최적화하고자 하는 $f(x)$ 함수의 2차 테일러 급수로의 근사를 생각해 보자. 점 x_0에서의 2차 테일러 급수는 다음과 같이 주어진다.

$$f(x) = f(x_0) + (x - x_0)^T g + \frac{1}{2}(x - x_0)^T H (x - x_0)$$

여기서 g는 기울기 벡터이고 H는 x_0에서 $f(x)$의 헤세(Hessian)다. ε이 학습률이라고 하면 경사 하강에 따라 새로운 점은 $x_0 - \varepsilon g$가 될 것이다. 이를 테일러 급수로 확장하면 다음과 같다.

$$f(x_0 - \varepsilon g) \approx f(x_0) - \varepsilon g^T g + \frac{1}{2}\varepsilon^2 g^T H g$$

참고로 $-\varepsilon g^T g + \frac{1}{2}\varepsilon^2 g^T H g > 0$이면 새로운 점에서의 함숫값은 x_0에서의 값에 비해 증가한다. 기울기가 크면 큰 기울기 노름의 제곱 $\| g \|^2 = g^T g$를 가질 테지만, 동시에 $g^T H g$의 수량도 규모에 따라 커지기 때문에 $f(x)$가 매우 느린 속도로 감소하게 된다. 그러나 그 시점에서 학습률 ε을 줄이면 $g^T H g$의 수량에 ε^2이 곱해져서 이 효과가 어느 정도 없어질 수 있다. 나쁜 조건수의 영향은 훈련 에포크에서 기울기 노름 제곱과 $g^T H g$를 그려서 모니터링할 수 있다. 기울기 노름을 계산하는 방법은 '열판' 예제에서 살펴봤다.

국소 최솟값과 안장점

DNN 모델은 본질적으로 매우 여러 개의 국소 최솟값이 있다. 국소 최솟값이 전역 최솟값에 비해 비용이 크면 문제가 된다. 오랫동안 국소 최솟값의 존재는 신경망 훈련에 골칫거리로 여겨져 왔다. 이것은 여전히 연구가 활발한 분야이기는 하지만, DNN의 경우 국소 최솟값 대부분에서 비용값이 낮다면 전역 최솟값을 찾을 필요 없이 오히려 충분히 낮은 값을 가지는 가중치 공간의 한 점으로 여길 수 있다. 강한 국소 최솟값의 존재는 기울기 노름을 모니터링해 탐지할 수 있다. 기울기 노름이 무시할 정도로 작은 차수로 감소하면 국소 최솟값이다.

안장점은 최대점도 아니고 최소점도 아닌 평탄한 지역에 있는 점으로 한쪽 면에서는 목적 함수 값이 증가하고 다른 쪽 면에서는 목적 함수가 감소한다. 평탄한 지역에서는 기울기가 매우 작아진다. 그러나 관찰 결과 경험적으로 경사 하강은 이 영역을 빠르게 빠져나간다.

절벽과 기울기 폭발

고도의 비선형 DNN에 대한 목적 함수에는 다음 그림의 절벽과 같은 매우 가파른 지역이 있다. 극단적으로 가파른 벼랑 구조에서 음의 기울기 방향으로 이동하면 가중치가 벼랑에서 아주 멀리 이동해서 모두 절벽으로 떨어진다. 그 결과 아주 가까이에 있는 최솟값을 놓치게 된다.

결국 많은 작업이 무효가 됐고 지금과 같은 해결책에 도달했다.

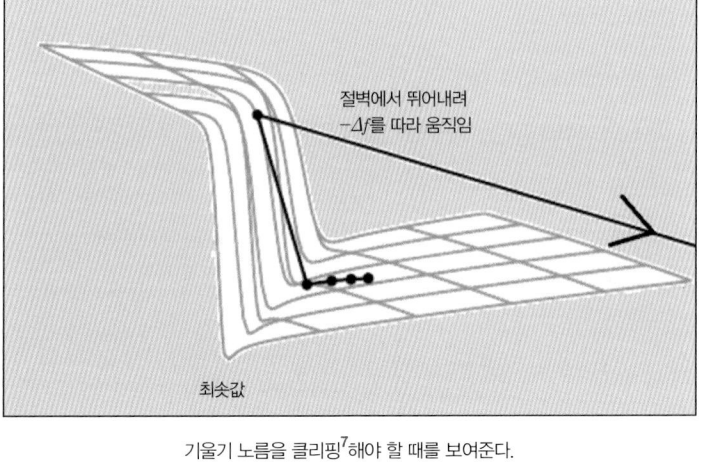

기울기 노름을 클리핑[7]해야 할 때를 보여준다.

클리핑된 기울기 덕분에 경사 하강에서 잘못 이동하는 것을 피할 수 있다. 먼저, 기울기의 크기에 상한을 설정한다. 기억하겠지만 경사 하강은 함수의 1차 테일러 근사를 기반으로 한다. 이 근사는 기울기가 계산되는 지점 주변의 세부 영역에서는 잘 유지된다. 이 지역 밖에서 점프하면 비용 함수가 커지거나 커브가 위로 올라간다. 그래서 이동의 길이를 제한해야 한다. 그래도 기울기의 방향은 여전히 거의 정확할 것이다. 업데이트되는 곡률은 너무 많이 지나치는 것을 피할 수 있을 만큼 작아야 한다. 이렇게 하는 방법은 표준의 상한에 대한 임곗값을 설정해 **기울기의 노름을 클리핑**하는 것이다.

---

7 (옮긴이) 기울기 클리핑은 기울기를 수정하기 위한 방법의 하나다. 일반적으로 본문에 나와 있는 것과 같이 임곗값을 정해서 기울기의 L2 노름이 임곗값을 초과하면 기울기를 수정한다.

$$if \| g \| > v, g \leftarrow \frac{gv}{\| g \|}$$

케라스에서는 다음과 같이 구현할 수 있다.

```
# 기울기 클리핑을 통제하는 파라미터 clipnorm과 clipvalue는
# 모든 최적화기에 쓸 수 있다.

from keras import optimizers

# 모든 파리미터의 기울기는 max norm이 1.0일 때 클리핑될 것이다.
sgd = optimizers.SGD(lr=0.01, clipnorm=1.)
# ADAM 최적화기로 유사도 판단
adam = optimizers.Adam(clipnorm=1.)
```

초기화 – 대상의 국소와 전역 구조 사이의 잘못된 대응

SGD와 같은 수치 최적화 알고리즘을 시작하려면 가중치를 초기화해야 한다. 다음 그림과 같은 목적 함수가 있는 경우 SGD가 제안한 대로 작은 국소 이동을 통해 산의 건너편에 있는 진정한 최솟값에 도달하려고 하면 많은 시간을 낭비하게 된다. 이 시나리오는 목적 함수의 국소 구조에서 최솟값이 어디에 있는지에 대해 어떤 힌트도 주지 않는다. 이 경우 적절한 초기화로 시간 낭비를 막을 수 있다. 언덕 반대편의 한 지점에서 SGD를 시작하면 최적화 속도가 훨씬 빨라진다.

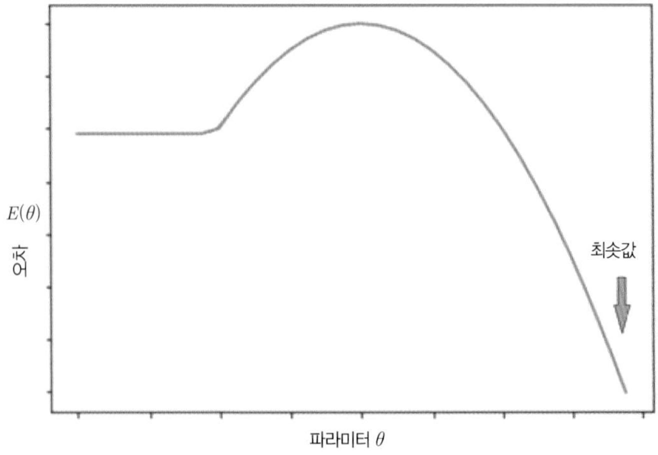

기울기 기반 최적화의 영향과 나쁜 초기화 시나리오에 대한 설명

부정확한 기울기

대부분 최적화 알고리즘은 주어진 점에서 정확한 기울기를 알고 있다고 가정한다. 그러나 실제로는 기울기 추정치만 알고 있을 뿐이다. 이 추정치는 얼마나 정확할까? SGD에서 배치 크기는 확률적 최적화 알고리즘의 이동에 큰 영향을 미친다. 확률적 최적화 알고리즘이 기울기 추정의 분산을 결정하기 때문이다.

정리하면, 신경망 훈련에서 직면하는 여러 문제는 다음 네 가지 요령으로 해결할 수 있다.

- 적절한 학습률 선택 – 각 파라미터에 따라 적절한 학습률 적용.
- 적절한 배치 사이즈 선택 – 이 설정에 따라 기울기를 추정한다.
- 가중치에 적절한 초기화 선택.
- 은닉층에 적합한 활성화 함수 선택.

이제 DNN 학습을 실질적으로 실현하게 해주고 딥러닝이 계속 성공하게 하는 다양한 휴리스틱/전략에 대해 간략히 살펴보자.

모델 파라미터의 초기화

다음은 초기화 지점이 심층 신경망의 반복 학습 알고리즘의 성능에 어떻게 영향을 미치는지를 나타낸 것이다.

- 초기화 지점은 학습이 수렴할지 말지를 결정할 수 있다.
- 학습이 수렴하더라도 그것이 수렴하는 속도는 초기화 지점에 따라 달라진다.
- 여러 가지 비용 초기화 지점에 따라 다양한 일반화 오차가 있다.

초기화 알고리즘은 대체로 휴리스틱하다. 좋은 초기화를 통해 어떻게든 빠른 학습을 할 수 있게 해야 한다. 초기화의 중요한 측면 중 하나는 은닉층 유닛에 초기 세트의 가중치를 비대칭으로 만드는 것이다. 네트워크의 동일한 레벨에서 동일한 활성화 함수를 가진 두 개의 장치가 동일한 가중치로 초기화되면 업데이트도 동일하게 된다. 은닉층에 여러 유닛이 있는 이유는 서로 다른 함수를 배워야 하기 때문이다. 그런데 똑같이 업데이트되면 다른 함수를 학습하지 못한다.

대칭을 깨는 간단한 방법은 가우스 분포나 균등 분포에서 휴리스틱 초기화로 샘플링하는 것이다. 모델의 편향 파라미터는 휴리스틱하게 선택된 정수일 수 있다. 가중치의 크기 결정은 최적화와 정규화 간의 절충에 달려 있다. 정규화를 위해서는 가중치가 너무 크지 않아야 한다. 그렇지만 이렇게 하면 일반화 성능이 저하될 수 있다. 최적화하려면 네트워크를 통해 성공적으로 정보를 전달할 수 있을 만큼 가중치가 충분히 커야 하기 때문이다.

휴리스틱 초기화

입력 유닛 m과 출력 유닛 n으로 구성된 밀집층을 생각해 보자.

1. 균등 분포 $\left[\frac{-1}{\sqrt{m}}, \frac{1}{\sqrt{m}}\right]$에서 각각의 가중치를 샘플링한다.

2. 글로럿(Glorot)과 벤지오(Bengio)는 균등 분포 초기화의 정규화된 버전을 제안했다: $\left[-\sqrt{\frac{6}{m+n}}, \sqrt{\frac{6}{m+n}}\right]$. 이것을 **글로럿 균등**(Glorot Uniform)이라고 부르는데, 각 층의 기울기가 동일한 분산을 가지도록 설계됐다.

3. 평균 0과 분산 $\sqrt{\frac{2}{m+n}}$을 갖는 정규 분포로부터 각각의 가중치를 샘플링한다. 이는 글로럿 균등과 유사하며 **글로럿 정규**(Glorot Normal)라고 부른다.

4. 매우 큰 층의 경우 개별 가중치가 아주 작아진다. 이를 해결하기 위해 k가 0이 아닌 가중치만 초기화하는 방법도 있다. 이를 **희소 초기화**(sparse initialization)라고 한다.

5. 가중치를 랜덤 직교 행렬로 초기화한다. 그램-슈미트(Gram-Schmidt) 직교화 행렬을 초기 가중치 행렬에 사용할 수 있다.

초기화 계획은 또한 신경망 훈련의 하이퍼 파라미터로 취급될 수 있다. 컴퓨터의 리소스가 충분하면 다른 초기화 기법도 평가할 수 있는데, 우수한 일반화 성능과 빠른 수렴 속도 중에서 하나를 선택할 수 있다.

SGD의 개선

최근 몇 년 동안 서로 다른 방정식을 사용해 모델의 파라미터를 업데이트하는 다양한 최적화 알고리즘이 제안됐다.

모멘텀 방법

비용 함수에는 가파르게 증가하는 영역과 작지만 일정한 기울기의 영역이 포함된다. 왜냐하면 헤세 행렬의 부족한 조건과 확률적 경사의 차이 때문이다. 이런 지역에서는 SGD가 많이 느려질 수 있다. 모멘텀 알고리즘은 이전 기울기의 **지수 가중 이동 평균**(exponentially weighted moving-average: **EWMA**)이 누적되기 때문에 SGD에서 제안한 국소 기울기 방향 대신 다른 방향으로 이동한다. 지수 가중치는 하이퍼 파라미터 $\alpha \in [0, 1)$로 제어되며, 이를 통해 이전 기울기의 효과를 얼마나 빨리 감소시킬지 결정한다. 모멘텀 방법은 반대 부호의 기울기와 결합해 높은 곡률 방향의 진동을 감쇄한다.

네스테로프 모멘텀

네스테로프 모멘텀(Nesterov Momentum)은 모멘텀 알고리즘의 변형이며, 기울기가 계산되는 지점에서만 모멘텀 방법과 다르다. 표준 모멘텀 방법은 현재 위치에서 처음으로 기울기를 계산한 다음, 누적된 기울기 방향으로 크게 건너뛴다. 네스테로프 모멘텀은 먼저 이전에 누적된 기울기의 방향에 따라 크게 건너뛴 다음, 새 점에서 기울기를 계산한다. 새로운 기울기는 전체 이전 기울기에 다시 EWMA를 취해 수정된다.

학습률 적용 – 각 연결의 분리

앞의 방법에서는 모든 파라미터 업데이트에 동일한 학습률이 적용된다. 반면에 희소 데이터는 파라미터를 서로 다르게 업데이트할 수도 있다. 예를 들어 AdaGrad, AdaDelta, RMSprop, Adam[8]과 같은 경사 하강 알고리즘은 개별 파라미터의 학습률을 별개로 유지함으로써 기존 SGD에 대한 대안으로 떠올랐다.

AdaGrad

AdaGrad 알고리즘은 이전의 모든 기울기의 제곱값을 더한 뒤 제곱근을 취했을 때 '반비례'하는 학습률의 비율을 조정해서 각 연결 간의 학습률을 조정한다. 그러므로 더 큰 이동이 오차 표면의 완만하게 경사진 방향으로 이루어질 수 있다. 그러나 훈련 초기부터 이 트릭을 적용하면 학습률이 크게 떨어질 수 있다. 하지만 AdaGrad는 몇 가지 딥러닝 과제에서 여전히 우수한 성과를 보여준다.

RMSprop

RMSprop은 이전 기울기의 제곱에 EWMA를 취한 AdaGrad 알고리즘을 개선한 것이다. 이동 평균 파라미터 ρ로 이동 평균의 길이와 스케일을 제어한다. 심층 신경망 훈련에서 가장 성공적인 알고리즘 중 하나로 꼽힌다.

8　(옮긴이) 최적화 방법을 크게 두 가지로 나누면 1) 경사 하강의 방향에서 어느 정도 움직이고 스텝을 계산할 것인지와 2) 보폭의 크기를 어느 정도로 할 것인지로 나눌 수 있다. AdaGrad, AdaDelta, RMSprop, Adam은 두 번째인 보폭의 크기와 관련된 최적화 방법에서 차이가 있는 방법이다. 이와 관련해서는 이안 굿펠로(Ian Goodfellow), 요슈아 벤지오(Yoshua Bengio), 애런 커빌(Aaron Courville)의 책 《심층 학습》(제이펍 2018)(http://www.deeplearningbook.org/contents/optimization.html)을 참고하라.

Adam

적용 모멘트(Adaptive Moments, Adam). 모멘텀 기반 알고리즘과 학습률 적용(adaptive-learning-rate) 알고리즘 양쪽의 장점을 취한다. 여기서 모멘텀 알고리즘은 RMSpro에 의해 계산되어 재조정된 기울기에 적용된다.

신경망에서의 과대 적합과 과소 적합

다른 ML 훈련과 마찬가지로 딥러닝 모델을 훈련하기 위한 데이터는 훈련, 테스트, 검증 세트로 나눈다. 모델을 반복 훈련하는 동안에는 일반적으로 검증 오차가 훈련 오차보다 약간 더 높다. 반복적으로 테스트 오차와 검증 오차 사이의 간격이 증가하면 **과대 적합**된 경우다. 훈련 오차가 충분히 낮은 값으로 감소하는 것을 멈추면 모델이 **과소 적합**됐다는 결론을 내릴 수 있다.

모델 성능

모델의 성능은 모델을 만드는 입출력 관계의 복잡도로 설명할 수 있다. 즉, 모델이 가설 공간에서 얼마나 많은 함수 세트를 수용하는지를 나타낸다. 예를 들어 선형 회귀 모델은 선형 함수가 아닌 다항 함수를 포함해 일반화할 수 있다. 이는 모델을 구축하는 동안 입력 x의 정수 거듭제곱 n을 입력으로 받아서 진행된다. 또한 모델의 용량은 네트워크에 여러 개의 숨겨진 비선형 층을 추가함으로써 제어할 수 있다. 네트워크의 은닉 비선형 층을 여러 개 추가해 모델의 성능을 제어할 수도 있다. 따라서 모델의 성능 증가를 위해 신경망 모델을 더 넓게 만들거나 더 깊게 만들 수도 있고 두 가지를 동시에 증대시킬 수도 있다.

그러나 모델 용량과 모델의 일반화 오차 사이에는 트레이드 오프가 있다.

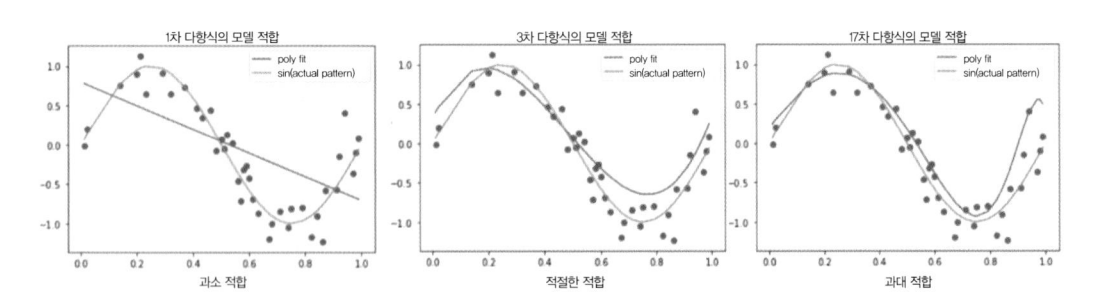

(왼쪽) 1차 함수는 데이터에 과소 적합되어 어려움을 겪는다. (가운데) 2차 함수는 데이터에서 학습하지 않은 점들도 잘 일반화한다. (오른쪽) 9차 다항식은 데이터에 과대 적합되어 어려움을 겪는다.

과대 적합된 모델은 훈련 세트의 학습 패턴에 과대 적합되어 적은 훈련 데이터는 잘 학습하지만, 학습하지 않았던 테스트 세트는 일반화하지 못한다. 한편 과소 적합된 모델은 훈련 세트를 학습하는 것 자체를 힘겨워 한다.

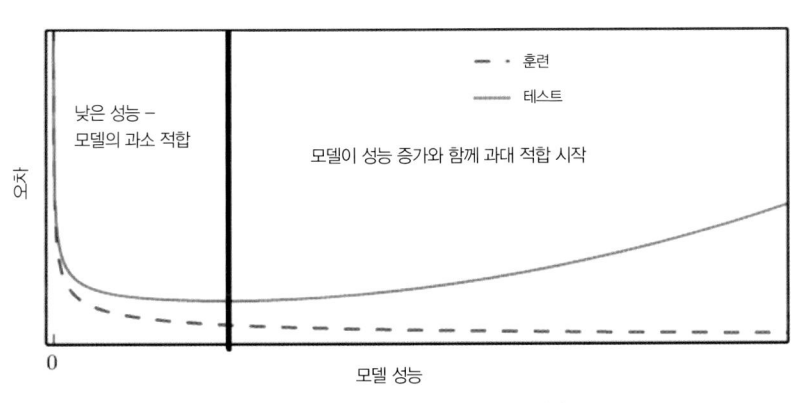

훈련과 검증 손실에서의 과대 적합/과소 적합

과대 적합을 방지하는 방법 – 정규화

과대 적합은 머신러닝의 중심 문제다. 신경망의 경우, 과대 적합을 피하고 일반화 오차를 줄이기 위해 많은 전략을 개발한다. 이러한 전략을 총칭해서 **정규화**라고 한다.

가중치 공유

가중치 공유(Weight-sharing)는 동일한 가중치 세트가 네트워크의 여러 층에서 사용되므로 최적화할 파라미터가 더 적어지는 것을 의미한다. 이것은 샴(Siamese) 네트워크[9]와 RNN과 같은 인기 있는 딥러닝 아키텍처에서 쓰인다. 몇몇 층에서 가중치 공유를 통해 모델의 성능을 제어하면 모델을 더 잘 일반화할 수 있다.

역전파는 가중치 공유와 같은 선형 가중치 제약 조건을 쉽게 포함할 수 있다. 다른 유형의 가중치 공유는 CNN에서 사용되며, 여기서는 전체가 연결된 은닉층과 달리 합성곱층이 국소 영역에서 연결된다. CNN에서는 네트워크에서 처리할 입력(예: 이미지 또는 텍스트)을 동일한 성격의 로컬 영역 세트로 분해할 수 있고, 각 변환 세트는 동일한 변환 세트로 처리할 수 있다고 가정하는데, 그것이 바로 가중치 공유다. RNN은 연속적인 각 층이 동일한 가중치 세트를 공유하는 전방 전달 네트워크로 간주할 수 있다.

---

9 (옮긴이) 샴 네트워크에 대한 논문은 Gregory Koch, Richard Zemel, Ruslan Salakhutdinov, "Siamese neural networks for one-shot image recognition," ICML Deep Learning Workshop, Vol. 2, 2015. 참고

가중치 감소

앞의 예에서 다항식과 같이 과대 적합된 모델은 가중치가 매우 크다는 것을 알 수 있다. 이를 방지하기 위해 목적 함수에 페널티 항 Ω을 추가할 수 있다. 이 함수는 가중치를 원점에 더 가깝게 유도하도록 만들어졌다. 따라서 패널티 항은 가중치의 노름 함수여야 한다. 또한 패널티 항목의 효과는 하이퍼 파라미터 α를 곱해 제어할 수 있다. 그래서 우리의 목적 함수는 $E(w)+\alpha\Omega(w)$가 된다. 일반적으로 사용되는 패널티 조건은 다음과 같다.

- L^2 **정규화:** 페널티 항은 $\Omega = \frac{1}{2}\|w\|^2$에 의해 주어진다. 회귀 연구에서는 이것을 **릿지 회귀**(ridge regression)라고 한다.
- L^1 **정규화:** 패널티 항은 $\Omega = \|w\|_1 = \sum_i w_i$로 주어진다. **라쏘 회귀**(lassoregression)[10]라고도 한다.

L^1 정규화는 희소성 해법을 유도한다. 즉, 회귀 문제에서 많은 가중치를 0으로 세팅해서 좋은 특성을 선택하게 하는 방법이다.

조기 종료

대규모 신경망에 대한 훈련이 진행됨에 따라 훈련 오차는 시간에 따라 꾸준히 감소하지만, 다음 그림에서 볼 수 있듯이 검증 세트 오차는 몇 번의 반복을 넘어서면 증가하기 시작한다.

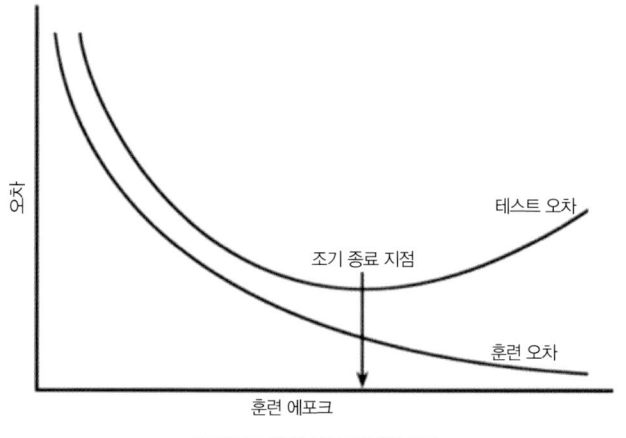

조기 종료: 훈련 오차 대 검증 오차

검증 오차가 증가하기 시작하는 시점에 훈련을 중단하면 더 나은 일반화 성능을 갖춘 모델을 얻을 수 있는데, 이를 **조기 종료(early stopping)**라고 한다. 이는 하이퍼 파라미터 patience[11]에 의해 제어된

---

10 (옮긴이) 라쏘(Lasso): Least absolute shrinkage and selection operator의 약자다.
11 (옮긴이) patience: 에포크가 지속돼도 학습이 개선되지 않으면 조기 종료할 수 있다. 이때 바로 종료하지 않고 어느 정도 기다렸다가 종료하도록 설정할 수 있는데, 이를 patience라고 한다.

다. 이 파라미터로 학습을 중단하기 전에 검증 세트의 오차 증가를 관찰할 횟수를 세팅할 수 있다. 조기 종료는 단독으로 쓸 수도 있고 다른 정규화 방법과 함께 사용할 수도 있다.

드롭아웃

심층 신경망에서는 계산 방법이 복잡하지 않으면서도 강력한 정규화 방법으로 드롭아웃(dropout)을 쓸 수 있다. 드롭아웃은 입력층과 은닉층의 양쪽에서 개별적으로 적용할 수 있다. 드롭아웃을 세팅하면 전방 전달 패스 중에 노드 일부분의 출력을 무작위로 마스크해 노드의 출력이 0으로 세팅된다. 이는 층에서 일부 노드를 제거하고 더 적은 수의 노드로 새로운 신경망을 만드는 것과 같다. 일반적으로 입력층에서는 0.2의 확률로 노드를 제거하고 은닉층에서는 0.5 이상의 확률로 노드를 삭제한다.

모델 평균화(앙상블 방법)는 다양한 모델의 출력을 결합해 일반화 오차를 줄일 수 있기 때문에 머신러닝에서 많이 사용된다. 배깅(Bagging)은 앙상블 방법의 하나로 무작위 샘플링에 의해 구성된 k개의 서로 다른 데이터 세트에서 훈련 세트를 하나씩 교체하면서 각각 k개의 모델을 별도로 교육한다. 특히 회귀 문제의 경우, 모델의 최종 출력은 k 모델 출력의 평균이 된다. 다른 조합 전략도 있다.

드롭아웃도 모델 평균화 방법으로 생각할 수 있는데, 드롭아웃이 적용되는 기본 모델의 여러 층에서 활성 노드 수를 변경해 많은 모델을 만들 수 있다.

배치 정규화

모델을 훈련하기 위한 데이터를 입력하기 전에 훈련 데이터의 크기를 조정하고 표준화하는 것이 일반적이다. 신경망에서도 스케일링은 전처리 단계의 하나이며 이를 통해 모델 성능이 약간 향상되기도 한다. 은닉층에 데이터를 입력하기 전에도 동일한 트릭을 적용할 수 있을까? 배치 정규화(Batch normalization)는 이러한 아이디어를 기반으로 한다. 이전 층의 활성화를 정규화하기 위해서는 활성화 값에 미니 배치의 평균 μ를 뺀 후 미니 배치의 표준 편차 σ로 나눈다. 그런데 예측하는 동안은 한 번에 한 가지 예시만 처리할 수 있다. 따라서 배치 평균 μ와 배치 표준 편차 σ를 계산하는 것은 불가능하다. 결국 훈련 시간에 수집된 모든 값은 평균으로 대체된다.

더 많은 데이터가 필요할까?

신경 모델을 더 잘 일반화하거나 테스트 성능을 향상시키는 가장 좋은 방법은 더 많은 데이터로 훈련하는 것이다. 하지만 실제로 훈련 데이터는 매우 제한적이다. 다음은 더 많은 훈련 데이터를 얻기 위해 사용하는 몇 가지 일반적인 전략이다.

- **일부 훈련 샘플을 합성해서 생성:** 가짜 훈련 데이터를 생성하는 것이 항상 쉬운 것은 아니다. 그러나 이미지/비디오/음성과 같은 일부 유형의 데이터는 원본 데이터를 변환해서 새로운 데이터를 생성한다. 예를 들어 새 이미지 샘플을 생성하기 위해 이미지를 변환하거나 회전하거나 크기를 조정한다.

- **노이즈가 있는 훈련 데이터:** 훈련 데이터에 통제된 무작위 노이즈를 추가하는 것은 많이 쓰이는 데이터 늘리기(Data-augmentation) 전략이다. 노이즈를 신경망의 은닉층에 추가할 수도 있다.

신경망의 하이퍼 파라미터

신경망의 아키텍처 수준의 파라미터, 예를 들어 은닉층의 수, 은닉층당 유닛의 개수와 훈련과 관련된 파라미터인 학습률, 최적화 알고리즘, 최적화 파라미터—모멘텀, L1/L2 정규화, 드롭아웃 등을 전체적으로 신경망의 **하이퍼 파라미터(hyperparameters)**라고 부른다. 신경망의 가중치를 신경망의 **파라미터**라고 부른다. 일부 하이퍼 파라미터는 알고리즘의 훈련 시간과 비용에 영향을 미치고 일부는 모델의 일반화 성능에 영향을 미친다.

자동 하이퍼 파라미터 튜닝

하이퍼 파라미터 튜닝을 위해 다양한 방법이 개발됐다. 그러나 대부분의 경우 하이퍼 파라미터 각각에 대해 특정 범위의 값을 지정해야 한다. 대부분 하이퍼 파라미터는 모델 성능에 미치는 영향을 이해해야 세팅할 수 있다.

그리드 서치

그리드 서치(grid search)는 수동으로 지정된 하이퍼 파라미터 공간의 부분 집합을 철저하게 검색하는 방법이다. 그리드 서치 알고리즘은 최상의 파라미터 성능을 평가하기 위해서 교차 검증 오차나 검증 세트 오차 등의 성능 측정을 한다. 일반적으로 그리드 서치는 로그 스케일에서 파라미터를 선택하는 것과 관련이 있다. 가령 {0.1, 0.01, 0.001, 0.0001}의 세트에서 학습률을 선택하거나 {50, 100, 200, 500, 1000, …} 세트에서 은닉 유닛의 수를 선택할 수 있다. 그리드 서치를 하기 위한 계산 비용은 하이퍼 파라미터의 수에 따라 기하 급수적으로 증가한다. 그래서 많이 쓰이는 다른 기술이 무작위 그리드 서치다. 이 방법은 무작위로 검색된 샘플이 모든 특정 파라미터 범위에서 여러 번에 걸쳐 파라미터를 지정한다. 이것은 손실에 큰 영향을 미치지 않는 일부 하이퍼 파라미터가 있을 수 있기 때문에 고차원 하이퍼 파라미터 공간에서 철저한 서치(exhaustive search)보다 더 효과적일 수 있다.

정리

이 장에서는 딥러닝에 관한 기본적인 내용을 많이 다뤘다. 여기까지 오느라 고생이 많았다! 이 장의 목적은 딥러닝 영역과 관련된 핵심 개념과 용어를 소개하는 것이었다. 딥러닝에 대한 간략한 소개로 시작해 최근 딥러닝에서 많이 쓰는 프레임워크를 살펴봤다. 상세한 단계별 가이드에는 GPU로 대규모 딥러닝 모델을 개발하고 훈련하기 위한 자신만의 딥러닝 환경을 설정하는 내용도 포함돼 있다.

마지막으로 선형과 비선형 뉴런, 데이터 표현, 연쇄 규칙, 손실 함수, 다층 네트워크와 SGD를 비롯한 신경망 관련 필수 개념에 대해 설명했다. 국소 네트워크를 둘러싼 국소해나 기울기 급강하를 포함한 신경망 학습 과제도 다뤘다. 신경망 문제를 다루기 위한 전략과 함께 과대 적합과 과소 적합 문제도 살펴봤다. 그다음, 신경망 유닛에 대한 일반적인 초기화 방법을 다뤘다. 이 외에도 RMSprop와 Adam과 같이 널리 사용되는 방법을 포함해 바닐라 SGD보다 향상된 몇 가지 새로운 최적화 기법을 살펴봤다.

다음 장에서는 다양한 유형의 문제 해결에 쓰이는 여러 가지 딥러닝 모델 아키텍처를 살펴볼 것이다.

3장 | 딥러닝 아키텍처 이해하기

이 장에서는 오늘날 딥러닝에서 나타나는 다양한 아키텍처를 이해하는 데 중점을 둔다. 신경망의 성공은 신경망 아키텍처의 신중한 설계에 달려 있다. 1960년대에 시작된 전통적인 **인공 신경망**(Artificial Neural Networks: ANNs) 이래로 먼 길을 왔다. 이 책에서는 전체가 연결된 심층 신경망, CNN(Convolutional Neural Networks), RNN(Recurrent Neural Network), LSTM(Long Short-Term Memory) 등의 네트워크와 캡슐 네트워크 같은 반드시 알아야 할 최신 모델 아키텍처를 다룬다.

이 장에서는 다음 내용을 다룬다.

- 신경망 아키텍처 디자인이 중요한 이유
- 많이 쓰는 다양한 아키텍처 디자인과 그 활용

신경망 아키텍처

아키텍처라는 단어는 층의 수와 층의 유닛이 연결되는 방법 등을 포함한 신경망의 전체 구조를 의미한다(예를 들어 연속적인 층의 유닛이 전체에 연결되기도 하고 부분적으로 연결되기도 하며 심지어는 한 층을 건너 뛰고 네트워크에서 훨씬 높은 수준에 있는 층에 연결되기도 한다). 카페, 토치, 텐서플로와 같은 모듈식 딥러닝 프레임워크가 제공됨에 따라 복잡한 신경망 설계가 혁신적으로 바뀌었다. 이제 신경망 디자인을 레고 블록에 비유할 수 있는데, 이 레고 블록으로 상상하는 거의 모든 구조를 구축할 수 있다. 그러나 이러한 디자인이 그냥 임의로 만들어진 것은 아니다. 디자인적 직관은 일반적으로 풀려는 문제에 대해 디자인하는 사람이 가지고 있는 도메인 지식과 최종 미세 튜닝과 같은 디자인의 시도 및 시행 착오에 따라 달라진다.

왜 다른 아키텍처가 필요할까

전방 전달 다층 신경망(feedforward multilayered neural network)은 거대한 가설 공간을 학습하고 각각의 비선형 은닉층에서 복잡한 특성을 추출하는 능력이 있다. 그렇다면 왜 다른 아키텍처가 필요할까?

특성 엔지니어링은 **머신러닝(ML)**에서 가장 중요한 측면 중 하나다. 그러나 특성이 너무 적거나 관련성이 없으면 과소 적합되고, 특성이 너무 많으면 과대 적합된다. 수작업으로 훌륭한 특성 세트를 만드는 것은 지루하고 시간을 많이 소모하는 반복적인 작업이다.

딥러닝 모델은 충분한 데이터가 제공되면 올바른 특성 세트, 즉 복잡성이 증가하는 특성의 계층 구조를 자동으로 파악하는 것이 보장된다. 딥러닝의 이러한 약속은 사실인 동시에 약간 오도됐다. 딥러닝은 실제로 많은 시나리오에서 특성 엔지니어링을 단순화했지만, 분명히 그 필요성을 완전히 없애지는 못했다. 수작업 특성 엔지니어링이 감소함에 따라 신경망 모델의 아키텍처 자체가 점차 복잡해졌다. 특정 아키텍처는 특정 문제를 해결하도록 설계된다. 아키텍처 엔지니어링은 수작업 특성 엔지니어링보다 훨씬 일반적인 방법이다. 특성 엔지니어링과 달리 아키텍처 엔지니어링은 도메인 지식을 특정한 특성으로 하드 코딩하지 않고 추상적 수준에서만 사용한다. 예를 들어 이미지 데이터를 다루는 경우, 데이터에 대한 고수준의 정보 중 하나는 객체 픽셀에 대한 2차원 위치 정보이고, 다른 하나는 변환 불변성(translation invariance)[1]이다. 다시 말해, 고양이 이미지는 몇 픽셀 이동해도 여전히 고양이 이미지여야 한다.

특성 엔지니어링의 접근법으로 이미지 처리/컴퓨터 비전 작업을 위한 분류기를 개발하려면 에지 감지기, 모서리 감지기, 다양한 스무딩 필터와 같은 매우 구체적인 특성을 사용해야 한다. 그렇다면 신경망에 이차원 위치 정보와 변환 불변성 정보를 코딩할 수 있는 방법은 무엇일까? 전체가 연결된 밀집층을 입력 데이터 층의 앞에 배치하면 이미지의 모든 픽셀은 그 밀집층의 각 유닛에 연결될 것이다. 그러면 공간상 멀리 있는 두 물체의 픽셀이 동일한 은닉 유닛에 연결되지 않는다. L1 정규화가 강한 신경망에 많은 양의 데이터를 훈련하면 가중치가 희소해진다. 그런데 다음 층의 국소 연결에만 제한되도록 아키텍처를 설계할 수 있다. 인접한 픽셀의 작은 집합(말하자면 10×10픽셀인 하위 이미지)을 은닉층의 한 유닛에 연결하도록 하면 된다. 변환 불변성으로 인해 이러한 연결에 사용된 가중치는 재사용할 수 있다. 이것이 CNN이 하는 일이다. 이 가중치 재사용 전략은 모델 파라미터의 수를 크게 줄이는 등 다른 이점이 있다. 또한 모델을 일반화하는 데도 도움이 된다.

---

1 (옮긴이) 변환 불변성(translation invariance)은 이동 불변성(move invariance) 또는 변환 대칭성(translation symmetry)이라고도 한다. 이미지를 이동시킬 때 그 이미지의 속성(크기, 모양 등)이 변하지 않는 것을 의미한다(https://stats.stackexchange.com/questions/208936/what-is-translation-invariance-in-computer-vision-and-convolutional-neural-netwo 참조).

추상적인 도메인 지식이 어떻게 신경망에 하드 코딩될 수 있는지에 관한 또 다른 예를 살펴보자. 시간 데이터나 순차적 데이터가 있다고 가정해 보자. 일반적인 전방 전달 네트워크는 각 입력 예제를 이전 입력과 독립적으로 취급한다. 그래서 은닉 특성 표현(hidden feature representation)의 학습은 지금 데이터가 아닌 비교적 최근 데이터 기록에 의존한다. 따라서 신경 회로망에는 피드백 루프 또는 메모리가 있어야 한다. 이 핵심 아이디어 덕분에 RNN 구조와 LSTM 네트워크처럼 현대적이며 강건한 변형이 생겨났다.

음성 번역, 질문 응답 시스템, 연관 관계 모델링과 같은 기타 고급 머신러닝 문제는 다양한 딥러닝 아키텍처의 개발을 필요로 했다.

다양한 아키텍처

이제 잘 알려진 신경망 아키텍처와 그 응용을 살펴볼 것이다. **다층 퍼셉트론**(multilayered perceptron, MLP) 네트워크부터 시작하자. 가장 기본적인 신경망 아키텍처인 단층 퍼셉트론 네트워크는 이미 앞에서 다뤘다.

MLP와 심층 신경망

MLP 또는 단순한 **심층 신경망(DNNs)**은 신경망 아키텍처의 가장 기본적인 형태다. 신경 유닛은 층층이 배열되고 인접한 네트워크 층은 전체가 모두 연결된다. 이전 장에서 이미 이에 대해 자세히 논의했다.

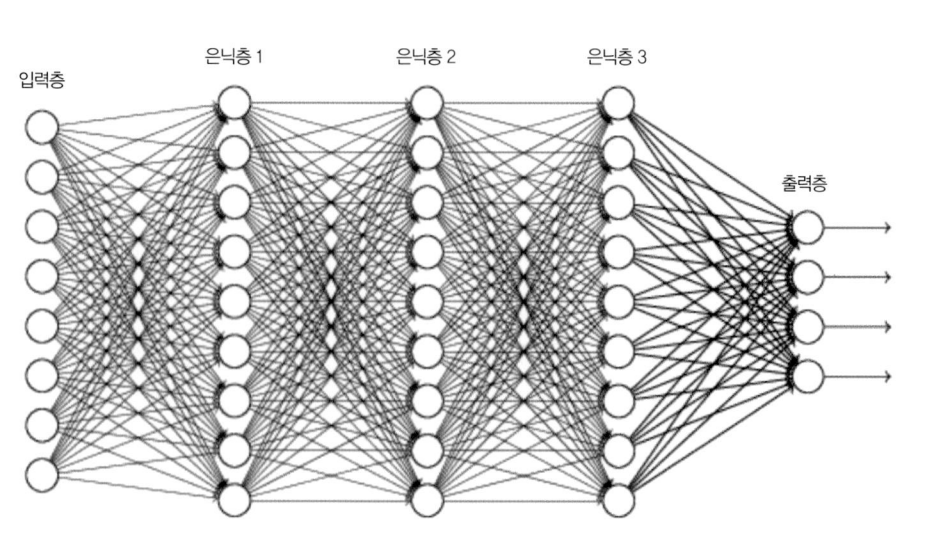

오토인코더 신경망[2]

오토인코더(Autoencoder)는 일반적으로 신경망에서 데이터의 차원을 줄이는 데 사용된다. 오토인코더는 또한 이상 탐지나 새것 탐지 문제[3]에도 성공적으로 사용된다. **오토인코더 신경망**은 비지도 학습의 범주에 속한다. 여기서 목푯값은 입력값과 동일하게 설정된다. 즉, 항등 함수로 학습된다. 그 결과 데이터의 압축된 표현을 얻을 수 있다.

네트워크는 입력과 출력의 차이를 최소화하도록 훈련된다. 일반적인 오토인코더 구조는 DNN 아키텍처를 약간 변형한 것에 불과하다. 이때 은닉층당 유닛 수가 점진적으로 증가하기 전에 특정 시점까지 점진적으로 감소하고, 최종 층의 차원은 입력 차원과 동일하다. 그 이면의 핵심 아이디어는 네트워크에 병목(bottleneck)을 도입해 의미 있는 압축 표현을 익히도록 하는 것이다. 은닉 유닛의 중간층(병목)은 기본적으로 입력 차원이 축소된 인코딩을 한다. 은닉층의 앞쪽 절반을 **인코더(encoder)**, 뒤쪽 절반을 **디코더(decoder)**라고 한다. 다음은 간단한 오토인코더 구조를 보여준다. z라는 이름의 층은 여기서 표현층(representation layer)이다.

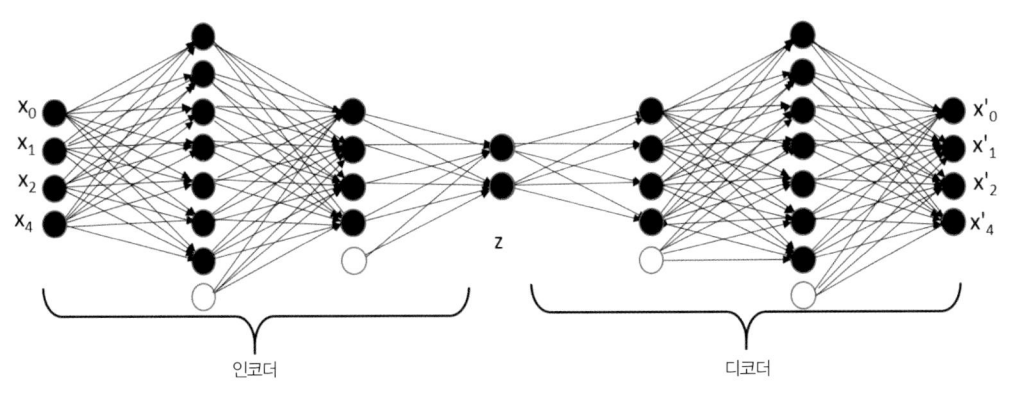

출처: https://cloud4scieng.org/manifold-learning-and-deep-autoencoders-in-science/

변분 오토인코더[4]

심층 오토인코더는 훈련하기 어렵고 과대 적합되는 경향이 있다. 그래서 오토인코더 훈련 방법을 개선하기 위한 개발이 많이 이루어졌는데, **제한 볼츠만 머신(Restricted Boltzmann Machine: RBM)**을

---

2   (옮긴이) 책에 언급된 것보다 깊이 있는 내용을 살펴보고 싶다면 이활석(2018)의 강의를 녹화한 '오토인코더의 모든 것'을 추천한다(https://www.youtube.com/watch?v=o_peo6U7lRM&t=706s).
3   (옮긴이) 기존의 친숙한 데이터보다 학습 데이터에 없던 새로운 종류의 데이터를 민감하게 인식하는 문제를 말한다(Kohonen, T.(1989) Self-organization and associative memory, Springer-Verlag, [aAC] 참고).
4   (옮긴이) VAE는 "NIPS 2016 Tutorial: Generative Adversarial Networks"(https://arxiv.org/abs/1701.00160)에 잘 정리돼 있다. 이 논문에서 'Variational'이라는 표현을 쓴 이유는 'variational inference'라는 보다 결정론적인 방식, 즉 결과를 예측할 수 있는 방식을 사용했기 때문이다.

이용한 생성적 사전 훈련도 그 하나의 예다. **변분 오토인코더(variational autoencoders: VAEs)** 역시 생성 모델인데, 다른 심층 생성 모델과 비교할 때 VAE는 측정 가능하고 안정적이며 효율적인 역전파 알고리즘으로 추정할 수 있다. 베이즈 분석의 변분 추론의 개념에서 영감을 얻었다고 한다.

변분 추론의 개념은 다음과 같다. 주어진 입력 분포 x, 출력 y에 대한 사후 확률 분포는 작업하기에 너무 복잡하다. 그래서 복잡한 사후 확률 $p(y \mid x)$를 근사해 좀 더 간단한 분포 $q(y)$가 되도록 한다. 사후 분포에 가장 근사한 값인 q는 분포족 Q 중에서 선택된다. 예를 들어 이 기술은 **잠재 디리슈레 할당(latent Dirichlet allocation: LDA)**(텍스트에 대한 토픽 모델링에 쓰이는 베이즈 생성 모델)을 훈련하는 데 사용됐다. 하지만 손쉽게 최적화하기 위해서 가능도와 사전 분포를 통해 켤레 분포를 구해야 한다는 것이 고전적 변분 추론의 핵심 한계였다. VAE는 조건부 사후 분포의 출력을 위해 신경망을 도입했고(Kingma and Welling, 2013) 그에 따라 **확률적 경사 하강(Stochastic Gradient Descent : SGD)**과 역전파로 변분적 추론 함수를 최적화할 수 있게 됐다. 이 방법을 **재파라미터화 트릭(reparametrization trick)**이라고 한다.

주어진 데이터 세트 X에서 VAE는 X와 비슷하지만 반드시 등가일 필요는 없는 새로운 샘플을 생성할 수 있다. 데이터 세트 X의 연속 또는 이산 확률 변수 x는 **독립 항등 분포(Independent and Identically Distributed: IID)**[5] N을 취한다. 데이터 생산은 관찰되지 않은 연속 확률 변수 z가 포함된 임의의 프로세스에 의해 생산된다고 가정해 보자. 간단한 오토인코더 예제에서 변수 z는 결정론적이면서 확률적인 변수다. 데이터 생성은 두 단계 프로세스를 거친다.

1. z의 값은 사전 분포 $\rho_\theta(z)$로부터 생성된다.
2. x의 값은 조건부 분포 $\rho_\theta(x \mid z)$로부터 생성된다.

따라서 $p(x)$는 기본적으로 한계 확률(marginal probability)이며 다음과 같이 계산된다.

$$\int p_\theta(x \mid z)p(z)dz$$

분포의 파라미터 θ와 잠재 변수 z는 둘 다 알려져 있지 않다. 여기서 x는 주변부 확률 $p(x)$로부터 샘플을 취함으로써 생성될 수 있다. 역전파는 네트워크 내에서 확률적 변수 z 또는 확률적 층 z를 처리할 수 없다. 사전 분포 $p(z)$가 가우스 분포라고 가정하면 가우스 분포의 위치 스케일 특성을 활용할 수 있고 확률 층을 $z=\mu+\sigma\varepsilon$으로 다시 쓸 수 있다. 여기서 μ는 위치 파라미터고 σ는 스케일이며 ε은 백색 소음

---

5 (옮긴이) 독립 항등 분포(Independent and Identically Distributed): 동전을 두 번 던져 앞면(X)이 나올 확률을 구한다고 할 때 매 시행은 확률적으로 독립이고 확률은 동전을 던질 때마다 0.5로 동일하다. 이러한 분포를 '시행마다 독립이고 항등인 분포'라는 의미에서 '독립 항등 분포'라고 한다.

이다. 이제 소음의 ε으로부터 여러 샘플을 얻을 수 있으므로 이를 신경망에 결정론적인 입력으로 사용할 수 있다.

그러면 모델은 다음과 같이 엔드-투-엔드로 결정론적인 심층 신경망이 된다.

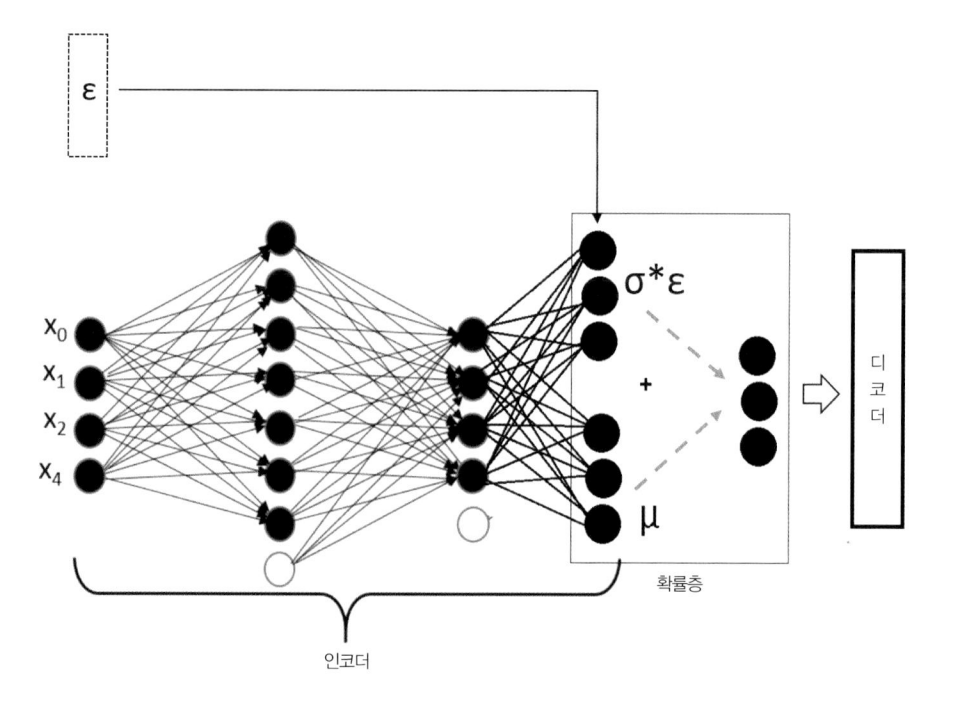

여기서 디코더 부분은 앞에서 살펴본 간단한 오토인코더의 경우와 동일하다. 이 네트워크를 훈련시키기 위한 손실 함수는 어떨까? 이것이 확률적 모델이기 때문에 가장 직접적인 방법은 주변부 확률 $p(x)$의 최대 가능도로 손실 함수를 도출하는 것이다. 그러나 그 함수를 계산하기가 어렵다. 그래서 변분 추론 기술을 하한(lower bound) L에 적용한다. 주변부 가능도가 유도되고, 그다음에 하한 L을 극대화함으로써 손실 함수가 도출된다. 이론적인 세부 사항은 킹마(Kingma)가 공동 집필한 논문 "Auto-Encoding Variational Bayes(변분 베이즈의 오토 인코딩)"(ICLR, 2014)(https://arxiv.org/abs/1312.6114)를 참조하자. VAE는 다양한 영역에서 성공적으로 사용된다. 예를 들어 텍스트의 깊은 의미를 해싱하는 것은 텍스트 문서를 바이너리 코드로 변환한 VAE가 수행한 것이다. 마찬가지로, 비슷한 문서는 비슷한 이진 주소를 가지고 있다. 따라서 이러한 코드는 보다 빠르고 효율적인 검색과 문서의 군집화(clustering) 및 분류에 사용될 수 있다.

적대적 생성망

적대적 생성망(Generative Adversarial Networks, GAN)[6]은 이안 굿펠로와 공동 저자의 2014년 NIPS 논문(https://arxiv.org/pdf/1406.2661.pdf)에 처음 소개된 이래 많은 인기를 끌었다. 이제는 다양한 영역에서 GAN이 활용되는 것을 볼 수 있다. 인실리코 메디슨(Insilico Medicine)의 연구원은 GAN을 이용한 인공 약물 발견과 같은 접근법을 제안했다. 또한 GAN을 이미지 스타일 전이와 **심층 합성곱 적대적 생성망**(deep convolutional generative adversarial networks, DCGAN)과 같은 이미지 처리와 비디오 처리 문제에 활용했다.

이름에서 알 수 있는 것처럼, DCGAN은 신경망을 사용하는 또 다른 유형의 생성 모델이다. GAN에는 두 가지 주요 구성 요소인 생성기 신경망과 판별기 신경망이 있다. 생성기 네트워크는 임의의 소음을 입력으로 받아 데이터 샘플을 생성하려고 시도한다. 판별기 네트워크는 생성된 데이터를 실제 데이터와 비교하고 생성된 데이터가 가짜인지 아닌지에 대한 이진 분류 문제를 시그모이드 출력 활성화를 사용해 해결한다. 생성기와 판별기는 끊임없이 경쟁하고 서로를 속이려고 한다. 이것이 GAN이 **적대적 네트워크**로 알려진 이유다. 이 경쟁은 판별기가 0.5의 확률을 출력하기 시작할 때까지 두 네트워크 모두의 가중치를 향상시킨다. 즉, 생성기가 실제 이미지를 생성하기 시작할 때까지 두 네트워크 모두 역전파로 동시에 훈련된다. 다음은 GAN의 고차원 구조 다이어그램이다.

이러한 네트워크를 훈련하기 위한 손실 함수는 다음과 같이 정의할 수 있다. p_{data}를 데이터의 확률 분포라고 하고, p_g를 생성 분포라고 하자. $D(x)$는 x가 p_g가 아닌 p_{data}에서 나올 확률을 나타낸다. D는 훈련 예제와 G의 샘플에 올바른 레이블을 지정할 확률을 최대화하도록 훈련된다. 동시에 G는

---

6 (옮긴이) 적대적 생성망(Generative Adversarial Networks, GAN)은 약어인 GAN으로 더 많이 알려져 있다. 적대적인 요소(또는 판별자)와 생성적인 요소가 함께 어울려 만들어진 네트워크이므로 '생성적 적대망'과 '적대적 생성망'의 두 가지 번역이 모두 가능할 것이나, 이 책에서는 최종 생성이 중점적이라고 판단해 적대적 생성망으로 번역했다.

$log(1-D(G(z)))$를 최소화하도록 훈련된다. 그래서 D와 G는 가치 함수 $V(D, G)$를 가진 2인용 미니 맥스 게임을 한다.

$$\min_G \max_D V(D, G) = E_{x \sim p_{data}(x)}\big[\log(D(x))\big] + E_{x \sim p_g(x)}\big[\log(1 - D(G(x)))\big]$$

이 미니 맥스 게임은 $p_g = p_{data}$에 대해 전역에서 최적임을 증명할 수 있다.

다음은 원하는 결과를 얻기 위해 역전파로 GAN을 훈련하는 알고리즘이다.

```
for N epochs do:

    # 판별기의 네트(net)부터 업데이트

    for k steps do:

        Sample minibatch of m noise samples {z(1), , . . . , z
        (m)} from noise prior pg(z).

        Sample minibatch of m examples {x(1), . . . , x(m)} from
        data generating distribution pdata(x).

        Update the discriminator by:
```

$$\nabla_{\theta_d} \left[\frac{1}{m} \sum_{i=1}^{m} [\log(D(x^i)) + \log(1 - D(G(z^i)))] \right]$$

```
    end for

        Sample minibatch of m noise samples {z(1) , . . . , z (m)}
        from noise prior pg(z).
        Update the generator by descending its stochastic gradient:
```

$$\nabla_{\theta_g} \frac{1}{m} \sum_{i=1}^{m} [\log(1 - D(G(z^i)))]$$

```
end for
```

GAN 아키텍처를 사용한 텍스트-이미지 합성

GAN을 사용해 텍스트 설명에서 이미지를 생성하는 것을 살펴보자. 다음 그림은 그러한 GAN의 전체 아키텍처를 보여준다.

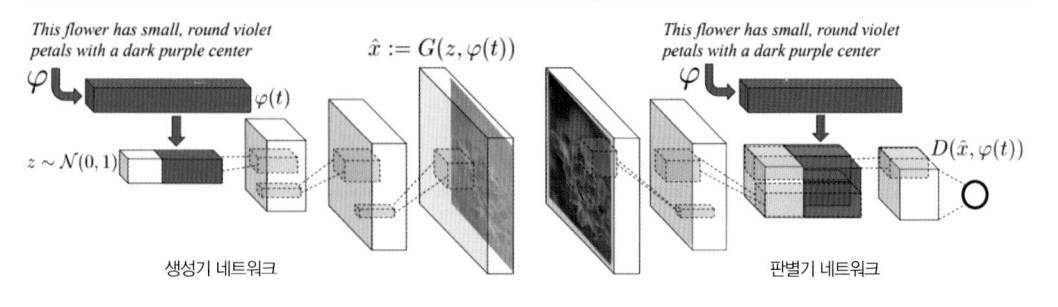

이 그림은 일종의 조건부 GAN을 나타낸다. 생성기 네트워크는 노이즈 벡터가 있는 입력 텍스트로부터 이미지를 생성한다. 생성된 이미지는 입력 텍스트를 조건으로 한다. 이미지 설명은 임베디드 층 $\varphi(t)$에서 밀집 벡터로 변환된다. 전체가 연결된 층에서는 압축한 다음 노이즈 벡터와 결합한다. 판별기 네트워크는 CNN이며, 생성기 네트워크의 아키텍처는 CNN 네트워크에서 사용되는 필터와 동일한 필터를 사용하는 디컨볼루션층(deconvolution layer)을 사용한다. 디컨볼루션은 기본적으로 전치된 합성곱으로 나중에 다시 다룰 것이다.

CNN

CNN은 2차원 이미지 데이터에서 변환, 스케일링, 회전에 고도의 불변성을 갖는 모양 패턴을 알아내기 위해 특별히 설계된 다층 신경망이다. 이러한 네트워크는 지도 학습 방식으로 훈련돼야 한다. 일반적으로 MNIST 또는 이미지넷(ImageNet)과 같이 개체 클래스가 레이블돼 있는 세트가 훈련 세트로 제공된다. 모든 CNN 모델의 핵심은 합성곱층과 하위 샘플링/풀링 층이다. 이제 이 층에서 수행되는 작업을 자세히 살펴보자.

합성곱 연산자

CNN의 배경이 되는 핵심 개념은 특수한 종류의 선형 연산인 **합성곱**이라는 수학적 연산이다. 이는 물리학, 통계, 컴퓨터 비전, 이미지와 신호 처리 등 다양한 영역에서 자주 사용된다. 이해를 돕기 위한 예로 '소음' 레이저 센서가 우주선의 위치를 추적하고 있다고 하자. 우주선의 위치를 더 잘 예측하기 위해 평균 판별값을 몇 개 취해 최근 관측치에 더 많은 가중치를 부여할 수 있다. $x(t)$가 시간 t의 위치를 나타내고, $w(t)$가 가중치 함수라고 하자.

위치 추정치는 다음과 같이 쓸 수 있다.

$$s(t) = \sum_{a=-\infty}^{\infty} x(a)w(t-a)$$

여기서, 가중치 함수 $w(t)$를 합성곱 **커널**이라고 한다. 합성곱을 사용하면 위치 센서 데이터의 **간단한 이동 평균(simple moving average: SMA)**을 계산할 수 있다. m을 SMA의 윈도 사이즈라고 하자. 커널은 다음과 같이 정의된다.

$$w(t) = \begin{cases} 1/m & , 0 \leq t \leq m \\ 0 & otherwise \end{cases}$$

다음은 합성곱을 이용한 SMA의 넘파이 구현이다.

```
x = [1, 2, 3, 4, 5, 6, 7]
m = 3 # 평균 윈도 사이즈로 이동
sma = np.convolve(x, np.ones((m,))/m, mode='valid')
# 출력
# array([ 2., 3., 4., 5., 6.])
```

딥러닝에서 입력은 일반적으로 다차원 데이터 배열이고 커널은 보통 훈련 알고리즘으로 학습된 파라미터의 다차원 배열이다. 합성곱 공식에는 무한 합이 존재하지만, SMA의 경우처럼 실제 구현하기 위해서는 가중치 함수가 0이 아닌 유한 부분 집합의 값이어야 한다. 그에 따라 공식의 합도 유한 합이 된다. 합성곱은 하나 이상의 축에 적용될 수 있다. 2차원 이미지 I와 2차원 평활화 커널 K가 주어졌을 때 합성곱 이미지는 다음과 같이 계산된다.

$$S(i, j) = \sum_{m} \sum_{n} I(m, n)K(i-m, j-n)$$

합성곱 이미지는 다음과 같이 계산할 수도 있다.

$$S(i, j) = \sum_{m} \sum_{n} I(i-m, j-n)K(m, n)$$

다음 그림은 크기가 2이고 스트라이드(stride)가 1인 커널에서 합성곱층의 출력이 계산되는 방식을 설명한 것이다.

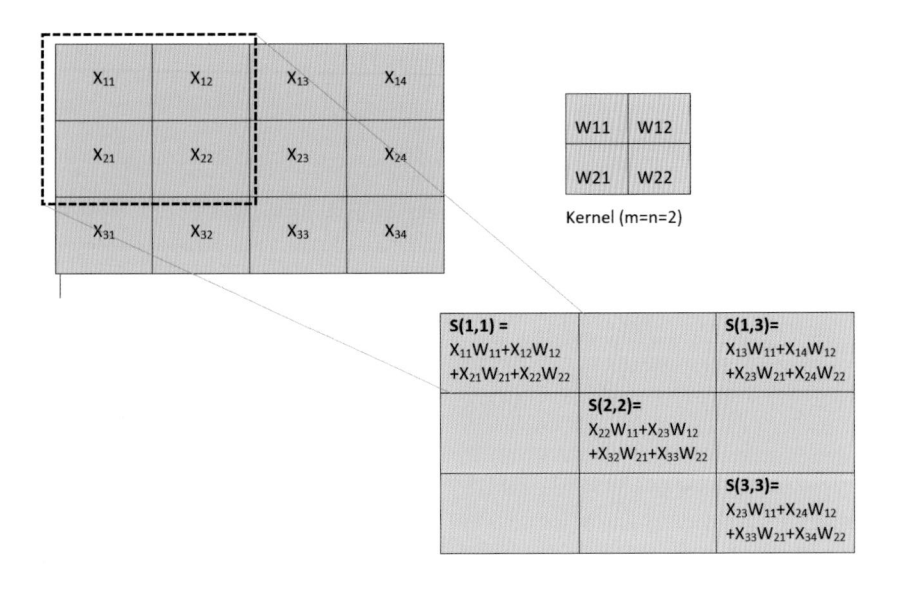

합성곱의 스트라이드와 패딩 모드

합성곱 커널은 한 번에 하나의 열/행을 이동해서 입력 공간에서 움직인다. 여기서 필터가 이동하는 양을 **스트라이드(stride)**라고 한다. 앞의 시나리오에서 스트라이드가 암시적으로 1로 설정됐다. 커널을 스트라이드 2(2열 또는 2행)만큼 이동시키면 출력의 유닛 수가 줄어든다.

스트라이드=2인 Conv

3×3인 합성곱 출력

7×7 입력 이미지

합성곱 연산자는 입력 크기를 줄이는 역할을 한다. 입력의 크기를 보존하려면 입력 주위에 균등하게 0을 채워야 한다. 2차원 이미지의 경우 이것은 이미지의 네 면에 0픽셀의 테두리를 추가하는 것을 의미한다. 테두리의 두께, 즉 추가되는 픽셀의 행수는 적용되는 커널 크기에 따라 다르다. 모든 합성곱 연산자 구현은 일반적으로 모드(mode) 인자를 통해 패딩 유형을 지정할 수 있다. 그러한 인자로 다음 두 가지가 있다.

- SAME: 출력 크기가 입력 크기와 동일하도록 지정한다. 필터 윈도를 입력 지도의 외부로 밀어내야 하므로 패딩이 필요하다.

- VALID: 필터 윈도가 입력 지도 내의 유효한 위치에 있도록 지정하기 때문에 출력 크기는 filter_size-1이 된다. 패딩은 없다.

앞의 일차원 합성곱 코드에서는 모드를 VALID로 세팅했기 때문에 패딩이 발생하지 않는다. 독자 여러분들도 '같은' 패딩 방법을 시도[7]해 보길 바란다.

합성곱층

합성곱층(convolution layer)은 세 가지 주요 단계로 구성되며, 각 단계는 다층 네트워크로 구조가 제한된다.

- **특성 추출:** 각 유닛은 이전 층의 수용 영역[8]에서 국소적으로 연결을 만들었기 때문에 네트워크가 정확한 국소 특성을 추출한다. 이미지가 32×32이고 수용 영역 사이즈가 4×4이면 하나의 은닉층은 이전 층의 16유닛과 연결되므로 은닉 유닛의 총합은 28×28이 된다. 따라서 입력층은 은닉층에 28×28×16의 연결을 만드는데, 이것이 이 두 층 간의 파라미터(각 연결의 가중치)의 수다. 전체가 연결된 밀집 은닉층이라면 32×32×28×28의 파라미터가 있을 것이다. 이 구조적 제약은 파라미터의 수를 극적으로 줄여준다. 이제 이 국소 선형 활성화 출력은 ReLU와 같은 비선형 활성화 함수를 통해 실행된다. 이 단계를 때때로 **탐지 단계(detector stage)**라고 한다. 특성 탐지기가 학습한 후 학습되지 않은 이미지에서 특성의 위치 정확성은 다른 특성들의 위치가 보존되는 한 중요하지 않다. 합성곱의 핵심은 은닉 뉴런의 수용 영역과 시냅스 가중치다.

- **특성 매핑:** 특성 탐지기는 평면(다음 그림의 녹색 면) 형태의 형상 지도를 만든다. 다양한 유형의 국지적 특성을 추출하고 데이터를 더욱 풍부하게 표현하기 위해 몇몇 합성곱이 병렬적으로 수행되며 다음과 같이 특성 지도가 여러 개 만들어진다.

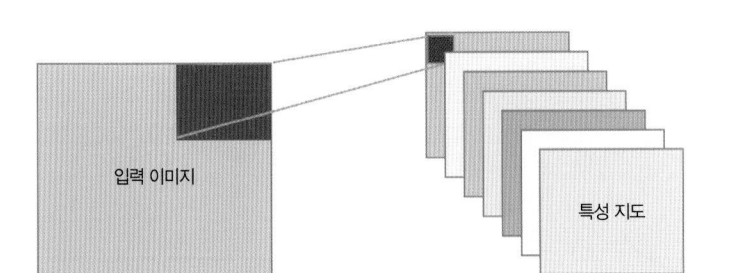

입력 이미지

특성 지도

- **풀링에 의한 하위 샘플링:** 이것은 특성 탐지기의 하위 샘플링 출력 계산 층에서 수행되는데, 특정 위치의 특성 탐지 유닛을 인접한 유닛의 요약 통계로 대체한다. 요약 통계는 최댓값 또는 평균값일 수 있다. 이 작업은 특성 지도 출력의 민감도를 선형 이동 및 회전과 같은 간단한 왜곡으로 줄인다. 풀링은 불변성(invariance)을 도입한다.

---

7 (옮긴이) VALID 패딩으로 경계를 처리하면 유효한 영역만 출력되므로 출력 이미지의 사이즈와 입력 사이즈가 같지 않다. 반면에 SAME 패딩은 출력 이미지의 사이즈와 입력 사이즈가 같도록 하는 방법이다.

8 (옮긴이) 수용 영역(receptive field): 특정 출력층의 뉴런 하나에 영향을 미치는 입력 뉴런의 공간 크기를 말한다. 이 공간에서 수용 영역은 국소 연결성(Local connectivity)을 갖는다.

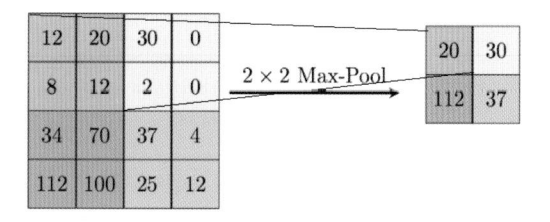

이 세 단계를 모두 합치면 CNN에 하나의 복잡한 층이 생긴다. 각 단계는 자체적으로는 단순한 층이다.

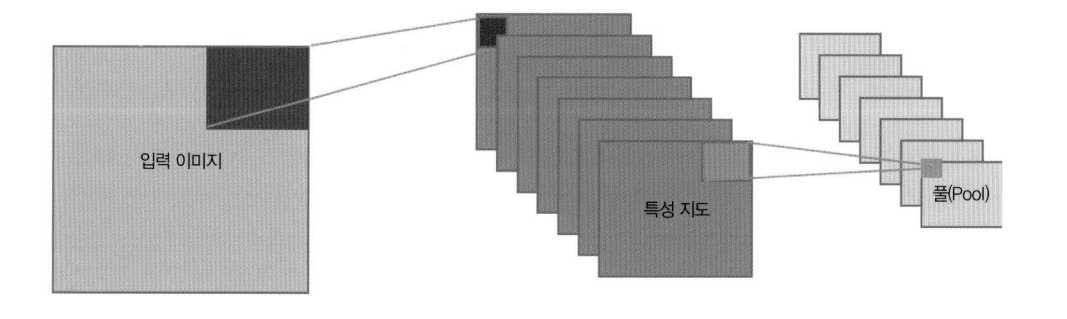

풀링된 특성 지도를 다음 그림과 같이 나란히 쌓아서 일정한 부피로 정렬한다. 그런 다음 다시 한번 다음 레벨의 합성곱에 적용한다. 이제 단일 특성 지도의 은닉 유닛 수용 영역은 다음 그림과 같이 신경 유닛의 부피가 된다. 반면에 2차원 가중치의 동일한 세트가 전체 깊이에 사용된다. 깊이는 일반적으로 채널로 구성된다. 입력 이미지가 RGB라면 입력은 3개의 채널이 된다. 그러나 합성곱은 2차원에 적용되므로 모든 채널에서 동일한 가중치가 공유된다.

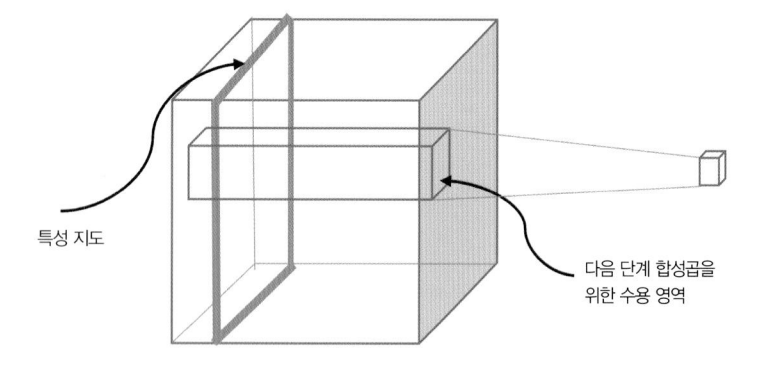

LeNet 아키텍처

LeNet은 르쿤(LeCun)과 공동 저자들이 1998년에 설계한 선구적인 7단계 합성곱 네트워크로, 숫자 분류에 사용된다. 후에 수표에 손으로 쓴 숫자를 인식하기 위해 여러 은행에 적용됐다. 네트워크의 하위 층은 대체된 합성곱 및 최대 풀링층으로 구성된다.

상위 층은 전체가 연결된 밀집 MLP다(은닉층과 로지스틱 회귀로 구성된다). 첫 번째로 전체가 연결된 층에 대한 입력은 이전 층의 모든 특성 지도 세트다.

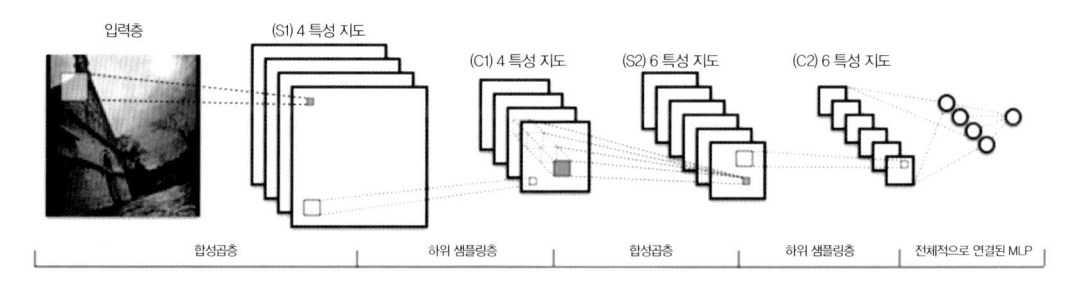

연구팀은 숫자 분류에 CNN을 성공적으로 적용한 후 이미지넷에서 이미지를 분류할 수 있는 보다 복잡한 아키텍처를 만드는 데 중점을 뒀다. 이미지넷은 (현재 명사에만 적용된) 워드넷(WordNet)의 계층에 따라 구성된 이미지 데이터 베이스로, 각 노드가 수백 또는 수천 개의 이미지로 표시되어 있다. 이미지넷 프로젝트로 매년 대규모 소프트웨어 경연 대회인 **이미지넷 대규모 시각 인지 대회(ImageNet Large Scale Visual Recognition Challenge, ILSVRC)**가 열린다. ILSVRC는 대규모로 개체 탐지와 이미지 분류를 위한 알고리즘을 평가한다. 평가 기준은 상위 5개나 최고 점수[9] 중 하나로, 이 점수는 최종 밀집 소프트맥스 층에서 CNN이 예측한 것에 따라 계산된다. 대상 레이블이 상위 5개 예측 중 하나(가장 높은 확률을 갖는 5개 예측)인 경우 성공으로 간주한다. 상위 5개의 점수는 (상위 5개의) 예상 레이블과 대상 레이블이 일치했을 때의 곱을 평가 이미지의 수로 나눠서 계산한다.

최상위 점수도 비슷한 방식으로 계산된다.

AlexNet

2012년에 나온 AlexNet은 이전 경쟁자들에 비해 성과가 월등히 좋았는데, ILSVRC에서 준우승팀의 상위 5개 오류율 26%를 제치고 오류율을 15.3%로 줄이며 우승했다. 이 작업은 컴퓨터 비전에서 CNN

9 (옮긴이) top-5 오류율 또는 정확도는 먼저 가장 높은 확률로 추정된 5개 카테고리 안에 실제 레이블과 같은 것(ground truth)이 있으면 이미지를 맞게 분류한 것으로 본다. ground truth가 없으면 ground truth와 비교해 가장 높은 확률로 맞춘 순위에 따라 정확도를 정한다(참고: Christian Szegedy 외.[2015] "Going deeper with convolutions"[IEEE Conference Publication]).

에 활용되어 대중화됐다. AlexNet은 LeNet과 매우 유사한 아키텍처를 가지고 있지만, 층당 필터가 더 많고 깊다. 또한 AlexNet은 항상 대체된 합성곱 풀링 대신 스택 합성곱을 사용한다. 작은 합성곱의 스택은 합성곱층의 하나로 된 커다란 수용 영역보다 낫다. 더 많은 비선형성과 더 적은 파라미터를 도입하기 때문이다.

(중간에 비선형성 또는 풀링층이 있는) 3×3 합성곱층 3개가 포개져 있다고 가정하자. 여기서 첫 번째 합성곱층의 각 뉴런에는 입력 볼륨의 3×3인 뷰(view)가 있다. 두 번째 합성곱층의 뉴런도 첫 번째 합성곱층의 3×3인 뷰가 있으므로 입력 볼륨이 5×5가 된다. 비슷하게 제3 합성곱층의 뉴런도 제2 합성곱층의 3×3인 뷰가 있으며, 결국 입력 볼륨에는 7×7인 뷰가 있게 된다. 7×7의 수용 영역에 있는 파라미터의 인자는 49개이므로 3×(3×3)=27인 파라미터의 인자를 3번 스택한 3×3 합성곱과 비교할 수 있다.

ZFNet

ILSVRC 2013의 수상작은 매튜 자일러(Matthew Zeiler)와 롭 퍼거스(Rob Fergus)의 CNN이었다. 이것이 후에 **ZFNet**이 됐다. ZFNet은 AlexNet을 향상시키기 위해 아키텍처 하이퍼 파라미터를 조정했는데, 특히 중간 합성곱층의 크기를 확장하고 첫 번째 층의 스트라이드와 필터 크기를 작게 함으로써 11×11 스트라이드 4인 AlexNet이 7×7 스트라이드 2인 ZFNet으로 변경됐다. 이렇게 시도한 이유는 첫 번째 합성곱층의 필터 크기가 작으면 많은 원본 픽셀 정보를 유지하는 데 도움이 되기 때문이다. 또한 AlexNet은 1,500만 개의 이미지에 대해 훈련을 받았지만, ZFNet은 130만 개의 이미지에 대해서만 훈련을 받았다.

ZF 네트 아키텍처

GoogLeNet (인셉션 네트워크)

ILSVRC 2014의 수상자는 **GoogLeNet**이라는 구글의 합성곱 네트워크였다. 6.67%의 상위 5위의 오차율을 달성해서 사람과 비슷한 수준에 도달했다! 2위는 **VGGNet**으로 잘 알려진 캐런 시모냔(Karen Simonyan)과 앤드류 지서맨(Andrew Zisserman)이 만든 네트워크였다. GoogLeNet은 CNN을 사용해 **인셉션층(Inception layer)**이라는 새로운 아키텍처의 구성 요소를 도입했다. 인셉션 층의 도입을 시도한 이유는 더 큰 합성곱을 사용하고 더 작은 정보의 이미지에도 정밀한 해상도를 유지할 수 있기 때문이다.

이제, 1×1에서 시작해 5×5와 같은 더 큰 커널 크기까지 여러 가지 커널 크기와 병렬로 합성곱을 수행할 수 있게 됐다. 출력을 연결해 다음 층을 생성한다.

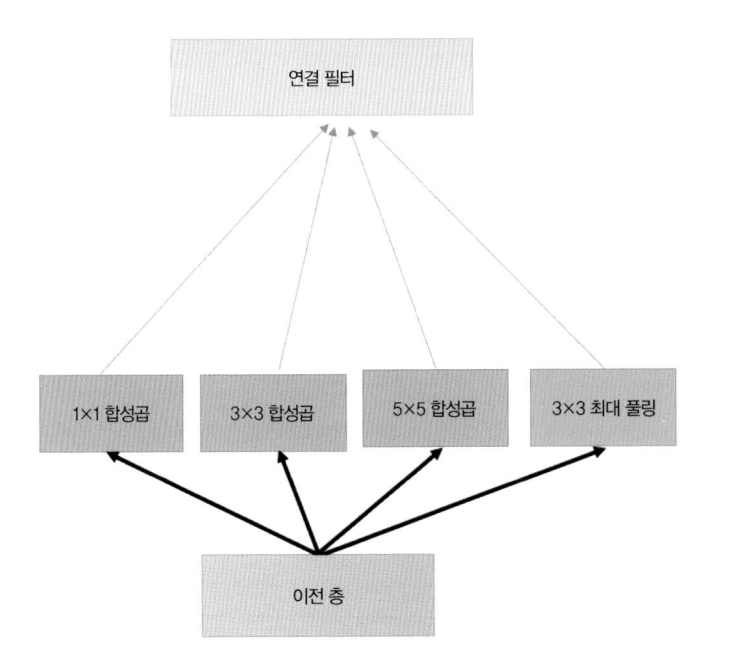

더 많은 층을 추가하면 분명 파라미터 공간이 폭발할 것이다. 이를 제어하기 위해 차원 축소 트릭이 사용된다. 1×1 합성곱은 기본적으로 이미지의 공간 크기를 줄이지 않는다. 그러나 다음 다이어그램과 같이 1×1 필터로 특성 지도의 수를 줄이고 합성곱층의 깊이를 줄일 수 있다.

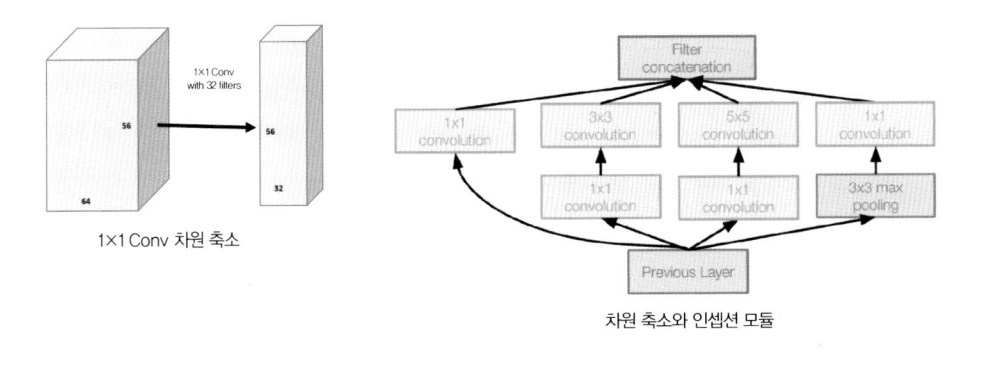

차원 축소와 인셉션 모듈

다음 다이어그램은 전체 GoogLeNet 아키텍처를 보여준다.

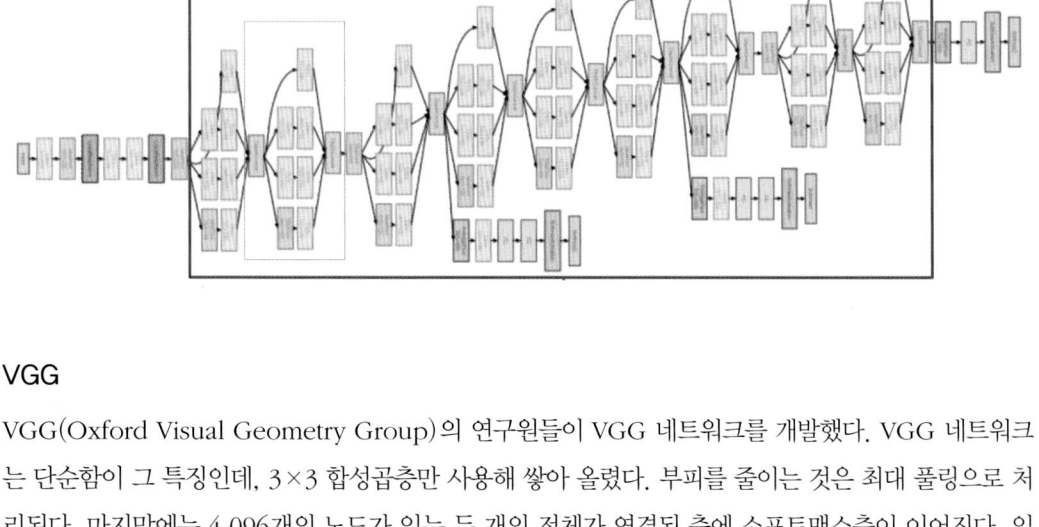

VGG

VGG(Oxford Visual Geometry Group)의 연구원들이 VGG 네트워크를 개발했다. VGG 네트워크는 단순함이 그 특징인데, 3×3 합성곱층만 사용해 쌓아 올렸다. 부피를 줄이는 것은 최대 풀링으로 처리된다. 마지막에는 4,096개의 노드가 있는 두 개의 전체가 연결된 층에 소프트맥스층이 이어진다. 입력에 대한 전처리는 훈련 세트에서 계산된 평균 RGB 값을 각 픽셀에서 빼는 것이다.

풀링은 일부 합성곱층을 따르는 최대 풀링층에 의해 이루어진다. 모든 합성곱층 다음에 최대 풀링이 이어지는 것은 아니다. 최대 풀링은 스트라이드가 2인 2×2픽셀 윈도에서 이루어진다. ReLU 활성화는 각각의 은닉층에서 사용된다. 필터의 수는 대부분 VGG 변형에서 깊이에 따라 증가한다. 16층인 VGG−16 아키텍처가 다음 다이어그램에 나와 있다. 다음 절에서는 ResNet과 함께 3×3 합성곱(VGG−19)이 균일한 19층임을 보여준다. VGG 모델의 성공은 이미지 표현에서 깊이의 중요성을 나타낸다.

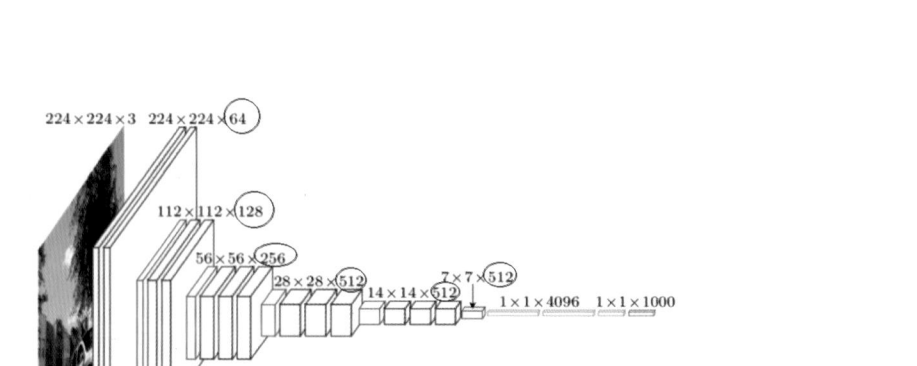

VGG−16: 224x224x3 크기의 입력 RGB 이미지. 각 층의 필터 개수는 원으로 표시했다.

잔차 신경망

ILSVRC 2015에서는 '연결 건너뛰기'와 '배치 정규화'를 사용하는 새로운 CNN 아키텍처가 도입됐는데, 캐이밍 히(Kaiming He)와 마이크로소프트 아시아 연구소(Microsoft Research Asia)의 공동 연구자들이 이를 **잔차 신경망(Residual Neural Network: ResNet)**이라고 불렀다. 이를 통해 VGG 네트워크보다 복잡성이 낮은데도 152층(VGG 네트워크보다 8배 이상)의 신경망을 훈련할 수 있었다. 그것은 이 데이터 세트에서 사람의 성능을 능가하는 상위 5개 오차율 3.57%를 달성한다.

이 아키텍처의 주요 개념은 스택된 층 세트에 적합해지기보다는 직접 $H(x)$의 아래쪽에 매칭시키려 했다는 점이다. 공식으로 나타내면, 스택된 층 세트는 잔차 $R(x)=H(x)-x$를 학습하는데, 나중에 연결 건너 뛰기에 의해 실제로 매핑된다. 그다음 입력이 학습 잔차인 $R(x)+x$에 더해진다.

또한 각 합성곱 직후와 활성화 전에 배치 표준화가 적용된다.

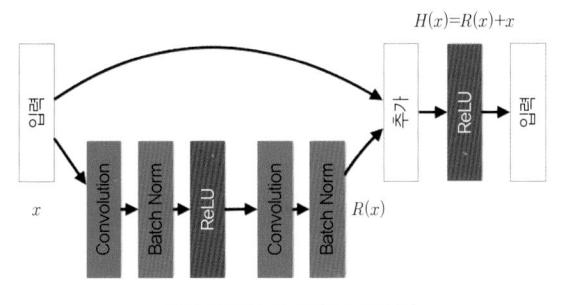

잔차 네트워크의 구성요소 중 하나

다음은 VGG-19와 비교한 전체 ResNet 아키텍처다. 점선으로 표시한 연결은 크기의 증가를 보여준다. 따라서 유효하게 추가하기 위해 패딩을 하지 않는다. 또한 차원의 증가는 색상의 변화로 나타냈다.

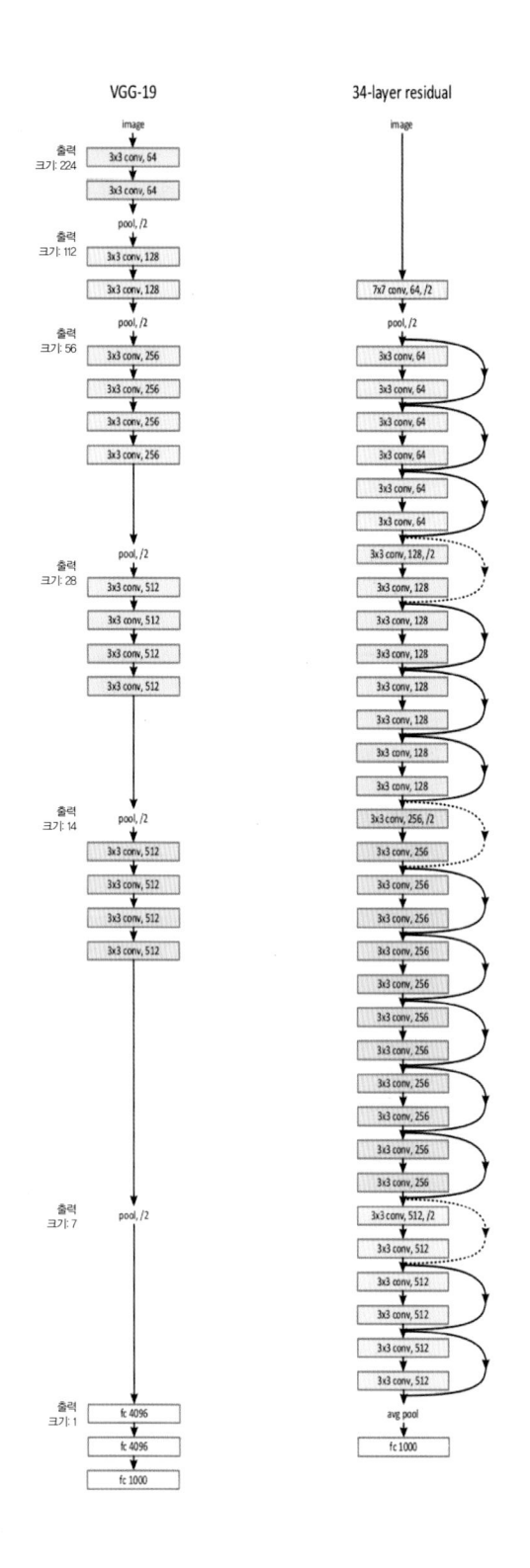

지금까지 얘기한 CNN 모델의 모든 변형은 케라스나 텐서플로의 사전 훈련 모델에서 사용할 수 있다. 이 책에서 그것들을 전이학습에 많이 활용할 것이다. 다음은 다양한 VGG 모델을 로드할 수 있는 케라스 코드다. 더 자세한 내용은 https://keras.io/applications/에서 확인할 수 있다.

```
from keras.applications.vgg16 import VGG16
model = VGG16()
print(model.summary())
```

캡슐 네트워크

지금까지 다양한 CNN 아키텍처가 어떻게 진화했는지에 관해 논의했고 연속적인 개선도 살펴봤다. 그렇다면 **고급 운전자 지원 시스템(Advanced Driver Assistance Systems, ADAS)**이나 자가용 자동차와 같은 고급 애플리케이션에 CNN을 적용할 수 있을까? 실제 시나리오와 실시간으로 도로의 장애물이나 보행자, 기타 겹치는 물체를 감지할 수 있을까? 아마 그러지 못할 것이다! 아직 그 수준에 이르지는 못했다. 이미지넷 대회에서 CNN이 엄청난 성공을 거두었음에도 불구하고 CNN은 더 고난도의 실제 문제에 적용 가능성이 낮다는 심각한 한계가 있다. CNN은 이동 불변성이 취약하고 방향(또는 포즈)에 대한 정보에도 취약하다. 포즈 정보는 뷰어를 기준으로 한 삼차원 방향뿐만 아니라 조명과 색상과도 관련된다. CNN은 물체가 회전하거나 조명 조건이 변경될 때 문제가 생긴다. 힌튼에 따르면 CNN은 '양손의 특성(handedness)'을 전혀 감지할 수 없다고 한다. 예를 들어, 양쪽 신발에 대해 훈련을 받은 경우에도 오른쪽 신발과 왼쪽 신발을 구별할 수 없는 것이다. CNN이 이러한 한계를 갖는 이유 중 하나는 불변성(invariance)을 도입하기 위해 최대 풀링을 사용했기 때문이다. 부족한 불변성 때문에 이미지가 '약간' 이동/회전해도 최대 풀링의 출력이 크게 변하지 않는다. 필요한 것은 사실 불변성 이상의 것인데, **등변성(equivariance)**, 즉 이미지의 **대칭 변환(symmetric transformation)**에서의 불변성이 필요하다.

에지 감지기는 CNN의 첫 번째 층이며 사람의 두뇌에서 시각 피질 시스템과 동일한 함수를 수행한다. 두뇌와 CNN의 차이는 상위 레벨에서 발생한다. 힌튼(Hinton)이 '캡슐'이라고 이름 붙인 대뇌 피질의 미세 칼럼(cortical micro column)으로 다양한 포즈와 색상의 물체 또는 다양한 크기와 속도로 낮은 수준의 시각 정보를 더 높은 수준의 정보로 효율적으로 라우팅할 수 있다. 이 '라우팅' 메커니즘을 통해 사람의 시각 시스템이 CNN보다 강력해진다.

캡슐 네트워크(CapsNets)는 CNN 아키텍처에 두 가지 근본적인 변화를 일으킨다. 첫째, CNN의 스칼라 출력 함수 감지기를 벡터 출력 캡슐로 대체한다. 둘째, 라우팅별로 최대 풀링을 사용한다. 다음은 간단힌 CapsNet 아키텍처.

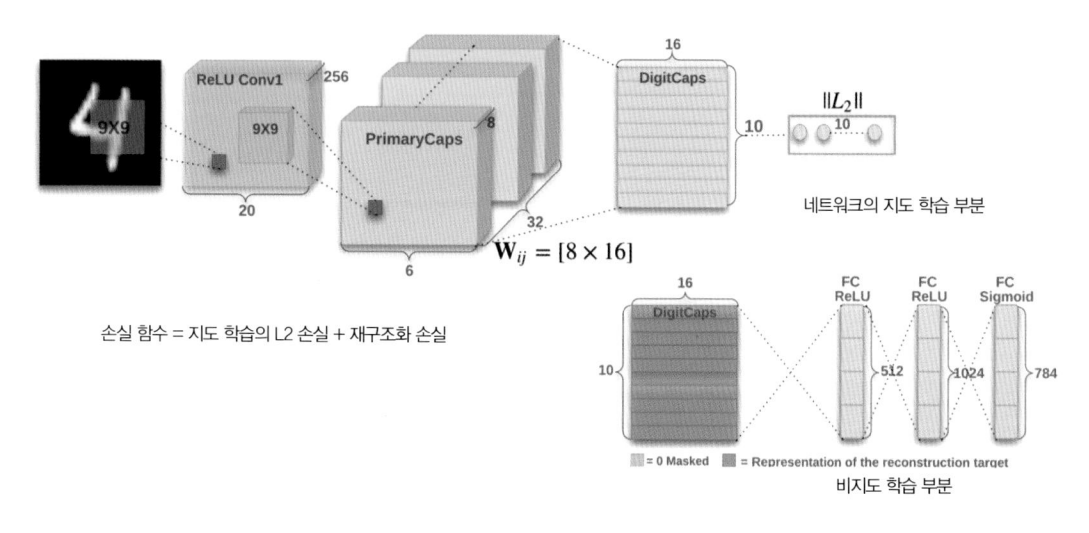

손실 함수 = 지도 학습의 L2 손실 + 재구조화 손실

이것은 MNIST 데이터(28×28 손글씨 자릿수 이미지)에서 훈련할 수 있는 얕은 아키텍처다. 여기에는 두 개의 합성곱층이 있다. 첫 번째 합성곱층에는 9×9 커널(스트라이드=1)과 ReLU 활성화가 있는 256개의 특성 지도가 있다. 따라서 각 특성 지도는 $(28-9+1) \times (28-9+1)$, 즉 20×20이다. 두 번째 합성곱층에는 다시 9×9 커널(스트라이드=2)과 ReLU 활성화된 256개의 특성 지도가 있다. 여기서 각 특성 지도는 6×6, $6=((20-9)/2+1)$이다. 이 층은 재구성되거나 특성 지도가 32개의 그룹으로 재그룹화되며, 각 그룹에는 8개의 특성 지도($256=8 \times 32$)가 있다. 그룹화 프로세스는 크기 8의 특성 벡터를 생성하는 것을 목표로 한다. 포즈를 나타내기 위해서는 벡터 표현이 더 자연스러운 표현이다. 두 번째 층의 그룹화된 특성 지도를 **주 캡슐** 층이라고 한다. 여기는 $(32 \times 6 \times 6)$의 8차원 캡슐 벡터로 되어 있는데, 각 캡슐에는 9×9 커널과 스트라이드 2를 갖는 8개의 합성곱 유닛이 들어 있다. 최종 캡슐 층(**DigitCaps**)에는 숫자 클래스(10개의 클래스)당 16개의 캡슐이 있고, 이들 캡슐 각각은 1차 캡슐 층 내의 모든 캡슐로부터 입력을 수신한다.

캡슐의 출력 벡터 길이는 캡슐에 의해 표현된 개체가 현재 입력에 존재할 확률을 나타낸다. 캡슐 벡터의 길이는 0에서 1 사이로 정규화되고 유지된다. 또한 가령 0의 길이까지 줄어든 짧은 벡터와 거의 1에 가까운 긴 벡터의 노름에 스쿼싱 함수(squashing function)를 사용한다.

스쿼싱 함수는 다음과 같다.

$$f(x) = \frac{x}{1 - x^2}$$

여기서 x는 벡터의 표준이므로 $x > 0$이다(다음 그림 참조).

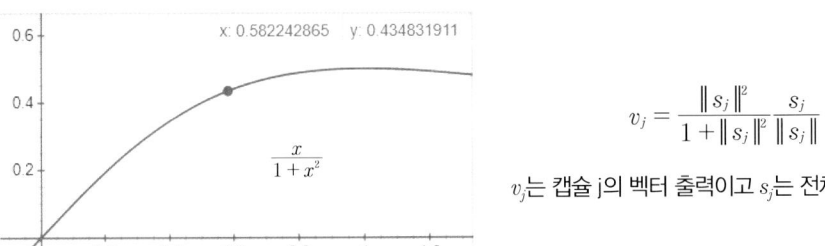

$$v_j = \frac{\|s_j\|^2}{1 + \|s_j\|^2} \frac{s_j}{\|s_j\|}$$

v_j는 캡슐 j의 벡터 출력이고 s_j는 전체 입력이다.

W_{ij}는 각 u_i, $i \in (1, 32 \times 6 \times 6)$인 기본 캡슐과 v_j, $j \in (1, 10)$인 DigitCaps의 사이에 있는 가중치 행렬이다. 여기서 $\widehat{u}_{j|i} = W_{ij}u_i$를 예측 벡터라고 하며, 변환된(회전/이동) 입력 캡슐 벡터인 u_i와 같다. 캡슐에 대한 총 입력값 s_j는 아래 층에 있는 캡슐에 대한 모든 예측 벡터의 가중합이다. 이 가중치 c_{ij}에 최대 1을 더한 것을 힌튼은 **커플링 계수(coupling coefficients)**라고 불렀다. 처음에 캡슐 i와 부모 캡슐 j가 결합하는 로그 사전 확률을 b_{ij}로 표시했고 모든 i, j에 대해서 동일하다는 가정을 했다. 따라서 커플링 계수는 잘 알려진 소프트맥스로 변환해서 계산할 수 있다.

$$c_{ij} = \frac{\exp(b_{ij})}{\sum_k \exp(b_{ik})}$$

이러한 커플링 계수는 **일치에 의한 라우팅(routing-by-agreement)** 알고리즘에 의해 네트워크의 가중치와 함께 반복적으로 업데이트된다. 요컨대, 1차 캡슐 i의 예측 벡터와 가능한 부모 j의 출력이 큰 스칼라 곱을 갖는 경우 커플링 계수 b_{ij}는 그 부모에 대해서는 증가하고 다른 부모에 대해서는 감소한다.

전체 라우팅 알고리즘은 다음과 같다.

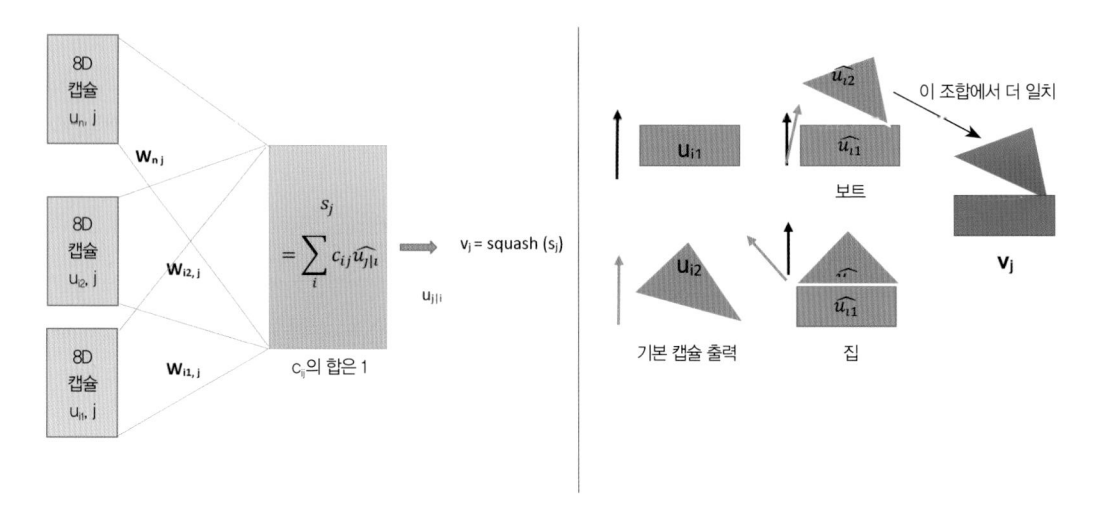

왼쪽은 모든 기본 캡슐이 숫자 캡슐에 가중치 행렬 W_{ij}로 어떻게 연결되는지를 보여준다. 또한, 결합 계수 계산 방법과 비선형 스쿼싱 함수로 DigitCaps의 16차원 출력을 계산하는 방법을 보여준다. 오른쪽에서는 기본 캡슐이 입력 이미지의 삼각형과 직사각형의 두 가지 기본 모양을 캡처한다고 하면 회전 후 정렬해 수행된 회전 양을 기준으로 **집**이나 **보트**라고 결정한다. 최소 회전 또는 거의 회전이 없는 상태에서 두 개체가 결합되면 보트를 형성한다. 즉, 두 개의 기본 캡슐은 집보다는 보트를 형성하기 위한 정렬로 볼 수 있다. 따라서 라우팅 알고리즘이 $b_{i,boat}$에 대한 커플링 계수를 업데이트해야 한다.

```
procedure routing (û_j|i , r, l):
   for all capsule i in layer l and capsule j in layer (l + 1): bij <- 0
 for r iterations do:
 for all capsule i in layer l: ci <- softmax (bi)
      for all capsule j in layer (l + 1): s_j ← ∑_i c_ij û_j|i
      for all capsule j in layer (l + 1): vj <- squash (sj)
      for all capsule i in layer l and capsule j in layer (l + 1): b_ij ← b_ij + û_j|i · v_j
 return vj
```

마지막으로, 이 네트워크를 훈련시키기 위해 적절한 손실 함수가 필요하다. 여기서 손실 함수로 '숫자에 대해서 주변부 손실(margin loss for digit existence)'을 사용한다. 또한 중복 숫자의 경우도 고려한다. 각 숫자 캡슐 k에 대한 별도의 주변부 손실 L_k로 여러 개의 중복되는 숫자도 감지할 수 있다. L_k는 캡슐 벡터의 길이를 본다. 클래스 k의 숫자라면 k번째 캡슐 벡터의 길이는 다른 것과 비교해 최대여야 한다.

$$L_k = T_k \max(0, m^+ - \| v_k \|)^2 + \lambda(1 - T_k)\max(0, \| v_k \| - m^-)^2$$

여기서, 만약 k번째 숫자가 있으면 T_k=1이다. m^+=0.9이고 m^-=0.1이다. 비어 있는 숫자 클래스가 있으면 손실의 가중치 감소를 위해 λ를 사용한다. L_k와 더불어 이미지 재구성 오차 손실이 네트워크 정규화에 사용된다. CapsNet 아키텍처에서 설명한 것과 같이 숫자 캡슐의 출력은 3개의 완전 연결층으로 구성된 디코더에 입력된다. 로지스틱 유닛의 출력과 원본 이미지 픽셀 강도 간의 차이의 제곱 합은 최소화된다. 재구조화한 손실을 0.0005배로 축소함으로써 훈련 중 주변부 손실을 주도하지 않도록 한다.

 캡슐 네트워크의 텐서플로 구현은 https://github.com/naturomics/CapsNet-Tensorflow에서 확인할 수 있다.

순환 신경망

순환 신경망(recurrent neural Network: RNN)은 $x(1), \cdots, x(t)$처럼 값의 시퀀스를 처리하는 데 특화돼 있다. 예를 들어, 주어진 최근 시퀀스로부터 다음 시퀀스에 있는 용어를 예측하거나 한 언어에서 다른 언어로 단어의 시퀀스를 번역하려는 경우, 시퀀스 모델링을 할 필요가 있다. RNN은 아키텍처에 피드백 루프가 있다는 점에서 전방 전달 네트워크와 구별된다. 종종 RNN에는 메모리가 있다고 한다. RNN에서 시퀀셜 정보(sequential information)는 은닉 상태로 보존된다. 따라서 RNN의 은닉층이 네트워크의 메모리가 된다. 이론적으로 RNN에서 임의의 긴 시퀀스 정보를 사용하게 할 수 있지만, 실제로는 제한적으로 몇 단계만 되돌아볼 수 있다.

이에 대해서는 나중에 다시 설명하겠다.

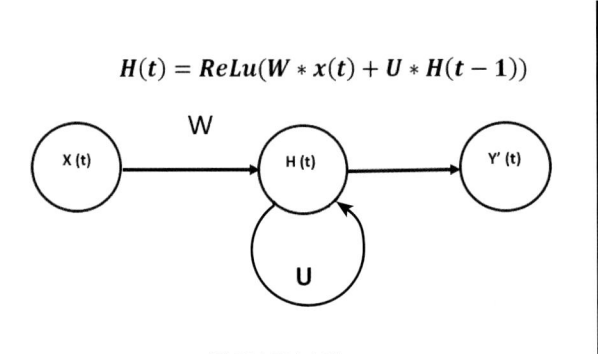

단일 은닉 유닛이 있는 RNN

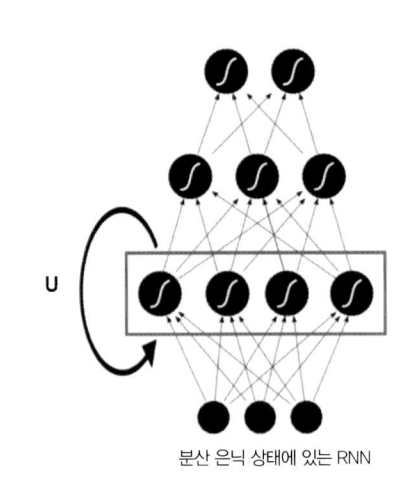

분산 은닉 상태에 있는 RNN

네트워크에서 피드백 루프를 풀면 전방 전달 네트워크가 된다. 예를 들어 길이가 4인 입력 시퀀스가 있다면 이 네트워크를 다음과 같이 펼칠 수 있다. U, V, W가 매 단계에서 공유되도록 동일한 가중치 세트를 풀면 기존 DNN과 달리 각 층에서 다른 파라미터가 사용된다. 결국 실제로 각 단계에서 동일한 입력 작업을 하게 되는 것이다. 이렇게 하면 학습해야 하는 총 파라미터의 개수를 크게 줄일 수 있다. 이제 이러한 공유 가중치를 배우려면 손실 함수가 필요하다. 각 시간 스텝에서 네트워크 출력 $y(t)$를 대상 시퀀스 $s(t)$와 비교해 오차 $E(t)$를 얻을 수 있다. 따라서 총 오차는 $E = \sum_s E_s$가 된다.

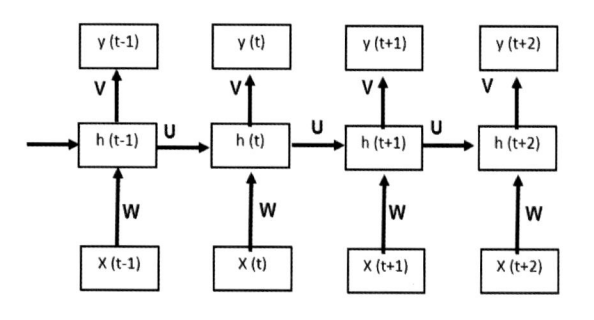

기울기 기반 최적화 알고리즘을 사용해 가중치를 학습하는 데 필요한 총 오차 함수를 살펴보자. $h_t = U\phi(h_{t-1}) + Wx_t$일 때, 비선형 활성 함수인 Φ는 $y_t = V\phi(h_t)$가 된다.

이제 연쇄 규칙 $\frac{\partial E_t}{\partial U} = \sum_{k=1}^{t} \frac{\partial E_t}{\partial y_t} \frac{\partial y_t}{\partial h_t} \frac{\partial h_t}{\partial h_k} \frac{\partial h_k}{\partial U}$ 에 의해 $\frac{\partial E}{\partial U} = \sum_{t=1}^{s} \frac{\partial E_t}{\partial U}$ 가 된다.

여기서, 이전 층과 관련해 층 t의 미분인 야코비 $\frac{\partial h_t}{\partial h_k}$ 는 그 자체가 야코비 곱 $\prod_{s=k+1}^{t} \frac{\partial h_s}{\partial h_{s-1}}$ 로 표현된다.

앞의 h_t 방정식을 사용해 $\frac{\partial h_s}{\partial h_{s-1}} = U^T diag(\phi'(h_{s-1}))$ 을 얻는다. 따라서 야코비의 노름 $\frac{\partial h_t}{\partial h_k}$ 는 $\prod_{s=k+1}^{t} \left\| \frac{\partial h_s}{\partial h_{s-1}} \right\|$ 곱으로 주어진다. 수량 $\left\| \frac{\partial h_s}{\partial h_{s-1}} \right\|$가 1보다 작으면 100단계의 긴 순서에 걸쳐 이 노름의 결과가 0이 된다. 유사하게, 노름이 1보다 크면 긴 시퀀스의 곱은 기하급수적으로 증가할 것이다. 이 문제를 RNN에서는 **기울기 소실**과 **기울기 폭발**이라고 한다. 이 경우 실제적으로 RNN은 장기 메모리를 보존할 수 없다.

LSTM

RNN은 시간이 지남에 따라 순서대로 이전 내용을 잃기 시작할 것이므로 실용적인 목적으로 훈련하기가 어렵다. 이것이 LSTM이 등장한 이유다! 1997년 호크라이터(Hochreiter)와 슈미드후버(Schmidhuber)가 소개한 LSTM으로 인해 정말로 긴 시퀀스 기반 데이터에서도 정보를 기억할 수 있도록 기울기 소실 문제를 방지할 수 있게 됐다. LSTM은 일반적으로 입력, 출력 및 망각 게이트를 포함해 3개 또는 4개의 게이트로 구성된다.

다음 그림은 단일 LSTM 셀의 상위 레벨의 표현을 보여준다.

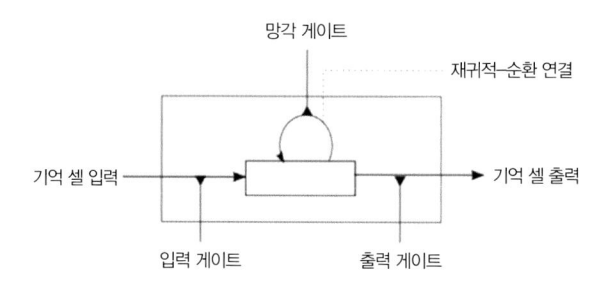

입력 게이트는 일반적으로 들어오는 신호 또는 입력을 수용하거나 거부해 메모리 셀 상태를 변경한다. 출력 게이트는 일반적으로 필요에 따라 다른 뉴런에 값을 전달한다. 망각 게이트는 메모리 셀의 자기 반복 연결을 제어해 필요에 따라 이전 상태를 기억하거나 잊어버린다. 여러 LSTM 셀은 일반적으로 모든 사전 훈련 네트워크에 스택돼 있어 시퀀스 예측과 같은 실제 문제를 해결한다. 다음 그림은 RNN과 LSTM의 기본 구조를 비교한 것이다.

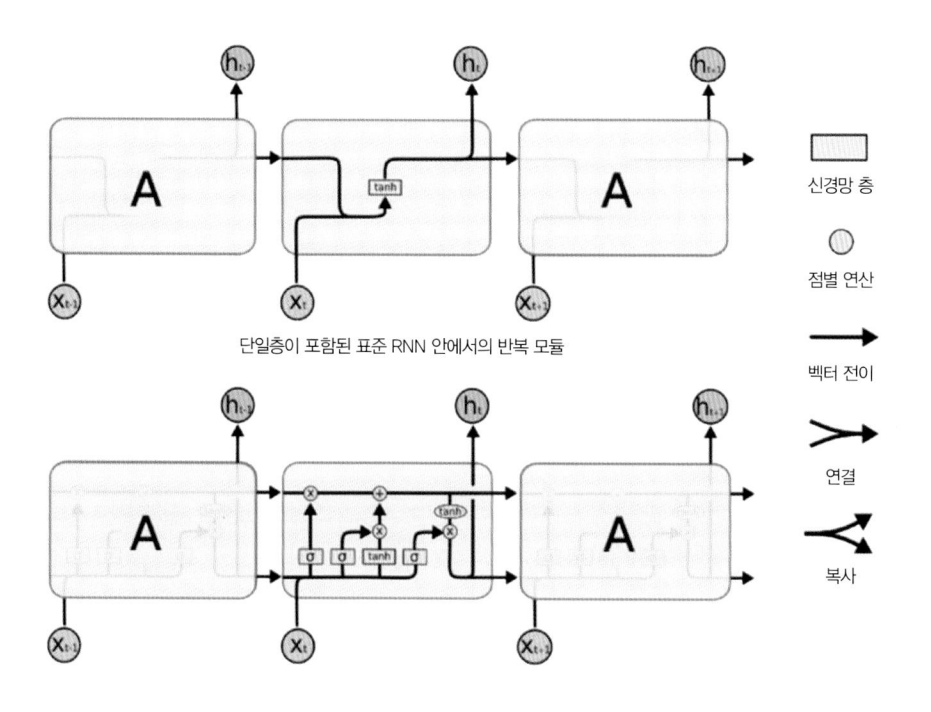

LSTM 셀의 세부 아키텍처와 정보 흐름은 다음 그림에 있다. t는 하나의 시간 스텝, C는 셀 상태, h는 은닉 상태를 나타낸다고 하자. LSTM 셀은 게이트라는 구조로 셀 상태에 대한 정보를 제거하거나 추가

할 수 있다. 게이트 i, f, o는 각각 입력, 망각, 출력 게이트를 나타내며, 각 게이트는 모듈화되어 0부터 1까지의 숫자를 출력하는 시그모이드 층에서 이들 게이트에서 출력되는 양을 제어한다. 따라서 시그모이드 층은 셀 상태를 보호하고 조절하는 역할을 한다.

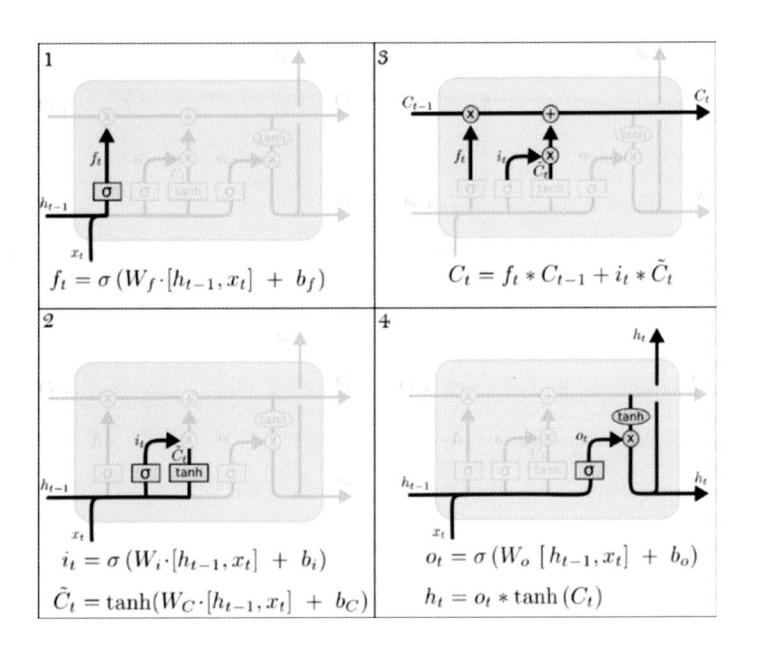

LSTM을 통한 정보 흐름에는 네 단계가 있다.

1. **셀 상태에서 버릴 정보 결정**: 이 결정은 **망각 게이트 층**이라는 시그모이드 층에 의해 이루어진다. 아핀 변환(affine transformation)이 h_t, x_{t-1}에 적용되고, 그 출력은 시그모이드 스쿼싱 함수를 통과해 셀 상태 C_{t-1}에서 0과 1 사이의 수 중 하나가 된다. 1은 메모리가 유지돼야 함을 나타내고 0은 메모리가 완전히 삭제돼야 함을 나타낸다.

2. **메모리에 쓸 새로운 정보 결정**: 이것은 두 단계의 프로세스로 이루어진다. 먼저, **입력 게이트 층**(input gate layer)이라고 부르는 시그모이드 층 i_t는 정보를 기록할 위치를 결정하는 데 사용된다. 그다음, tanh 층은 기록할 새 후보 정보를 만든다.

3. **메모리 상태 업데이트**: 오래된 메모리 상태는 f_t의 곱으로 망각할 사항을 지운다. 그런 다음 2단계에서 계산된 새 상태 정보가 i_t에 의해 스케일이 조정된 후 추가된다.

4. **출력 메모리 상태**: 셀 상태에서의 최종 출력은 현재 입력과 업데이트된 셀 상태에 따라 결정된다. 먼저 시그모이드 층은 셀 상태 중 어느 부분을 출력할 것인지 결정한다. 그런 다음 셀 상태는 쌍곡 탄젠트(tanh)를 통과하고 시그모이드(sigmoid) 게이트에서 출력에 곱해진다.

LSTM 단계에 대한 자세한 설명은 크리스토퍼 콜라(Christopher Colah)의 블로그(http://colah.github.io/posts/2015-08-Understanding-LSTMs)에서 확인할 수 있다. 이 책에 소개된 다이어그램의 대부분은 이 블로그에서 가져온 것이다.

LSTM은 시퀀스 예측뿐만 아니라 시퀀스 분류에도 사용될 수 있다. 예를 들면 미래의 주가를 예측할 수 있다. 또한 LSTM을 사용해 일부 상태 모니터링 시스템의 입력 신호가 치명적인지 아닌지를 예측하는 분류기(바이너리 분류기)를 작성할 수 있다. LSTM으로 텍스트 문서 분류기를 만들 수도 있다. 단어의 순서는 LSTM 층에 입력으로 전달되며 은닉 상태의 LSTM은 분류기로 밀집 소프트맥스 층에 연결된다.

스택된 LSTM

스택된 LSTM 층은 시퀀셜한 데이터의 계층적 표현을 학습시킬 수 있다. 각 LSTM 층은 시퀀스의 각 항목에 대해 단일 벡터가 아닌 연속 벡터를 출력한다. 이 벡터는 후속 LSTM 층에 대한 입력으로 사용된다. 은닉층의 계층 구조는 순차적 데이터를 보다 복잡하게 표현할 수 있다. 스택된 LSTM 모델은 복잡한 다변수 시계열 데이터의 모델링에 쓰인다.

인코더-디코더: 신경망 기반 기계 번역

기계 번역은 전산 언어학의 하위 분야이며 한 언어에서 다른 언어로 텍스트 또는 음성 번역을 하는 것을 말한다. 전통적인 기계 번역 시스템은 일반적으로 텍스트의 통계적 특성에 기반한 정교한 특성 엔지니어링에 의존한다. 최근 **신경망 기반 기계 번역(Neural Machine Translation: NMT)**이라는 접근법으로 이 문제를 해결하기 위해 딥러닝이 사용됐다. NMT 시스템은 일반적으로 인코더와 디코더의 두 모듈로 구성된다.

먼저 '인코더'로 소스 문장을 읽고 생각 벡터(a thought vector)를 만든다. 이 벡터는 문장의 의미를 나타내는 숫자의 시퀀스로 구성된다. '디코더'는 문장 벡터를 처리해 다른 타깃 언어로 번역을 출력한다. 이를 인코더-디코더 아키텍처라고 한다. 인코더와 디코더는 일반적으로 RNN 형식이다. 다음 그림은 누적된 LSTM을 사용하는 인코더-디코더 아키텍처를 보여준다. 여기서 첫 번째 층은 밀집 실수 벡터에 의해 소스 언어의 단어를 나타내기 위한 임베디드 층이다. 어휘들은 소스 언어와 타깃 언어 모두에 대해 미리 정의된다. 미리 정의된 어휘에 없는 단어는 고정 단어인 '⟨unknown⟩'으로 표시되며 고정된 삽입 벡터로 표시된다. 이 네트워크에 대한 입력은 처음에는 소스 문장이고, 그다음은 인코딩에서 디코딩 모드로의 변환을 나타내는 문장의 끝 표지 '⟨s⟩'다. 그런 다음 타깃 문장이 입력된다.

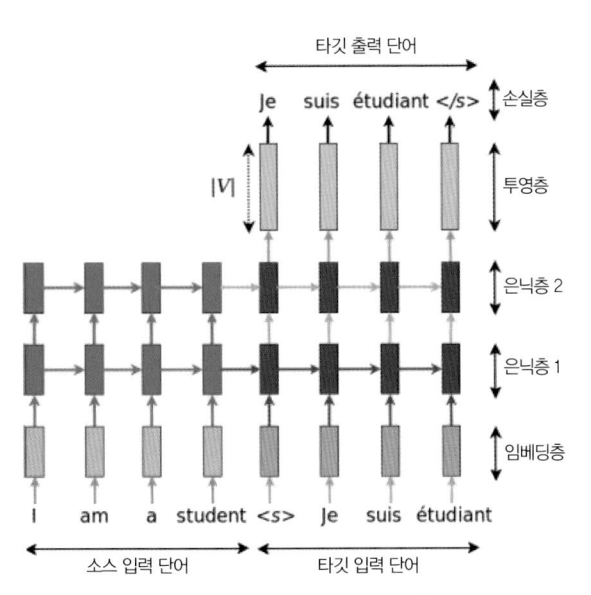

출처: https://www.tensorflow.org/tutorials/seq2seq

입력 임베딩층 다음에는 두 개의 LSTM층을 쌓는다. 그런 다음 투영층은 맨 위 은닉 상태를 차원 V의 로짓 벡터(타깃 언어의 어휘 크기)로 변환한다. 여기서 교차 엔트로피 손실은 역전파로 네트워크를 훈련시키는 데 사용된다. 훈련 모드에서 원본과 타깃 문장이 모두 네트워크에 입력된다. 추론 모드에서는 원본 문장만 사용한다. 이 경우 디코딩은 그리디 디코딩(greedy decoding), 그리디 디코딩과 결합된 어텐션 메커니즘(attention mechanism), 빔 서치 디코딩(beam search decoding)과 같은 여러 가지 방법[10]으로 할 수 있다. 여기서는 처음 두 가지 방법을 다룰 것이다.

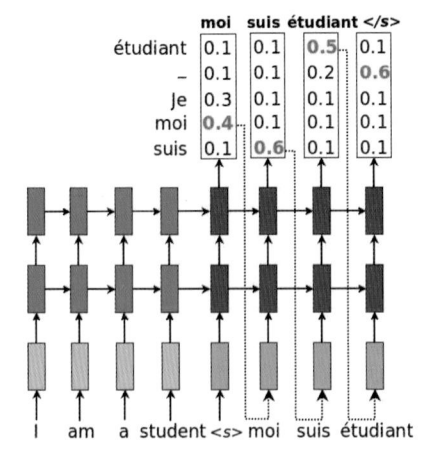

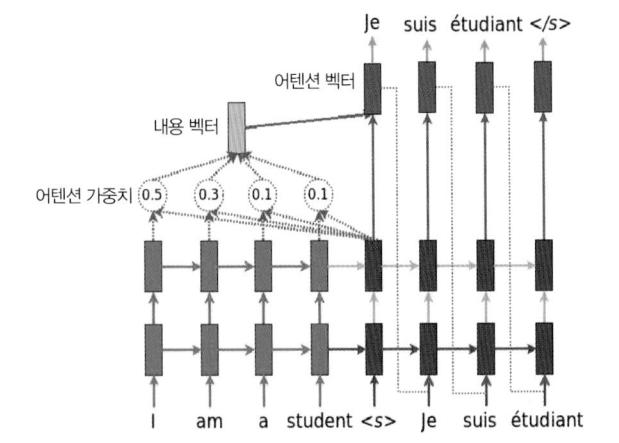

---

10 (옮긴이) 그리디 디코딩과 빔 서치 디코딩을 간단히 정리하면 다음과 같다.
   1. 그리디 디코딩(greedy decoding): 각 스텝에서 가장 확률이 높은 단어를 디코딩.
   2. 빔 서치 디코딩(beam search decoding): 각 스텝에서 최종 조합한 것 중 가장 확률이 높은 k개의 시퀀스를 선택.

그리디 디코딩 방식(그림의 왼쪽 참조)은 디코더로 다시 입력하기 전에 가장 높은 로짓 값으로 출력된 단어를 가장 가능성이 큰 단어로 선택한다. 이 디코딩 프로세스는 문장의 끝 표지인 '⟨/s⟩'가 출력 기호로 생성될 때까지 계속된다.

소스 문장의 끝 표지에 의해 생성된 내용 벡터에는 소스 문장에서 알아야 할 모든 것이 인코딩돼 있어야 한다. 그 의미가 완전히 포착돼야 한다. 긴 문장의 경우 매우 장기적인 기억으로 저장할 필요가 있다. 연구자들은 소스 시퀀스를 뒤집거나 소스 시퀀스를 두 번 피딩하면 네트워크가 상황을 더 잘 기억한다는 것을 알아냈다. 프랑스어나 독일어와 같이 영어와 매우 유사한 언어의 경우 입력을 반대로 하는 것이 좋다. 일본어의 경우, 문장의 마지막 단어로 영어 번역의 첫 단어를 예측할 확률이 높다. 이때는 순서를 뒤집는 것이 번역 품질을 떨어뜨린다. 그 대안은 **어텐션 메커니즘**을 사용하는 것이다(앞에서 오른쪽 그림 참고).

이제 전체 소스 문장을 고정 길이 벡터로 인코딩하려고 시도하는 대신 디코더가 출력 생성의 각 단계에서 소스 문장의 다른 부분에 '어텐션'을 줄 수 있다. 따라서 t번째 타깃 언어의 단어에 대한 어텐션 기반 문맥 벡터 c_t를 모든 이전 소스 은닉 상태의 가중치 합 $c_t = \sum_s a_{ts} h_s$로 나타낸다. 어텐션 가중치는 $\alpha_{ts} = \frac{\exp(score(h_t, h_s))}{\sum_{s'=1}^{s} \exp(score(h_t, h_{s'}))}$ 다. 이때 $score$ 함수는 다음과 같이 정의된다: $score(h_t, h_s) = h_t W h_s$.

여기서 W는 RNN 가중치와 함께 학습된 가중치 행렬이다. 이 $score$ 함수를 **루옹(Luong)**의 곱셈 스타일 점수라고 한다. 이 $score$는 몇 가지 다른 변형도 있다. 마지막으로, **어텐션 벡터** a_t는 다음과 같이 내용 벡터와 현재 타깃의 은닉 상태를 결합해 계산한다.

$$a_t = f(c_t, h_t) = \tanh(W_c[c_t; h_t])$$

어텐션 메커니즘은 읽기 전용 메모리와 유사하다. 여기서 이전 소스의 모든 은닉 상태를 저장하고 읽기 위해 디코딩한다. 텐서플로에서의 NMT 소스 코드는 https://github.com/tensorflow/nmt/에서 확인할 수 있다.

GRU(Gated Recurrent Units)

게이트 순환 유닛(Gated Recurrent Units, GRU)은 LSTM과 관련이 있다. 둘 다 게이트 정보의 다른 방법을 사용해 기울기 소멸 문제를 방지하고 장기 메모리에 저장한다. GRU에는 두 개의 게이트가 있는데, 리셋 게이트 r과 업데이트 게이트 z다. 리셋 게이트는 새 입력을 어떻게 이전의 은닉 상태 h_{t-1}과 결합할 것인지 결정하고 업데이트 게이트는 유지할 이전 상태 정보의 양을 정의한다. 모든 것을 리셋하고 업데이트 게이트가 모두 0이 되면 간단한 RNN 모델이 된다.

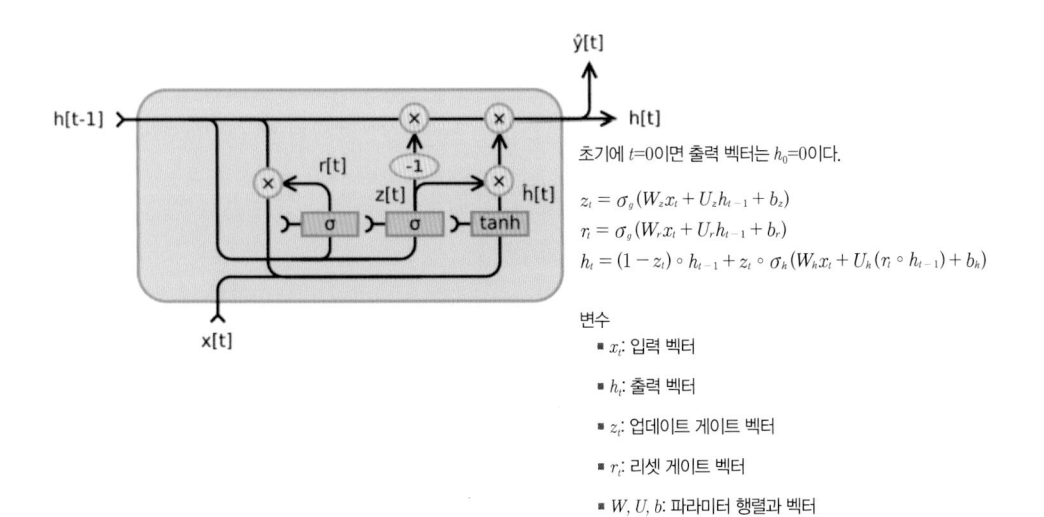

초기에 $t=0$이면 출력 벡터는 $h_0=0$이다.

$$z_t = \sigma_g(W_z x_t + U_z h_{t-1} + b_z)$$
$$r_t = \sigma_g(W_r x_t + U_r h_{t-1} + b_r)$$
$$h_t = (1 - z_t) \circ h_{t-1} + z_t \circ \sigma_h(W_h x_t + U_h(r_t \circ h_{t-1}) + b_h)$$

변수

- x_t: 입력 벡터
- h_t: 출력 벡터
- z_t: 업데이트 게이트 벡터
- r_t: 리셋 게이트 벡터
- W, U, b: 파라미터 행렬과 벡터

GRU는 비교적 새롭고 성능은 LSTM과 비슷하지만, 구조가 단순하고 파라미터가 적기 때문에 계산 효율이 높다. LSTM과 GRU 간의 몇 가지 구조적 차이점은 다음과 같다.

- GRU에는 2개의 게이트가 있으며 LSTM에는 3개의 게이트가 있다. GRU에는 LSTM에 있는 출력 게이트가 없다.

- GRU에는 은닉 상태 외에 추가 내부 메모리인 C_t가 없다.

- GRU에서 비선형성(tanh)은 출력 계산 시 적용되지 않는다.

충분한 데이터가 있다면 LSTM의 표현력이 커질수록 더 나은 결과를 얻을 수 있으므로 LSTM을 사용하는 것이 좋다.

메모리 신경망

대부분 머신러닝 모델은 장기 메모리의 구성 요소를 읽고 쓸 수 없으며, 오래된 메모리와 추론을 원활하게 결합할 수도 없다. RNN이나 그 변형인 LSTM에는 메모리를 구성하는 요소가 있다. 그러나 (은닉 상태나 가중치로 인코딩된) 메모리는 일반적으로 너무 작고, 최신 컴퓨터(RAM 형식)의 긴 배열과는 다르다. 그것들은 과거의 모든 지식을 하나의 밀집 벡터, 즉 메모리 상태(memory state)로 압축하려고 한다. 이것은 복잡한 애플리케이션에서는 매우 제한적일 수 있는데, 가상 비서(virtual assistance) 또는 **질의 응답(Question-Answering, QA)** 시스템처럼 장기 메모리가 효과적으로 (동적) 지식 기반 역할을 하고 출력이 텍스트 응답인 경우가 그 예가 될 것이다. 이 문제를 해결하기 위해 페이스북 AI 연구 그룹은 **메모리 신경망(MemNN)**을 개발했다. MemNN의 핵심 아이디어는 추론 관련 딥러닝 연구에서 개발된 성공적인 학습 전략을 RAM처럼 읽고 쓸 수 있는 메모리 구성 요소와 결합하는 것이다. 또한 모델은 메모리 구성 요소를 효과적으로 작동하게 하는 방법을 학습하고 훈련한다. 메모리 네트워크는 메모리 m, 객체의 인덱스 배열(예: 벡터 또는 문자열 배열)과 학습해야 할 네 개의 구성 요소인 I, G, O, R로 구성된다.

- I: 입력 특성 지도인 I는 들어오는 입력을 내부 특성 표현으로 변환한다.

- G: '일반화' 구성 요소인 G는 새로운 입력으로 오래된 메모리를 업데이트한다. **일반화**(generalization)라고 부르는 이유는 네트워크가 미래의 사용에 대비해 이 단계에서 메모리를 압축하고 일반화하기 때문이다.

- O: 출력 특성 지도인 O는 새로운 입력과 '현재 메모리 상태'가 주어진 경우 특성 표현 공간에서 새 출력을 생성한다.

- R: '응답' 구성 요소인 R은 응답 형식으로 출력을 변환한다. 텍스트 응답 또는 행동과 같은 예가 있다.

구성 요소 I, G, O, R이 '신경망'인 경우 그 결과 시스템을 MemNN이라고 한다. 예제 QA 시스템을 통해 이를 이해해 보자. 시스템에 몇 가지 사실과 질문이 입력된다. 이 질문에 대한 답을 출력해야 한다. 하나의 질문에 다음과 같은 6가지 답이 있을 수 있다. Q: '지금 우유가 어디에 있는가?'

- 조가 부엌에 갔다.

- 프레드가 부엌에 갔다.

- 조가 우유를 집어 들었다.

- 조가 사무실로 갔다.

- 조가 우유를 내려놓았다.

- 조가 화장실에 갔다.

일부 진술의 부분 집합만이 답안에 필요한 정보를 포함하고 있고 나머지는 본질적으로 관련성 없는 산만한 내용임에 유의해야 한다. 여기서는 MemNN 모듈 I, G, O, R의 측면에서 이것을 표현할 것이다. 모듈 I는 텍스트를 바이너리로 된 단어 주머니들의 벡터로 변환하는 간단한 임베딩 모듈이다. 텍스트는 다음에 사용 가능한 메모리 슬롯에 원래의 형태로 저장되므로 G 모듈은 간단하다. 주어진 사실을 바탕으로 하면 사용된 어휘는 V={조, 프레드, 갔다, 집었다, 갔다, 사무실, 화장실, 부엌, 우유}다. 여기서 불용어[11]는 제거했다. 모든 텍스트가 저장된 후의 메모리 상태는 다음과 같다.

메모리 슬롯#	조	프레드	...	사무실	화장실	부엌	우유
1	1	0		0	0	1	0
2	0	1		0	0	1	0
3	1	0		0	0	0	1
4	1	0		1	0	0	0
5	1	0		0	0	0	1
6	1	0		0	1	0	0
7							

모듈 O는 주어진 질문 q와 관련된 k개의 메모리를 찾음으로써 출력 특성을 만든다. k=2인 경우, 가장 높은 점수를 얻는 메모리는 다음과 같이 찾을 수 있다.

$$o1 = \underbrace{\text{argmax}}_{i=1,\cdots,N} s_0(q, m_i)$$

여기서 s_0는 입력 q와 m_i 간의 일치를 채점하는 함수다. o1은 가장 일치하는 메모리 m의 인덱스다. 이제 쿼리와 첫 번째 검색된 메모리를 사용해서 두 메모리에서 가장 가까운 다음 메모리 m_{o2}를 찾을 수 있다.

$$o2 = \underbrace{\text{argmax}}_{i=1,\cdots,N} s_0([q, m_{o1}], m_i)$$

---

11 (옮긴이) 불용어(stopwords): 의미 있는 정보를 얻기 위해 텍스트 분석을 하는 경우 어느 문장에나 많이 나오는 단어가 역설적이게도 중요한 의미 정보를 가릴 수도 있다. 위의 예시에서 '조가 부엌에 갔다.' '조가 화장실에 갔다.' 등의 문장에 가장 많이 등장하는 단어는 '조'나 '우유' 외에도 마침표와 종결어미 '–다'와 조사 '–에' 등이다. 이렇게 분석에 의미 있는 정보를 제공하지 않는 단어와 문장부호 등은 미리 제거하게 되는데, 이러한 목록을 불용어 리스트라고 한다.

질의어와 메모리의 통합된 결과는 $o=[q, m_{o1}, m_{o2}]$ = [지금 우유가 어디에 있는가?, 조가 우유를 내려 놓았다., 조가 사무실로 갔다.]가 된다. 마지막으로 모듈 R은 텍스트 응답 r을 생성해야 한다. R 모듈은 한 단어 응답을 출력하거나 RNN 모듈로 완전한 문장을 생성할 수 있을 것이다. 단일 단어 응답의 경우, s_r은 $[q, m_{o1}, m_{o2}]$와 단어 w 사이의 일치를 채점하는 또 다른 함수가 된다. 결국 최종 응답 r은 'office'라는 단어가 된다.

$$r = \underbrace{\text{argmax} s_r}_{i = 1, \cdots, N}([q, m_{o1}, m_{o2}], V)$$

이 모델은 역전파인 엔드-투-엔드로 훈련하기가 어렵고 네트워크의 각 모듈에서 통제해야 한다. 그래서 **엔드-투-엔드 메모리 네트워크(End-To-End Memory Network, MemN2N)**라는 메모리 네트워크의 연속 버전에 약간의 수정이 있었다. 이 네트워크는 역전파를 통해 훈련될 수 있다.

MemN2N

다음과 같은 질의어로 시작하자: '지금 우유가 어디에 있는가?'. 이 질의어는 벡터 크기 V를 사용하는 단어 주머니 방법으로 인코딩된다. 가장 간단한 방법으로, 벡터를 크기 d인 단어의 임베딩으로 변환하기 위해 임베딩 B($d \times V$)를 사용한다. 이제 **u=embeddingB(q)**가 된다.

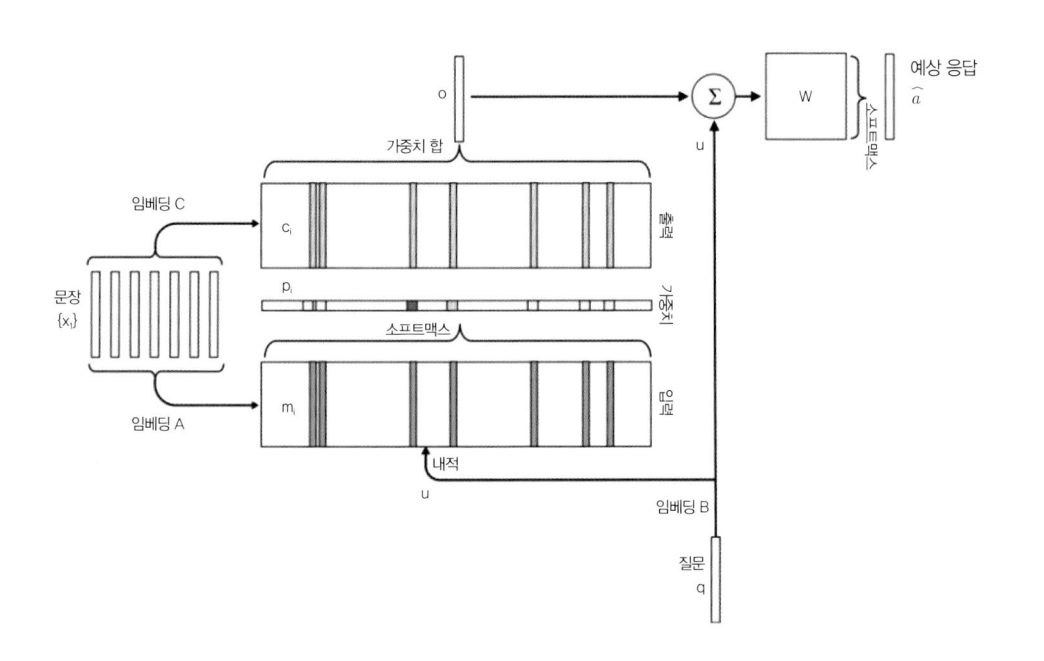

입력 문장 $x_1, x_2, \cdots, x_i$는 B **mi=embeddingA(x$_i$)**와 동일한 차원을 갖는 다른 임베딩 행렬 A(d× Vd×V)로 메모리에 저장된다. 임베딩된 질의어 u와 각 메모리 m_i 사이의 유사도는 내적을 한 후 다음과 같이 소프트맥스를 취해서 세산한다: **p$_i$= softmax(u^{T}m$_i$).**

출력 메모리 표현은 다음과 같다. 각 x_i는 다른 임베딩 행렬 C에 의해 표현될 수 있는 대응 출력 c_i를 갖는다. 다음과 같이 메모리 o에서 나온 응답 벡터는 입력 확률 벡터에 가중치 c_i를 곱한 것의 합이다.

$$o = \sum_i p_i c_i$$

마지막으로, o와 u의 합에 가중치 행렬 W(V×d)를 곱한다. 그 결과가 소프트맥스 함수에 전달돼 최종 답을 예측한다.

$$\widehat{a} = soft\,max(W(o+u))$$

MemN2N의 텐서플로 구현 코드는 다음 링크에 있다: https://github.com/carpedm20/MemN2N-tensorflow.

신경 튜링 기계

신경 튜링 기계(Neural Turing Machine: NTM)는 추상적 기계로 정의되는 계산 기반의 기본적인 수학 모델인 **튜링 기계(Turing Machine: TM)**에서 영감을 얻었다. TM은 규칙표에 따라 테이프 스트립 위에서 기호를 조작할 수 있다. 어떤 컴퓨터 알고리즘이 주어지면 TM은 그 알고리즘의 논리를 시뮬레이션 할 수도 있다. 기계의 헤드 부분을 셀 위에 놓고 거기 있는 기호를 읽거나 쓴다. 그리고 나서 정의된 규칙에 따라 좌우로 움직이거나 심지어 프로그램을 멈출 수도 있다.

NTM 아키텍처는 신경망 제어부와 메모리라는 두 가지 기본 구성 요소를 포함한다. 다음 다이어그램은 NTM 아키텍처의 상위 레벨 표현을 보여준다.

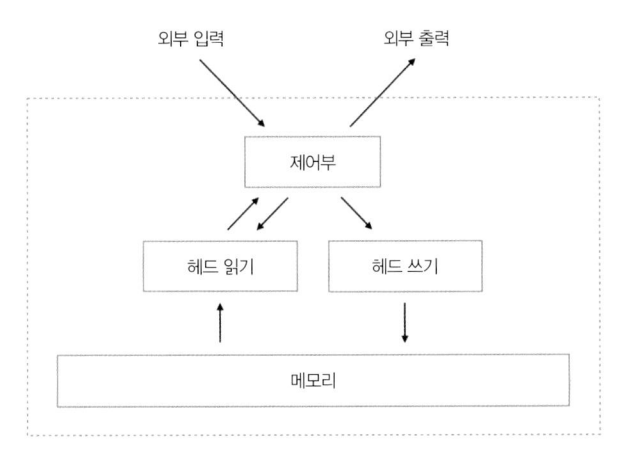

제어부는 입력과 출력 벡터를 사용해 외부와 상호 작용한다. 표준 신경망과는 달리, 제어부는 선택적 읽기와 쓰기 작업을 통해 메모리와 상호 작용할 수 있다. 메모리는 실숫값 행렬이다. 메모리와의 상호 작용은 미분 가능한 엔드-투-엔드 모듈에서 한다. 그래서 경사 하강을 통해 최적화할 수 있다. NTM 은 복사, 정렬, 입출력 예제, 연상 기억[12] 등의 간단한 알고리즘을 배울 수 있다. 또한 TM과는 달리 NTM은 경사 하강에 의해 훈련이 가능하므로 차별화된 컴퓨터 학습 프로그램의 실용적인 메커니즘이 된다.

제어부는 LSTM으로 모델링할 수 있는데, LSTM에는 더욱 커진 메모리를 보완할 수 있는 자체 내부 메모리가 있다. 통제부는 컴퓨터의 CPU에 빗댈 수 있으며, 메모리 행렬은 컴퓨터의 램(RAM)에 비유할 수 있다.

읽거나 쓸 메모리 부분을 선택하는 것은 읽기와 쓰기 헤드다. 이 두 헤드의 모델링은 신경망의 은닉층 (소프트맥스 층일 수도 있다)에서 이루어지는데, 외부 메모리 셀의 가중치로 취급되어 합산하면 1이 된다. 또한 헤드에 의해 모델의 파라미터 개수가 제어되지만, 메모리 용량이 함께 커지지는 않는다.

선택적 어텐션

제어부에서의 출력은 읽거나 쓸 메모리의 위치를 파악하는 데 사용된다. 모든 메모리 위치에 분산된 가중치 세트로 정의되며 최대 1까지 가중된다. 가중치는 다음 두 가지 메커니즘으로 정의된다. 아이디어는 제어부에 여러 가지 데이터 구조에 해당하는 읽기 또는 쓰기 모드를 몇몇 다른 메모리에 지정하자는 것이다.

---

12 (옮긴이) 연상 기억(associative recall)을 연상 메모리(associative memory)라고도 한다.

- **내용 기반:** 제어부의 키 k 출력을 비슷한 측정값, 예를 들어 코사인 유사도(S)를 사용해 모든 메모리 위치와 비교한 다음, 소프트맥스로 모든 거리를 정규화해 최대 1까지 합산되는 가중치를 구한다.

$$w_i = \frac{\exp(\beta S(k, M_i))}{\sum_j \exp(\beta S(k, M_j))}$$

이 경우 $\beta \geq 1$를 선명도 파라미터라고 하며, 그것이 특정 위치의 초점을 제어한다. 또한 네트워크에서 메모리 위치 액세스가 얼마나 정확한지 결정하는 방법을 제공한다. 이는 퍼지 c-평균 군집화의 퍼지 계수와 같다.

- **위치 기반:** 위치 기반 주소 지정 메커니즘은 메모리 위치 간의 간단한 반복을 위해 설계됐다. 예를 들어, 현재 가중치가 전체적으로 단일 위치에 초점을 맞추면 1회전이 초점을 다음 위치로 이동시킬 것이다. 음의 이동(negative shift)은 가중치를 반대 방향으로 이동시킨다. 제어부는 다음 그림에서와 같이 이동된 메모리의 위치를 생성하기 위해 이전에 계산된 메모리 가중치와 합성곱으로 나타낼 수 있는 이동 커널(말하자면 [-n, n]의 소프트맥스) s를 출력한다. 이동은 순환적이다. 즉, 경계를 감싸고 일어난다. 다음 그림은 메모리의 히트맵 표현이다. 음영이 더 어두울수록 더 많은 가중치를 나타낸다.

$$\widetilde{w_t} = \sum_j w_j s(i-j)$$

회전 이동을 적용하기 전에 콘텐츠 주소 지정에 의해 주어진 가중치 벡터는 다음과 같이 이전 가중치 벡터 w_{t-1}과 결합된다. 즉, 다음과 같다: $w_t^g = g_t w_t^{content} + (1 - g_t)w_{t-1}$. 여기서, g_t는 (0, 1) 범위의 '보간 게이트(interpolation gate)'인 스칼라로 제어부 헤드에서 방출된다. $g_t = 1$이면 이전에 반복으로 인해 생성된 가중치는 무시된다.

읽기 연산

M_t는 시간 t에서의 N × M 메모리 행렬의 내용이고, N은 메모리 위치의 개수이며, M은 각 위치에서의 벡터 크기다. 시간 t에서의 읽기 헤드는 벡터 w_t에 의해 주어진다.

$$\sum_{i=1}^{N} w_{ti} = 1$$

길이 판독 벡터 r_t는 메모리 내의 행 벡터 $M_t(i)$의 볼록 조합으로 정의된다.

$$r_t = \sum_i w_{ti} M_{ti}$$

쓰기 연산

각각의 쓰기 헤드는 다음 LSTM 셀과 마찬가지로 리셋하고 메모리에 쓰기 위해 다음과 같이 삭제 벡터 e_t와 추가 벡터 a_t를 적용한다: $M_t(i) \leftarrow M_t(i)[1 - e_t(i)w_t(i)] + w_t(i)a_t(i)$.

앞의 연산에 대한 의사 코드는 다음과 같다.

```
mem_size = 128 # 메모리 사이즈
mem_dim = 16 # 메모리 차원
shift_range = 1 # shift[-1, 0, 1] 정의


## LSTM controller로부터 마지막 출력: last_output
## 이전 메모리 상태: M_prev
def Linear(input_, output_size, stddev=0.5):
'''Applies a linear transformation to the input data: input_
    implements dense layer with tf.random_normal_initializer(stddev=stddev)
    as weight initializer
    '''

def get_controller_head(M_prev, last_output, is_read=True):
    k = tf.tanh(Linear(last_output, mem_dim))
    # 보간 게이트
    g = tf.sigmoid(Linear(last_output, 1))
    # 가중치 이동
    w = Linear(last_output, 2 * shift_range + 1)
    s_w = softmax(w)
    # 코사인 유사도
    similarity = smooth_cosine_similarity(M_prev, k) # [mem_size x 1]
    # 내용에 의한 포커스
    content_focused_w = softmax(scalar_mul(similarity, beta))

    # 합성곱에 의한 이동
    conv_w = circular_convolution(gated_w, s_w)
```

```
if is_read:
    read = matmul(tf.transpose(M_prev), w)
    return w, read
else:
    erase = tf.sigmoid(Linear(last_output, mem_dim)
    add = tf.tanh(Linear(last_output, mem_dim))
    return w, add, eras
```

NTM의 전체 텐서플로 구현은 https://github.com/carpedm20/NTM-tensorflow에서 확인할 수 있다. NTM 알고리즘은 복사하는 법을 학습할 수 있다. 다시 말해 난수 시퀀스를 복사하기 위한 알고리즘을 학습할 수 있다. 다음은 NTM이 메모리 읽기와 쓰기 헤드를 사용해 복사 알고리즘을 구현하는 방법을 보여준다.

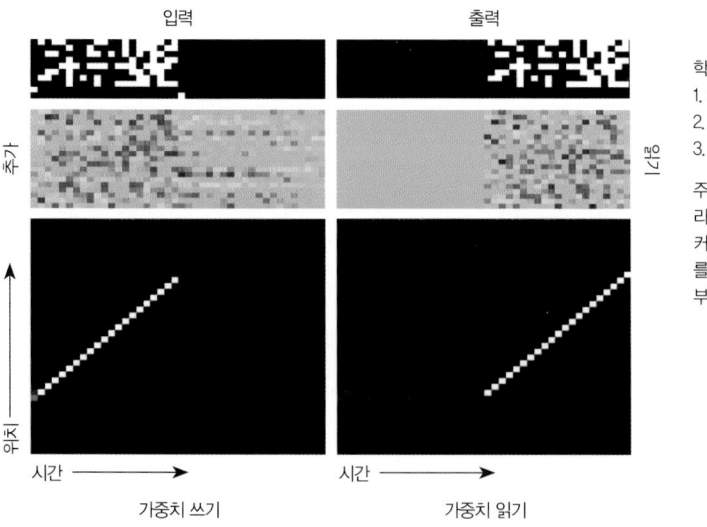

학습된 복사 알고리즘:
1. (메모리) 버퍼에 대한 복사 시퀀스
2. 시작 위치 리셋
3. 1씩 이동한 헤드로 출력 메모리 읽기

주소 메커니즘 기반의 위치는 다음 메모리 위치로 이동할 때 사용하고 주소 메커니즘 기반의 내용은 버퍼링된 데이터를 다시 쓰는 동안 메모리 위치의 시작 부분으로 점프할 때 사용한다.

비슷하게, NTM은 무작위 시퀀스 세트와 해당 정렬 시퀀스가 주어졌을 때 데이터에서 정렬 알고리즘을 효율적으로 학습할 수 있다.

어텐션 기반 신경망 모델

지금까지 기계 번역을 위한 어텐션 기반 모델에 관해 논의했다. 어텐션 기반 모델의 장점은 해석이 가능하고 모델이 작동하는 방법을 이해할 수 있다는 것이다. 어텐션 메커니즘은 이전의 내부 상태를 암기하는 형태로 돼 있다. 마치 내부 메모리와 비슷하다. 일반적인 메모리와 달리 유연한 메모리 접근 메커니즘인데, 이것은 네트워크가 단일한 개별 위치의 값이 아닌 모든 메모리 위치에서 가중치 조합을 얻는 다는 것을 의미한다. 유연한 메모리 접근은 역전파를 통해 네트워크를 훈련할 수 있게 해준다. 어텐션 기반 아키텍처는 기계 번역을 넘어서 이미지에서 캡션을 자동으로 생성하는 용도로도 사용할 수 있다.

이 모델에 관한 작업은 2016년에 켈빈 슈(Kelvin Xu)와 공동 저자들의 논문인 "Show, Attend and Tell: Neural Image Caption Generation with Visual Attention(보여주기, 주의 기울이기, 말하기: 시각적 어텐션과 신경 이미지 캡션 생성)"에서 발표했다(https://arxiv.org/abs/1502.03044). 여기에서 어텐션 가중치를 살펴보면 모델이 각 단어를 생성할 때 어텐션이 이미지의 관련 부분을 반영할 수 있도록 변경된다는 것을 알 수 있다. 어텐션 모델의 텐서플로 구현은 https://github.com/yunjey/show-attend-and-tell에서 참고할 수 있다.

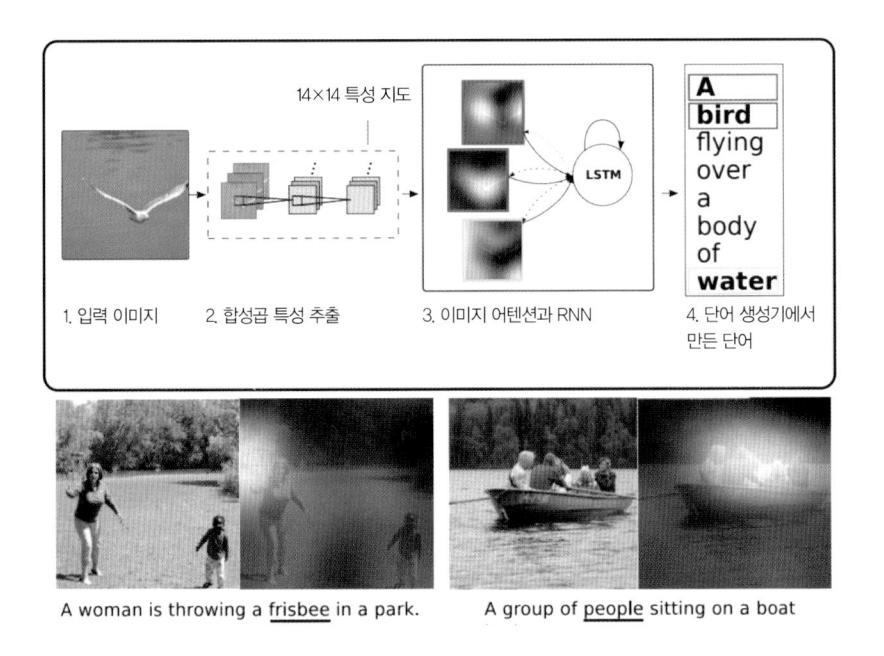

1. 입력 이미지 2. 합성곱 특성 추출 3. 이미지 어텐션과 RNN 4. 단어 생성기에서 만든 단어

A woman is throwing a frisbee in a park. A group of people sitting on a boat

정리

이 장은 신경망 아키텍처의 다양한 발전과 다양한 실제 문제에의 적용 방법을 다뤘다. 이 아키텍처의 필요성과 간단한 심층 다층 신경망이 풍부한 표현력과 풍부한 가설 공간을 가졌음에도 불구하고 모든 종류의 문제를 완전히 해결하지 못하는 이유에 대해서 논의했다. 여기서 논의한 아키텍처 중 많은 부

분이 전이학습 사용 사례를 다루는 이후 장에서 사용될 것이다. 거의 모든 아키텍처에 대한 파이썬 코드가 제공되니 참고하기 바란다. 또한 CapsNet, MemNN, NTM과 같은 최신 아키텍처 중 일부를 명확하게 설명하기 위해 노력했다. 앞으로 전이학습 사용 사례를 소개하면서 이 장의 내용을 자주 참고할 것이다.

다음 장에서는 전이학습의 개념을 소개한다.

나는 여전히 배우는 중이다.

– 미켈란젤로

사람은 서로 다른 과제 간에 지식을 전이하는 고유한 능력이 있다. 어떤 과제를 통해 배운 지식이 있다면 같은 방식을 활용해 관련 작업을 해결한다. 업무 관련성이 높을수록 지식을 전이하거나 교차 활용하는 것이 더 쉬워진다. 지금까지 논의된 머신러닝 및 딥러닝 알고리즘은 전통적으로 별개로 작동하도록 설계됐다. 이런 알고리즘은 특정한 과제를 해결하기 위해 훈련된다. 그래서 모델은 특성 공간의 분포가 바뀌면 처음부터 다시 구축해야 한다. 전이학습의 아이디어는 고립된 학습 패러다임을 극복하고 하나의 과제에서 습득한 지식을 활용해 관련된 새로운 과제를 해결하자는 것이다. 이 장에서는 전이학습의 개념과 양상을 딥러닝의 측면에서 집중적으로 소개한다. 이 장에서는 다루는 내용은 다음과 같다.

- 전이학습 소개
- 학습 전략의 전이
- 딥러닝과 지식 전이
- 심층 전이학습의 유형
- 전이학습의 과제

전이학습 소개

전통적으로 학습 알고리즘은 특정 과제나 문제에 국한해 학습하도록 설계됐다. 유스케이스와 데이터의 요구에 따라 어떤 알고리즘이 주어진 특정 문제를 해결하기 위해 모델 훈련에 적용된다. 전통적인 머신러닝은 다음 그림과 같이 특정 도메인, 데이터, 작업에 국한해 각 모델을 훈련한다.

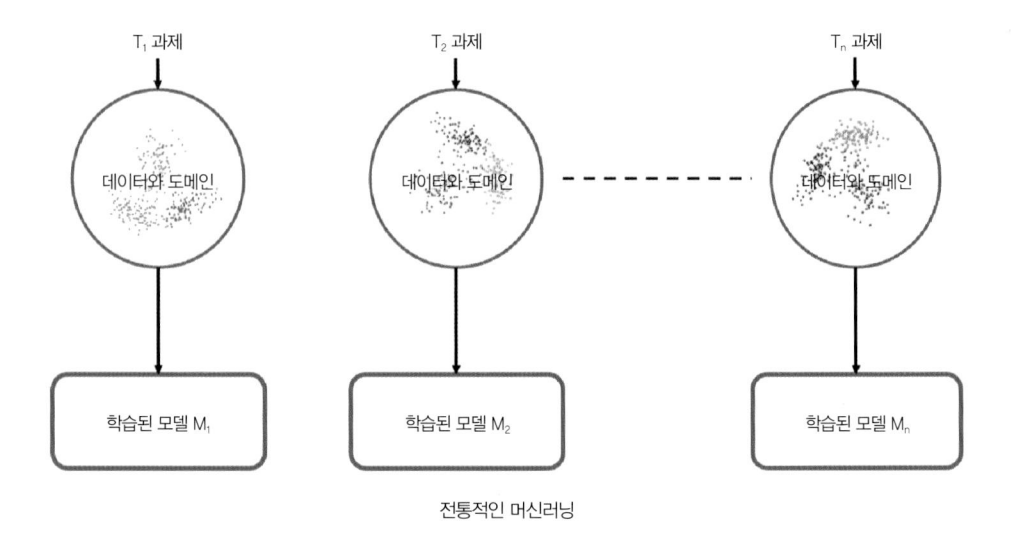

전통적인 머신러닝

전이학습은 사람이 여러 과제를 넘나들면서 지식을 활용하는 것보다 직접적이고 한 단계 더 발전된 방식으로 데이터를 배워 나간다. 따라서 전이학습은 다른 관련된 과제에 대한 지식이나 모델을 재사용하는 하나의 방법이 된다. 때때로 전이학습을 기존 머신러닝 알고리즘의 확장으로 간주하기도 한다. 과제 간의 지식이 어떻게 전이될 수 있는지 이해하기 위해 전이학습의 맥락에서 광범위한 연구와 작업이 진행됐다. 1995년에 열린 **신경 정보 처리 학회(Neural Information Processing Systems, NIPS)** 워크샵에서 발표한 "Learning to Learn: Knowledge Consolidation and Inductive Transfer(학습하기 위한 학습: 지식 통합 및 귀납적 전이)"가 현재 이 분야 연구의 초기 동기를 제공했다고 볼 수 있다.

 NIPS 1995의 모든 워크숍 목록은 다음 링크에서 확인할 수 있다:
http://www.cs.cmu.edu/afs/cs/project/cnbc/nips/NIPS95/Workshops.html.

이후로 '학습하기 위한 학습', '지식 통합', '귀납적 전이'와 같은 용어들이 전이학습과 같은 말로 사용됐다. 그래서 연구자나 학술적 텍스트에 따라 다른 맥락에서 정의돼 사용된다. 굿펠로 등이 쓴 《심층학습》(제이펍 2018)에서는 일반화라는 맥락에서 전이학습을 언급하고 있다. 전이학습의 정의는 다음과 같다.

"한 설정에서 학습한 것을 다른 설정의 일반화를 개선하기 위해 활용하는 것"

이 정의를 예제를 통해 이해해 보자. 주어진 과제가 레스토랑이라는 한정된 도메인의 이미지에서 객체를 확인하는 것이라고 하자. 정의된 범위 안에 있는 이 과제를 T1으로 표시하자. 주어진 데이터 세트를 받아서 모델을 훈련하고 같은 도메인(즉, 레스토랑 도메인)에서는 학습하지 않은 데이터 포인트에서도 잘 작동(일반화)하도록 튜닝한다. 기존 지도학습 머신러닝 알고리즘은 주어진 도메인에 요구되는 과제에서 충분한 훈련 데이터를 가지고 있지 않으면 실패한다. 공원이나 카페에 있는 이미지(예: 작업 T2)로부터 객체를 탐지해야 한다고 가정해 보자. 이상적으로는 T1에 대해 훈련된 모델을 적용할 수 있어야 하지만, 실제로는 성능이 저하되고 일반화가 잘되지 않는 상황에 직면한다. 이러한 상황은 다양한 이유로 발생하는데, 이를 훈련 데이터와 도메인에 대한 모델 편향이라고 한다. 전이학습은 이렇게 이전에 습득한 지식을 활용해 새로운 관련 과제에 적용할 수 있게 해준다. T1 과제에 대한 데이터가 유의미하게 많으면 T2(훨씬 더 적은 데이터)에 활용할 수 있다. 이미지 분류의 경우, 에지와 모양, 조명과 같은 저수준 특성이 작업 간에 공유되므로 작업 간의 지식 전이가 가능하다.

다음 그림은 전이학습을 통해 기존 지식을 새로운 관련 과제에 재사용하는 방법을 보여준다.

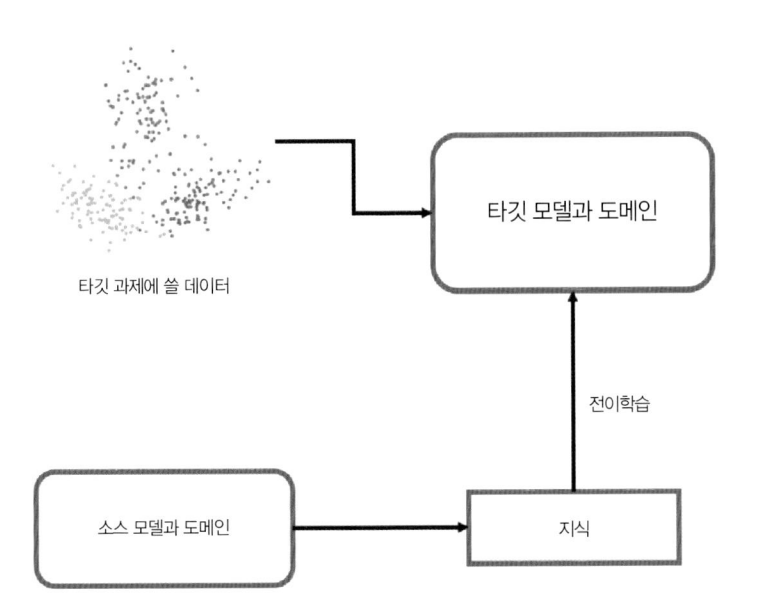

이 다이어그램에서 볼 수 있듯이 소스 과제에서 습득한 지식을 타깃 과제 학습 시 추가로 입력한다.

전이학습의 혜택

소스 모델의 지식을 활용해서 타깃 과제의 학습을 향상시킬 수 있다. 전이학습이 이미 만들어진 모델을 재사용하는 기능을 제공하는 것과는 별개로 다음과 같은 방법으로도 타깃 과제의 학습을 도울 수 있다.

- **향상된 기본 성능:** 소스 모델의 지식에 국한된 학습기(**무지한 학습기**[ignorant learner]라고도 함)의 지식 늘리기이므로 지식 전이로 인해 기본 성능이 향상될 수 있다.
- **모델 개발 시간:** 타깃 모델을 처음부터 배우는 것과 비교하면 소스 모델의 지식을 활용해 타깃으로 하는 과제를 완전히 학습하는 것이 도움이 된다. 이는 차례로 모델을 개발/학습하는 데 걸리는 전체 시간을 개선해 준다.
- **향상된 최종 성능:** 전이학습을 활용해 더 높은 최종 성과를 달성할 수 있다.

다음 장에서 좀 더 자세히 논의하겠지만, 이 혜택 중 하나 이상이 가능하다는 점에 주목해야 한다. 이것은 다음 그림에 묘사돼 있는데, 기준 성능 향상(**더 높은 곳에서 시작**), 효율성 증가(**더 높아진 기울기**), 더 나아진 최종 성능(**더 높아진 점근선**)을 볼 수 있다.

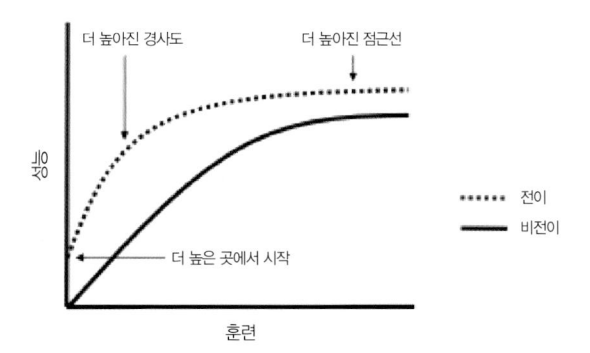

전이학습이 주는 혜택(출처: "Transfer learning[전이학습]" 리사 토레이[Lisa Torrey]와 주드 샤브릭[Jude Shavlik])

전이학습은 뉴럴 네트워크(신경망)나 베이즈 네트워크와 같은 귀납적 학습의 맥락에서 적용되고 연구됐다. 강화학습은 전이학습이 개척할 수 있는 또 다른 영역이다. 결국 전이학습의 개념은 딥러닝에 제한되지 않는다.

이 장과 하위 단원에서는 딥러닝의 맥락에서 전이학습의 활용 범위를 제안할 것이다.

전이학습 전략

먼저 전이학습에 대한 공식적인 정의를 살펴본 다음, 그것을 다른 전략을 이해하는 데 활용해 보자. "A Survey on Transfer Learning(전이학습 연구)"(https://www.cse.ust.hk/~qyang/Docs/2009/tkde_transfer_learning.pdf)라는 논문에서 판(Pan)과 양(Yang)은 전이학습을 이해하기 위한 프레임워크를 나타내기 위해 도메인과 과제, 주변부 확률을 사용한다. 프레임워크는 다음과 같이 정의한다.

도메인 D는 특성 공간 x와 주변부 확률 $P(X)$로 구성된, 요소가 두 개인 튜플로 정의되며, 여기서 X는 샘플의 데이터 포인트[1]다.

x_i는 X={x_1, x_2, $\cdots$, x_n}이고 특정 벡터 $X \in x$이면 결과는 다음과 같다.

$$D = \{x, P(X)\}$$

반면, 과제 T는 레이블 공간 γ와 목적 함수 f로 된 요소가 두 개인 튜플로 정의할 수 있다. 이 목적 함수를 확률론적 관점에서 $P(\gamma \mid X)$로 나타낼 수 있다. 따라서 다음과 같이 정의된다.

$$T = \{\gamma, P(\gamma \mid X)\}$$

이 프레임워크를 사용하면 전이학습을 도메인 D_S에 있는 소스 과제 T_S의 정보로부터 타깃 도메인 D_T에 있는 타깃 목적 함수 f_T(또는 타깃 과제 T_T)를 생성하는 것으로 정의할 수 있다. 그러므로 시나리오는 다음과 같이 네 가지가 가능하다.

- **특성 공간**: 소스 영역이나 타깃 영역의 특성 공간이 $x_s \neq x_t$처럼 서로 다르다. 예를 들어 문서 분류와 관련된 과제라면 이 시나리오에서는 소스와 타깃 언어가 다르다.

- **주변부 확률**: 주변부 확률이나 소스 영역 및 타깃 영역이 $P(X_s) \neq P(X_t)$와 같이 서로 다르다. 이 시나리오를 **도메인 적용** (domain adaptation)이라고도 한다.

- **레이블 공간**: 이 시나리오에서는 $\gamma_s \neq \gamma_t$처럼 소스 도메인과 타깃 도메인의 레이블 공간이 다르다. 이 경우는 보통 다른 조건부 확률에서 네 가지 시나리오가 있을 수 있다.

- **조건부 확률**: $P(\gamma_s \mid X_s) \neq P(\gamma_t \mid X_t)$ 같이 소스 영역과 타깃 영역에서 조건부 확률이 다른 경우다.

지금까지 본 것처럼 전이학습은 타깃 과제의 소스 학습기로부터 얻은 지식을 활용할 수 있다. 전이학습이 진행되는 동안 다음 세 가지 중요한 질문에 답해야 한다.

- **전이 항목**: 이것은 전체 과정의 처음이면서 가장 중요한 단계다. 여기서 목표는 타깃 작업의 성능을 향상시키기 위해 기존 지식의 어떤 부분을 타깃으로 전이할 수 있는지에 대한 해답을 찾는 것이다. 이 질문에 답하려면 기존 지식의 어느 부분이 고유한 것이고 기존 지식과 타깃 지식 사이의 공통점이 무엇인지를 알아야 한다.

- **전이 시기**: 전이된 지식 덕분에 개선되는 것은 없고 상황이 더 악화되기만 하는 시나리오가 있을 수 있다('부정적 전이'라고도 함). 목표 수행의 성과/결과를 저하시키지 않고 향상시키는 것을 전이학습의 활용 목표로 삼아야 한다. 언제 전이를 하고 언제 전이를 하면 안 되는지 주의해야 한다.

---

1 (옮긴이) 여기서 데이터 포인트는 데이터 안에서 규명되는 요소를 의미한다.

- **전이 방법**: 언제 무엇에 답했는지에 따라 영역/과제 간에 지식을 실제로 전이하는 방법을 알 수 있다. 여기에는 기존 알고리즘과 다른 기술 변경이 포함되며, 그에 관해서는 이 장의 후반부에서 다룰 것이다. 또한 전이 방법을 더 잘 이해할 수 있도록 다음 장에서는 전이 방법에 관한 특정 사용 예제를 다룰 것이다.

 판(Pan)과 양(Yang)의 논문 "전이학습 연구(A Survey on Transfer Learning)"는 다음 링크를 참고하라.
https://www.cse.ust.hk/~qyang/Docs/2009/tkde_transfer_learning.pdf

그룹화 기법을 이용하면 전반적인 특성을 이해하고 이를 활용할 수 있는 더 나은 틀을 제공받을 수 있다. 전이학습 방법은 관련 머신러닝 알고리즘의 유형에 따라 다음과 같이 분류할 수 있다.

- **귀납적 전이**: 이 시나리오는 소스 도메인과 타깃 도메인이 동일하고 과제가 다른 경우에 해당한다. 알고리즘을 통해 소스 도메인의 귀납적 편향을 이용해 타깃 과제 개선을 시도한다. 기존 도메인에 레이블이 지정된 데이터가 있는지에 따라 다중 과제 학습(multitask learning)과 자율 학습(self-taught learning)의 두 개의 하위 범주로 더 나눌 수 있다.

- **비지도 전이**: 타깃 도메인의 비지도 과제에 초점을 맞춘 설정이라는 점에서 귀납적 전이와 유사하다. 소스 도메인과 타깃 도메인은 비슷하지만, 과제는 다르다. 이 시나리오에서 분류된 데이터는 두 도메인 중 하나에서 사용할 수 없다.

- **변환 전이**: 이 시나리오에서는 소스 작업과 타깃 작업은 비슷하지만, 해당 도메인이 달라진 경우를 다룬다. 이 설정에서 타깃 도메인에는 분류된 데이터가 없지만, 소스 도메인에는 분류된 데이터가 많다. 이것은 특성 공간이 다르거나 주변부 확률이 다른 설정을 고려해 하위 범주로 추가 분류할 수 있다.

앞 절에서 설명한 세 가지 전이 범주는 전이학습을 적용하고 자세히 연구할 수 있는 다양한 설정이었다. 이러한 범주를 넘어서 무엇을 전이할 것인가에 대한 질문에 답하기 위해 다음 접근법 중 일부를 적용할 수 있다.

- **인스턴스 전이**: 소스 도메인의 지식을 타깃 과제에 재사용하는 것이 일반적으로 이상적인 시나리오다. 그런데 대부분의 경우 소스 도메인의 데이터를 그대로 다시 사용할 수 없다. 대신에 소스 도메인의 특정 인스턴스를 재사용해 타깃 데이터의 결과를 향상시킬 수 있다. 귀납적 전이의 경우, 타깃 과제의 향상을 위해 다이(Dai)와 공동 저자들이 제안한 'AdaBoost' 같은 수정이 소스 도메인의 훈련 인스턴스를 활용하도록 돕는다.

- **특성 표현 전이**: 이 접근법은 소스 도메인부터 타깃 도메인까지 활용할 수 있는 좋은 특성 표현을 알아내서 도메인 분산을 최소화하고 오차율을 줄이는 것을 목표로 한다. 분류된 데이터의 이용 가능성에 따라 지도 또는 비지도 학습 방법이 특성 표현 기반의 전이에 적용될 수 있다.

- **파라미터 전이**: 이 접근법은 과제와 관련된 모델이 파라미터 또는 하이퍼 파라미터의 사전 분포를 공유한다는 가정하에 작동한다. 소스와 타깃 작업이 동시에 학습되는 다중 과제 학습과 달리, 전이학습에서는 전체 성능을 향상시키기 위해 타깃 도메인의 손실에 추가적인 가중치를 적용할 수 있다.

- **관계형 지식 전이**: 위 세 가지 접근 방식과 달리 관계형 지식 전이에서는 독립적이고 동일하게 분산되지 않은 데이터처럼 독립 항등 분포(IID)[2]가 아닌 데이터를 처리하려고 시도한다. 즉, 각 데이터 포인트의 데이터가 다른 데이터 포인트와 관계가 있다. 예를 들어, 소셜 네트워크 데이터는 관계형 지식 전달 기술을 사용한다.

이 절에서는 매우 일반적인 방식으로 다른 맥락과 설정에서 전이학습을 하기 위한 다양한 전략을 알아 봤다. 이제 이 지식을 딥러닝의 맥락에서 전이학습에 어떻게 적용할지 알아보자.

전이학습과 딥러닝

딥러닝 모델은 **귀납적 학습**이라고 알려진 것을 표현한다. 귀납적 학습 알고리즘의 목표는 학습 예제 세 트로부터 매핑을 추론하는 것이다. 예를 들어 분류의 경우, 모델은 입력 특성과 클래스 레이블 간의 매 핑을 학습한다. 학습하지 않는 데이터도 잘 일반화하기 위해서는 학습 알고리즘이 훈련 데이터의 분포 와 관련된 가정의 세트로 작업하는데, 이러한 가정의 세트를 **귀납적 편향**이라고 한다.

귀납적 편향 또는 가정은 다중 인자로 인해 생기는 특징으로, 예를 들면 편향 또는 가정을 제한하는 가 설 공간과 그 가설 공간에서의 탐색 프로세스 같은 것들이다. 따라서 편향은 주어진 과제와 도메인에서 모델이 무엇을 어떻게 배우는지에 영향을 준다.

귀납적 전이 기술은 소스 과제의 귀납적 편향을 이용해 타깃 과제를 지원한다. 이것은 모델 공간을 제 한해 대상 작업의 귀납적 편향을 조정하거나 가설 공간을 좁히거나 소스 과제의 지식을 활용해 검색 과 정 자체를 조정하는 등 여러 가지 방법으로 수행할 수 있다. 그 프로세스를 다음 그림과 같이 나타낼 수 있다.

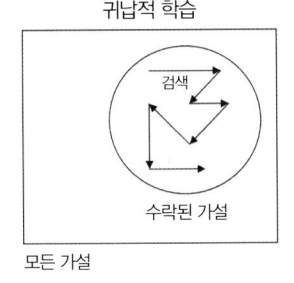

귀납적 전이(출처: "Transfer learning[전이학습]" 리사 토레이와 주드 샤브릭)

귀납적 전이와 별도로, 귀납적 학습 알고리즘은 '베이즈'와 '계층적 전이' 기법을 활용해서 타깃 과제의 학습과 성능을 개선한다.

전이학습의 방법

최근 몇 년 동안 딥러닝은 괄목할 만한 진전을 이뤘고 그 결과 또한 놀랄 만하다. 그러나 딥러닝 시스템은 전통적인 머신러닝 시스템보다 더 많은 훈련 시간과 데이터의 양을 필요로 한다.

다양한 최첨단의 딥러닝 네트워크(때로는 사람의 성능보다 좋거나 우수함)가 컴퓨터 비전 및 **자연어 처리(NLP)**와 같은 영역 전반에서 개발되고 테스트됐다. 대부분의 경우 팀/연구자는 다른 사람들이 사용할 수 있도록 이러한 네트워크의 세부 사항을 공유한다(일부 인기 있는 것은 3장 '딥러닝 아키텍처 이해하기'에서 공유했다. 이렇게 사전 훈련된 네트워크/모델은 딥러닝 맥락에서 전이학습의 기초가 된다.

특성 추출

3장 '딥러닝 아키텍처 이해하기'에서 논의한 것처럼 딥러닝의 체계는 서로 다른 층에서 서로 다른 특성을 학습하는 층이 있는 아키텍처다. 이 층은 최종 출력을 얻기 위해 마지막 층(분류의 경우 보통 전체가 연결된 층)에 연결된다. 이 층 아키텍처 덕분에 최종 층에서 고정된 특성 추출기 없이 사전 훈련된 네트워크(예: V3 또는 VGG)를 활용해 작업할 수 있다. 다음 그림은 특성 추출을 기반으로 한 심층 전이를 표현한 것이다.

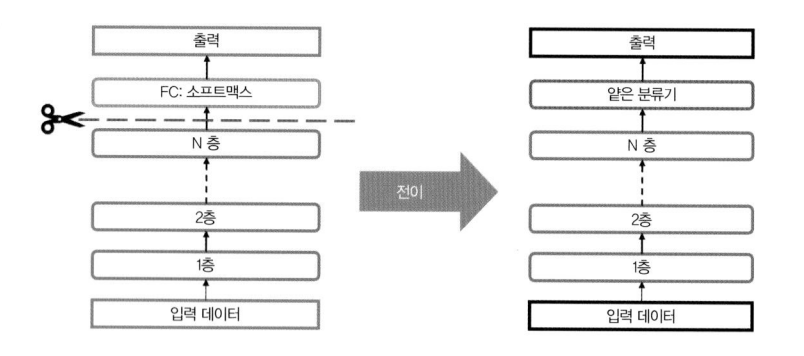

예를 들어 최종 분류층 없이 AlexNet를 쓰면 새로운 도메인 영역의 이미지들을 네트워크의 은닉 상태를 기반으로 4,096차원 벡터로 변환하는 데 도움이 된다. 그 결과 원본 – 도메인 과제에서의 지식을 이용해 새로운 영역의 과제에서 특성을 추출할 수 있게 된다. 이는 심층 신경망을 이용해 전이학습을 수행하는 가장 널리 사용되는 방법 중 하나다.

미세 튜닝

미세 튜닝은 좀 더 복잡한 기술로, 단순히 (분류/회귀를 위해) 최종 층을 대체하는 것뿐만 아니라 이전 층의 일부를 선택적으로 재훈련시키기도 한다. 심층 신경망은 다양한 하이퍼 파라미터를 통해 변경이 가능한 아키텍처다. 앞에서 설명한 것처럼 초기 층은 일반적인 특성을 포착하는 반면, 나중 층은 특정 작업에 더 초점을 맞춘다. 이 통찰력이 재훈련하는 동안 특정 층을 고정(가중치를 고정)하거나 필요에 맞게 나머지 층을 미세 튜닝할 수 있을 것이다. 이 경우 네트워크의 전체 아키텍처 지식을 활용해 재훈련 단계의 시작점으로 사용한다. 결국, 이는 더 적은 학습 시간으로 더 나은 성과를 달성하는 데 도움이 된다.

사전 훈련 모델

전이학습의 기본 요구사항 중 하나는 소스 과제에서 잘 수행된 모델이 존재해야 한다는 것이다. 다행히도, 딥러닝의 세계는 공유를 믿는다. 최신 딥러닝 아키텍처의 많은 부분이 여러 팀에서 공개적으로 공유되고 있다. 컴퓨터 비전이나 NLP와 같이 서로 다른 여러 영역에 걸쳐 있기도 하다. 3장 '딥러닝 아키텍처 이해하기'에서 가장 많이 알려지고 잘 문서화된 아키텍처 중 일부를 살펴봤다. 이러한 네트워크를 만든 팀들은 단지 결과만 공유하는 것이 아니라 사전 훈련된 모델도 공유한다. 사전 훈련된 모델은 보통 모델이 안정된 상태로 훈련되는 동안 모델이 가진 수백만 개의 파라미터/가중치 형태로 공유된다. 사전 훈련된 모델은 누구나 다른 방법으로 사용할 수 있다. 잘 알려진 딥러닝 파이썬 라이브러리인 케라스는 XCeption, VGG16, InceptionV3와 같이 사전 훈련된 다양한 네트워크를 내려받을 수 있는 인터페이스를 제공한다. 텐서플로 및 기타 딥러닝 라이브러리에서도 동일하게 사전 훈련된 모델을 사용할 수 있다. 여러 해 동안 개발되어 더 광범위한 컬렉션을 제공하는 사전 훈련 모델인 버클리의 Zoo 모델도 활용 가능하다(http://caffe.berkeleyvision.org/model_zoo.html).

활용

딥러닝은 전이학습의 이점을 매우 성공적으로 활용해온 알고리즘 중 하나다. 다음은 그 몇 가지 예다.

- **텍스트 데이터와 전이학습:** 머신러닝과 딥러닝에서 문서로 된 데이터는 모든 종류가 도전 과제다. 텍스트 데이터는 보통 변형돼 있거나 다른 기술을 사용해 벡터화돼 있다. Word2vec이나 fastText 같은 임베딩은 다양한 학습 데이터 세트로 만들어져 있다. 이를 통해 소스 과제의 지식을 전이해 감성 분석 및 문서 분류와 같은 다른 작업에 활용할 수 있다.

- **컴퓨터 비전과 전이학습:** 딥러닝은 다양한 CNN 아키텍처로 객체 검출과 같은 다양한 컴퓨터 비전 과제에서 성공적으로 활용됐다. 요신스키(Yosinski)와 공동 저자들의 논문(https://arxiv.org/abs/1411.1792) "How transferable are features in deep neural networks(심층 신경망에서 특성은 얼마나 잘 전달될까)"에서는 하위 층은 기존 컴퓨터 비전의 특성 추출기, 가령 에지 탐지기와 같고, 최종 층은 과제 특정적 특성을 찾는다고 밝혔다. 이 연구 결과 덕분에 VGG, AlexNet, Inceptions와 같은 기존 최첨단 모델들이 스타일 전이 및 얼굴 탐지와 같은 타깃 과제들을 수행할 때 훈련을 통해 무엇이 달라지는지 알 수 있게 됐다

- **스피치/오디오와 전이학습**: 텍스트나 컴퓨터 비전 도메인과 비슷하게, 딥러닝은 오디오 데이터를 기반으로 하는 작업에서도 성공적으로 활용된다. 예를 들어, 영어의 **자동 음성 인식(Automatic Speech Recognition, ASR)** 모델은 독일어나 다른 언어의 음성 인식 성능을 향상시키는 데 성공적으로 사용됐다. 또한, 자동 화자 인식(automated-speaker identification) 역시 전이학습이 큰 도움이 된 또 다른 예다.

심층 전이학습의 유형

전이학습은 여러 문헌에서 반복적으로 사용됐고 이 장의 시작 부분에서 언급한 것처럼 느슨하고 종종 교체 가능한 용어로 쓰였다. 따라서 때때로 전이학습과 도메인 적응 및 다중 과제 학습 간의 구분을 혼동하는 경우가 있다. 다행인 것은 이 개념들은 모두 연관돼 있고 비슷한 문제를 해결하려고 노력한다는 것이다. 이 책 전반에 걸쳐 일관성을 유지하기 위해서 전이학습의 일반적인 개념을 채택해서 소스 과제의 도메인 지식을 이용해 타깃 과제를 해결한다는 뜻으로 쓸 것이다.

도메인 적응

도메인 적응이 참조하는 시나리오에서는 일반적으로 $P(X_s) \neq P(X_t)$처럼 소스 도메인과 대상 도메인 간의 주변부 확률이 다르다. 소스 도메인과 대상 도메인의 데이터 분포에는 고유한 이동(shift)이나 편차(draft)가 존재하기 때문에 학습을 전이하기 위해 일종의 비틀기가 필요하다. 예를 들어, 긍정이나 부정으로 표시된 영화 리뷰의 코퍼스는 제품 리뷰 감성 코퍼스와 다를 수 있다. 영화 리뷰 감성 데이터로 훈련된 분류기를 제품 리뷰를 분류하는 데 활용하면 다른 분포를 보인다. 도메인 적응 기법은 이와 같은 시나리오의 학습에 활용된다.

도메인 혼란

지금까지 다양한 전이학습 전략을 배웠고 소스 도메인에서 목표 도메인으로 지식을 '무엇이', '언제', '어떻게' 전이할까 라는 세 가지 질문에 대해 논의했다. 특히, 특성 표현 전이가 어떤 유용함을 주는지에 대해 논의했다. 딥러닝 네트워크의 각 층이 서로 다른 특성 세트를 가진다는 것은 다시 한번 강조할 만

한 가치가 있다. 도메인 불변의 특성을 학습한다는 사실을 바탕으로 도메인 간 이동을 향상시킬 수 있다. 모델이 어떤 표현을 배우는 것을 수용하는 대신, 두 도메인의 표현을 가능한 한 비슷한 수준이 되게 한다.

도메인 혼란은 표현 자체에 직접 전처리 단계를 적용하는 것이다. 이 중 일부는 바오첸 선(Baochen Sun), 지아시 펜(Jiashi Fen), 캐서린 카테코(Kate Kateko)의 논문 "Return of Frustratingly Easy Domain Adaptation(불안할 정도로 쉬운 도메인 적응의 반환)"(https://arxiv.org/abs/1511.05547)에서 논의됐다. 표현의 유사성에 대한 이러한 우려는 가닌(Ganin)과 그 동료들이 작성한 논문인 "Domain-Adversarial Training of Neural Networks(신경망의 도메인 적대적 훈련)"(https://arxiv.org/abs/1505.07818)에서도 제시했다. 이 기술의 기본 아이디어는 소스 모델에 다른 대상을 추가함으로써 영역 혼동을 야기해서 유사성이 두드러지게 하는 것이다.

다중 과제 학습

다중 과제 학습은 전이학습의 약간 다른 모습일 뿐이다. 다중 과제 학습의 경우, 소스 과제와 타깃 과제를 구별하지 않고 여러 과제를 동시에 학습한다. 전이학습과 비교하면 이 경우 처음에는 학습기가 타깃 과제를 모르는 채로 한 번에 여러 작업에 대한 정보를 받게 된다. 이것은 다음 그림처럼 묘사할 수 있다.

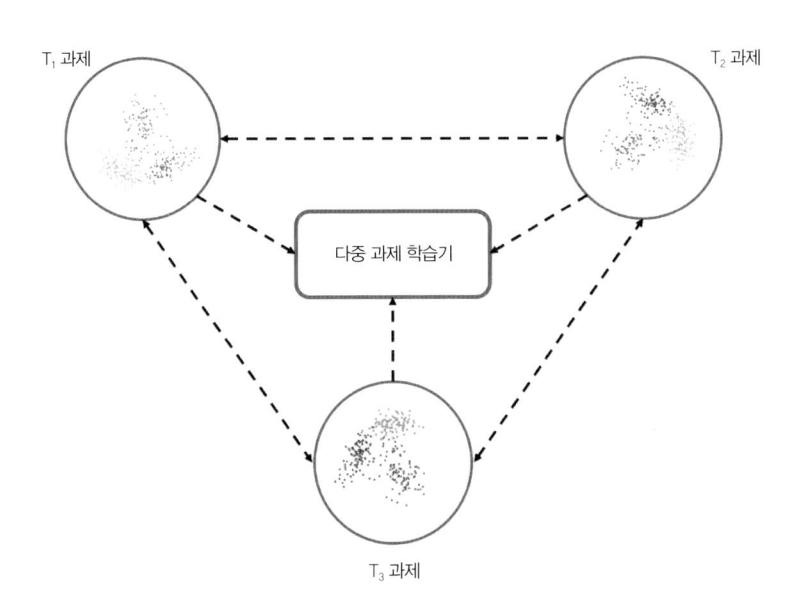

다중 과제 학습: 학습기는 모든 과제에서 동시에 정보를 받는다.

원샷 학습

가중치를 배우기 위해서는 많은 훈련 예제가 필요하기 때문에 딥러닝 시스템은 본질적으로 데이터에 굶주려 있기 마련이다. 이는 사람의 학습과는 관련이 없는 신경망의 제한적 측면 중 하나다. 예를 들어 한 아이에게 사과가 어떻게 생겼는지 보여주면 (한 번이나 몇 번의 훈련을 통해) 다양한 종류의 사과를 쉽게 구별할 수 있다. 머신러닝과 딥러닝 알고리즘의 경우에는 그렇지 않다. 원샷(one-shot) 학습은 전이학습의 변형으로, 한 번이나 몇 번의 훈련을 기반으로 요구된 출력을 추정하려고 시도한다. 모든 가능한 클래스(분류 과제인 경우)에 레이블을 붙이는 것이 불가능하거나 새로운 클래스가 자주 추가되는 등의 실제 시나리오에 매우 유용하다.

페이 페이(Fei-Fei)와 공동 연구자들의 획기적인 논문인 "One Shot Learning of Object Categories(대상 범주의 원샷 학습)"(https://ieeexplore.ieee.org/document/1597116/)는 원샷 학습이라는 용어와 하위 분야의 연구를 만들었다. 이 논문은 베이즈 프레임워크에서의 편차로 객체를 범주화하는 표현 학습(representation learning)이다[3]. 이후 이 접근법은 더 개선되어 딥러닝 시스템에 적용되고 있다.

제로샷 학습

제로샷(Zero-shot) 학습은 전이학습의 또 다른 극단적인 변형으로, 레이블이 없는 예제를 통해 과제를 학습한다. 믿기지 않겠지만, 지도 학습 알고리즘의 예제로 학습한다. 데이터가 없는 학습 또는 제로샷 학습의 방법은 보이지 않는 데이터를 이해하고 추가 정보를 활용하기 위해 매우 영리하게 훈련을 조절해 간다. 굿펠로 외 공저인 《심층 학습》에서는 전통적인 입력 변수 x, 전통적인 출력 변수 y, 작업을 설명하는 추가 임의 변수 T와 같은 3가지 변수로 학습된 시나리오에서 제로샷 학습을 제시하고 있다. 여기서 모델은 결국 $P(y \mid x, T)$의 조건부 확률 분포를 학습하도록 훈련받는다. 제로샷 학습은 대상 언어에 레이블이 없는 기계 번역과 같은 시나리오에도 유용하다.

전이학습의 도전 과제

전이학습은 엄청난 잠재력이 있으며 일반적으로 기존 학습 알고리즘의 향상을 가져온다. 그러나 특정 문제도 있는데, 더 많은 연구와 탐구가 필요한 학습이라는 것이다. 무엇을, 언제, 어떻게 전이하는가에

---

3 (옮긴이) 표현 학습(representation learning)에는 주로 비지도 학습의 방법이 사용되지만, 지도 학습의 방법이더라도 객체를 분류하기 위해 분류자를 학습한다면 표현 학습이라고 할 수 있다.

대한 질문에 대답하기 어렵다는 것 말고도, 부정적인 전이(Negative transfer)와 전이의 한계가 주요 도전 과제로 제시된다.

부정적 전이

지금까지 논의한 사례는 소스 과제의 지식 전이에 기반한 타깃 과제의 개선에 관한 것이었다. 전이학습으로 인해 성능이 저하되기도 한다. 부정적인 전이에서는 소스 과제에서 타깃 과제로의 지식 개선이 이루어지지 않고 오히려 타깃 과제의 성능이 전반적으로 저하된다. 소스 과제와 타깃 과제가 충분한 관련이 없는 경우 또는 소스 과제와 타깃 과제 사이에 영향력을 미치지 못하는 전이 방법 등의 이유로 부정적 전이가 생긴다. 부정적인 전이를 피하는 것은 매우 중요하며 신중한 연구가 필요하다. 로젠스테인(Rosenstien)과 공동 저자들의 연구에서는 소스 과제와 타깃 과제가 너무 다른 경우에 타깃 과제에서의 강압적 전달이 어떻게 성능을 저하시키는지를 경험적으로 제시했다. 과제 간의 관련성을 확인하기 위한 클러스터링 기반 솔루션을 탐구하는 기법과 함께 배커(Bakker)와 공동 저자들이 제안한 베이즈 접근 방식이 부정적인 전이를 피하기 위해 연구되고 있다.

전이 범위

전이학습에서 전이가 얼마나 되었는지를 평가하는 것은 품질과 실행 능력에 영향을 미치는 매우 중요한 요소다. 하산 마흐무드(Hassan Mahmud)와 공동 연구자들은 전이의 양을 측정하기 위해 콜모고로프(Kolmogorov) 복잡성을 사용해 전이학습을 분석하고 과제 사이의 관련성을 측정해 이론적인 경계를 증명했다. 애톤(Eaton)과 공동 저자들은 지식 전이를 측정하기 위한 새로운 그래프 기반 접근법을 제시했다. 이 기술에 대한 자세한 설명은 이 책에서 다루지 않는다. 이 절에서 소개한 출판물을 통해 이 주제에 관해 더 많이 탐구해 보기를 바란다.

정리

이 책의 1장에서 3장까지는 머신러닝의 기본과 상황을 정리했고, 이 장에서는 두 번째 단계로 전이학습의 토대를 구축했다. 실제 유스케이스에 뛰어들기 전에 전이학습에 대한 이해를 공식화하고 다양한 기술과 연구, 그와 관련된 도전 과제를 알 필요가 있다. 이 장을 통해 전이학습이 수년에 걸쳐 진화한 방식과 그 이유에 대한 기본적 개념을 제시했다.

먼저 학습 알고리즘이라는 넓은 맥락에서 전이학습과 관련된 혜택을 이해하는 것으로 시작했다. 그다음 전이학습의 방법을 이해하고, 적용 및 범주화하기 위한 다양한 전략을 논의했다. 나머지 장에서도 딥러닝의 맥락에서 전이학습이라는 일관된 주제를 다룰 것이다. 심층 전이학습과 관련된 '특성 추출' 및 '미세 튜닝' 같은 다양한 전이학습 방법을 논의했다. 또한 딥러닝 시스템과 전이학습에서 많이 쓰이는 사전 훈련 모델과 그 활용 사례도 소개했다. 최근 몇 년 동안 딥러닝은 매우 성공적이었으며, 그에 따라 이 분야에 많은 연구가 이루어지고 있다.

'도메인 적응', '도메인 혼란', '다중 과제 학습', '원샷 학습' 및 '제로샷 학습'과 같은 다양한 유형의 딥러닝에 관해 간략하게 논의했다. 전이학습과 관련해서 부정적인 전이 및 전이의 범위와 같은 문제를 제시하면서 이 장을 마무리했다. 이 장에서는 다양한 연구 출판물과 전이학습과 관련된 링크를 간략하게만 설명했으므로 앞으로 더 많은 정보를 얻기 위한 탐구를 계속하기를 바란다. 이 장은 현재 전이학습의 환경에 대한 지침이자 조망에 해당한다. 다음 장에서 좀 더 심화된 내용을 다루고 전이학습과 관련된 실전 연습도 할 것이다.

전이학습의 위력 발휘하기 | 5장

이전 장에서는 전이학습의 주요 개념을 다뤘다. 핵심 아이디어는 사전 훈련된 최신 딥러닝 모델을 활용한 다양한 작업을 통해 처음부터 직접 딥러닝 모델 및 아키텍처를 구축하는 것보다 더 우수한 결과를 도출하는 것이다. 이 장에서는 실제 문제에 적용할 수 있는 딥러닝 모델을 전이학습을 이용해 구축해 봄으로써 전이학습을 더 잘 이해하는 것이 목적이다. 여기서는 다양한 딥러닝 모델을 단독으로 또는 전이학습 방법을 이용해 구축하고 나서 그 아키텍처를 분석하고 모델의 성능을 비교 및 대조할 것이다. 이 장에서 다루는 주요 내용은 다음과 같다.

- 전이학습의 필요성
- **합성곱 신경망(CNN) 모델 처음부터 구축하기**
    - 기본 CNN 모델 만들기
    - 정규화로 CNN 모델 개선하기
    - 이미지 늘리기로 CNN 모델 개선하기
- 사전 훈련된 CNN 모델에 전이학습 활용하기
    - 사전 훈련된 모델을 특성 추출기로 사용하기
    - 이미지 늘리기로 사전 훈련된 모델 개선하기
    - 미세 튜닝으로 사전 훈련된 모델 개선하기
- 모델 성능 평가

케라스라는 놀랄 만한 딥러닝 프레임워크를 만들었을 뿐만 아니라 자신의 저서 ≪케라스 창시자에게 배우는 딥러닝≫(길벗 2018)에서 효과적인 전이학습의 실제 문제를 다룬 프랑소와 숄레(Francois Chollet)에게 감사를 표한다. 위의 책에서 영감을 얻어 이 장에서는 전이학습의 진정한 위력을 다루겠다. 이 장을 따라가기 위한 코드는 깃허브 저장소의 5장 폴더 https://github.com/dipanjanS/hands-on-transfer-learning-with-python에 있다.

전이학습의 필요성

4장 '전이학습의 기초'에서 이미 전이학습의 이점에 대해 간략하게 논의했다. 그 내용을 요약해 보면 다음과 같은 몇 가지 장점이 있는데, 기본 성능 향상, 전반적인 모델 개발 및 훈련 시간 단축, 그리고 처음부터 딥러닝 모델을 구축하는 것과 비교해 전반적으로 개선되고 우수한 모델 성능 도출이 그것이다. 여기서 기억해야 할 중요한 점은 특정 도메인에서의 전이학습은 딥러닝 이전에도 오랫동안 존재했으며 딥러닝이 필요 없는 영역이나 문제에도 적용될 수 있다는 점이다.

이 장에서는 실제적인 문제를 하나 선정해 다양한 딥러닝 모델과 전이학습을 설명하겠다. 알다시피, 딥러닝의 핵심 요건의 하나는 강력한 학습 모델을 구축하기 위해 많은 데이터와 샘플이 필요하다는 것이다. 이러한 아이디어는 모델이 많은 샘플을 통해서 자동으로 특성을 학습할 수 있다는 것에 기반한다. 그렇다면 충분한 훈련 샘플을 가지고 있지 않는데, 여전히 해결해야 할 문제가 다소 복잡할 때는 무엇을 해야 할까? 예를 들면 전통적인 통계 또는 **머신러닝(ML)** 기법으로 해결하기 어려운 컴퓨터 비전의 이미지 범주화와 같은 문제가 있다. 이 경우 딥러닝을 포기해야 할까?

이미지 범주화 문제에서는 본질적으로 고차원의 텐서로 이미지를 다루는데, 이때 데이터가 많을수록 딥러닝 모델이 이미지의 기본 특성 표현을 더 잘 학습한다. 그러나 범주별로 수백에서 수천 개의 이미지 샘플이 있더라도 올바른 아키텍처와 정규화를 한다면 기본 CNN 모델은 잘 작동할 것이다. 여기에서 기억해야 할 핵심 포인트는 CNN은 스케일링(scaling), 변환(translation), 회전(rotation) 등의 패턴과 특성을 통해 학습하기 때문에 자체적으로 특성 엔지니어링을 할 필요가 없다는 점이다. 그렇지만 이 장의 뒷부분에서 다룰 모델의 과대 적합 같은 문제에 직면할 수 있다.

전이학습과 관련해 유명한 이미지넷 데이터 세트(http://image-net.org/aboutoverview)에 대해 훈련된 것과 같이 몇몇 훌륭한 사전 훈련 딥러닝 모델이 있다. 그중 일부를 3장 '딥러닝 아키텍처의 이해'에서 활용했고, 이 장에서는 많이 알려진 VGG-16 모델을 사용한다. 주된 아이디어는 적은 수의 데이터 샘플에서 오는 제약을 해결하기 위해 이미지의 범주화에 일반적으로 사용되는 사전 훈련 모델을 활용하는 것이다.

실제적인 문제에서의 설정

앞서 언급했듯이, 여기서는 범주별 훈련 샘플 수가 적은 이미지 범주화 문제를 해결하려고 한다. 데이터 세트는 캐글(Kaggle)에서 내려받을 수 있는데, 이 데이터는 컴퓨터 비전에서 가장 널리 쓰이는 데이터 중 하나다. **"개? 아니면 고양이?"** 대회(https://www.kaggle.com/c/dogs-vs-cats/data)에서 가져온 데이터 세트를 쓰려고 하는데, 주요 목표는 이미지를 성공적으로 인식시키고 고양이나 개의 범주로 분류할 수 있는 모델을 구축하는 것이다. 머신러닝 측면에서 보면 이는 이미지를 기반으로 한 이진 분류 문제에 해당한다.

시작하기 전에 데이터 세트 페이지에서 train.zip 파일을 내려받아 로컬 시스템에 저장해야 한다. 내려받기가 완료되면 폴더에 압축을 푼다. 이 폴더에는 개와 고양이의 이미지가 범주별로 12,500개씩 있어서 총 25,000개의 이미지가 들어 있다.

데이터 세트 구축

25,000개의 이미지를 모두 사용해서 몇 개의 좋은 모델을 만들 수 있지만, 이 문제의 목적은 범주별 이미지가 적은 데이터 세트라는 추가 제약을 푸는 것이다. 이 목적을 위해 자체 데이터 세트를 만들어 보겠다. 직접 예제를 실행하고 싶다면 주피터 노트북 파일 Datasets Builder.ipynb을 참조할 수 있다. 우선, 이 장의 코드 파일 중 하나인 utils.py에 있는 utils라는 유틸리티 모듈과 함께 다음 의존성 패키지를 로드한다. 이 모듈은 이미지를 새 폴더에 복사할 때 주로 시각적으로 얼마나 진행됐는지를 막대로 표시해 준다.

```
import glob
import numpy as np
import os
import shutil
from utils import log_progress

np.random.seed(42)
```

이제 다음과 같이 원본 훈련 데이터 폴더에 있는 모든 이미지를 로드한다.

```
files = glob.glob('train/*')

cat_files = [fn for fn in files if 'cat' in fn]
dog_files = [fn for fn in files if 'dog' in fn]
len(cat_files), len(dog_files)

Out [3]: (12500, 12500)
```

앞의 결과를 통해 범주별로 12,500개의 이미지가 있음을 확인할 수 있다. 이제 훈련을 위한 이미지 3,000개, 이미지 타당성 검증을 위한 이미지 1,000개, (두 동물 범주에 대해 동등한 대표성을 지닌) 이미지 1,000개가 들어 있는 작은 데이터 세트를 만든다.

```python
cat_train = np.random.choice(cat_files, size=1500, replace=False)
dog_train = np.random.choice(dog_files, size=1500, replace=False)
cat_files = list(set(cat_files) - set(cat_train))
dog_files = list(set(dog_files) - set(dog_train))

cat_val = np.random.choice(cat_files, size=500, replace=False)
dog_val = np.random.choice(dog_files, size=500, replace=False)
cat_files = list(set(cat_files) - set(cat_val))
dog_files = list(set(dog_files) - set(dog_val))

cat_test = np.random.choice(cat_files, size=500, replace=False)
dog_test = np.random.choice(dog_files, size=500, replace=False)

print('Cat datasets:', cat_train.shape, cat_val.shape, cat_test.shape)
print('Dog datasets:', dog_train.shape, dog_val.shape, dog_test.shape)

Cat datasets: (1500,) (500,) (500,)
Dog datasets: (1500,) (500,) (500,)
```

이제 데이터 세트가 생성됐으므로 별도의 폴더를 만들어 주메모리에 없더라도 나중에 언제든지 다시 찾을 수 있도록 한다.

```python
train_dir = 'training_data'
val_dir = 'validation_data'
test_dir = 'test_data'

train_files = np.concatenate([cat_train, dog_train])
validate_files = np.concatenate([cat_val, dog_val])
test_files = np.concatenate([cat_test, dog_test])

os.mkdir(train_dir) if not os.path.isdir(train_dir) else None
os.mkdir(val_dir) if not os.path.isdir(val_dir) else None
os.mkdir(test_dir) if not os.path.isdir(test_dir) else None
```

```
for fn in log_progress(train_files, name='Training Images'):
    shutil.copy(fn, train_dir)
for fn in log_progress(validate_files, name='Validation Images'):
    shutil.copy(fn, val_dir)
for fn in log_progress(test_files, name='Test Images'):
    shutil.copy(fn, test_dir)
```

다음 그림에 표시된 진행 막대처럼 해당 디렉터리에 모든 이미지가 복사되고 나면 녹색으로 표시된다.

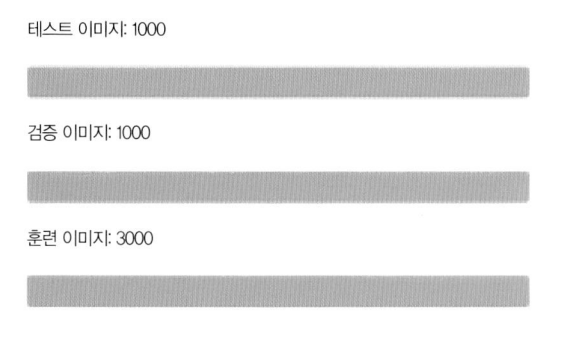

접근법 설정

이미지 범주화 문제이므로 CNN 모델이나 convNets를 활용해서 이 문제를 풀어보자. 이 장의 앞 부분에서 간단히 접근법을 언급했다. 우선, 처음부터 간단한 CNN 모델을 구축하는 것으로 시작해서 정규화와 이미지 늘리기 같은 기술로 모델을 향상시킬 것이다. 그리고 전이학습의 진정한 위력을 발휘할 수 있도록 사전 훈련된 모델을 사용할 것이다!

CNN 모델 처음부터 구축하기

이제 이미지 범주 분류기를 구축해 보자. 훈련 데이터 세트로 모델을 구축하고 그것을 검증 데이터 세트로 검증해 보는 방식으로 접근한다. 그리고 마지막으로 테스트 데이터 세트로 모든 모델의 성능을 테스트하겠다. 모델링을 시작하기 전에 데이터 세트를 로드하고 준비하자. 우선 기본 의존성 패키지를 로드한다.

```
import glob
import numpy as np
```

```
import matplotlib.pyplot as plt
from keras.preprocessing.image import ImageDataGenerator, load_img,
img_to_array, array_to_img

%matplotlib inline
```

다음 코드로 데이터 세트를 로드하자.

```
IMG_DIM = (150, 150)

train_files = glob.glob('training_data/*')
train_imgs = [img_to_array(load_img(img, target_size=IMG_DIM)) for img
                in train_files]
train_imgs = np.array(train_imgs)
train_labels = [fn.split('/')[1].split('.')[0].strip() for fn in
                    train_files]

validation_files = glob.glob('validation_data/*')
validation_imgs = [img_to_array(load_img(img, target_size=IMG_DIM)) for img in validation_files]
validation_imgs = np.array(validation_imgs)
validation_labels = [fn.split('/')[1].split('.')[0].strip() for fn in
                        validation_files]

print('Train dataset shape:', train_imgs.shape,
    'tValidation dataset shape:', validation_imgs.shape)

Train dataset shape: (3000, 150, 150, 3)
Validation dataset shape: (1000, 150, 150, 3)
```

데이터 세트에는 3,000개의 훈련 이미지와 1,000개의 검증 이미지가 있다. 각 이미지의 크기는 150×150이며 빨강, 녹색, 파랑(RGB)인 세 개의 채널이 있으므로 각 이미지에 (150, 150, 3) 차원을 지정한다. 딥러닝 모델은 작은 입력값으로도 잘 작동할 것이므로 (0, 255)인 각 이미지의 픽셀값을 (0, 1) 사이의 값으로 스케일한다.

```
train_imgs_scaled = train_imgs.astype('float32')
validation_imgs_scaled = validation_imgs.astype('float32')
train_imgs_scaled /= 255
```

```
validation_imgs_scaled /= 255

# 샘플 이미지 시각화
print(train_imgs[0].shape)
array_to_img(train_imgs[0])


(150, 150, 3)
```

앞 코드의 출력 결과는 다음과 같다.

이 출력은 훈련 데이터 세트의 샘플 이미지 중 하나를 보여준다. 이제 몇 가지 기본 구성 파라미터를 설정하고 텍스트 클래스 레이블도 숫자 값(그렇지 않으면 케라스가 오류를 발생시킨다)으로 바꾼다.

```
batch_size = 30
num_classes = 2
epochs = 30
input_shape = (150, 150, 3)

# 텍스트 범주의 레이블 인코딩
from sklearn.preprocessing import LabelEncoder
le = LabelEncoder()
le.fit(train_labels)
train_labels_enc = le.transform(train_labels)
validation_labels_enc = le.transform(validation_labels)

print(train_labels[1495:1505], train_labels_enc[1495:1505])
```

```
['cat', 'cat', 'cat', 'cat', 'cat', 'dog', 'dog', 'dog', 'dog', 'dog']
[0 0 0 0 0 1 1 1 1 1]
```

텍스트 범주의 레이블 인코딩에서 고양이 레이블에 숫자 0을 지정하고 개 레이블에 숫자 1을 할당한 것을 볼 수 있다. 이제 첫 번째 CNN 기반 딥러닝 모델을 구축할 준비가 됐다.

기본 CNN 모델

3개의 합성곱층을 가진 기본 CNN 모델(이미지에서 자동 특성 추출을 위한 최대 풀링이 결합됨)을 구축하는 것과 출력 합성곱 특성 지도를 다운샘플링하는 것부터 시작한다. 합성곱 및 풀링 층이 작동하는지를 다시 확인하려면 3장 '딥러닝 아키텍처 이해하기'를 확인하면 된다.

특성 지도를 추출한 후에 밀집층과 분류를 위한 시그모이드 함수가 있는 하나의 출력층을 사용할 것이다. 이진 분류이므로 binary_crossentropy 손실 함수로 충분하다. 인기 있는 RMSprop 최적화기를 사용하면 역전파로 네트워크 유닛에 가중치를 최적화하는 데 도움이 된다. 이를 통해서 네트워크의 손실을 최소화하고 결과적으로 알맞은 분류기를 만들 수 있을 것이다. 최적화기 작동하는 방식에 관해 좀 더 자세히 알고 싶다면 2장 '딥러닝 기초'에서 '확률적 경사 하강'과 'SGD의 개선' 부분을 참고하라. 요약하면 최적화기(예: RMSprop)가 손실의 기울기를 네트워크에 전달해서 데이터의 각 배치에 있는 파라미터를 업데이트하는 방법과 관련된 규칙을 특정하는 것이다.

이제 케라스로 CNN 모델 아키텍처를 구축하자.

```python
from keras.layers import Conv2D, MaxPooling2D, Flatten, Dense, Dropoutfrom keras.models import Sequential
from keras import optimizers

model = Sequential()

# 합성곱과 풀링층
model.add(Conv2D(16, kernel_size=(3, 3), activation='relu',
                 input_shape=input_shape))
model.add(MaxPooling2D(pool_size=(2, 2)))
model.add(Conv2D(64, kernel_size=(3, 3), activation='relu'))
model.add(MaxPooling2D(pool_size=(2, 2)))
model.add(Conv2D(128, kernel_size=(3, 3), activation='relu'))
model.add(MaxPooling2D(pool_size=(2, 2)))
```

```
model.add(Flatten())
model.add(Dense(512, activation='relu'))
model.add(Dense(1, activation='sigmoid'))

model.compile(loss='binary_crossentropy',
              optimizer=optimizers.RMSprop(),
              metrics=['accuracy'])
model.summary()
```

Layer (type)	Output Shape	Param #
conv2d_1 (Conv2D)	(None, 148, 148, 16)	448
max_pooling2d_1	(MaxPooling2 (None, 74, 74, 16)	0
conv2d_2 (Conv2D)	(None, 72, 72, 64)	9280
max_pooling2d_2	(MaxPooling2 (None, 36, 36, 64)	0
conv2d_3 (Conv2D)	(None, 34, 34, 128)	73856
max_pooling2d_3	(MaxPooling2 (None, 17, 17, 128)	0
flatten_1 (Flatten)	(None, 36992)	0
dense_1 (Dense)	(None, 512)	18940416
dense_2 (Dense)	(None, 1)	513

```
Total params: 19,024,513
Trainable params: 19,024,513
Non-trainable params: 0
```

이 출력은 CNN 모델을 요약해서 보여준다. 이전에 언급한 것처럼, 예제에서 특성 추출을 위해 3개의 합성곱층을 사용했다. 평탄화층(flatten layer)은 17×17인 128개의 특성 지도를 평탄화하는 데 사용된다. 이것을 밀집층에 입력하면 이미지가 개(1)인지 고양이(0)인지 예측한다. 이 모든 것이 모델 훈련 과정의 일부이므로 다음 코드의 fit(...) 함수를 통해 모델을 학습해 보자. 다음은 모델 훈련과 관련된 매우 중요한 용어다.

- batch_size는 반복해서 모델에 전달된 총 이미지 수를 나타낸다.

- 층 안에 유닛의 가중치는 매 반복 후에 업데이트된다.

- 총 반복 횟수는 총 훈련 횟수 샘플을 batch_size 별로 나눈 것과 항상 같다.

- 에포크는 전체 데이터 세트가 네트워크를 한 번 통과했을 때를 말하는데, 즉 모든 반복은 데이터 배치를 기반으로 완료된다.

여기서는 batch_size를 30으로 할 것이고 훈련 데이터는 총 3,000개의 샘플로 구성된다. 1에포크당 총 100회 반복해서 모델을 훈련시킨 후 총계를 구한다. 결과적으로 1,000개의 이미지로 구성된 검증 세트로 검증하는 것이다.

```
history = model.fit(x=train_imgs_scaled, y=train_labels_enc,
validation_data=(validation_imgs_scaled,
                 validation_labels_enc),
                 batch_size=batch_size,
                 epochs=epochs,
                 verbose=1)
Train on 3000 samples, validate on 1000 samples
Epoch 1/30
3000/3000 - 10s - loss: 0.7583 - acc: 0.5627 - val_loss: 0.7182 - val_acc:
0.5520
Epoch 2/30
3000/3000 - 8s - loss: 0.6343 - acc: 0.6533 - val_loss: 0.5891 - val_acc:
0.7190
...
...
Epoch 29/30
3000/3000 - 8s - loss: 0.0314 - acc: 0.9950 - val_loss: 2.7014 - val_acc:
0.7140
Epoch 30/30
3000/3000 - 8s - loss: 0.0147 - acc: 0.9967 - val_loss: 2.4963 - val_acc:
0.7220
```

모델이 훈련 및 검증 정확도 측면에서 과대 적합된 것처럼 보인다. 다음 코드를 통해서 모델 정확도와 오차를 그려 봄으로써 더 정확히 알 수 있을 것이다.

```
f, (ax1, ax2) = plt.subplots(1, 2, figsize=(12, 4))
t = f.suptitle('Basic CNN Performance', fontsize=12)

f.subplots_adjust(top=0.85, wspace=0.3)
epoch_list = list(range(1,31))
ax1.plot(epoch_list, history.history['acc'], label='Train Accuracy')
ax1.plot(epoch_list, history.history['val_acc'], label='Validation
Accuracy')
ax1.set_xticks(np.arange(0, 31, 5))
ax1.set_ylabel('Accuracy Value')
ax1.set_xlabel('Epoch')
ax1.set_title('Accuracy')
l1 = ax1.legend(loc="best")

ax2.plot(epoch_list, history.history['loss'], label='Train Loss')
ax2.plot(epoch_list, history.history['val_loss'], label='Validation Loss')
ax2.set_xticks(np.arange(0, 31, 5))
ax2.set_ylabel('Loss Value')
ax2.set_xlabel('Epoch')
ax2.set_title('Loss')
l2 = ax2.legend(loc="best")
```

다음 그림은 에포크별로 정확도와 손실 값을 포함한 객체의 히스토리를 보여준다.

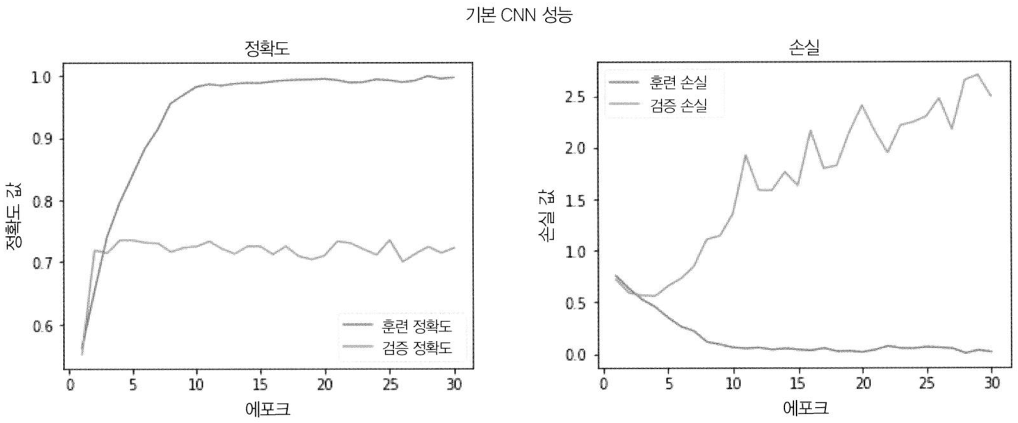

2-3 에포크 후에 모델이 훈련 데이터에 과대 적합됐다는 것을 분명히 알 수 있다. 검증 세트에서 얻은 평균 정확도가 약 72%이니 그리 나쁜 시작은 아니다! 이 모델을 좀 더 개선할 수 있을까?

CNN 모델과 정규화

하나의 합성곱층, 즉 밀집 은닉층(dense hidden layer)과 다른 층을 추가해 기본 CNN 모델을 개선해 보자. 이 외에도 각각의 은닉 밀집층 다음에 0.3의 드롭아웃을 추가해서 정규화할 수 있다. 2장 '딥러닝 기초'에서 드롭아웃을 간단히 살펴봤는데, 필요하다면 빨리 한 번 더 훑어보기를 바란다. 기본적으로 드롭아웃은 심층 신경망에서 하는 강력한 정규화 방법으로 입력층 및 은닉층 각각에 별도로 적용할 수 있다.

드롭아웃 방법은 출력을 0으로 설정해 층의 일부분 출력만 무작위로 마스크하는 것이다(이 경우에는 밀집층의 30%에 해당하는 유닛을 대상으로 한다).

```
model = Sequential()

# 합성곱과 풀링층

model.add(Conv2D(16, kernel_size=(3, 3), activation='relu',
                 input_shape=input_shape))
model.add(MaxPooling2D(pool_size=(2, 2)))
model.add(Conv2D(64, kernel_size=(3, 3), activation='relu'))
model.add(MaxPooling2D(pool_size=(2, 2)))
model.add(Conv2D(128, kernel_size=(3, 3), activation='relu'))
model.add(MaxPooling2D(pool_size=(2, 2)))
model.add(Conv2D(128, kernel_size=(3, 3), activation='relu'))
model.add(MaxPooling2D(pool_size=(2, 2)))

model.add(Flatten())
model.add(Dense(512, activation='relu'))
model.add(Dropout(0.3))
model.add(Dense(512, activation='relu'))
model.add(Dropout(0.3))
model.add(Dense(1, activation='sigmoid'))
model.compile(loss='binary_crossentropy',
              optimizer=optimizers.RMSprop(),
              metrics=['accuracy'])
```

이제 훈련 데이터에 대한 새 모델을 훈련하고 테스트 데이터 세트를 이용해 모델의 성능을 평가해
보자.

```
history = model.fit(x=train_imgs_scaled, y=train_labels_enc,
                    validation_data=(validation_imgs_scaled,
                    validation_labels_enc),
                    batch_size=batch_size,
                    epochs=epochs,
                    verbose=1)


Train on 3000 samples, validate on 1000 samples
Epoch 1/30
3000/3000 - 7s - loss: 0.6945 - acc: 0.5487 - val_loss: 0.7341 - val_acc:
0.5210
Epoch 2/30
3000/3000 - 7s - loss: 0.6601 - acc: 0.6047 - val_loss: 0.6308 - val_acc:
0.6480
...
...
Epoch 29/30
3000/3000 - 7s - loss: 0.0927 - acc: 0.9797 - val_loss: 1.1696 - val_acc:
0.7380
Epoch 30/30
3000/3000 - 7s - loss: 0.0975 - acc: 0.9803 - val_loss: 1.6790 - val_acc:
0.7840
```

모델 훈련 중 모든 에포크에서의 정확도와 손실 값을 살펴보자.

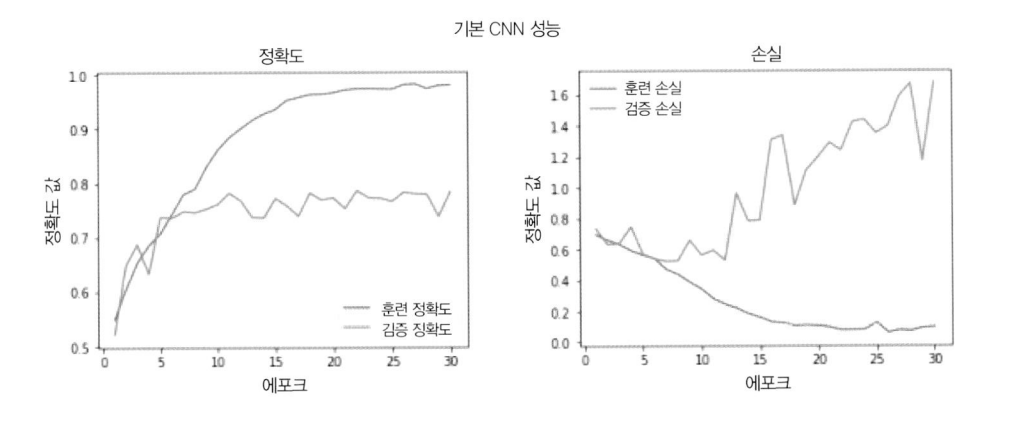

앞의 결과물보다 약간 더 오래 걸렸고 놀라운 정도는 아니지만 78%라는 꽤 훌륭한 정확도를 얻었다. 그러나 아직도 모델이 과대 적합됐다는 것을 분명하게 알 수 있다.

모델이 과대 적합된 이유는 훈련 데이터가 매우 적어서 에포크마다 동일한 인스턴스를 계속 보기 때문이다. 이것을 해결하는 방법은 이미지 늘리기(augmentation) 전략을 쓰는 것인데, 소스 이미지에서 약간 변형된 이미지를 소스 훈련 데이터에 보강하는 것이다. 이에 대한 자세한 사항은 다음 절을 참조하면 된다. 이 모델을 저장해 나중에 테스트 데이터 성능 평가에 쓸 수 있도록 한다.

```
model.save('cats_dogs_basic_cnn.h5')
```

CNN 모델과 이미지 늘리기

정규화된 CNN 모델을 개선하기 위해 적절한 이미지 늘리기를 활용해 더 많은 데이터를 추가해 보자. 이전 모델은 매번 동일한 작은 데이터 샘플로 훈련 받았기 때문에 일반화가 잘 되지 않았고 몇 번의 에포크 뒤에 과대 적합됐다.

이미지 늘리기는 훈련 데이터 세트의 이미지에 회전, 전단, 위치 변경, 확대, 축소 등과 같은 몇 가지 이미지 변환 작업을 적용해 소스 이미지의 새로운 버전 또는 확장된 버전을 만들어 내는 일련의 과정을 일컫는다. 이러한 무작위 변환 때문에 매번 다른 이미지를 얻을 수 있다. 여기서는 파이썬의 ImageData-Generator를 활용해 예제 모델에 이 새로운 이미지를 훈련에 추가할 것이다.

케라스 프레임워크에는 ImageDataGenerator라는 우수한 유틸리티가 있어 모든 작업에 도움을 준다. 훈련 및 검증 데이터 세트에 사용할 두 개의 데이터 생성기(Generator)를 설정하는 것부터 시작하자.

```
train_datagen = ImageDataGenerator(rescale=1./255, zoom_range=0.3,
                                   rotation_range=50,
                                   width_shift_range=0.2,
                                   height_shift_range=0.2,
                                   shear_range=0.2,
                                   horizontal_flip=True,
                                   fill_mode='nearest')

val_datagen = ImageDataGenerator(rescale=1./255)
```

ImageDataGenerator에는 많은 옵션이 있으며 여기서는 그중 몇 개만 설정했다. 좀 더 자세히 알고 싶다면 https://keras.io/preprocessing/image/에 있는 문서를 확인하자. 데이터 생성기로 훈련시킬 때 새로운 이미지를 만들기 위해서 원본 이미지를 가져와서 여러 가지 변형을 할 수 있다. 그 과정은 다음과 같다.

- zoom_range 파라미터로 이미지를 임의로 0.3배 축소한다.

- rotation_range 파라미터로 이미지를 임의로 50도 회전한다

- width_shift_range와 height_shift_range 파라미터를 사용해 무작위로 수평 또는 수직으로 이미지의 너비 또는 높이의 0.2배 비율로 변환한다.

- shear_range 파라미터로 shear 기반 변형을 무작위로 적용한다.

- horizontal_flip 파라미터로 이미지의 절반을 무작위로 뒤집는다.

- 이전의 작업(특히 회전 또는 변환) 후에 fill_mode 파라미터로 이미지의 새 픽셀을 채운다. 이 경우 이 새로운 픽셀을 가장 가까운 주변 픽셀값으로 채운다.

이해를 돕기 위해 생성된 이미지의 일부가 어떻게 보이는지 살펴보자. 설명을 위해 훈련 데이터 세트에서 두 개의 샘플 이미지를 가져온다. 첫 번째 이미지는 고양이 이미지다.

```
img_id = 2595
cat_generator = train_datagen.flow(train_imgs[img_id:img_id+1],
                                   train_labels[img_id:img_id+1],
                                   batch_size=1)
cat = [next(cat_generator) for i in range(0,5)]
fig, ax = plt.subplots(1,5, figsize=(16, 6))
print('Labels:', [item[1][0] for item in cat])
l = [ax[i].imshow(cat[i][0][0]) for i in range(0,5)]
```

다음 출력에서 볼 수 있듯이 매번 (위치 변경, 회전 및 확대, 축소를 통해서) 훈련 이미지의 새로운 버전이 생성된다. 또한 모델이 이러한 이미지에서 관련 특성을 추출하고 기억할 수 있도록 고양이(cat)로 레이블을 붙여서 이것들이 모두 고양이임을 기억하도록 하자.

Labels: ['cat', 'cat', 'cat', 'cat', 'cat']

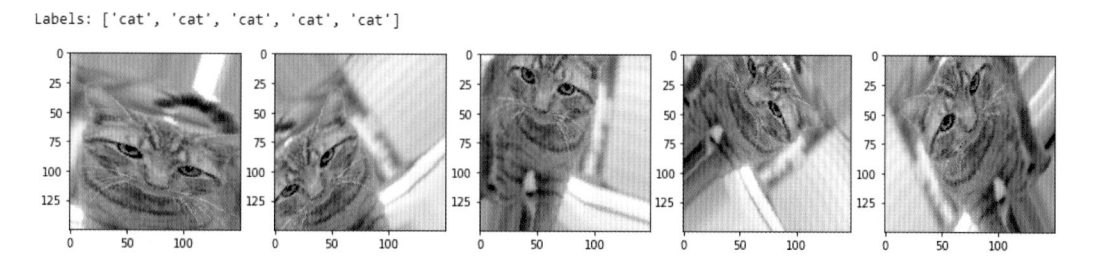

이제 '개'의 이미지를 살펴보자.

```
img_id = 1991
dog_generator = train_datagen.flow(train_imgs[img_id:img_id+1],
                                   train_labels[img_id:img_id+1],
                                   batch_size=1)
dog = [next(dog_generator) for i in range(0,5)]
fig, ax = plt.subplots(1,5, figsize=(15, 6))
print('Labels:', [item[1][0] for item in dog])
l = [ax[i].imshow(dog[i][0][0]) for i in range(0,5)]
```

이를 통해 이미지 늘리기가 새로운 이미지를 만드는 데 어떻게 도움이 되는지, 그리고 그러한 이미지를 사용한 모델이 어떻게 과대 적합을 벗어날 수 있는지 알 수 있다.

Labels: ['dog', 'dog', 'dog', 'dog', 'dog']

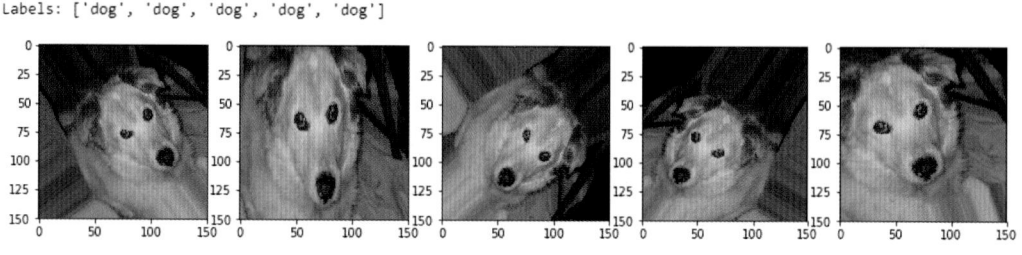

검증 생성기에서는 검증 이미지(원본 이미지)를 모델로 보내는 것만으로 평가할 수 있다. 이미지 픽셀의 크기를 0-1 사이에서 조절하되, 다른 변형은 적용하지 않는다. 여기서는 이미지 늘리기만 훈련 이미지에 적용하겠다.

```
train_generator = train_datagen.flow(train_imgs, train_labels_enc,
                                     batch_size=30)
val_generator = val_datagen.flow(validation_imgs,
```

```
                          validation_labels_enc,
                          batch_size=20)


    input_shape = (150, 150, 3)
```

만들어진 이미지를 늘리기 위한 데이터 생성기를 사용해 정규화된 CNN 모델을 훈련해 보자. 모델 아
키텍처는 이전과 동일하게 사용한다.

```
from keras.layers import Conv2D, MaxPooling2D, Flatten, Dense, Dropout
from keras.models import Sequential
from keras import optimizers


model = Sequential()
# 합성곱과 풀링층
model.add(Conv2D(16, kernel_size=(3, 3), activation='relu',
                 input_shape=input_shape))
model.add(MaxPooling2D(pool_size=(2, 2)))
model.add(Conv2D(64, kernel_size=(3, 3), activation='relu'))
model.add(MaxPooling2D(pool_size=(2, 2)))
model.add(Conv2D(128, kernel_size=(3, 3), activation='relu'))
model.add(MaxPooling2D(pool_size=(2, 2)))
model.add(Conv2D(128, kernel_size=(3, 3), activation='relu'))
model.add(MaxPooling2D(pool_size=(2, 2)))

model.add(Flatten())
model.add(Dense(512, activation='relu'))
model.add(Dropout(0.3))
model.add(Dense(512, activation='relu'))
model.add(Dropout(0.3))
model.add(Dense(1, activation='sigmoid'))

model.compile(loss='binary_crossentropy',
              optimizer=optimizers.RMSprop(lr=1e-4),
              metrics=['accuracy'])
```

무작위 변환을 통해서 많은 이미지를 전이할 것이므로 국소 최적(local minima) 또는 과대 적합으로
부터 자유로운 모델을 만들기 위해 초기 학습률을 10%씩 감소시킨다. 데이터 생성기를 사용하고 있으

므로 모델을 훈련시키는 접근 방식을 약간 수정해야 하는데, 우선 케라스의 fit_generator(...) 함수로 모델을 훈련한다. train_generator는 각각 30개의 이미지를 생성하기 때문에 steps_per_epoch 파라미터를 사용하는데, 100으로 설정해 에포크별로 훈련 데이터로부터 무작위로 생성된 3,000개의 이미지를 이용해 모델을 훈련시킬 것이다. val_generator 파라미터는 매번 20개의 이미지를 생성하므로 validation_steps를 50으로 설정해 모두 1,000개의 유효한 검증 이미지로 모델 정확도를 검증한다(여기서 검증 데이터 세트를 늘리지는 않았다는 점을 기억하라).

```
history = model.fit_generator(train_generator,
                              steps_per_epoch=100, epochs=100,
                              validation_data=val_generator,
                              validation_steps=50, verbose=1)
Epoch 1/100
100/100 - 12s - loss: 0.6924 - acc: 0.5113 - val_loss: 0.6943 - val_acc:
0.5000
Epoch 2/100
100/100 - 11s - loss: 0.6855 - acc: 0.5490 - val_loss: 0.6711 - val_acc:
0.5780
...
...
Epoch 99/100
100/100 - 11s - loss: 0.3735 - acc: 0.8367 - val_loss: 0.4425 - val_acc:
0.8340
Epoch 100/100
100/100 - 11s - loss: 0.3733 - acc: 0.8257 - val_loss: 0.4046 - val_acc:
0.8200
```

모델의 정확도가 약 82%로 점프해서 이전 모델보다 4-5% 정도 더 우수해졌다. 또한 훈련 정확도와 검증 정확도가 매우 유사한 것으로 모델이 더이상 과대 적합되지 않았음을 알 수 있다. 다음은 에포크별 모델 정확도와 손실이다.

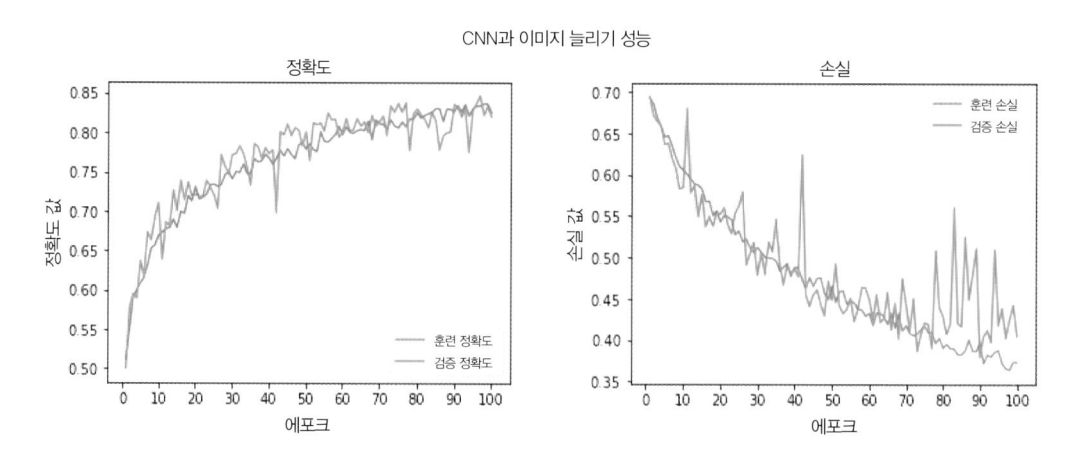

유효성 검증의 정확도와 손실에 일부 뾰족한 선들이 보이지만 전체적으로 보면 훈련 정확도에 훨씬 가까워 졌다. 손실은 이전 모델에 비해 훨씬 더 일반화됐다. 이제 이 모델을 저장하자. 나중에 테스트 데이터 세트로 평가할 수 있을 것이다.

```
model.save('cats_dogs_cnn_img_aug.h5')
```

이제 더 나은 모델을 생성할 수 있을지 알아보기 위해 전이학습의 위력을 테스트하고 활용해 볼 것이다.

전이학습에서 사전 훈련된 CNN 모델 활용하기

지금까지 나름의 아키텍처로 CNN 딥러닝 모델을 처음부터 구축했다. 이 절에서는 컴퓨터 비전 도메인에서 흔히 하는 이미지 분류와 범주화에 사전 훈련된 모델을 활용하겠다. 4장 '전이학습의 기초'를 참조해 이 도메인에서 사전 훈련된 모델과 그 활용을 살펴보기를 바란다.

사전 훈련된 모델로 새 모델을 구축할 때나 재사용할 때는 일반적으로 다음 두 가지 방법을 이용한다.

- 특성 추출기로 사전 훈련된 모델 이용

- 사전 훈련된 모델의 미세 튜닝

이 두 가지를 모두 이번 절에서 다루겠다. 이 장에서 사용할 사전 훈련 모델은 유명한 VGG-16 모델로 옥스퍼드 대학의 VGG(Visual Geometry Group)가 만든 것인데, 이 그룹은 대규모 시각 인지를 위한 심층 합성곱 네트워크(deep convolutional networks) 구축에 특화돼 있다. 더 많은 정보가 필요하다면 http://www.robots.ox.ac.uk/~vgg/research/very_deep/을 참고하면 된다. **이미지넷 대규모 시각 인지 대회(ILSVRC)**는 대규모 객체 탐지와 이미지 분류를 위한 알고리즘을 평가하는데, VGG의 이 모델이 이 콘테스트에서 자주 1등을 차지했다.

VGG-16과 같은 사전 훈련 모델은 이미지넷의 다양한 이미지 범주가 포함된 거대한 데이터 세트에서 이미 훈련된 모델이다. 이러한 점을 고려한다면 CNN 모델로 학습된 특성에서 논의한 것과 같이 이 모델은 공간, 회전 및 변환 불변성에도 강건할 수 있는 계층적 특성을 학습했을 것이다. 따라서 이 모델은 1,000개의 다른 범주에 속하는 1백만 개가 넘는 이미지의 특성을 잘 보여주며, 좋은 특성 추출기를 쓰면 컴퓨터 비전 문제에 적합한 새로운 이미지도 얻을 수 있다. 이 새로운 이미지는 이미지넷 데이터 세트에 아예 존재하지 않거나 완전히 다른 범주에 속할 수 있지만, 4장 '전이학습의 기초'에서 논의한 것처럼 전이학습의 원리를 고려한다면 예제 모델은 이러한 이미지에서도 관련된 특성을 추출할 수 있을 것이다.

위와 같이 하면 새로운 이미지를 위한 효과적인 특성 추출기로 사전 훈련된 모델을 사용해서 다양하고 복잡한 컴퓨터 비전의 과제를 해결할 수 있다는 이점이 있는데, 예를 들면 적은 수의 이미지로 고양이와 개 분류 문제를 해결하거나 개 품종 분류기 또는 얼굴 표현 분류기를 만들거나 하는 것 외에도 다양하다. 이제 예제 문제에 전이학습의 위력을 발휘하기 전에 VGG-16 모델 아키텍처에 대해 간략히 살펴보자.

VGG-16 모델의 이해

VGG-16 모델은 이미지넷 데이터베이스에 구축된 16계층(합성곱과 전체 결합) 네트워크다. 여기서 이미지넷 데이터베이스는 이미지 인식과 분류를 목적으로 제작됐다. 이 모델은 카렌 시모난과 앤드류 지서맨이 만들었으며 "Very Deep Convolutional Networks for Large-Scale Image Recognition(대규모 이미지 인식을 위한 매우 깊은 심층 합성곱 신경망)", arXiv(2015)에서 언급됐다. 자세한 내용은 https://arxiv.org/pdf/1409.1556.pdf에서 볼 수 있다.

관심 있는 사람들은 이 논문의 내용을 읽어보기 바란다. VGG-16 모델은 3장 '딥러닝 아키텍처 이해하기'에서 간략하게 언급했지만, 여기서 좀 더 자세하게 예시와 함께 활용해 볼 것이다. VGG-16 모델의 아키텍처는 다음 다이어그램과 같다.

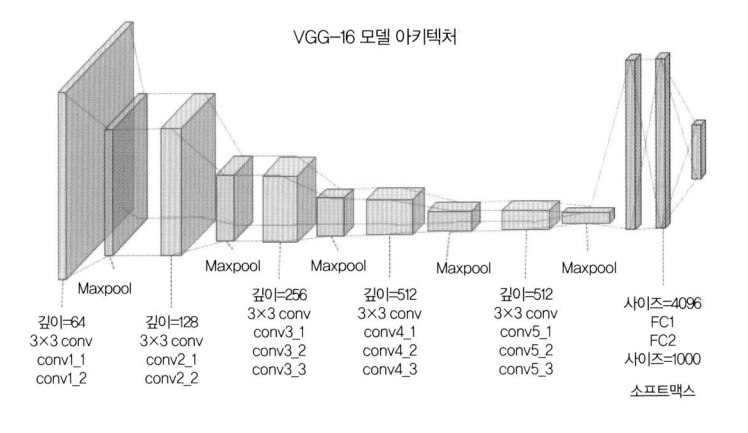

VGG-16 모델 아키텍처

깊이=64
3×3 conv
conv1_1
conv1_2

Maxpool

깊이=128
3×3 conv
conv2_1
conv2_2

Maxpool

깊이=256
3×3 conv
conv3_1
conv3_2
conv3_3

Maxpool

깊이=512
3×3 conv
conv4_1
conv4_2
conv4_3

Maxpool

깊이=512
3×3 conv
conv5_1
conv5_2
conv5_3

Maxpool

사이즈=4096
FC1
FC2
사이즈=1000

소프트맥스

3x3 합성곱 필터로 이루어진 총 13개의 합성곱층은 다운 샘플링을 위한 최대 풀링층, 4,096유닛과 전체가 연결된 2개의 은닉층, 그리고 연속된 1,000유닛의 밀집층로 이루어져 있다. 각 유닛은 이미지넷 데이터의 이미지 범주 중 하나를 나타낸다.

여기서는 전체가 연결된 밀집층에서 이미지가 개인지 고양이인지만 예측할 것이기 때문에 마지막 세 개의 층은 필요 없다. 처음 5개 블록에만 더 신경을 써서 VGG 모델을 효과적인 특성 추출기로 활용하겠다. 모델 하나에서는 각 에포크 후에 가중치가 업데이트되지 않도록 5개의 모든 합성곱 블록을 동결시켜서 간단한 특성 추출기로 사용한다. 마지막 모델의 경우, 동결하지 않은 끝의 두 블록(**블록 4와 블록 5**)의 VGG 모델에 미세 튜닝을 적용해서 모델을 훈련할 때(데이터 배치당) 각 에포크에서 가중치가 업데이트되도록 할 것이다.

다음 블록 다이어그램은 여기서 사용할 두 가지 변형(기본 특성 추출기와 미세 튜닝)과 이전 아키텍처를 한꺼번에 나타낸 것으로, 앞에서 설명한 개념을 시각적으로 이해하는 데 도움이 될 것이다.

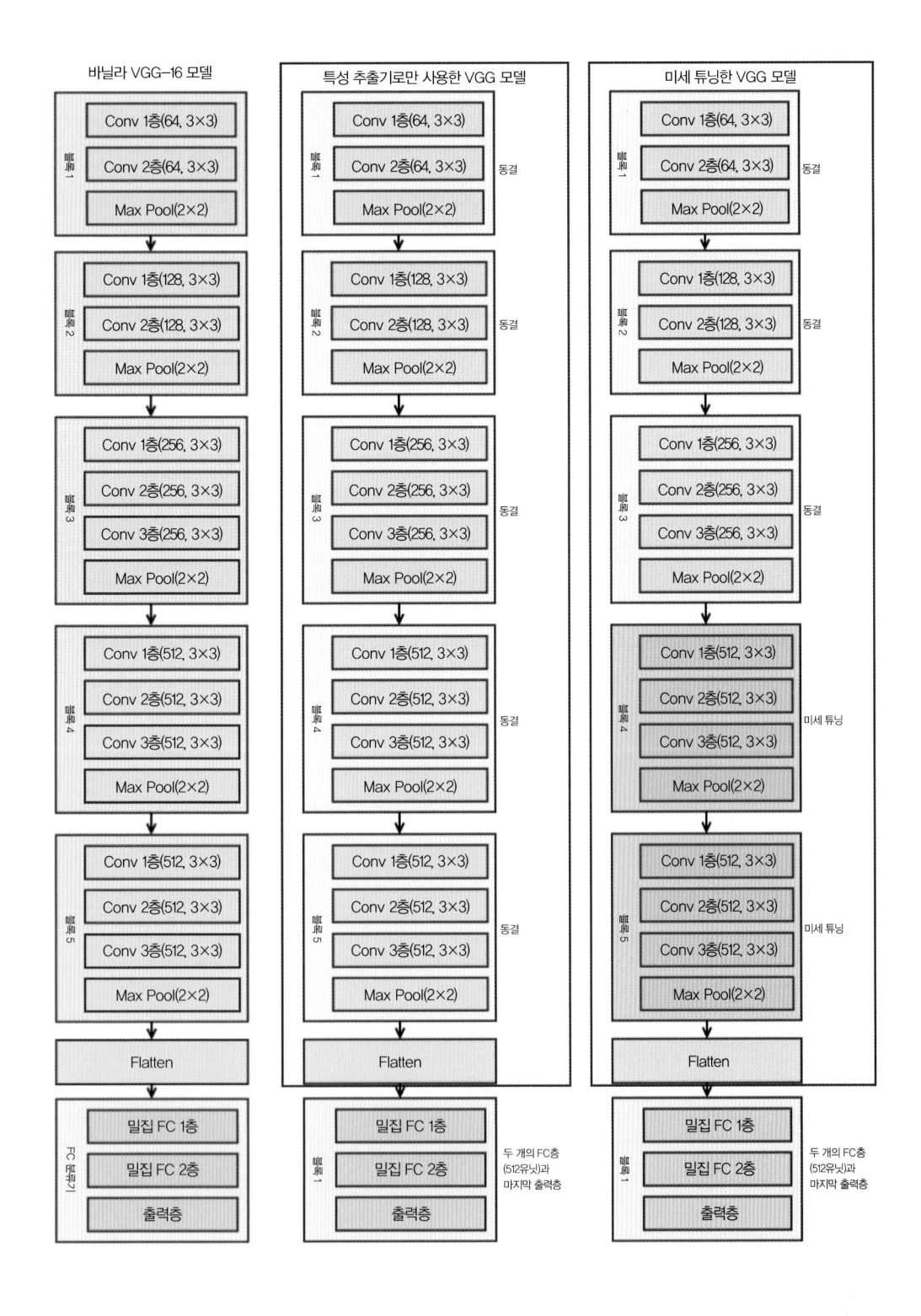

결국, 우리의 관심은 주로 VGG-16 모델의 합성곱 블록을 활용해 최종 산출물을 (특성 지도에서) 평탄화하고 분류기의 밀집층에 공급하는 것이다. 이 절에서 사용한 모든 코드는 CNN 폴더의 Transfer Learning.ipynb에 있다.

특성 추출기로 사전 훈련된 CNN 모델

이제 케라스를 활용해 VGG-16 모델을 로드하고 합성곱 블록을 고정시켜 이미지 특성 추출기로 사용해 보자.

```
from keras.applications import vgg16
from keras.models import Model
import keras

vgg = vgg16.VGG16(include_top=False, weights='imagenet',
                    input_shape=input_shape)

output = vgg.layers[-1].output
output = keras.layers.Flatten()(output)
vgg_model = Model(vgg.input, output)
vgg_model.trainable = False
for layer in vgg_model.layers:
    layer.trainable = False

vgg_model.summary()
```

Layer (type)	Output Shape	Param #
input_1 (InputLayer)	(None, 150, 150, 3)	0
block1_conv1 (Conv2D)	(None, 150, 150, 64)	1792
block1_conv2 (Conv2D)	(None, 150, 150, 64)	36928
block1_pool (MaxPooling2D)	(None, 75, 75, 64)	0
block2_conv1 (Conv2D)	(None, 75, 75, 128)	73856

block2_conv2 (Conv2D)	(None, 75, 75, 128)	147584
block2_pool (MaxPooling2D)	(None, 37, 37, 128)	0
block3_conv1 (Conv2D)	(None, 37, 37, 256)	295168
block3_conv2 (Conv2D)	(None, 37, 37, 256)	590080
block3_conv3 (Conv2D)	(None, 37, 37, 256)	590080
block3_pool (MaxPooling2D)	(None, 18, 18, 256)	0
block4_conv1 (Conv2D)	(None, 18, 18, 512)	1180160
block4_conv2 (Conv2D)	(None, 18, 18, 512)	2359808
block4_conv3 (Conv2D)	(None, 18, 18, 512)	2359808
block4_pool (MaxPooling2D)	(None, 9, 9, 512)	0
block5_conv1 (Conv2D)	(None, 9, 9, 512)	2359808
block5_conv2 (Conv2D)	(None, 9, 9, 512)	2359808
block5_conv3 (Conv2D)	(None, 9, 9, 512)	2359808
block5_pool (MaxPooling2D)	(None, 4, 4, 512)	0
flatten_1 (Flatten)	(None, 8192)	0

```
Total params: 14,714,688
Trainable params: 0
Non-trainable params: 14,714,688
```

모델 요약을 통해 앞에서 설명한 아키텍처 다이어그램과 일치하는 각 블록과 각 블록에 있는 층을 볼 수 있다. 여기서는 분류기를 만들고 VGG를 특성 추출기로 활용하기 위해 분류기의 마지막 부분을 VGG-16 모델에서 제거했다.

다음 코드로 VGG-16 모델의 층이 고정됐는지 확인한다.

```
import pandas as pd
pd.set_option('max_colwidth', -1)
layers = [(layer, layer.name, layer.trainable) for layer in
          vgg_model.layers]
pd.DataFrame(layers, columns=['Layer Type', 'Layer Name', 'Layer
          Trainable'])
```

이 코드의 출력 결과는 다음과 같다.

	Layer Type	Layer Name	Layer Trainable
0	<keras.engine.topology.InputLayer object at 0x7f26c86b2518>	input_1	False
1	<keras.layers.convolutional.Conv2D object at 0x7f277c9fc080>	block1_conv1	False
2	<keras.layers.convolutional.Conv2D object at 0x7f26c86b26d8>	block1_conv2	False
3	<keras.layers.pooling.MaxPooling2D object at 0x7f26c86e6c88>	block1_pool	False
4	<keras.layers.convolutional.Conv2D object at 0x7f26c867dc18>	block2_conv1	False
5	<keras.layers.convolutional.Conv2D object at 0x7f26c8690f28>	block2_conv2	False
6	<keras.layers.pooling.MaxPooling2D object at 0x7f26c869e5c0>	block2_pool	False
7	<keras.layers.convolutional.Conv2D object at 0x7f26c863f828>	block3_conv1	False
8	<keras.layers.convolutional.Conv2D object at 0x7f26c863f128>	block3_conv2	False
9	<keras.layers.convolutional.Conv2D object at 0x7f26c86607b8>	block3_conv3	False
10	<keras.layers.pooling.MaxPooling2D object at 0x7f26c83d7d68>	block3_pool	False
11	<keras.layers.convolutional.Conv2D object at 0x7f26c83fd358>	block4_conv1	False
12	<keras.layers.convolutional.Conv2D object at 0x7f26c83fddd8>	block4_conv2	False
13	<keras.layers.convolutional.Conv2D object at 0x7f26c839da20>	block4_conv3	False
14	<keras.layers.pooling.MaxPooling2D object at 0x7f26c83ac1d0>	block4_pool	False
15	<keras.layers.convolutional.Conv2D object at 0x7f26c834e978>	block5_conv1	False
16	<keras.layers.convolutional.Conv2D object at 0x7f271a15eb38>	block5_conv2	False
17	<keras.layers.convolutional.Conv2D object at 0x7f26c8371d68>	block5_conv3	False
18	<keras.layers.pooling.MaxPooling2D object at 0x7f26c8314b00>	block5_pool	False
19	<keras.layers.core.Flatten object at 0x7f26c828bda0>	flatten_1	False

```
print("Trainable layers:", vgg_model.trainable_weights)
Trainable layers: []
```

위의 출력은 VGG-16 모델의 모든 층을 동결한 결과로, 이를 통해 모델 훈련 중에 원치 않는 가중치 변경을 피할 수 있다는 장점이 있다. VGG-16 모델의 마지막 활성화 특성 지도(block5_pool에서 출력)

에서 병목 특성(bottleneck feature)을 얻을 수 있는데 이를 평탄화한 다음에 전체가 연결된 심층 신경망 분류기에 입력한다. 다음 코드는 훈련 데이터에 있는 샘플 이미지의 병목 특성을 보여준다.

```
bottleneck_feature_example = vgg.predict(train_imgs_scaled[0:1])
print(bottleneck_feature_example.shape)
plt.imshow(bottleneck_feature_example[0][:,:,0])
(1, 4, 4, 512)
```

이 코드의 출력 결과는 다음과 같다.

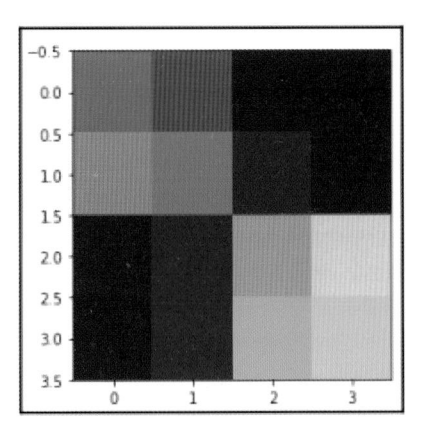

vgg_model 객체의 병목 특성을 평탄화해 전체가 연결된 분류기에 바로 연결한다. 모델 훈련에서 시간을 절약하는 방법 중 하나는 훈련 및 검증 데이터 세트에서 모든 특성을 추출한 다음에 분류기에 입력해 사용하는 것이다. 훈련과 검증 세트로부터 병목 특성을 추출해 보자.

```
def get_bottleneck_features(model, input_imgs):
    features = model.predict(input_imgs, verbose=0)
    return features
train_features_vgg = get_bottleneck_features(vgg_model,
                                             train_imgs_scaled)
validation_features_vgg = get_bottleneck_features(vgg_model,
                                                  validation_imgs_scaled)

print('Train Bottleneck Features:', train_features_vgg.shape,
      '\tValidation Bottleneck Features:',
      validation_features_vgg.shape)
```

Train Bottleneck Features: (3000, 8192) Validation Bottleneck Features: (1000, 8192)

이 결과를 통해 3,000개의 훈련 이미지와 1,000개의 검증 이미지에서 1×8,192 크기의 평탄화된 병목 특성을 성공적으로 추출했다는 것을 알 수 있다. 이제 심층 신경망 분류기의 아키텍처를 구축해 보자. 다음 특성을 입력으로 사용할 것이다.

```
from keras.layers import Conv2D, MaxPooling2D, Flatten, Dense, Dropout,
InputLayer
from keras.models import Sequential
from keras import optimizers

input_shape = vgg_model.output_shape[1]
model = Sequential()
model.add(InputLayer(input_shape=(input_shape,)))
model.add(Dense(512, activation='relu', input_dim=input_shape))
model.add(Dropout(0.3)) model.add(Dense(512, activation='relu'))
model.add(Dropout(0.3)) model.add(Dense(1, activation='sigmoid'))
model.compile(loss='binary_crossentropy',
              optimizer=optimizers.RMSprop(lr=1e-4),
              metrics=['accuracy'])


model.summary()
```

Layer (type)	Output Shape	Param #
input_2 (InputLayer)	(None, 8192)	0
dense_1 (Dense)	(None, 512)	4194816
dropout_1 (Dropout)	(None, 512)	0
dense_2 (Dense)	(None, 512)	262656
dropout_2 (Dropout)	(None, 512)	0
dense_3 (Dense)	(None, 1)	513

앞에서 언급했듯이 8,192 크기의 병목 특성 벡터가 예제 분류 모델에서 입력으로 사용된다. 밀집층에는 이전 모델과 동일한 아키텍처를 사용할 것이다. 이제 이 모델을 훈련시켜 보자.

```
history = model.fit(x=train_features_vgg, y=train_labels_enc,
                    validation_data=(validation_features_vgg,
                                    validation_labels_enc),
                    batch_size=batch_size, epochs=epochs, verbose=1)


Train on 3000 samples, validate on 1000 samples
Epoch 1/30
3000/3000 - 1s 373us/step - loss: 0.4325 - acc: 0.7897 - val_loss: 0.2958 -
val_acc: 0.8730
Epoch 2/30
3000/3000 - 1s 286us/step - loss: 0.2857 - acc: 0.8783 - val_loss: 0.3294 -
val_acc: 0.8530
...
...
Epoch 29/30
3000/3000 - 1s 287us/step - loss: 0.0121 - acc: 0.9943 - val_loss: 0.7760 -
val_acc: 0.8930
Epoch 30/30
3000/3000 - 1s 287us/step - loss: 0.0102 - acc: 0.9987 - val_loss: 0.8344 -
val_acc: 0.8720
```

모델의 검증 정확도가 88%에 가까운데, 이는 이미지에서 우수한 성능을 보인 기본 CNN 모델과 비교해도 거의 5-6% 정도 개선된 것이다. 다만, 다음 다이어그램에 제시된 정확도와 손실 값 그림을 보면 모델이 다소 과대 적합된 것을 확인할 수 있다.

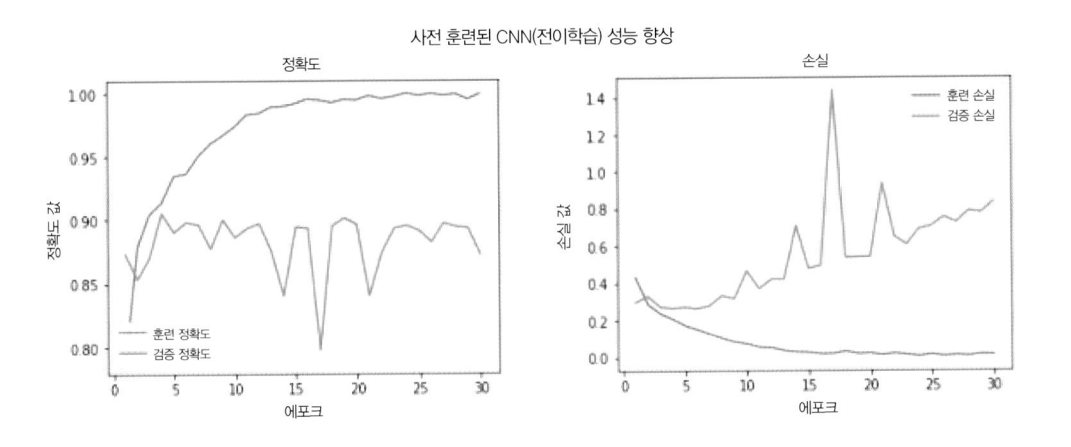

5번의 에포크 후에 모델 훈련과 검증 정확도 사이에 꽤 큰 간격이 생겼는데, 이를 통해 이 모델이 훈련 데이터에 과대 적합됐다는 것을 분명히 알 수 있다. 그렇지만 VGG-16 모델을 특성 추출기로 사용한 결과 다른 이미지 늘리기 전략 등을 사용하지 않고도 90%의 유효성 검증 정확도에 가까워졌다는 점에서 이 모델이 전체적으로 볼 때 지금까지 살펴본 것 중 최고의 모델인 것 같다. 그러나 아직 전이학습의 잠재력을 모두 발휘한 것은 아니다. 이제 이 모델에 이미지 늘리기 전략을 사용해 보자. 그 전에 다음 코드로 이 모델을 디스크에 저장한다.

```
model.save('cats_dogs_tlearn_basic_cnn.h5')
```

특성 추출기와 이미지 늘리기로 사전 훈련된 CNN 모델

앞에서 사용한 동일한 데이터 생성기를 훈련과 검증 데이터 세트에 활용한다. 이를 구축하기 위한 코드는 다음과 같은데, 쉽게 이해할 수 있을 것이다.

```
train_datagen = ImageDataGenerator(rescale=1./255, zoom_range=0.3,
                                   rotation_range=50,
                                   width_shift_range=0.2,
                                   height_shift_range=0.2,
                                   shear_range=0.2,
                                   horizontal_flip=True,
                                   fill_mode='nearest')

val_datagen = ImageDataGenerator(rescale=1./255)
train_generator = train_datagen.flow(train_imgs, train_labels_enc,
```

```
                              batch_size=30)
val_generator = val_datagen.flow(validation_imgs,
                                 validation_labels_enc,
                                 batch_size=20)
```

이제 딥러닝 모델 아키텍처를 구축해 보자. 데이터 생성기로 훈련할 것이기 때문에 지난 번처럼 병목 특성을 추출하지는 않는다. 즉, vgg_model의 이미지를 입력으로 모델에 전달할 것이다.

```
model = Sequential()

model.add(vgg_model)
model.add(Dense(512, activation='relu', input_dim=input_shape))
model.add(Dropout(0.3)) model.add(Dense(512, activation='relu'))
model.add(Dropout(0.3)) model.add(Dense(1, activation='sigmoid'))

model.compile(loss='binary_crossentropy',
              optimizer=optimizers.RMSprop(lr=2e-5),
              metrics=['accuracy'])
```

모든 것이 똑같은 것을 명백히 볼 수 있다. 학습률을 약간 낮춰 에포크 100으로 훈련할 것이고 중간에 모델층에 갑작스러운 가중치 조정을 하지 않도록 할 것이다. VGG-16 모델의 층은 동결하고 계속해서 기본 특성 추출기로만 사용한다는 점을 기억하자.

```
history = model.fit_generator(train_generator, steps_per_epoch=100,
                             epochs=100,
                             validation_data=val_generator,
                             validation_steps=50,
                             verbose=1)
Epoch 1/100
100/100 - 45s 449ms/step - loss: 0.6511 - acc: 0.6153 - val_loss: 0.5147 -
val_acc: 0.7840
Epoch 2/100
100/100 - 41s 414ms/step - loss: 0.5651 - acc: 0.7110 - val_loss: 0.4249 -
val_acc: 0.8180
...
...
Epoch 99/100
```

```
100/100 - 42s 417ms/step - loss: 0.2656 - acc: 0.8907 - val_loss: 0.2757 -
val_acc: 0.9050
Epoch 100/10
100/100 - 42s 418ms/step - loss: 0.2876 - acc: 0.8833 - val_loss: 0.2665 -
val_acc: 0.9000
```

모델의 전체 검증 정확도는 90%로, 이전 모델과 비교해서 약간 개선됐다. 또한 훈련과 검증 정확도가 상당히 비슷한데, 이는 모델이 과대 적합되지 않았음을 나타낸다. 이러한 결과는 모델 정확도와 손실에 대한 다음 그림에서도 잘 나타난다.

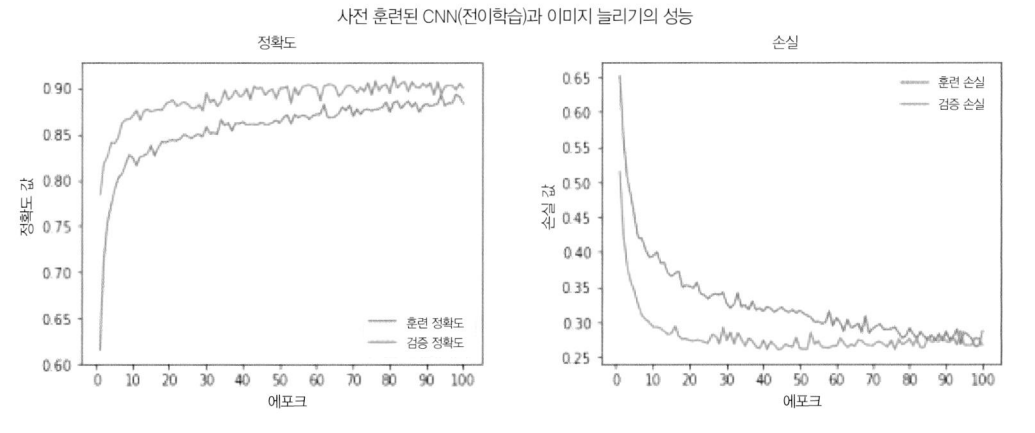

훈련과 검증 정확도의 값이 꽤 근접해 있으므로 이 모델이 과대 적합되지 않은 것은 분명하다. 90%의 정확도는 훌륭한 결과다! 나중에 테스트 데이터를 평가하기 위해 이 모델을 디스크에 저장한다.

```
model.save('cats_dogs_tlearn_img_aug_cnn.h5')
```

이제 VGG-16 모델을 미세 튜닝해서 최종 분류기를 만들고 이 절의 시작 부분에서 설명한 것처럼 블록 4와 5를 동결에서 해제할 것이다.

사전 훈련된 CNN 모델과 미세 튜닝 및 이미지 늘리기

이제 vgg_model 변수에 저장된 VGG-16 모델 객체를 활용하고, 첫 세 블록을 동결 상태로 유지하면서 합성곱 블록 4와 5의 동결을 해제한다. 다음 코드로 이 작업을 할 수 있다.

```
vgg_model.trainable = True
set_trainable = False

for layer in vgg_model.layers:
    if layer.name in ['block5_conv1', 'block4_conv1']:
        set_trainable = True
    if set_trainable:
        layer.trainable = True
    else:
        layer.trainable = False
print("Trainable layers:", vgg_model.trainable_weights)

Trainable layers:
[<tf.Variable 'block4_conv1/kernel:0' shape=(3, 3, 256, 512)
dtype=float32_ref>, <tf.Variable 'block4_conv1/bias:0' shape=(512,)
dtype=float32_ref>,
<tf.Variable 'block4_conv2/kernel:0' shape=(3, 3, 512, 512)
dtype=float32_ref>, <tf.Variable 'block4_conv2/bias:0' shape=(512,)
dtype=float32_ref>,
<tf.Variable 'block4_conv3/kernel:0' shape=(3, 3, 512, 512)
dtype=float32_ref>, <tf.Variable 'block4_conv3/bias:0' shape=(512,)
dtype=float32_ref>,
<tf.Variable 'block5_conv1/kernel:0' shape=(3, 3, 512, 512)
dtype=float32_ref>, <tf.Variable 'block5_conv1/bias:0' shape=(512,)
dtype=float32_ref>,
<tf.Variable 'block5_conv2/kernel:0' shape=(3, 3, 512, 512)
dtype=float32_ref>, <tf.Variable 'block5_conv2/bias:0' shape=(512,)
dtype=float32_ref>,
<tf.Variable 'block5_conv3/kernel:0' shape=(3, 3, 512, 512)
dtype=float32_ref>, <tf.Variable 'block5_conv3/bias:0' shape=(512,)
dtype=float32_ref>]
```

이전 출력으로부터 블록 4와 5에 관한 합성곱 및 풀링층이 이제 훈련 가능함을 명확하게 알 수 있다. 또한 어떤 층이 동결되고 어떤 층이 동결되지 않았는지는 다음 코드를 통해 확인할 수 있다.

```
layers = [(layer, layer.name, layer.trainable) for layer in vgg_model.layers]
pd.DataFrame(layers, columns=['Layer Type', 'Layer Name', 'Layer Trainable'])
```

이 코드에 대한 출력은 다음과 같다.

	Layer Type	Layer Name	Layer Trainable
0	<keras.engine.topology.InputLayer object at 0x7f26c86b2518>	input_1	False
1	<keras.layers.convolutional.Conv2D object at 0x7f277c9fc080>	block1_conv1	False
2	<keras.layers.convolutional.Conv2D object at 0x7f26c86b26d8>	block1_conv2	False
3	<keras.layers.pooling.MaxPooling2D object at 0x7f26c86e6c88>	block1_pool	False
4	<keras.layers.convolutional.Conv2D object at 0x7f26c867dc18>	block2_conv1	False
5	<keras.layers.convolutional.Conv2D object at 0x7f26c8690f28>	block2_conv2	False
6	<keras.layers.pooling.MaxPooling2D object at 0x7f26c869e5c0>	block2_pool	False
7	<keras.layers.convolutional.Conv2D object at 0x7f26c863f828>	block3_conv1	False
8	<keras.layers.convolutional.Conv2D object at 0x7f26c863f128>	block3_conv2	False
9	<keras.layers.convolutional.Conv2D object at 0x7f26c86607b8>	block3_conv3	False
10	<keras.layers.pooling.MaxPooling2D object at 0x7f26c83d7d68>	block3_pool	False
11	<keras.layers.convolutional.Conv2D object at 0x7f26c83fd358>	block4_conv1	True
12	<keras.layers.convolutional.Conv2D object at 0x7f26c83fddd8>	block4_conv2	True
13	<keras.layers.convolutional.Conv2D object at 0x7f26c839da20>	block4_conv3	True
14	<keras.layers.pooling.MaxPooling2D object at 0x7f26c63ac1d0>	block4_pool	True
15	<keras.layers.convolutional.Conv2D object at 0x7f26c834e978>	block5_conv1	True
16	<keras.layers.convolutional.Conv2D object at 0x7f271a15eb38>	block5_conv2	True
17	<keras.layers.convolutional.Conv2D object at 0x7f26c8371d68>	block5_conv3	True
18	<keras.layers.pooling.MaxPooling2D object at 0x7f26c8314b00>	block5_pool	True
19	<keras.layers.core.Flatten object at 0x7f26c828bda0>	flatten_1	True

마지막 두 블록이 현재 훈련 가능하다는 것을 확실히 알 수 있는데, 이는 이 층의 가중치도 각 배치에 데이터를 보낼 때 에포크마다 역전파로 업데이트될 것임을 의미한다. 이전과 동일한 데이터 생성기와 모델 아키텍처로 모델을 훈련시켜보자. 훈련 중에 특정 국소 최솟값에만 있는 것을 막기 위해 학습률을 약간 줄인다. 또한 모델에 악영향을 줄 수 있으므로 훈련 중인 VGG-16 모델 층에 가중치를 갑작스럽게 업데이트하지 않는다.

```python
# 데이터 생성기
train_datagen = ImageDataGenerator(rescale=1./255, zoom_range=0.3,
                                   rotation_range=50,
                                   width_shift_range=0.2,
                                   height_shift_range=0.2,
                                   shear_range=0.2,
                                   horizontal_flip=True,
                                   fill_mode='nearest')
```

```
val_datagen = ImageDataGenerator(rescale=1./255)

train_generator = train_datagen.flow(train_imgs, train_labels_enc,
                                     batch_size=30)
val_generator = val_datagen.flow(validation_imgs,
                                 validation_labels_enc,
                                 batch_size=20)

# 모델 아키텍처 구축
model = Sequential()

model.add(vgg_model)
model.add(Dense(512, activation='relu', input_dim=input_shape))
model.add(Dropout(0.3))
model.add(Dense(512, activation='relu'))
model.add(Dropout(0.3))
model.add(Dense(1, activation='sigmoid'))
model.compile(loss='binary_crossentropy',
              optimizer=optimizers.RMSprop(lr=1e-5),
              metrics=['accuracy'])

# 모델 훈련
history = model.fit_generator(train_generator, steps_per_epoch=100,
                              epochs=100,
                              validation_data=val_generator,
                              validation_steps=50,
                              verbose=1)


Epoch 1/100
100/100 - 64s 642ms/step - loss: 0.6070 - acc: 0.6547 - val_loss: 0.4029 -
val_acc: 0.8250
Epoch 2/100
100/100 - 63s 630ms/step - loss: 0.3976 - acc: 0.8103 - val_loss: 0.2273 -
val_acc: 0.9030
...
...
Epoch 99/100
100/100 - 63s 629ms/step - loss: 0.0243 - acc: 0.9913 - val_loss: 0.2861 -
val_acc: 0.9620
```

```
Epoch 100/100
100/100 - 63s 629ms/step - loss: 0.0226 - acc: 0.9930 - val_loss: 0.3002 -
val_acc: 0.9610
```

모델의 검증 정확도는 약 96%인데, 이는 기존 모델 대비 6% 향상된 결과다. 전반적으로 이 모델은 첫 번째 기본 CNN 모델에 비해서 검증 정확도가 24% 향상됐다. 이를 통해 전이학습이 얼마나 유용한지 알 수 있다.

이제 모델 정확도와 손실 그래프를 살펴보자.

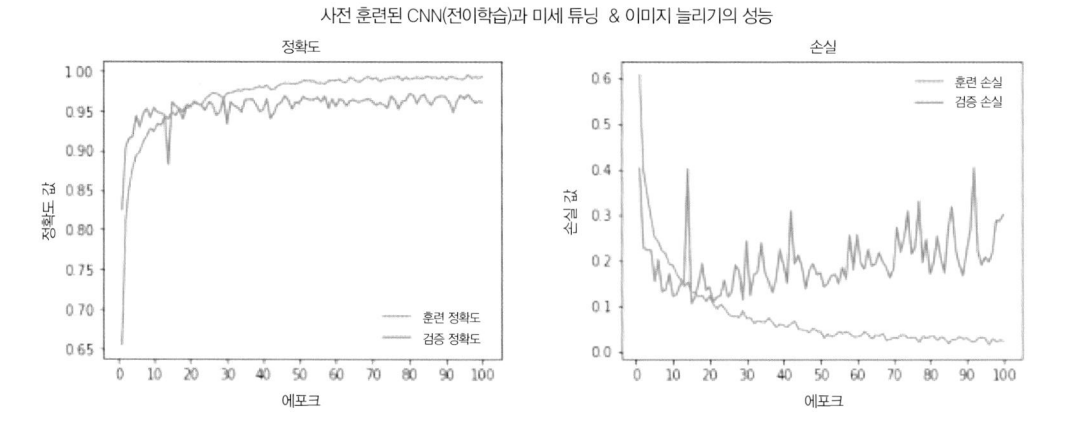

정확도 값이 매우 우수해졌다는 것을 알 수 있다. 모델이 훈련 데이터에 약간 과대 적합된 것처럼 보이지만, 여전히 검증 정확도가 매우 높다. 다음 코드로 이 모델을 디스크에 저장한다.

```
model.save('cats_dogs_tlearn_finetune_img_aug_cnn.h5')
```

이제 테스트 데이터 세트에서 모든 모델을 테스트해 실제 성능을 평가하자.

딥러닝 모델 평가

우선 지금까지 만든 다섯 가지 모델을 먼저 샘플 테스트 이미지로 테스트하고, 그다음에 CNN 모델의 실제적 분석 방법과 이미지로부터 특성을 추출하는 방법을 시각화한다. 마지막으로, 테스트 데이터 세트를 이용해 각 모델의 성능을 테스트한다. 이 절의 코드는 주피터 노트북의 Model Performance Evaluations.ipynb에 있다. 또한 model_evaluation_utils라는 멋진 유틸리티 모듈을 만들어서 딥러닝 모델의 성능을 평가하기 위해서 사용할 것이다. 시작하기 전에 다음 의존성 패키지를 로드한다.

```
import glob
import numpy as np
import matplotlib.pyplot as plt
from keras.preprocessing.image import load_img, img_to_array, array_to_img
from keras.models import load_model
import model_evaluation_utils as meu

%matplotlib inline
```

이 의존성 패키지를 로드하고 나서 지금까지 저장한 모델도 로드한다.

```
basic_cnn = load_model('cats_dogs_basic_cnn.h5')
img_aug_cnn = load_model('cats_dogs_cnn_img_aug.h5')
tl_cnn = load_model('cats_dogs_tlearn_basic_cnn.h5')
tl_img_aug_cnn = load_model('cats_dogs_tlearn_img_aug_cnn.h5')
tl_img_aug_finetune_cnn = load_model('cats_dogs_tlearn_finetune_img_aug_cnn.h5')
```

이 코드를 통해 이번 장에서 다양한 기술과 아키텍처로 만든 다섯 가지 모델을 모두 가져올 수 있다.

샘플 테스트 이미지로 모델 예측

이제 데이터 세트에 포함되지 않은 샘플 이미지를 로드하고 다른 모델을 예측해 본다. 여기서는 필자의 고양이 이미지를 사용하겠다. 샘플 이미지와 몇 가지 기본 구성을 로드하자.

```
# 기본 모양
IMG_DIM = (150, 150)
input_shape = (150, 150, 3)
num2class_label_transformer = lambda l: ['cat' if x == 0 else 'dog' for
                                         x in l]
class2num_label_transformer = lambda l: [0 if x == 'cat' else 1 for x
                                         in l]
# 샘플 이미지 로드
sample_img_path = 'my_cat.jpg'
sample_img = load_img(sample_img_path, target_size=IMG_DIM)
```

```
sample_img_tensor = img_to_array(sample_img)
sample_img_tensor = np.expand_dims(sample_img_tensor, axis=0)
sample_img_tensor /= 255.
print(sample_img_tensor.shape)
plt.imshow(sample_img_tensor[0]) (1, 150, 150, 3)
```

이 코드의 출력 결과는 다음과 같다.

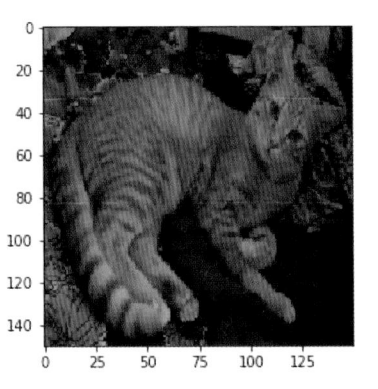

샘플 이미지를 로드했으니 이제 모델이 이 이미지(내 고양이)의 범주를 어떻게 예측했는지 살펴보자.

```
cnn_prediction = num2class_label_transformer(basic_cnn.predict_classes(
                                        sample_img_tensor,
                                        verbose=0))
cnn_img_aug_prediction =
num2class_label_transformer(img_aug_cnn.predict_classes(
                        sample_img_tensor,
                        verbose=0))


tlearn_cnn_prediction = num2class_label_transformer(tl_cnn.predict_classes(
                                    get_bottleneck_features(vgg_model,
                                    sample_img_tensor),
                                    verbose=0))
tlearn_cnn_img_aug_prediction =

num2class_label_transformer(
                tl_img_aug_cnn.predict_classes(sample_img_tensor,
                                        verbose=0))
```

```
tlearn_cnn_finetune_img_aug_prediction =

num2class_label_transformer(
                            tl_img_aug_finetune_cnn.predict_classes(sample_img_tensor,
                            verbose=0))
print('Predictions for our sample image: \n',
      '\nBasic CNN:', cnn_prediction,

      '\nCNN with Img Augmentation:', cnn_img_aug_prediction,
      '\nPre-trained CNN (Transfer Learning):', tlearn_cnn_prediction,
      '\nPre-trained CNN with Img Augmentation (Transfer Learning):',
      tlearn_cnn_img_aug_prediction,
      '\nPre-trained CNN with Fine-tuning & Img Augmentation (Transfer
      Learning):', tlearn_cnn_finetune_img_aug_prediction)


Predictions for our sample image: Basic CNN: ['cat']
CNN with Img Augmentation: ['dog']
Pre-trained CNN (Transfer Learning): ['dog']
Pre-trained CNN with Img Augmentation (Transfer Learning): ['cat']
Pre-trained CNN with Fine-tuning & Img Augmentation (Transfer Learning):
['cat'] [1]
```

앞의 결과로부터 3개의 모델이 이미지를 고양이로 정확하게 예측하고 2개의 모델이 이미지를 잘못 예측한 것을 알 수 있다. 흥미로운 것은 기본 CNN 모델도 미세 튜닝과 이미지 늘리기를 바탕으로 한 사전 훈련 모델과 같이 이미지를 정확하게 예측했다는 것이다.

CNN 모델이 인지한 것을 시각화하기

딥러닝 모델을 종종 **블랙 박스 모델(black box model)**이라고도 하는데, 의사결정 트리(decision tree)와 같은 간단한 머신러닝 모델과 비교했을 때 실제로 모델이 내부적으로 어떻게 작동하는지 이해

---

[1]　(옮긴이) 결과 해석:

모델1	기본 CNN 모델	고양이를 ['cat']으로 정확히 예측
모델2	CNN과 이미지 늘리기를 적용한 모델	고양이를 ['dog']로 잘못 예측
모델3	사전 훈련된 CNN(전이학습) 모델	고양이를 ['dog']로 잘못 예측
모델4	사전 훈련된 CNN과 이미지 늘리기를 적용한 모델	고양이를 ['cat']으로 정확히 예측
모델5	사전 훈련된 CNN과 미세 튜닝 & 이미지 늘리기(전이학습)를 적용한 모델	고양이를 ['cat']으로 정확히 예측

하기가 어렵기 때문이다. 알다시피 CNN 기반의 딥러닝 모델은 합성곱층을 이용하는데, 이 합성곱층은 특성 계층 구조를 나타내는 활성화 특성 지도를 추출하기 위해 필터를 사용한다. 개념적으로 합성곱의 상위 층은 작은 로컬 패턴을 학습하고 하위 층은 네트워크 내의 상위 합성곱층에서 가져온 더 복잡하고 큰 패턴을 학습한다. 이것을 예제로 시각화해 보자.

최고의 모델(미세 튜닝과 이미지 늘리기를 한 전이학습)의 처음 8개의 층에서 출력 활성화 특성 지도를 추출해 보자. VGG-16 모델의 첫 세 블록에서 합성곱층과 풀링층을 보려는 것이 핵심인데, 그 이유는 모델에서 특성 추출을 위해 동일한 것을 사용했기 때문이다.

다음 코드로 층을 살펴볼 수 있다.

```
tl_img_aug_finetune_cnn.layers[0].layers[1:9]
```

```
[<keras.layers.convolutional.Conv2D at 0x7f514841b0b8>,
 <keras.layers.convolutional.Conv2D at 0x7f514841b0f0>,
 <keras.layers.pooling.MaxPooling2D at 0x7f5117d4bb00>,
 <keras.layers.convolutional.Conv2D at 0x7f5117d4bbe0>,
 <keras.layers.convolutional.Conv2D at 0x7f5117d4bd30>,
 <keras.layers.pooling.MaxPooling2D at 0x7f5117d4beb8>,
 <keras.layers.convolutional.Conv2D at 0x7f5117d4bf98>,
 <keras.layers.convolutional.Conv2D at 0x7f5117d00128>]
```

고양이 샘플 테스트 이미지에서 추출한 것을 바탕으로 예제 모델에서 특성 지도를 추출해 보자. 간단한 예를 들면, 블록 1로부터 첫 합성곱층의 결과를 추출하고 다음 코드처럼 활성화된 특성 지도의 일부를 볼 것이다.

```
from keras import models

# 최상위 8번째 층에서 추출된 출력:
layer_outputs = [layer.output for layer in
                  tl_img_aug_finetune_cnn.layers[0].layers[1:9]]

# 모델 입력에 따라 출력을 반환하는 모델을 생성:
activation_model = models.Model(
inputs=tl_img_aug_finetune_cnn.layers[0].layers[1].input,
                  outputs=layer_outputs)
```

```
# 층마다 배열이 1개이므로
# 넘파이 배열 형태로 8개의 리스트를 반환할 것이다.
activations = activation_model.predict(sample_img_tensor)
print('Sample layer shape:', activations[0].shape)
print('Sample convolution (activation map) shape:',
                        activations[0][0, :, :, 1].shape)

fig, ax = plt.subplots(1,5, figsize=(16, 6))
ax[0].imshow(activations[0][0, :, :, 10], cmap='bone')
ax[1].imshow(activations[0][0, :, :, 25], cmap='bone')
ax[2].imshow(activations[0][0, :, :, 40], cmap='bone')
ax[3].imshow(activations[0][0, :, :, 55], cmap='bone')
ax[4].imshow(activations[0][0, :, :, 63], cmap='bone')

Sample layer shape: (1, 150, 150, 64)
Sample convolution (activation map) shape: (150, 150)
```

이 코드의 출력 결과는 다음과 같다.

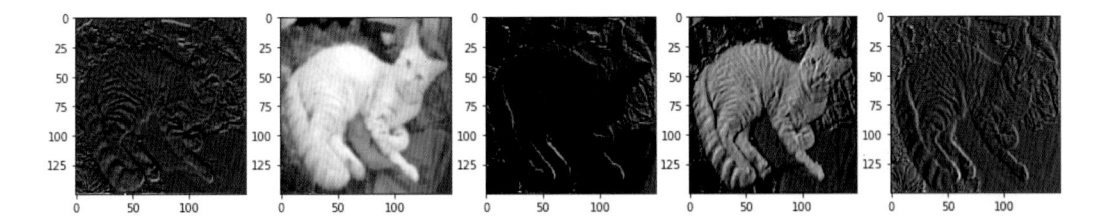

앞의 출력으로부터 첫 합성곱층의 출력이 150x150 크기인 총 64개의 활성화 특성 지도를 제공한다는 것을 알 수 있다. 다음 코드로 이러한 특성 지도 중 다섯 개를 시각화할 것이다. 이를 통해 모델이 어떻게 이미지와 관련된 색조, 강도, 에지, 모서리 등의 관련된 특성을 추출하는지 알 수 있을 것이다. 다음 출력은 1과 2에서 VGG-16 모델의 활성화 지도를 보여준다.

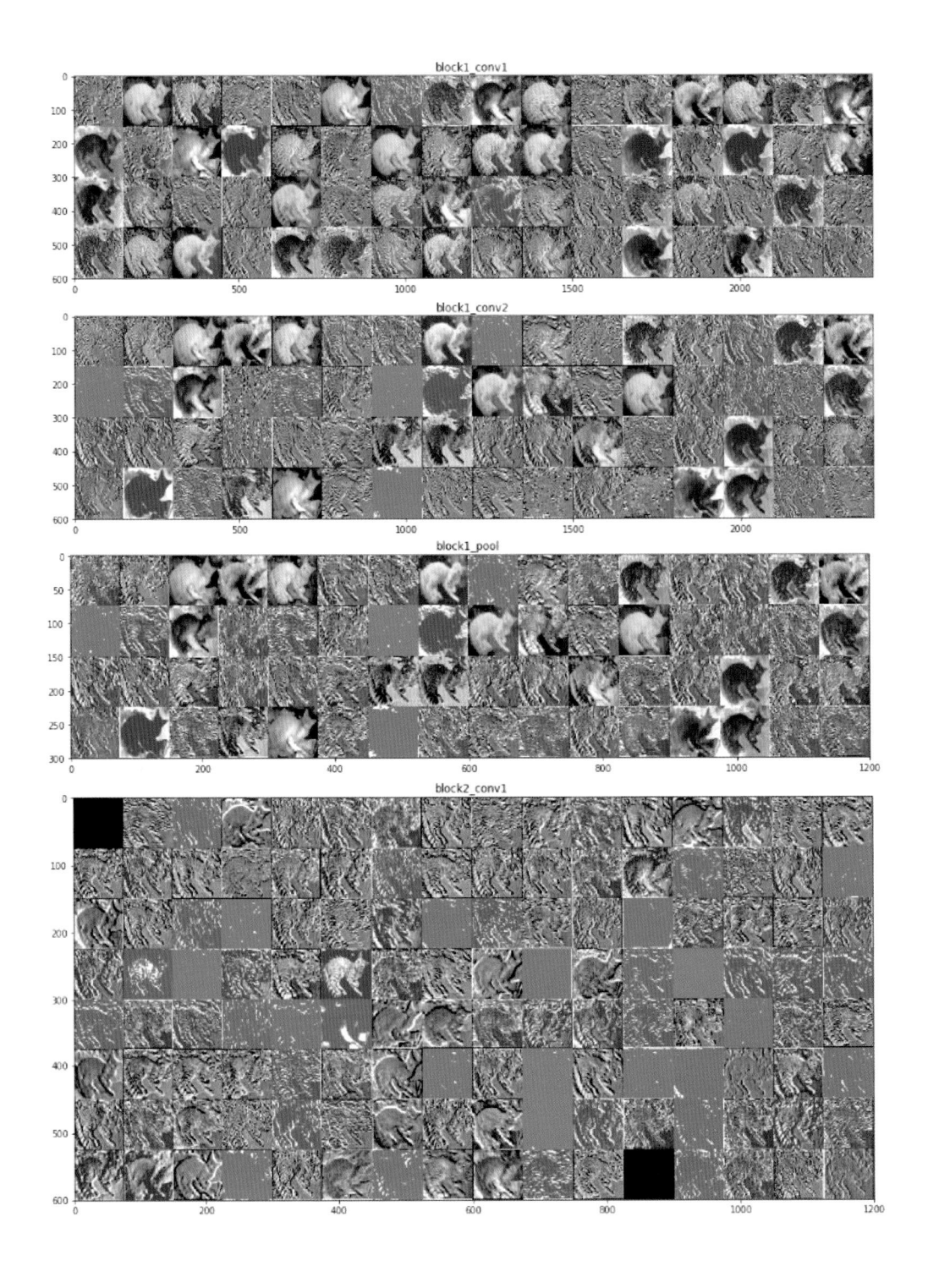

앞에서 설명한 활성화 특성 지도는 주피터 노트북 Model Performance Evaluations.ipynb에 있는 코드를 활용해 만들 수 있다. CNN 모델에서 선택한 모든 층을 시각화할 수 있게 해준 프랑소와 숄레와 그의 책 《케라스 창시자에게 배우는 딥러닝》(길벗 2018)에 특별한 감사를 표한다. 이 모델을 통해 앞에 선택한 상위 8개 층을 시각화했고 여기서는 첫 두 블록의 활성화 지도를 보여줬다. 자유롭게 주피터 노트북 파일의 동일한 코드를 재사용해서 자신만의 모델을 만들어 보자. 어쩌면 앞 그림에서 최상위 층의 특성 지도가 원래 이미지를 많이 유지하고 있다는 사실을 발견할 수도 있다. 하지만 모델에 더 깊숙이 들어갈수록 특성 지도는 더 추상적이고 복잡해지며 해석하기 어려워질 것이다.

테스트 데이터로 수행한 평가 모델 성능

이제 최종 테스트를 할 시간이다. 여기서는 문자 그대로 테스트 데이터 세트에 대한 예측을 통해 모델의 성능을 테스트할 것이다. 예측 전에 테스트 데이터 세트를 로드해서 준비하자.

```
IMG_DIM = (150, 150)
test_files = glob.glob('test_data/*')
test_imgs = [img_to_array(load_img(img, target_size=IMG_DIM))
                for img in test_files]
test_imgs = np.array(test_imgs)

test_labels = [fn.split('/')[1].split('.')[0].strip() for fn in test_files]
test_labels_enc = class2num_label_transformer(test_labels)
test_imgs_scaled = test_imgs.astype('float32')
test_imgs_scaled /= 255

print('Test dataset shape:', test_imgs.shape)

Test dataset shape: (1000, 150, 150, 3)
```

이제 조정된 데이터 세트를 준비했으므로 각 모델의 모든 테스트 이미지를 바탕으로 예측이 얼마나 정확한지를 확인하고 모델 성능을 평가해 보자.

```
# 모델 1 - 기본 CNN
predictions = basic_cnn.predict_classes(test_imgs_scaled, verbose=0)
predictions = num2class_label_transformer(predictions)
meu.display_model_performance_metrics(true_labels=test_labels,
```

```
                            predicted_labels=predictions,
                            classes=list(set(test_labels)))
```

이 코드의 출력 결과는 다음과 같다.

```
Model Performance metrics: Model Classification report:                        Prediction Confusion Matrix:
-------------------------- ----------------------------                        ----------------------------
Accuracy: 0.776                          precision   recall  f1-score  support          Predicted:
Precision: 0.7769                                                                        cat  dog
Recall: 0.776                       cat      0.76     0.80      0.78       500 Actual: cat  402   98
F1 Score: 0.7758                    dog      0.79     0.75      0.77       500        dog  126  374

                            avg / total      0.78     0.78      0.78      1000
```

모델 2 - 기본 CNN과 데이터 늘리기

```
predictions = img_aug_cnn.predict_classes(test_imgs_scaled, verbose=0)
predictions = num2class_label_transformer(predictions)
meu.display_model_performance_metrics(true_labels=test_labels,
                            predicted_labels=predictions,
                            classes=list(set(test_labels)))
```

이 코드의 출력 결과는 다음과 같다.

```
Model Performance metrics: Model Classification report:                        Prediction Confusion Matrix:
-------------------------- ----------------------------                        ----------------------------
Accuracy: 0.844                          precision   recall  f1-score  support          Predicted:
Precision: 0.844                                                                         cat  dog
Recall: 0.844                       cat      0.84     0.84      0.84       500 Actual: cat  422   78
F1 Score: 0.844                     dog      0.84     0.84      0.84       500        dog   78  422

                            avg / total      0.84     0.84      0.84      1000
```

모델 3 - 전이학습 (기본 특성 추출)

```
test_bottleneck_features = get_bottleneck_features(vgg_model,
test_imgs_scaled) predictions =
tl_cnn.predict_classes(test_bottleneck_features, verbose=0) predictions =
num2class_label_transformer(predictions)
meu.display_model_performance_metrics(true_labels=test_labels,
                            predicted_labels=predictions,
                            classes=list(set(test_labels)))
```

이 코드의 출력 결과는 다음과 같다.

```
Model Performance metrics:  Model Classification report:                        Prediction Confusion Matrix:
-----------------------------  ------------------------------                    ------------------------------
Accuracy: 0.888                              precision   recall  f1-score  support              Predicted:
Precision: 0.8898                                                                                cat  dog
Recall: 0.888                          cat        0.92     0.85      0.88      500   Actual: cat  427   73
F1 Score: 0.8879                       dog        0.86     0.92      0.89      500           dog   39  461

                                 avg / total      0.89     0.89      0.89     1000
```

모델 4 - 전이학습과 이미지 늘리기
```
predictions = tl_img_aug_cnn.predict_classes(test_imgs_scaled, verbose=0)
predictions = num2class_label_transformer(predictions)
meu.display_model_performance_metrics(true_labels=test_labels,
                              predicted_labels=predictions,
                              classes=list(set(test_labels)))
```

이 코드의 출력 결과는 다음과 같다.

```
Model Performance metrics:  Model Classification report:                        Prediction Confusion Matrix:
-----------------------------  ------------------------------                    ------------------------------
Accuracy: 0.898                              precision   recall  f1-score  support              Predicted:
Precision: 0.8981                                                                                cat  dog
Recall: 0.898                          cat        0.89     0.91      0.90      500   Actual: cat  453   47
F1 Score: 0.898                        dog        0.90     0.89      0.90      500           dog   55  445

                                 avg / total      0.90     0.90      0.90     1000
```

모델 5 - 전이학습과 세부 튜닝 및 이미지 늘리기
```
predictions = tl_img_aug_finetune_cnn.predict_classes(test_imgs_scaled,
                                            verbose=0)
predictions = num2class_label_transformer(predictions)
meu.display_model_performance_metrics(true_labels=test_labels,
                              predicted_labels=predictions,
                              classes=list(set(test_labels)))
```

```
Model Performance metrics:  Model Classification report:                        Prediction Confusion Matrix:
-----------------------------  ------------------------------                    ------------------------------
Accuracy: 0.961                              precision   recall  f1-score  support              Predicted:
Precision: 0.9611                                                                                cat  dog
Recall: 0.961                          cat        0.97     0.95      0.96      500   Actual: cat  476   24
F1 Score: 0.961                        dog        0.95     0.97      0.96      500           dog   15  485

                                 avg / total      0.96     0.96      0.96     1000
```

보다시피 결과가 상당히 흥미롭다. 각 후속 모델이 이전 모델보다 더 우수한 성능을 보여주는데, 이는 예상한 것과 같이 새로운 모델에 더 발전된 기술을 이용했기 때문이다. 최악의 모델은 기본 CNN 모델이었는데, 이 모델은 정확도와 F1 점수는 약 78%였고, 가장 좋은 모델은 단 3,000개 이미지의 훈련 데이터 세트로 훈련된 미세 튜닝과 이미지 늘리기를 한 전이학습 모델로 모델 정확도와 F1 점수가 약 96%였다. 이제 최악의 모델과 최고 모델의 ROC 곡선을 그려 보자.

```
# 최악의 모델 - 기본 CNN
meu.plot_model_roc_curve(basic_cnn, test_imgs_scaled,
                         true_labels=test_labels_enc, class_names=[0,
                                                                    1])
# 최고의 모델 - 전이학습 & 이미지 늘리기를 이용한 학습
meu.plot_model_roc_curve(tl_img_aug_finetune_cnn, test_imgs_scaled,
                         true_labels=test_labels_enc, class_names=[0,
                                                                    1])
```

그래프는 다음과 같다.

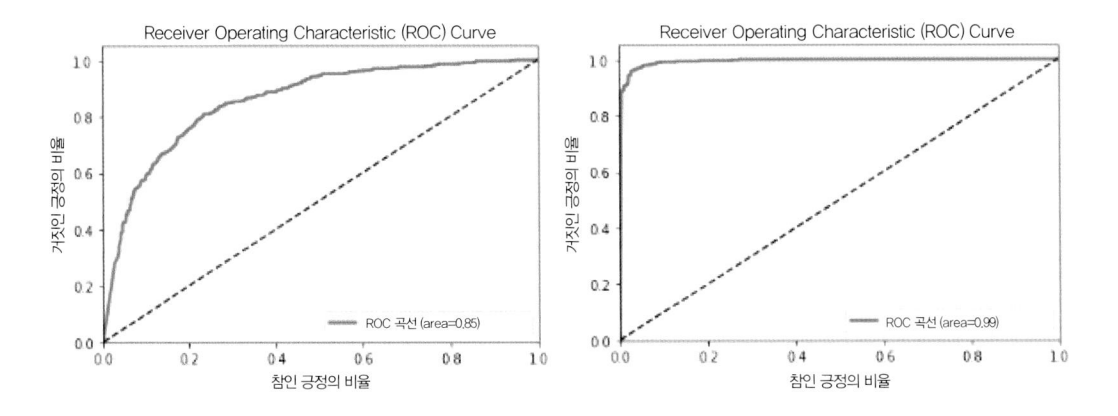

위 결과를 통해 특히 복잡한 문제(예를 들어 작은 데이터와 같은 제약)를 다루는 데 기존에 훈련된 모델과 전이학습이 얼마나 많은 차이가 있는지 알 수 있다. 자신만의 데이터로 직접 비슷한 전략을 시도해 보기 바란다.

정리

이 장의 목적은 실습을 하면서 실세계의 문제를 해결하는 딥러닝 모델을 생성하고 이를 통해 전이학습의 효과를 이해하는 것이었다. 제한된 데이터 등 제약을 가진 문제를 해결하면서 전이학습의 필요성을 다뤘다. 여러 개의 CNN 모델을 생성했고 적절한 이미지 늘리기 전략의 이점도 살펴봤다. 또한 전이학습에 사전 훈련 모델을 활용해 특성 추출기와 미세 튜닝 같은 다양한 방법을 활용한 사전 훈련 모델을 이용하는 법을 살펴봤다. 더불어 VGG-16 모델의 상세한 아키텍처와 이 모델을 효율적인 이미지 특성 추출기로 사용하는 방법을 다뤘다. 이미지 늘리기와 함께 특성 추출과 미세 튜닝이라는 전이학습과 관련된 전략을 효과적인 딥러닝 이미지 분류기를 구축하는 데 사용했다.

마지막으로 테스트 데이터 세트에서 모든 모델을 평가하고 합성곱 신경망이 특성 지도를 생성할 때 어떻게 이미지를 내부적으로 시각화하는지를 알아봤다. 이어지는 장에서는 전이학습이 필요한 더 복잡한 실제 세계의 사례 연구를 살펴볼 것이다.

이미지 인식과 분류 | 6장

지식에 투자하면 항상 최고의 이익을 얻는다.

– 벤자민 프랭클린

이미지 인식은 컴퓨터 비전의 하위 분야로 활발한 학제적 연구가 이루어지고 있다. 이미지 또는 객체 인식은 이름에서도 알 수 있듯이 이미지 또는 비디오 시퀀스에서 객체를 확인하는 작업을 말한다. 전통적으로 이 분야는 수학과 컴퓨터 지원 모델링 및 객체 설계의 발전을 활용해 왔다. 이미지 인식 시스템을 테스트하고 평가하기 위해 몇몇 수작업으로 레이블된 데이터 세트가 수년 동안 개발됐다. 지금은 전통 기술이라고 부르는 기술이 주도했고 최근까지도 주기적으로 개선됐다. 2012년에 이미지넷 대회에 딥러닝이 도입되면서 컴퓨터 비전과 딥러닝 기술의 급격한 발전이 시작됐다.

이 장에서는 딥러닝, 특히 전이학습의 시각에서 이미지 인식과 분류의 개념을 소개한다. 이 장에서 다룰 내용은 다음과 같다.

- 딥러닝을 이용한 이미지 분류에 대한 소개

- 벤치마킹 데이터 세트

- 최신 이미지 분류 모델

- 이미지 분류와 전이학습 사용 사례

이 책을 세 부분으로 나눈다면 이 장이 세 번째 파트가 시작되는 부분일 것이다. 이 장에서는 이전 두 파트에서 논의한 개념과 기술을 포함하는 연구를 통해 실제적 주제/연구 분야에서 어떻게 전이학습 방법이 달리 적용될 수 있는지 소개한다. 이 장의 코드는 깃허브 저장소의 6장 폴더 https://github.com/dipanjanS/hands-on-transfer-learning-with-python에 있으니 참조하기 바란다.

딥러닝 기반의 이미지 분류

합성곱 신경망(Convolutional Neural Networks: CNN)은 이미지 분류 과제에서 딥러닝 혁명을 주도하고 있다. CNN은 이미지 데이터를 처리하기 위해 특화된 신경망이다. 간단히 다시 한 번 살펴보면, CNN은 가중치 공유 아키텍처를 통해 이동과 공간 불변 특성을 추론할 수 있도록 도와주는 전방 전달 네트워크(feed forward networks)의 한 변형이다. 3장 '딥러닝 아키텍처 이해하기'와 5장 '전이학습의 위력 발휘하기'에서 다양한 전방 전달 네트워크와 CNN의 기초를 상세히 다뤘다. 여기서 잠시 그 내용을 떠올려 보는 것도 이해하는 데 도움이 될 것이다. 다음 이미지는 전형적인 CNN의 실제 사례를 보여준다.

전형적인 CNN (출처: https://en.wikipedia.org/wiki/File:Typical_cnn.png)

신경망은 2011년 초에 이미지 분류 대회 현장에 도입됐고 GPU로 훈련된 네트워크가 경쟁에서 이기기 시작했다. 2012년에 처음으로 심층 CNN이 이미지넷의 이미지 분류 작업에서 이전보다 최고치를 83%까지 향상시키면서 시선을 끌었다. 이 결과는 전 세계의 이목을 집중시켰을 뿐만 아니라 유스케이스로 확산돼 딥러닝을 통한 문제 해결에도 영향을 미쳤다.

벤치마킹 데이터 세트

이미지 분류와 같은 분류 과제는 본질적으로 지도 학습 과제다. 지도 학습 과제는 이용 가능한 기본 훈련 세트를 통해 다른 클래스를 학습한다.

CNN이 가중치를 공유하는 전방 전달 네트워크에 최적화돼 있다고 하더라도 합성곱 네트워크(ConvNet)에서 훈련할 파라미터의 수는 훨씬 더 많을 수도 있다. 그래서 잘 작동하는 네트워크를 만들기 위해서는 거대한 훈련 세트가 필요하다. 다행히 전 세계 연구 그룹은 수집과 수작업 레이블, 또 다른 데이터 세트를 만들기 위해 크라우드 소싱[1]을 하고 있다. 이 데이터 세트는 서로 다른 알고리즘의 성능을 벤치마킹하고 여러 대회에서 수상자를 가리는 데 사용된다.

다음은 이미지 분류에서 널리 인정되는 벤치마킹 데이터 세트의 목록이다.

- **ImageNet**: 1,400만 건이 넘는 수작업으로 레이블된 고해상도 컬러 이미지가 2만 개의 다양한 범주로 나뉘어 있는 표준 시각 데이터 세트다. 2009년 프린스턴 대학의 컴퓨터 과학과에서 시각적 객체 검출 작업에 사용할 수 있도록 설계했다. 그 이후 이 데이터 세트(겹치지 않는 클래스 1,000개로 정리된 버전)는 이미지넷 대규모 시각 인지 대회(ImageNet Large Scale Visual Recognition Challenge)(https://arxiv.org/abs/1409.0575)의 기반으로 사용되고 있다.

- **8,000만 개의 작은 이미지 데이터 세트(80 Million Tiny Images dataset)**: 이름에서 알 수 있듯이 이 MIT 데이터 세트에는 인터넷에서 수집된 8천만 개의 이미지가 포함돼 있으며 75,000개가 넘는 비추상 명사가 태그돼 있다. 이 데이터 세트는 또한 CIFAR 데이터 세트를 비롯해 널리 사용되는 여러 데이터 세트의 기초를 마련했다.

- **CIFAR-10**: 캐나다 고등 연구소(CIFAR)에서 개발한 CIFAR-10은 **머신러닝(ML)** 연구에 가장 널리 사용되는 데이터 세트 중 하나다. 이 데이터 세트에는 10개의 다른 클래스에 걸친 저해상도 이미지 60,000개가 포함돼 있다.

- **CIFAR-100**: 위와 동일한 연구 그룹으로부터 나온 이 데이터 세트는 100개의 서로 다른 클래스에 균일하게 분포된 60,000개의 이미지를 포함하고 있다.

- **Common Objects in Context(COCO)**: 이것은 대규모 객체 검출, 세분화 및 캡션을 넣기 위한 비주얼 데이터베이스다. 이 데이터 세트에는 서로 다른 클래스에 걸쳐 20만 개가 넘는 레이블 이미지가 포함돼 있다.

- **Open Images**: 아마도 현재 사용되는 가장 많은 주석이 달린 데이터 세트일 것이다. 이 데이터 세트의 버전 4에는 9백만 개가 넘는 주석 이미지가 포함돼 있다.

- **Caltech 101과 Caltech 256**: 이 데이터 세트에는 101개와 256개의 범주에서 주석이 달린 이미지가 있다. Caltech 101에는 약 9,000개의 이미지가 포함돼 있으며 Caltech 256에는 30,000개의 이미지가 포함돼 있다.

- **스탠퍼드 개 데이터 세트(Stanford Dog dataset)**: 개를 유형별로 특정화한 흥미로운 데이터 세트다. 120개의 다른 개 유형이 포함된 20,000개의 컬러 이미지가 들어 있다.

- **MNIST**: 가장 많이 알려진 시각 데이터 세트의 하나인 MNIST는 머신러닝의 열정 팬에게는 사실상 'Hello, World' 데이터 세트와 같다. 60,000개의 수작업 레이블이 있는 숫자(0~9)가 들어 있다.

앞의 목록은 빙산의 일각에 불과하다. 세상의 다른 측면을 포착한 수많은 다른 데이터 세트가 있다. 이렇게 데이터 세트를 준비하는 것은 고통스럽고 시간이 많이 소요되는 과정이지만, 그 덕분에 딥러닝이 현재의 성공적인 결과를 끌어낼 수 있었다. 이러한 데이터 세트와 그 밖의 다른 데이터 세트를 자세히

---

1 (옮긴이) 크라우드 소싱(Crowd Sourcing)은 대중(Crowd)과 아웃소싱(Outsourcing)의 합성어로, 대중들의 참여를 통해 솔루션을 얻는 방법을 뜻한다.

살펴보고 이들 데이터 세트의 미묘한 차이와 각 데이터 세트에서 해결해야 할 과제를 파악하기를 바란다. 전이학습의 개념을 이해하기 위해서 이 장과 앞으로 다룰 장에서 이 데이터 세트 중 일부를 사용한다.

최신 이미지 분류 모델

딥러닝은 수년에 걸쳐 많은 관심과 찬사를 받아왔다. 유명한 대회는 물론, 컨퍼런스와 저널에서 딥러닝을 중심으로 한 연구가 많이 이루어지고 있다는 것은 놀라운 일이 아니다. 특히 이미지 분류 아키텍처는 몇 년 전부터 주목받아 왔고 반복적으로 개선된 사항이 정기적으로 공유되고 있다. 최고의 성능과 인기를 자랑하는 최신 이미지 분류 아키텍처를 간단히 살펴보자.

- **AlexNet:** 네크워크 분야에 '수문을 열었다'는 명예를 얻을 만큼 많이 사용되고 있다. 딥러닝의 개척자 중 한 명인 제프리 힌튼과 그의 팀이 설계한 이 네트워크는 상위 5개 오류율을 15.3%로 줄였다. 또한 학습 속도를 높이기 위해 GPU를 활용한 최초의 아키텍처 중 하나다.

- **VGG-16:** 이 네트워크는 옥스퍼드의 VGG(Visual Geometry Group)에서 만들었는데, 최강의 성능을 발휘하는 아키텍처의 하나로 다른 벤치마킹 디자인에도 널리 사용되고 있다. VGG-16은 3x3 합성곱층을 기반으로 하는 단순한 아키텍처를 다른 층(16배)에 겹겹이 쌓아 올린 뒤 최대 풀링층으로 보내는 방법으로 강력한 성능을 냈다. 이것은 VGG19라는 이름의 약간 더 복잡한 모델로 계승됐다.

- **Inception:** **구글넷**으로도 알려진 이 네트워크는 2014년 '**이미지넷 대규모 시각 인지 대회(ILSVRC)**'에 도입되어 상위 5위의 오류율 6.67%에 도달했다. 사람의 성과에 근접한 최초의 아키텍처 중 하나다. 이 네트워크는 이면에 서로 다른 크기의 커널을 같은 수준에서 포괄해 결합하는 인셉션층을 사용했다는 점이 새롭다.

- **ResNet:** 마이크로소프트 아시아 연구소(Microsoft Research Asia)에서 소개한 **잔차 네트워크(residual network, ResNet)**는 배치 정규화와 연결 건너 뛰기로 단 3.57%의 오류율을 달성한 새로운 아키텍처다. VGG와 같은 더 단순한 아키텍처보다 훨씬 더 복잡하고 더 깊다(152층).

- **MobileNet:** 대부분 아키텍처가 다른 아키텍처보다 더 나은 성과를 내려고 경쟁하는 사이 각각의 새로워지고 복잡해진 네트워크는 훨씬 더 많은 컴퓨팅 파워와 데이터 자원을 필요로 하게 됐다. 모바일넷은 이러한 아키텍처에서 벗어나 모바일과 임베디드 시스템에 적합하게 설계됐다. 이 네트워크는 네트워크 훈련에 필요한 전체 파라미터의 수를 감소시키기 위해 깊이 방향 분리 합성곱(depth-wise separable convolution)[2]이라는 새로운 개념을 이용한다.

---

2 (옮긴이) 깊이 방향 분리 합성곱은 모바일넷의 주가 되는 아이디어로, 표준 합성곱(standard convolution)과 달리 채널 방향과 가로, 세로 방향을 모두 분리해서 파라미터의 수와 연산량을 줄였다(참고: Andrew G. Howard 외(2017), MobileNets: Efficient Convolutional Neural Networks for Mobile Vision Applications, arxiv).

이제까지 딥러닝 기반 이미지 분류에서 몇몇 최신 아키텍처를 빠르게 개관하고 요약했다. 좀 더 자세한 내용은 3장 '딥러닝 아키텍처 이해하기'의 '합성곱 신경망' 부분을 참조하기 바란다.

이미지 분류와 전이학습

지금까지 이미지 분류의 모든 것에 관해 토론했다. 이제 분류기를 만들어볼 것이다. 이 장의 앞부분에서 CIFAR-10과 스탠퍼드 '개 데이터 세트'와 같이 대중적인 벤치마킹 데이터 세트를 간략하게 언급했는데, 이 데이터 세트를 다음 절에서 중점적으로 다룰 것이다. 또한 사전 훈련된 모델을 활용해 모델을 개선하는 방법도 익힐 것이다.

CIFAR-10

CIFAR-10은 딥러닝 세계에서 가장 널리 사용되는 이미지 데이터 세트 중 하나다. 이것은 캐나다 고등 연구소(Canadian Institute for Advanced Research)에서 만든 상당히 큰 데이터 세트다. 이 데이터 세트는 데이터가 겹치지 않는 10개 범주에 균일한 분포로 들어 있다는 큰 장점이 있다. 이미지는 해상도가 낮고 상당히 작아서 적은 메모리 시스템만으로도 충분히 훈련할 수 있는 데이터 세트다.

이미지 분류기 구축

CIFAR-10은 사용 가능한 몇 가지 균형 잡힌 데이터 세트 중 하나다. 전체 크기는 60,000개의 이미지다. 다음 코드로 CIFAR-10 데이터 세트를 불러 들여 훈련과 테스트로 구분한다.

```
# CIFAR 데이터 세트 로딩
(X_train, y_train), (X_test, y_test) = cifar10.load_data()
```

데이터 세트의 이미지 해상도가 낮아서 때로는 사람도 레이블을 붙이기가 어렵다. 이 절에서 공유하는 코드는 CIFAR 10_CNN_Classifier.ipynb 주피터 노트북에 있다.

앞에서 CNN에 관해 논의하면서 CNN으로 시각 데이터 세트를 최적화하는 방법을 살펴봤다. CNN은 파라미터의 수를 줄이기 위해 가중치 공유의 원칙에 따라 작동한다. 처음부터 개발하면 딥러닝 기술뿐만 아니라 거대한 기반 시설도 필요하다. 이를 염두에 두고 CNN 기술을 밑바닥부터 개발하고 테스트하면 흥미로울 것이다.

다음은 케라스로 만들어진 다섯 개의 층(두 개의 합성곱, 한 개의 최대 풀링, 한 개의 밀집 층과 한 개의 최종 소프트맥스층)으로 구성된 매우 간단한 CNN 코드다.

```
model = Sequential()
model.add(Conv2D(16, kernel_size=(3, 3),
                    activation='relu',
input_shape=INPUT_SHAPE))

model.add(Conv2D(32, (3,3), padding='same',
kernel_regularizer=regularizers.l2(WEIGHT_DECAY),
                                    activation='relu'))
model.add(BatchNormalization())
model.add(MaxPooling2D(pool_size=(2,2)))
model.add(Dropout(0.2))

model.add(Flatten())
model.add(Dense(128, activation='relu'))
model.add(Dropout(0.5))
model.add(Dense(NUM_CLASSES, activation='softmax'))
```

일반화 성능을 향상시키기 위해 모델에 드롭아웃층과 함께 배치 정규화층이 포함돼 있다. 이 층들이 과대 적합됐는지 확인하고 네트워크가 데이터 세트 자체를 암기하지 못하도록 해야 한다.

모델을 실행하면 검증 세트에서 25에포크만에 대략 65%의 정확도를 얻을 수 있다. 다음 그림은 훈련 모델의 출력 예측을 보여준다.

CNN 기반의 CIFAR-10 분류기에서 예측한 결과

최신 결과에 근접한 것은 아니지만, 충분히 괜찮은 결과다. 이 예제는 CNN의 엄청난 잠재력을 보여주기 위한 것이었음을 명심하고, 같은 코드를 직접 실행해 보기를 바란다.

지식 전이

이 책의 내용, 특히 이번 장의 내용은 전이학습에 초점을 맞추고 있으므로 학습된 정보를 빠리 활용하고 전이하는 실제 과제를 시작해 보자. 앞 절에서 다른 최신 CNN 아키텍처에 관해 논의했다. 이제 이미지넷에서 훈련된 VGG-16 모델을 활용해 CIFAR-10 데이터 세트의 이미지를 분류해 보자. 이 절의 코드는 주피터 노트북 CIFAR10_VGG16_Transfer_Learning_Classifier.ipynb에 있다.

이미지넷은 다양한 범주에 속한 20,000개 이상의 거대한 시각 데이터 세트다. 반면 CIFAR-10은 10개 범주가 서로 겹치지 않게 제한돼 있다. VGG-16과 같은 강력한 네트워크는 사람보다 더 나은 성능을 발휘하게 훈련하려면 엄청난 연산 능력과 시간이 필요하다. 이것은 전이학습도 마찬가지다. 대부분 사람은 무한정 계산할 수가 없기 때문에 두 가지 서로 다른 환경에서 이 네트워크를 활용한다.

- 사전 훈련된 최신의 네트워크를 특성 추출기로 사용한다. 최상위 분류층을 제거하고 끝에서 두 번째 층에서 출력하면 된다.

- 새 데이터 세트를 최신 네트워크로 미세 튜닝.

여기서는 VGG-16을 특성 추출기로 활용하고 그 위에 맞춤 분류기를 만들 것이다. 다음 코드를 로드하고 CIFAR-10 데이터 세트를 사용할 수 있게 준비하자.

```
# 데이터 추출
(X_train, y_train), (X_test, y_test) = cifar10.load_data()


# 훈련과 검증 세트로 분리
X_train, X_val, y_train, y_val = train_test_split(X_train,
                                                  y_train,
                                                  test_size=0.15,
                                                  stratify=np.array
                                                            (y_train),
                                                  random_state=42)
# 원 핫 인코딩 수행
Y_train = np_utils.to_categorical(y_train, NUM_CLASSES)
Y_val = np_utils.to_categorical(y_val, NUM_CLASSES)
Y_test = np_utils.to_categorical(y_test, NUM_CLASSES)


# 이미지를 48x48로 스케일 업
X_train = np.array([sp.misc.imresize(x,
                                (48, 48)) for x in X_train])
X_val = np.array([sp.misc.imresize(x,
                                (48, 48)) for x in X_val])
X_test = np.array([sp.misc.imresize(x,
                                (48, 48)) for x in X_test])
```

앞의 코드로 학습 데이터 세트를 훈련과 검증 세트로 나누고 대상 변수를 원-핫 인코딩 형태로 변환한다. 또한 VGG-16 입력 요구사항을 준수하기 위해 이미지의 크기를 32×32에서 48×48로 조정한다. 일단 분류기로 훈련하기 위해 검증 데이터 세트와 테스트 데이터 세트를 준비한다.

다음은 기존 모델 위에 새로운 층을 얼마나 쉽게 붙일 수 있는지 보여주는 코드다. 목표는 분류층만 훈련시키는 것이기 때문에 훈련할 수 있는 파라미터 세팅을 False로 해서 나머지 층을 동결할 것이다. 이렇게 하면 덜 강력한 기반 구조에서도 기존 아키텍처를 활용할 수 있고 학습된 가중치를 한 도메인에서 다른 도메인으로 전이할 수 있다.

```
base_model = vgg.VGG16(weights='imagenet',
                        include_top=False,
                        input_shape=(48, 48, 3))

# vgg16 모델의 세 번째 블록에서 마지막 층 추출
last = base_model.get_layer('block3_pool').output

# 상위 층에 분류층 추가
x = GlobalAveragePooling2D()(last)
x = BatchNormalization() (x)
x = Dense(64, activation='relu') (x)
x = Dense(64, activation='relu') (x)
x = Dropout(0.6) (x)
pred = Dense(NUM_CLASSES, activation='softmax') (x)
model = Model(base_model.input, pred)

for layer in base_model.layers:
layer.trainable = False
```

이렇게 해서 기본 재료가 준비됐다. 전체 파이프라인에서 마지막 남은 블록은 데이터 늘리기다. 전체 데이터 세트에는 고작 6만 개의 영상이 포함돼 있었기 때문에 데이터 늘리기로 가까운 샘플 세트에 특성 변화를 추가하는 것이 좋다. 이 작업을 통해 네트워크가 더 일반화된 특성을 배울 수 있을 것이다. 다음 코드는 ImageDataGenerator() 유틸리티로 훈련과 검증에서 데이터 늘리기를 하기 위해 준비하는 것이다.

```
# 데이터 늘리기 구성의 준비
train_datagen = ImageDataGenerator(rescale=1./ 255,
                                    horizontal_flip=False)
```

```
train_datagen.fit(X_train)
train_generator = train_datagen.flow(X_train,
                                     Y_train,
                                     batch_size=BATCH_SIZE)
val_datagen = ImageDataGenerator(rescale=1. / 255,
                                 horizontal_flip=False)

val_datagen.fit(X_val)
val_generator = val_datagen.flow(X_val,
                                 Y_val,
                                 batch_size=BATCH_SIZE)
```

이제 모델을 몇 번의 에포크로 훈련시키고 그 성능을 측정해 보자. 다음 코드로 모델에 새로 추가된 층을 훈련시키기 위한 fit_generator() 함수를 호출한다.

```
train_steps_per_epoch = X_train.shape[0] // BATCH_SIZE
val_steps_per_epoch = X_val.shape[0] // BATCH_SIZE

history = model.fit_generator(train_generator,
                              steps_per_epoch=train_steps_per_epoch,
                              validation_data=val_generator,
                              validation_steps=val_steps_per_epoch,
                              epochs=EPOCHS,
                              verbose=1)
```

fit_generator()에 의해 반환된 기록에는 각 에포크의 세부 정보가 담겨 있다. 이를 통해 정확도와 손실 측면에서 전체적인 모델의 성능을 그릴 수 있다. 그 결과는 다음과 같다.

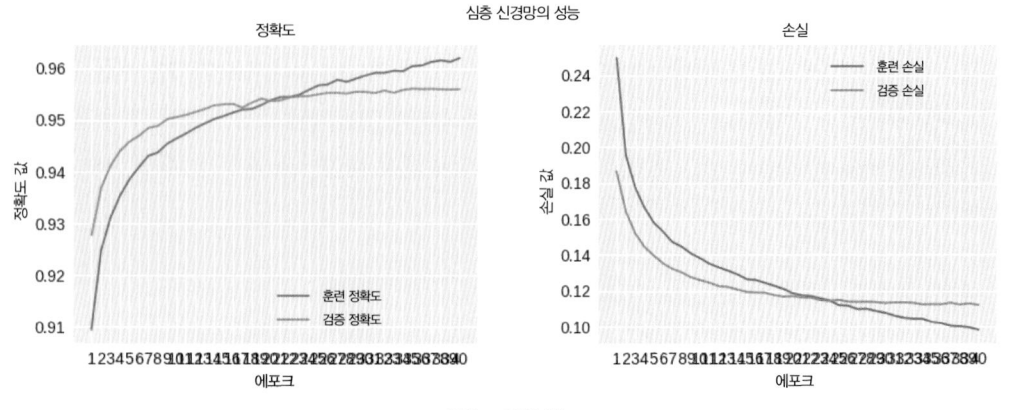

훈련 - 검증 성능

위에서 보는 것처럼 전이학습을 쓰면 처음부터 모델을 개발하는 것보다 결과가 전반적으로 놀라울 정도로 좋아진다. VGG-16의 훈련 가중치 덕분에 향상된 특성을 이 도메인에 전이할 수 있기 때문이다. plot_predictions()와 같은 유틸리티로 다음 그림에 표시한 것과 같이 무작위 샘플 분류의 결과를 시각화할 수 있다.

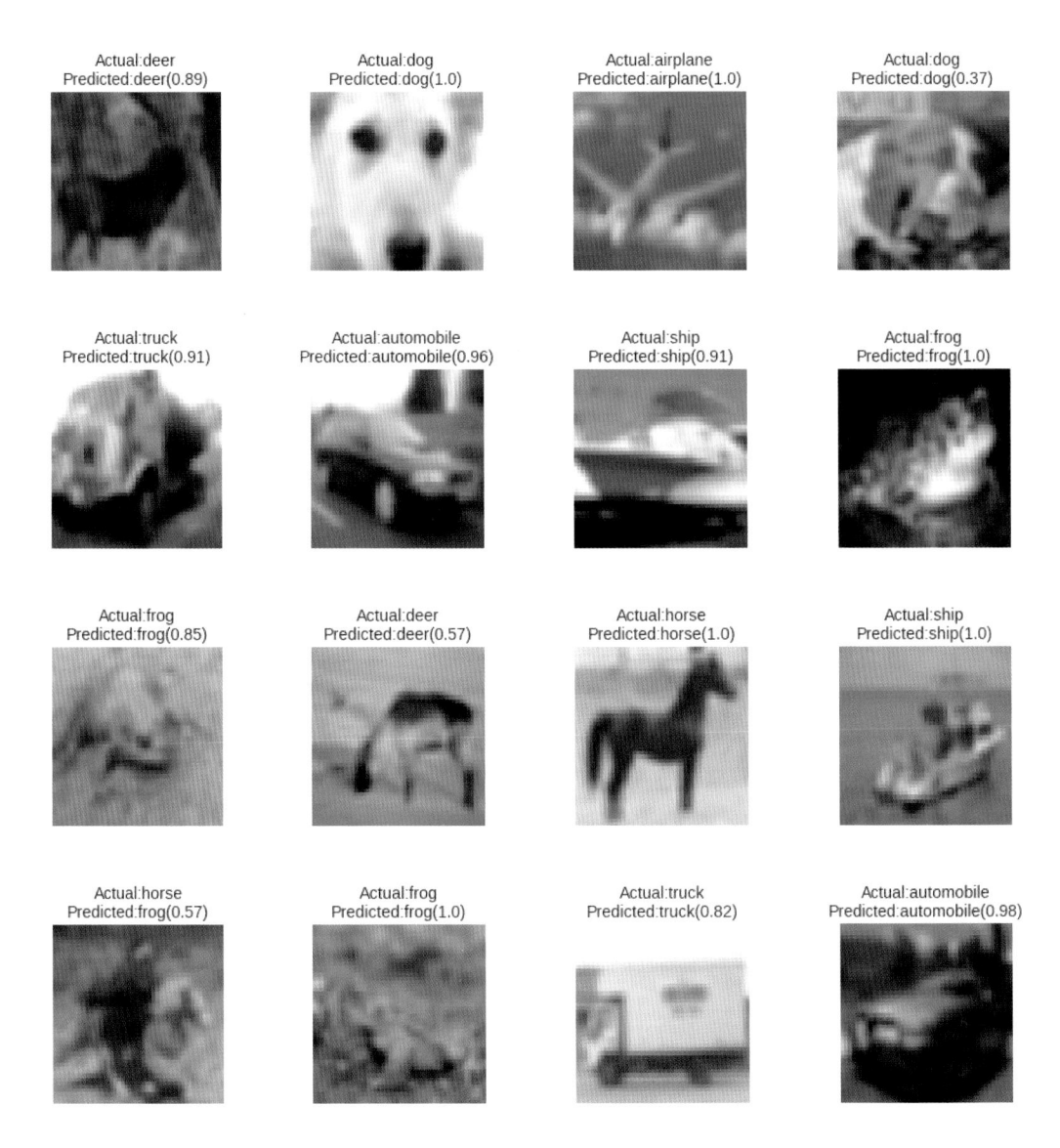

VGG-16 기반 전이학습을 이용한 분류기의 예측 결과

신경망은 매우 복잡한 학습 기계이며 디버깅 및 최적화가 매우 어렵다. 사용할 수 있는 기술은 많지만, 네트워크를 미세 튜닝하려면 경험이 필요하다. 현재 시나리오에서는 VGG-16과 같은 CNN을 사용하는 것이 작은 크기의 이미지에 과하게 생각될 수도 있겠지만, 여전히 엄청난 잠재력을 갖고 있다. 지혜롭게 활용하도록 하자!

지금까지 빠르고 간단하게 CIFAR-10 분류기를 준비해 VGG-16과 같은 엄청나게 복잡하고 깊은 CNN에 활용해 봤다. 이와 관련한 복잡성을 이해하기 위해서는 다른 커스텀 분류기를 만들어 보거나 다른 사전 훈련된 네트워크를 다뤄 보는 것이 좋다.

개 품종 식별 데이터 세트

이전 절에서는 겹치지 않는 10개 범주 중 하나에 이미지를 분류하기 위해 저해상도 이미지 데이터 세트를 사용했다. 단순한 작업은 아니었지만, 최소한의 노력으로 상당한 성과를 거뒀다고 할 수 있다.

이제 게임의 레벨을 올려서 이미지 분류 작업을 더욱 흥미진진하게 만들어 보자. 이 절에서는 세분화된 이미지 분류 작업에 집중할 것이다. 일반적인 이미지 분류 작업과는 달리, 세부 이미지 분류는 상위 레벨의 클래스 내에서 다른 하위 클래스를 인식하는 작업을 의미한다. 이 작업을 더 잘 이해할 수 있도록 **스탠퍼드의 개** 데이터 세트(http://vision.stanford.edu/aditya86/ImageNetDogs/)에 초점을 맞춰 논의하겠다. 이 데이터 세트의 이름을 보면 서로 다른 개 품종의 이미지가 섞여 있음을 암시한다. 이 경우 과제는 개 각각의 품종을 식별하는 것이다. 따라서 상위 수준의 개념은 개 자체이며 과제는 여러 가지 하위 개념 또는 하위 클래스(이 경우 품종)를 올바르게 분류하는 것이다. 이 데이터 세트에는 이미지넷 데이터 세트의 서로 다른 120종의 개 품종을 포함해 20,000개의 레이블이 있는 이미지가 포함돼 있다. **캐글(Kaggle)**에서 제공하는 데이터 세트를 활용해 논의를 이어가 보자. 이 데이터 세트는 다음 링크에서 받을 수 있다: https://www.kaggle.com/c/dog-breed-identification/data.

개 분류기를 만드는 작업부터 시작해 보자. 하지만 실제 모델링을 하기 전에 데이터 세트를 좀 더 잘 이해하기 위해 탐색적 분석을 수행하자.

탐색적 분석

기본 데이터 세트를 이해하는 것이 얼마나 중요한지는 아무리 강조해도 지나치지 않다. 현재 시나리오에서는 120개 클래스(개 유형)에 걸쳐 10,000개가 넘는 샘플로 구성된 시각적 데이터 세트를 처리한다. 주피터 노트북 dog_breed_eda.ipynb에서 탐색적 분석과 관련된 모든 단계를 참조할 수 있다.

시각적 데이터 세트이므로 먼저 데이터 세트에서 몇 가지 샘플을 시각화해 보자. 파이썬에서 이미지 데이터를 수집하고 시각화하는 방법은 여러 가지다. 여기서는 사이파이(SciPy)와 맷플롯립(matplotlib)을 쓰겠다. 다음 코드로 필요한 라이브러리를 불러온다.

```
n [1]: import os
   ...: import scipy as sp
   ...: import numpy as np
   ...: import pandas as pd
   ...:
   ...: import PIL
   ...: import scipy.ndimage as spi
   ...:
   ...: import matplotlib.pyplot as plt
   ...: import seaborn as sns
   ...:
   ...:np.random.seed(42)
```

데이터 세트가 크기 때문에 무작위 이미지 배치를 로드하고 선택한 배치를 표시하는 두 가지 유틸리티를 준비한다. 유틸리티 함수의 이름은 load_batch()와 plot_batch()다. 이에 대한 자세한 내용은 주피터 노트북에서 확인할 수 있다. 다음은 무작위 배치를 참조하기 위한 코드다.

```
In [7]:batch_df = load_batch(dataset_df,
   ...:                       batch_size=36)

In [8]:plot_batch(batch_df, grid_width=6, grid_height=6
   ...:           ,im_scale_x=64, im_scale_y=64)
```

생성된 출력은 다음과 같다.

Actual: basset
Pred: basset
Conf: 0.98

Actual: papillon
Pred: papillon
Conf: 1.0

Actual: irish_terrier
Pred: irish_terrier
Conf: 0.97

Actual: blenheim_spaniel
Pred: blenheim_spaniel
Conf: 0.99

Actual: curly-coated_retriever
Pred: curly-coated_retriever
Conf: 0.95

Actual: bloodhound
Pred: bloodhound
Conf: 0.89

Actual: basenji
Pred: basenji
Conf: 0.89

Actual: chihuahua
Pred: chihuahua
Conf: 0.98

Actual: blenheim_spaniel
Pred: blenheim_spaniel
Conf: 0.95

Actual: afghan_hound
Pred: afghan_hound
Conf: 1.0

Actual: samoyed
Pred: samoyed
Conf: 0.99

Actual: whippet
Pred: whippet
Conf: 0.47

Actual: lhasa
Pred: lhasa
Conf: 0.9

Actual: ibizan_hound
Pred: ibizan_hound
Conf: 1.0

Actual: irish_terrier
Pred: irish_terrier
Conf: 0.97

Actual: toy_terrier
Pred: toy_terrier
Conf: 0.98

Actual: black-and-tan_coonhound
Pred: black-and-tan_coonhound
Conf: 1.0

Actual: doberman
Pred: doberman
Conf: 0.98

Actual: malamute
Pred: malamute
Conf: 0.97

Actual: pomeranian
Pred: pomeranian
Conf: 0.99

Actual: english_setter
Pred: english_setter
Conf: 0.62

Actual: chihuahua
Pred: chihuahua
Conf: 0.95

Actual: newfoundland
Pred: newfoundland
Conf: 0.72

Actual: border_terrier
Pred: border_terrier
Conf: 0.99

Actual: great_pyrenees
Pred: great_pyrenees
Conf: 0.97

개 품종 식별 데이터 세트의 샘플 이미지

이전 그림들보다 해상도, 조명, 확대/축소 등에서 많은 변형이 있다. 개만 있는 이미지더라도 다른 개
와 주변 풍경이 포함돼 있다. 이미지 크기의 차이도 이해할 필요가 있다. 이해를 돕기 위해서 다음 코드
로 산점도를 만든다.

```
In [12]: plt.plot(file_dimension_list[:, 0],
              file_dimension_list[:, 1], "ro")
```

```
...: plt.title("Image sizes")
...: plt.xlabel("width")
...: plt.ylabel("height")
```

생성된 산점도는 다음과 같다. 이미지 수의 최댓값은 500×500차원에 속하지만, 모양이 다양하다.

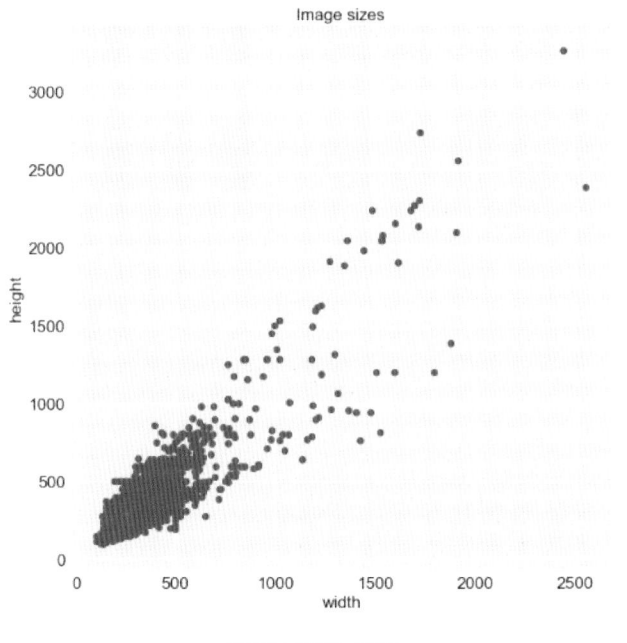

이미지 사이즈의 산점도

무엇을 다루고 있는지를 이해하기 위해 개의 품종 분포를 확인해 보자. 레이블이 지정된 데이터 세트가 있으므로 쉽게 확인할 수 있다. 다음 코드를 통해 판다스(pandas)로 개의 품종 분포을 그릴 수 있다.

```
In [13]: fig = plt.figure(figsize = (12,5))
    ...:
    ...: ax1 = fig.add_subplot(1,2, 1)
    ...: dataset_df.breed.value_counts().tail().plot('bar',
    ...:                     ax=ax1,color='gray',
    ...:                         title="Breeds with Lowest Counts")
    ...:
    ...: ax2 = fig.add_subplot(1,2, 2)
    ...: dataset_df.breed.value_counts().head().plot('bar',
    ...:             ax=ax2,color='black',
    ...:                 title="Breeds with Highest Counts")
```

데이터 세트가 균일하게 분할돼 있지 않다. 특정 품종의 샘플이 다른 품종보다 많다. 이는 다음 다이어 그램을 통해 확실히 알 수 있다.

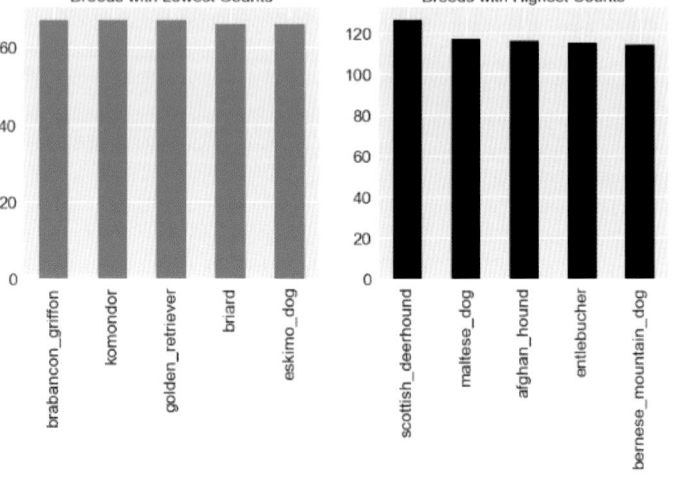

가장 많은/적은 개 품종의 샘플 개수

이러한 데이터 세트는 철저한 탐색이 필요하다. 이 절에서는 몇 가지 탐색적 단계를 살펴봤다. 다음 단계는 참조된 주피터 노트북을 통해 리스트화하거나 구동하는 것이다. 이미지 스케일 조정이 주는 영향, 서로 다른 층이 서로 다른 특성을 감지하는 방법, 회색조 등에 대한 이해의 순으로 진행하기 바란다.

데이터 준비

탐색적 분석은 데이터 세트를 더 잘 이해할 수 있게 해준다. 다음 작업은 데이터 세트의 실제 분류기를 만드는 것이다. 이미 알다시피 모든 분류 문제에서 가장 중요한 첫 단계는 데이터 세트를 훈련 세트와 검증 세트로 나누는 것이다.

데이터 세트를 준비하는 데 케라스 유틸리티의 도움을 받을 것이다. 다음 코드로 원본 데이터 세트를 훈련과 검증 세트로 나눌 수 있다.

```
# 이미지 경로를 저장할 열(칼럼) 준비
data_labels['image_path'] = data_labels.apply(
                                    lambda row: (train_folder +
                                    row["id"] + ".jpg" ),
                                    axis=1)
```

```
# 정의된 크기의 array로 이미지 로드
train_data = np.array([img_to_array(load_img(img, target_size=(299,
                                                                299)))
                            for img in
data_labels['image_path'].values.tolist()
                        ]).astype('float32')

# 훈련 데이터와 테스트 데이터로 분리
x_train, x_test, y_train, y_test = train_test_split(train_data,
                                                    target_labels,
                                                    test_size=0.3,
                                                    stratify=np.array(target_labels),
                                                    random_state=42)

# 훈련 세트와 검증 세트로 데이터 세트 분리
x_train, x_val, y_train, y_val = train_test_split(x_train,
                                                  y_train,
                                                  test_size=0.15,
                                                  stratify=
                                                    np.array(y_train),
                                                  random_state=42)
```

앞에서 설명한 것처럼 먼저 실제 이미지의 경로에 저장할 데이터프레임에 레이블된 열을 준비한다. 그런 다음, 데이터 세트를 훈련, 검증, 테스트 데이터 세트로 나눈다. 그다음, 모델링하기 전에 레이블을 원-핫 인코딩된 형태로 변환한다. 다음은 대상 변수를 원-핫 인코딩 형식으로 바꾸기 위한 코드다.

```
y_train_ohe = pd.get_dummies(y_train.reset_index(
                                                 drop=True)
                                                 ).as_matrix()
y_val_ohe = pd.get_dummies(y_val.reset_index(
                                             drop=True)
                                             ).as_matrix()
y_test_ohe = pd.get_dummies(y_test.reset_index(
                                               drop=True)
                                               ).as_matrix()
```

매 에포크 후에 (history 객체로) 모델 파라미터와 성능의 결과를 저장했기 때문에 이제 모델 성능을 파악하기 위해 이를 활용할 수 있다. 다음 그래프를 통해 모델의 훈련과 테스트 정확도 및 손실에 따른 성능을 알 수 있다.

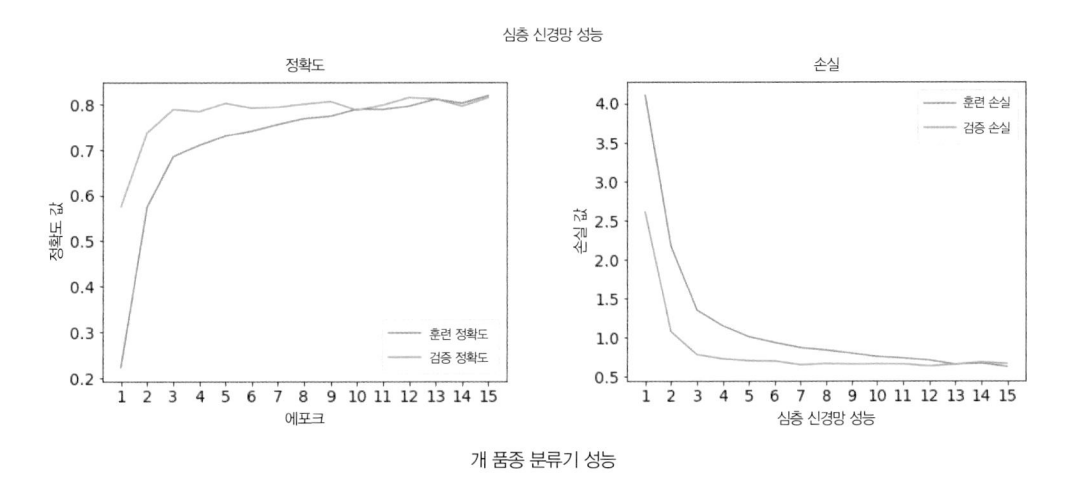

이 모델은 15에포크만에 훈련과 검증 세트 모두에서 80% 이상의 놀라운 정확도를 보여준다. 오른쪽 그림으로 손실이 얼마나 빨리 떨어져서 0.5 정도로 수렴하는지 알 수 있다. 이것은 매우 단순하지만 강력한 전이학습의 가능성을 보여주는 명백한 예시다.

훈련과 검증 성능이 상당히 좋은데, 학습하지 않은 데이터(unseen data)의 경우에는 어떨까? 그 경우를 알아보기 위해 앞에서 이미 원래 데이터 세트를 세 부분으로 나눴다. 꼭 기억해야 할 것은 테스트 데이터 세트도 훈련 데이터 세트와 비슷하게 전처리를 거쳐야 한다는 것이다. 이것을 설명하기 위해 테스트 데이터 세트를 함수에 입력하기 전에 테스트 데이터 세트의 크기도 조정했다.

이 모델은 테스트 데이터 세트에서 **0.85의 F1 점수**와 **85%의 정확도**를 달성했다. 예제의 경우 최소한의 입력으로 15에포크만 훈련했지만, 전이학습 덕분에 꽤 괜찮은 분류기를 얻을 수 있었다.

개 품종 분류기의 예측

앞의 그림은 모델의 성능을 시각적으로 보여준다. 보다시피 모델이 대부분 정확히 개 품종을 예측했을 뿐만 아니라 정확도 역시 매우 높다.

정리

이 책의 처음 두 파트에서는 많은 이론을 다뤘다. 개념과 기술의 탄탄한 기초를 다지고 나서 이 장에서는 유스케이스 중심의 여행을 시작했다. 이 장은 다양한 시나리오와 도메인에서 전이학습의 유스케이스를 소개하는 첫 번째 장에 해당한다. 이 장에서는 시각적 객체 식별의 도메인 또는 널리 알려진 용어로 **이미지 분류**에 전이학습을 적용했다.

CNN에 관한 개념을 빠르게 환기하는 것으로 시작해서 2012년에 딥러닝 모델이 등장함에 따라 객체 식별의 전체 단계가 컴퓨터의 도움을 받아 어떻게 완전히 바뀌었는지 살펴봤다. 이 장에서는 사람의 성능을 능가하는 다양한 최신 이미지 분류 모델을 간략히 살펴봤다. 또한 학계 및 업계 전문가들이 각자의 모델을 훈련하고 튜닝하기 위해 사용하는 다양한 벤치마킹 데이터 세트를 신속하게 검토했다. 일단 개념을 잡고 나서 CIFAR-10 데이터 세트부터 시작했다. 우리가 구축한 케라스 분류기는 백엔드로 텐서플로가 있다. VGG-16을 특성 추출을 위한 사전 훈련된 모델로 사용해서 전이학습 모델의 성능을 향상시킬 수 있었다.

마지막 절에서는 전이학습을 활용해 좀 더 복잡한 문제를 다뤘다. 범주가 겹치지 않는 데이터 세트 (CIFAR-10) 대신 스탠퍼드 대학의 개 데이터 세트를 기반으로 120개의 다른 개 유형을 식별할 수 있는 개 품종 분류기를 만들었다. 이때 몇 줄의 코드만으로 최신 성능을 구현할 수 있었다. 두 번째 유스케이스는 '세분화된 이미지 분류' 작업이라고도 하는데, 일반적인 이미지 분류 작업보다 복잡하다. 이 장에서는 놀라운 결과를 보여주는 전이학습의 위력과 용이성을 모두 살펴봤다. 다음 장에서는 컴퓨터 비전이나 오디오 분석과 같은 도메인에서 전이학습의 놀라운 쓰임을 살펴보겠다.

이번 장에서는 전이학습을 텍스트 문서 분류에 적용하는 방법을 논의한다. 텍스트 문서의 범주화는 매우 널리 사용되는 자연어 처리 과제의 하나다. 텍스트 범주화의 목표는 각 문서를 그 내용에 기초해 하나 이상의 범주 내지 클래스에 할당하는 것이다. 텍스트 분류 기술은 스팸 메일과 스팸이 아닌 메일의 분류, 리뷰 및 평점 분류, 감성 분석, 이메일, 또는 이메일/장애의 범주를 분류해 담당자에게 자동으로 할당하는 장애 라우팅 등의 산업에서 널리 적용되고 있다. 이번 장에서 다룰 주요 내용은 다음과 같다.

- 일반적인 텍스트 범주화와 산업에서의 적용, 도전 과제

- 벤치 마크 텍스트 분류 데이터 세트와 전통적인 모델의 성능

- 밀집 벡터(dense vectors)로 단어 표현 – 딥러닝 모델

- CNN 문서 모델 – 단어에서 문장까지 임베딩 후 문서 임베딩

- 소스와 타깃 도메인의 분포가 다른 경우의 전이학습 적용, 즉 소스 도메인은 중복되는 클래스가 적고 타깃 도메인은 여러 혼합 클래스가 있는 경우

- 소스 도메인과 타깃 도메인 자체가 다를 경우의 전이학습 적용(예컨대, 소스 도메인은 뉴스고 타깃 도메인은 영화 리뷰일 경우 등)

- 문서 요약과 같은 다른 텍스트 분석 작업을 하기 위해 이미 훈련된 모델의 적용 – 리뷰가 왜 부정/긍정으로 분류되는지 설명한다.

이번 장에서는 실습 예제를 통해 개념적 구현과 실제적 구현에 관한 내용을 모두 다룰 것이다. 이번 장의 코드는 필요할 때마다 깃허브 저장소 https://github.com/dipanjanS/hands-on-transfer-learning-with-python의 7장 폴더를 참조하면 된다.

텍스트 범주화

텍스트 분류의 목적은 텍스트 문서의 세트와 텍스트 범주의 객체가 주어졌을 때 각 문서를 범주에 할당하는 것이다. 문제에 따라 출력은 소프트 할당(soft assignment)이나 하드 할당(hard assignment)이될 수 있다. 소프트 할당은 범주 할당이 모든 범주에 대한 확률 분포로 정의되는 것을 의미한다.

텍스트 범주화는 산업 현장에서 널리 응용되고 있다. 다음은 그 몇 가지 예다.

- **스팸 필터링:** 여러 이메일을 스팸 또는 정상 이메일로 분류한다.

- **감성 분류:** 리뷰 텍스트(영화 리뷰, 제품 리뷰)가 주어지면 사용자의 반응이 긍정인지, 부정인지, 중립인지를 판별한다.

- **문제 티켓 할당:** 일반적으로 어느 직군에서나 사용자가 애플리케이션 혹은 소프트웨어/하드웨어 제품에 관한 이슈에 직면하면 이를 해결하기 위한 첫 번째 단계는 '문제 티켓'을 만드는 것이다. '문제 티켓'은 사용자가 직면한 문제를 설명하는 텍스트 문서다. 그다음 단계는 누군가가 설명을 읽고 그 문제를 해결할 수 있는 전문 지식을 갖춘 팀에 과제를 할당하는 것이다. 이제 주어진 기존 티켓과 문제를 해결하는 팀의 범주 내에서 텍스트 분류기를 구축해 문제 티켓을 자동으로 분류할 수 있다.

- **문제 티켓의 자동 해결:** 문제 해결 방법이 미리 정의돼 있는 경우도 있다. 즉, 전문가 팀이 문제를 해결하기 위해 어떤 단계를 밟아야 하는지 알고 있다. 이와 같이 '문제 티켓'의 범주를 적합한 정확도로 분류하는 텍스트 분류기가 구현돼 있고 티켓의 범주가 예측 가능하면 자동화 스크립트를 실행해 직접 문제를 해결할 수도 있을 것이다. 이것은 미래의 'IT 운영을 위한 인공지능(Artificial Intelligence for IT Operations, AIOps)'의 목표 중 하나이기도 하다.

- **타깃 마케팅:** 마케팅 담당자는 소셜 미디어 사용자를 모니터링하면서 온라인 사용자의 의견을 기반으로 각 사용자가 제품의 지지자인지 악의적 비방자인지를 분류한다.

- **장르 분류:** 자동으로 장르를 분류하는 것은 분류와 검색에서 매우 중요하다. 어떤 문서 세트가 동일한 주제를 공유하는 하나의 클래스에 속해 있는 경우, 각 문서를 장르에 따라 분류하면 다른 목적에도 사용할 수 있다. 이렇게 해서 검색 데이터베이스에 있는 모든 문서의 장르를 알아낼 수 있다면 각 사용자는 자신의 선호도에 따라 정보 검색 결과를 더 잘 활용할 수 있을 것이다.

- **청구서 사기 탐지:** 보험금 청구서의 텍스트를 분석해 보험금 청구가 사기인지 아닌지를 탐지할 수 있다.

전통적인 텍스트 범주화

텍스트 범주화 알고리즘/모델 구축에는 전처리 단계 세트와 그에 맞게 텍스트 데이터를 숫자 벡터로 표현하는 것을 포함한다. 다음은 일반적인 전처리 단계다.

1. **문장 나누기:** 하나의 문서를 여러 문장으로 나눈다.

2. **토큰화(Tokenization):** 문장을 그 문장을 구성하는 단어로 나눈다.

3. **어간 추출(Stemming)과 원형 복원(Lemmatization)**[1]: 어간 추출은 나눠진 단어의 토큰을 기본 형태로 축소시키는 과정이다. 예를 들어 '재생해', '재생했다', '재생한다'와 같은 단어는 '재생하다'라는 기본 형태를 갖는다. 어간 추출의 결과는 사전에 존재하지 않는 단어일 수도 있다. 반면에 **원형(Lemma)** 추출의 결과인 기본형은 항상 사전에 존재한다.

4. **텍스트 정리**: 대소문자 변환, 철자 수정, 불용어(stopword) 및 기타 불필요한 용어를 제거한다.

텍스트 문서로 코퍼스가 주어지면 위와 같은 전처리 단계를 거쳐 코퍼스를 구성하는 단어가 정제된 어휘 목록을 얻을 수 있다. 그다음 단계는 텍스트를 벡터로 표현하는 것이다. **단어 주머니(Bag of words, BoW)** 모델은 텍스트 문서에서 특성을 추출하고 텍스트의 벡터 표현을 생성하는 가장 간단하면서도 강력한 기술 중 하나다. 위 어휘 목록에 N개의 단어가 있다면 어떤 문서 D는 다음과 같이 표현할 수 있다: $D=\{w_1, w_2, \cdots, w_N\}$. 여기서 w_i는 문서에서 각 단어의 출현 빈도를 나타낸다. 이렇게 희소한 벡터로 텍스트를 표현하는 것을 BoW 모델이라고 한다. 이 모델에서는 텍스트 데이터의 순차적 성질, 즉 단어의 순서는 고려하지 않는다. 순차적 성질을 부분적이나마 포착할 수 있는 하나의 방법은 어휘 목록을 작성할 때 각 단어 자체가 아니라 단어를 포함한 어구 내지는 n-gram[2]을 고려하는 것이다. 이 방법의 문제점 중 하나는 표현의 크기다. 즉, 어휘 목록의 크기가 너무 커진다.

문서 벡터는 바이너리 벡터로 나타낼 수도 있는데, 여기서 각 $w_i \in \{0, 1\}$은 문서에 단어가 있는지 없는지를 나타낸다. 가장 많이 쓰이는 표현은 **단어 빈도와 역문서 빈도(Term Frequency–Inverse Document Frequency, TF-IDF)**라고 부르는 단어 빈도 정규화 표현이다. IDF로 표기하는 역문서 빈도는 전체 문서의 수를 전체 문서 가운데 각 단어가 등장하는 문서의 수로 나누고, 그 결과를 로그 스케일링해서 구한다. TF–IDF 값은 '단어 빈도'와 '역문서 빈도'의 곱이다. 이 값은 어떤 단어가 특정 문서에 나타나는 횟수에 비례해 늘어나고, 그 단어가 전체 문서에서 두루 나타나는 빈도수에 비례해 작아지므로 문서의 내용과 관계없이 특정 단어가 자주 등장하는 빈도를 조정할 수 있다.

이제 분류 모델을 만들기 위한 준비는 모두 끝났고, 레이블이 붙어 있는 문서 또는 훈련 데이터가 필요하다. 다음은 잘 알려진 텍스트 분류 알고리즘이다.

- 다항 나이브 베이즈 분류(Multinomial Naive Bayes)

- 서포트 벡터 머신(Support Vector Machine)

- k-최근접 이웃 알고리즘(k-Nearest Neighbor)

---

1 (옮긴이) 어간 추출에 비해 원형 복원은 불규칙하게 변하는 동사의 원형을 추출해낼 수 있다는 장점이 있다.
　(예) 어간 추출: am→am, having→have
　　원형 복원: am→be, having→have
　다만 형태소 분석기마다 그 복원 방법을 달리 정의하고 있어 유의해야 한다. 가령 영어 단어 'lying'의 경우 PorterStemmer를 쓰면 'lie'로 추출하지만, lancaster에서는 'lying' 그대로 추출한다(Steven Bird 외, 2009, Natural Language Processing with Python[O'Reilly Media] 3장 https://www.nltk.org/book/ch03.html 참고).
2 (옮긴이) n-gram: n개의 단어 시퀀스를 의미한다. 입력 문장이 'word count based BoW model'이라면 bigram은 "word count", "count based" 또는 " based BoW"와 같이 2개의 순차적 단어로 구성되고 trigram은 "word count based" 또는 "count based BoW" 처럼 3개의 순차적 단어로 구성된다.

텍스트 분류를 위한 벤치마크 데이터 세트에는 다른 것에 비해 선형 커널의 SVM(Support Vector Machine)이 일반적으로 훨씬 더 높은 정확도를 보인다.

Bow 모델의 단점

카운트 기반 BoW 모델을 사용하면 각 텍스트 문서에서 의미, 구조, 순서 및 근접 단어 주변의 맥락과 같은 추가 정보를 잃게 된다. 비슷한 의미의 단어도 BoW 모델에서는 다르게 취급된다. 다른 모델로 **잠재 의미 색인(Latent Semantic indexing, LSI)**이 있는데, 이 모델에서는 문서가 저차원(k≪어휘 크기)의 은닉 화제 공간(hidden topic space)에서 표현된다. LSI 모델에서 문서를 구성하는 단어는 k 차원의 밀집 벡터로 표현될 수 있다. LSI 모델에서는 유사한 의미를 가진 단어가 가까운 벡터로 표현되는 것이 관찰됐다. 또한 이러한 단어의 밀집 표현은 텍스트에 딥러닝 모델을 적용하기 위한 첫 단계이며, **단어 임베딩**이라고 한다. 신경망 기반 언어 모델은 코퍼스에 있는 단어의 시퀀스를 통해 이웃하는 단어로부터 단어를 예측하려고 시도하는데, 그 과정에서 학습한 분산 표현을 통해 밀집 단어 임베딩을 얻을 수 있다.

벤치마크 데이터 세트

다음은 텍스트 범주화 연구에 사용하는 주요 벤치마크 데이터 세트의 목록이다.

- **IMDB 영화 리뷰 데이터 세트:** 바이너리로 감성을 분류하기 위한 데이터 세트다. 훈련을 위한 25,000개 영화 리뷰 데이터와 테스트를 위한 25,000개 영화 리뷰 데이터가 포함돼 있다. 또한 레이블이 지정되지 않은 추가 데이터도 있다. 이 데이터 세트는 http://ai.stanford.edu/~amaas/data/sentiment/에서 내려받을 수 있다

- **로이터 데이터 세트:** 이 데이터 세트에는 90개의 클래스, 9,584개의 훈련용 문서, 3,744개의 테스트 문서가 있다. nltk.corpus 패키지에서 이 데이터 세트를 사용할 수 있다. 이 데이터 세트의 문서에 대한 클래스 분포는 매우 편향돼 있다. 가장 빈도가 높은 두 개의 클래스가 전체 문서의 약 70%를 차지한다. 빈도가 높은 10개의 클래스만 놓고 보더라도 가장 빈도가 높은 두 개의 클래스가 전체 문서의 약 80%를 차지한다. 따라서 대부분 분류 결과는 이 빈도가 높은 두 클래스의 부분 집합으로 평가되며, 상위 8개 클래스는 'R8', 상위 10개는 'R10', 상위 52개 클래스는 'R52'로 명명된 훈련 세트다.

- **20 뉴스 그룹 데이터 세트:** 이 데이터 세트는 서로 다른 주제에 해당하는 20개의 뉴스 그룹으로 구성된다. 뉴스 그룹 중 일부는 서로 매우 밀접하게 관련돼 있고(예: comp.sys.ibm.pc.hardware/comp.sys.mac.hardware), 다른 것들은 거의 관련이 없다(예: misc.forsale/soc.religion.christian). 다음 리스트는 주제에 따라 여섯 가지 주요 범주로 구분된 20개의 뉴스 그룹이다. 이 데이터 세트는 sklearn.datasets에 있다.

comp.graphics	rec.autos	sci.crypt
comp.os.ms-windows.misc	rec.motorcycles	sci.electronics
comp.sys.ibm.pc.hardware	rec.sport.baseball	sci.med
comp.sys.mac.hardware	rec.sport.hockey	sci.space
comp.windows.x		
misc.forsale	talk.politics.misc	talk.religion.misc
	talk.politics.guns	alt.atheism
	talk.politics.mideast	soc.religion.christian

더 나은 분석을 위해서 앞의 데이터 세트를 로드하는 방법은 나중에 논의하겠다.

단어 표현

이제 텍스트 데이터를 처리해 의미 있는 특성이나 단어 임베딩을 추출하는 몇 가지 고급 전략을 살펴보자. 이러한 전략은 분류, 요약, 번역과 같은 심화된 작업을 위한 다른 **머신러닝(ML)** 시스템에서 사용할 수 있다. 학습된 단어 표현을 다른 모델로 전이할 수도 있다. 거대한 크기의 훈련 데이터가 있다면 최종 과제에 단어 임베딩을 합쳐 학습할 수도 있다.

Word2vec 모델

이 모델은 구글에서 2013년에 만든 딥러닝 기반 모델로, 계산 및 고품질 생성이 가능하고 분산과 단어의 연속 밀집 벡터 표현으로 문맥과 의미의 유사성을 포착해 예측한다. 본질적으로 이러한 비지도 모델은 대량의 텍스트 코퍼스를 입력으로 받아서 가능한 단어의 어휘 목록 생성하며 그 어휘들을 나타내는 벡터 공간에서 각 단어에 대한 밀집 단어 임베딩을 생성한다. 일반적으로 단어 임베딩 벡터의 크기를 지정할 수 있으며, 기본적으로 총 벡터의 개수는 어휘 목록의 크기다. 그 때문에 밀집 벡터 공간의 차원은 기존 BoW 모델로 만들어진 고차원 저밀도 벡터 공간보다 훨씬 낮다.

Word2vec가 이러한 단어 임베딩 표현을 만들기 위해 활용할 수 있는 모델 아키텍처는 다음 두 가지다.

- **연속적 단어 주머니(Continuous Bag of Words, CBOW) 모델**
- **스킵 그램(Skip-gram) 모델**

CBOW 모델 아키텍처는 소스−문맥 단어(주변 단어)를 기반으로 현재 타깃 단어(중심 단어)를 예측한다. 'the quick brown fox jumps over the lazy dog'라는 간단한 문장을 생각해 보자. 위 문장은 문맥 윈도(context_window)와 타깃 단어(target_word) 쌍으로 묶을 수 있는데, 이때 문맥 윈도의 크기가 2라면 '([quick, fox], brown)', '([the, brown], quick), ([the, dog], lazy)' 등의 예를 들 수 있다. 즉, CBOW 모델은 문맥 윈도의 단어에 기초해 타깃 단어를 예측하려고 시도한다. Word2vec 모델은 비지도 학습 모델이다. 이 말은 곧 모델에 추가적인 레이블이나 정보 없이 코퍼스를 넣으면 그 코퍼스로부터 밀집 단어 임베딩(dense word embeddings)을 구성할 수 있다는 뜻이다. 그러나 코퍼스로부터 단어 임베딩을 얻은 이후에는 여전히 지도 학습에 의한 분류 방법도 활용해야 한다. 하지만 코퍼스 자체에서 어떠한 보조적인 정보 없이 이 작업을 할 수 있다. 이러한 CBOW 아키텍처를, 예컨대 입력 단어 X를 문맥 단어로 입력해 타깃 단어 Y를 예측하는 방법 등으로 딥러닝 분류 모델로서 모델링할 수 있다. 실제로 이 아키텍처를 구축하는 것이 소스 타깃 단어로부터 여러 주위 문맥 단어를 예측하는 스킵 그램 모델보다 간단하다.

스킵 그램(skip−gram) 모델 아키텍처는 일반적으로 CBOW 모델이 하는 방법을 반대로 시도한다. 타깃 단어(중심 단어)가 주어지면 원본 문맥 단어(주변 단어)를 예측한다. 위에서 예시로 든 다음의 간단한 문장 'the quick brown fox jumps over the lazy dog'를 생각해 보자. 이 문장에 CBOW 모델을 사용하면 (문맥 윈도, 타깃 단어) 쌍으로 묶을 수 있는데, 이때 크기가 2인 문맥 윈도는 '([quick, fox], brown), [[the, brown], quick), ([the, dog], lazy)' 등의 예가 된다. 스킵 그램 모델의 목적이 타깃 단어에서 문맥을 예측하는 것이라는 점을 고려하면 이 모델은 일반적으로 문맥과 타깃을 뒤집어서 타깃 단어로부터 각 문맥 단어를 예측하려고 시도한다는 것을 알 수 있다.

따라서 이 모델의 목표는 타깃 단어 brown이 주어졌을 때 문맥 단어인 [quick, fox]를 예측하거나 타깃 단어 quick이 주어졌을 때 문맥 단어인 [the, brown]을 예측하는 등의 작업을 한다. 따라서 모델은 '타깃 단어(target_word)'를 기반으로 '문맥 윈도(context_window) 단어'를 예측하려고 한다. 다음은 앞에서 설명한 두 모델의 아키텍처 다이어그램이다.

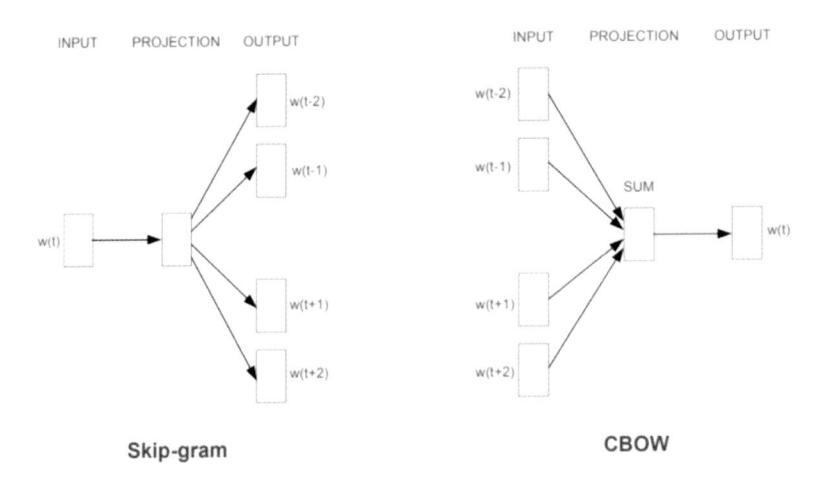

Skip-gram   CBOW

케라스에서 이러한 모델을 구현하는 방법은 다음 블로그 게시물에서 확인할 수 있다.

https://towardsdatascience.com/understanding-feature-engineering-part-4-deep-learning-methods-for-text-data-96c44370bbfa

Gensim을 이용한 Word2vec

래딤 레후렉(Radim Rehurek)이 만든 gensim 프레임워크에는 강건하고 효율적이며 확장 가능한 Word2vec 모델(https://radimrehurek.com/gensim/models/word2vec.html)이 구현돼 있다. 이 Word2vec 모델 중에서 스킵 그램 모델 또는 CBOW 모델 중 하나를 선택할 수 있다. IMDB 코퍼스에 단어 임베딩을 학습시키고 시각화해 보자. 앞에서 논의한 것처럼 IMDB 코퍼스에는 5만 개의 레이블이 있는 문서와 5만 개의 레이블이 없는 문서가 있다. 단어 임베딩을 학습시키는 데는 레이블이 필요 없기 때문에 사용 가능한 100,000개의 문서를 모두 활용할 수 있다.

먼저 전체 코퍼스를 로드해 보자. 내려받은 문서는 train, test, unsup 폴더로 나눠서 저장한다.

```python
def load_imdb_data(directory = 'train', datafile = None):
    '''
    Parse IMDB review data sets from Dataset from
    http://ai.stanford.edu/~amaas/data/sentiment/
    and save to csv.
    '''
    labels = {'pos': 1, 'neg': 0}
```

```
        df = pd.DataFrame()
        for sentiment in ('pos', 'neg'):
            path =r'{}/{}/{}'.format(config.IMDB_DATA, directory,
                                     sentiment)
            for review_file in os.listdir(path):
                with open(os.path.join(path, review_file), 'r',
                          encoding= 'utf-8') as input_file:
                review = input_file.read()
            df = df.append([[utils.strip_html_tags(review),
                            labels[sentiment]]],
                           ignore_index=True)
        df.columns = ['review', 'sentiment']
        indices = df.index.tolist()
        np.random.shuffle(indices)
        indices = np.array(indices)
        df = df.reindex(index=indices)
        if datafile is not None:
            df.to_csv(os.path.join(config.IMDB_DATA_CSV, datafile),
                      index=False)
        return df
```

데이터 소스 3개를 모두 합해 다음과 같이 10만 개의 문서 리스트를 얻을 수 있다.

```
corpus = unsupervised['review'].tolist() + train_df['review'].tolist()
          + test_df['review'].tolist()
```

이 코퍼스를 전처리해서 각 문서를 단어 토큰의 시퀀스로 변환할 수 있다. 여기서는 이 작업에 nltk를 사용한다. 그다음, 다음과 같이 학습을 시작할 수 있다. 대량의 반복 작업을 하기 때문에 CPU로 훈련시키는 데 6-8시간 정도 걸릴 것이다.

```
# 코퍼스에 있는 문장 토큰 나누기
wpt = nltk.WordPunctTokenizer()
tokenized_corpus = [wpt.tokenize(document.lower()) for document in corpus]

w2v_model = word2vec.Word2Vec(tokenized_corpus, size=50,
                              window=10, min_count=5,
                              sample=1e-3, iter=1000)
```

이제 모델이 무엇을 학습했는지 확인한다. 코퍼스로부터 몇몇 단어를 선택해 보자. 영화 리뷰에서 전형적으로 사용되는 의견 단어(opinion words)를 잘 모아놓은 리스트가 다음 링크에 있다: http://member.tokoha-u.ac.jp/~dixonfdm/Writing%20Topics%20htm/Movie%20Review%20Folder/movie_descrip_vocab.htm. 이제 주어진 단어와 임베딩이 유사한 상위 5개 단어를 찾는다. 코드는 다음과 같다.

```
similar_words = {search_term: [item[0] for item in
w2v_model.wv.most_similar([search_term], topn=5)]
        for search_term in ['good','superior','violent',
                        'romantic','nasty','unfortunate',
                        'predictable', 'hilarious',
                        'fascinating', 'boring','confused',
                        'sensitive',
                        'imaginative','senseless',
                        'bland','disappointing']}

pd.DataFrame(similar_words).transpose()
```

이 코드의 출력은 다음과 같다.

Out[12]:

	0	1	2	3	4
bland	dull	lifeless	forgettable	uninspired	unconvincing
boring	dull	pointless	tedious	predictable	uninteresting
confused	irritated	puzzled	disturbed	frustrated	annoyed
disappointing	unsatisfying	disappointed	enjoyable	surprising	satisfying
fascinating	compelling	enthralling	captivating	unique	vivid
good	decent	great	nice	bad	fine
hilarious	funny	hysterical	priceless	comical	humorous
imaginative	inventive	innovative	ingenious	intricate	creative
nasty	sadistic	sleazy	gory	icky	vicious
predictable	clichéd	formulaic	contrived	implausible	dull
romantic	romance	screwball	bittersweet	sentimental	delightful
senseless	pointless	meaningless	disgusting	sickening	boring
sensitive	sincere	passionate	mature	delicate	confident
superior	inferior	weaker	truer	classier	maligned
unfortunate	unacceptable	disastrous	dubious	inadequate	important
violent	brutal	graphic	gruesome	sadistic	violence

학습된 임베딩 벡터를 보면 유사한 맥락에서 사용되는 단어는 유사한 임베딩 벡터로 표현된 것을 알 수 있다. 유사한 맥락에서 사용된 단어가 항상 동의어일 필요는 없고, 반의어일 수도 있다. 하지만 그 단어들은 유사한 맥락에서 사용된다.

GloVe 모델

글로브(GloVe) 모델에서 '글로브'란 글로벌 벡터(Global Vectors)를 의미한다. 이 모델은 비지도 학습 모델로 Word2Vec과 비슷하게 밀집 단어 벡터를 얻기 위해 사용한다. 그러나 두 모델은 작동 원리가 다른데, 글로브 모델은 전역 단어(global word)-단어 동시 출현 행렬을 결합해 훈련하며 의미 있는 하부 구조의 벡터 공간을 제공한다. 이 방법은 "GloVe:Global Vectors for Word Representation(글로브: 단어 표현을 위한 글로벌 벡터)"라는 제목의 논문으로 페닝턴(Pennington)과 공동 저자들이 발표했다(https://www.aclweb.org/anthology/D14-1162). 앞에서 **잠재 의미 분석(latent semantic analysis, LSA)**과 같은 계수 기반 행렬 인수 분해 방법과 Word2vec과 같은 예측 방법을 논의했는데, 이 논문은 현재 이러한 두 부류의 방법이 모두 현저한 결점을 안고 있다고 주장한다. LSA와 같은 방법은 통계 정보를 효율적으로 활용하지만, 의미적으로 유사한 단어를 찾는 '단어 유추 과제(word analogy task)'를 상대적으로 잘 처리하지 못한다. 반대로 스킵-그램과 같은 방법은 단어 유추 작업에는 더 능숙하지만, 전역 수준에서의 코퍼스 통계는 잘 활용하지 못한다.

GloVe 모델의 기본 방법론은 먼저 단어-문맥(Word-Context, WC) 쌍으로 구성된 거대한 단어-문맥 동시 발생 행렬을 구축한다. 단어-문맥 동시 발생 행렬의 각 요소는 특정 문맥 안에서 단어가 얼마나 자주 출현하는지를 나타낸다. 이 WC 행렬은 다양한 작업을 위한 텍스트 분석에 널리 사용되는 용어-문서 행렬(term-document matrix)과 매우 유사하다. **단어-특성(Word-Feature, WF) 행렬** 및 **특성-문맥(Feature-Context, FC) 행렬**의 곱으로 행렬 WC를 나타내기 위해 행렬 인수 분해(Matrix factorization)가 사용된다. $WC = WF \times FC$. WF와 FC는 임의의 가중치로 초기화되며, 여기서는 WC'(WC의 근사치)을 통해 WC에 얼마나 근접했는지를 측정한다. 오차를 최소화하기 위해 여러 번에 걸쳐 **확률적 경사 하강(Stochastic Gradient Descent, SGD)**을 수행한다. 이 과정이 모두 끝나면 WF 행렬은 각 단어에 단어 임베딩을 제공한다. 여기서 F는 차원의 수인데, 특정 숫자로 사전에 설정할 수 있다. 꼭 기억해야 할 것은 Word2vec과 GloVe 모델은 작동 방식이 매우 유사하다는 것이다. 두 모델의 목표는 모두 문맥과 의미를 기반으로 인접 단어에 의해 영향을 받는 단어 위치를 벡터 공간에 만드는 것이다. 그러나 Word2vec은 단어 동시 발생 쌍 각각의 국소적이고 개별적인 예제로부터 시작하고 GloVe는 코퍼스에 있는 모든 단어의 동시 발생 통계를 전역에서 결합해서 시작한다.

다음 절에서는 Word2vec과 GloVe로 다양한 분류 문제를 해결한다. 파일에서 GloVe와 Word2vec 벡터를 읽어 로드하고 임베딩 매트릭스를 반환하는 유틸리티 코드를 개발했다. 파일 형식은 표준 GloVe 파일이다. 다음은 몇 단어에 대한 5차원 임베딩 형식의 예시인데, 단어의 뒤에 있는 숫자는 공백으로 구분된 벡터다.

- Flick 7.068106 −5.410074 1.430083 −4.482612 −1.079401

- Heart −1.584336 4.421625 −12.552878 4.940779 −5.281123

- Side 0.461367 4.773087 −0.176744 8.251079 −11.168787

- Horrible 7.324110 −9.026680 −0.616853 −4.993752 −4.05713

다음은 GloVe 벡터를 읽는 메인 함수로, 어휘집에 있는 단어로 딕셔너리 키가 주어지면 주어진 단어를 파이썬 딕셔너리로 읽는다. 이것은 훈련 어휘집에 있는 단어 임베딩을 로드하는 데 필요하다. 또한, GloVe 임베딩의 어휘집에 존재하지 않는 단어는 모든 임베딩의 평균 벡터에 약간의 화이트 노이즈를 더해 초기화한다. 행렬의 첫 행(0행)과 그다음 행(1행)은 공백과 **OOV(미등록 단어, Out-Of-Vocabulary)** 단어[3]만 있다. 이러한 단어는 어휘 목록에는 없지만 코퍼스에 있는 매우 드문 단어이거나 몇몇 필터링된 노이즈 단어다. 공백 문자에 대한 임베딩은 0 벡터가 되며, OOV에 대한 임베딩은 남아 있는 모든 임베딩의 평균 벡터가 된다.

```
def _init_embedding_matrix(self, word_index_dict,
                           oov_words_file='OOV-Words.txt'):
    # 비어 있거나 OOV를 위해서 0, 1의 인덱스를 남김.
    self.embedding_matrix = np.zeros((len(word_index_dict)+2 ,
                                     self.EMBEDDING_DIM))
    not_found_words=0
    missing_word_index = []
    with open(oov_words_file, 'w') as f:
        for word, i in word_index_dict.items():
            embedding_vector = self.embeddings_index.get(word)
            if embedding_vector is not None:
                # 임베딩 인덱스에서 발견할 수 없는 단어에는 모두 0이 부여된다.
                self.embedding_matrix[i] = embedding_vector
            else:
```

---

3   (옮긴이) oov(out of vocabulary, 미등록 단어): 머신러닝에서 미등록 단어는 학습할 때는 없었던 단어가 테스트할 때 나타날 수 있기 때문에 문제가 된다. 이름이나 위치 등 주요 정보에서도 많이 나타나는 문제이므로 자연어 처리에서 항상 신중하게 다뤄야 하는 부분이다.

```
                    not_found_words+=1
                    f.write(word + ','+str(i)+'\n')
                    missing_word_index.append(i)

    # oov를 평균 벡터로 채워 넣는다
    self.embedding_matrix[1] = np.mean(self.embedding_matrix,
                                       axis=0)
    for indx in missing_word_index:
        self.embedding_matrix[indx] =
                       np.random.rand(self.EMBEDDING_DIM)+
                                 self.embedding_matrix[1]
print("words not found in embeddings:
    {}".format(not_found_words))
```

또 하나의 유틸 함수는 update_embeddings다. 이 함수는 전이학습에 필요하다. 모델에서 학습한 임베딩을 다른 모델에서 얻은 임베딩으로 업데이트하고 싶을 수도 있다.

```
def update_embeddings(self, word_index_dict, other_embedding,
other_word_index):
    num_updated = 0
    for word, i in other_word_index.items():
        if word_index_dict.get(word) is not None:
            embedding_vector = other_embedding[i]
            this_vocab_word_indx = word_index_dict.get(word)
            self.embedding_matrix[this_vocab_word_indx] =
                                            embedding_vector
            num_updated+=1
    print('{} words are updated out of {}'.format(num_updated,
        len(word_index_dict)))
```

CNN 문서 모델

앞에서 단어 임베딩으로 각 단어가 표현하는 개념 간에 의미론적 관계를 포착하는 방법을 살펴봤다. 이제 문서의 계층적 분산 표현을 구현한 합성곱망(ConvNet)의 문서 모델을 소개한다. 이 내용은 미샤 데닐(Misha Denil) 등이 쓴 https://arxiv.org/pdf/1406.pdf에 게재됐다. 이 모델은 문장 수준과 문서 수준의 두 단계로 나뉘며, 둘 다 합성곱망(convNet)으로 구현돼 있다. 문장 수준에서 합성곱망은 각 문장의 단어 임베딩으로부터 전체 문장의 임베딩을 구한다. 문서 수준에서는 다른 합성곱망으로 문장 임베딩으로부터 문서에 대한 임베딩을 구한다.

모든 합성곱망의 아키텍처에는 합성곱층 다음에 하위 샘플링/풀링 층이 있다. 여기서는 k-max 풀링을 사용한다. k-max 풀링 연산은 뉴런의 슬라이딩 윈도에서 최대를 취하는 일반적인 max 풀링과 약간 다르다. k-max 풀링 연산에서는 가장 큰 k개의 뉴런을 아래의 계층에 있는 모든 뉴런에서 가져온다. 예를 들어 [3, 1, 5, 2]에 2-max 풀링을 적용하면 [3, 5]가 된다. 여기서 커널 크기가 3이고 스트라이드가 1인 일반 max 풀링은 동일한 결과를 제공할 것이다. 다른 경우를 보자. [1, 2, 3, 4, 5]에 max 풀링을 적용하면 [3, 5]가 되겠지만, 2-max pool은 [4, 5]가 된다. k-max 풀링은 다양한 크기의 입력에 적용될 수 있으며, 그때도 여전히 같은 수의 출력 유닛을 얻을 수 있다.

다음 다이어그램[4]은 **합성곱 신경망(Convolutional Neural Network, CNN)**의 아키텍처를 보여준다. 이 아키텍처를 여기에서 다룰 여러 유스케이스에 맞게 미세 튜닝했다.

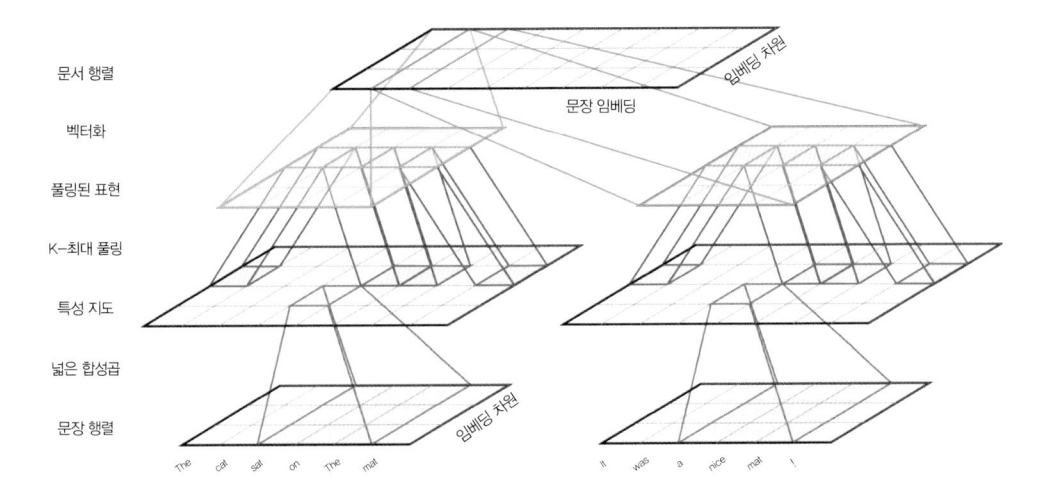

이 네트워크에 대한 입력층은 위 그림에 표시하지 않았다. 입력층은 문서에서 문장의 시퀀스이며 각 문장은 단어 인덱스의 시퀀스로 표시된다. 다음 코드는 주어진 훈련 코퍼스에서 단어 인덱스를 정의하는 방식을 설명한다. 인덱스 0과 1은 각각 빈 값과 OOV 단어용이다. 먼저, 코퍼스의 문서들은 각 단어로 토큰화된다. 이때 영어가 아닌 단어는 걸러진다. 또한 전체 코퍼스에서 각 단어의 빈도가 계산된다. 대

---

4 (옮긴이) 해당 다이어그램에서 넓은 합성곱(Wide convolution)이라고 한 것은 zero padding을 사용한다는 의미다. zero padding을 하지 않으면 좁은 합성곱(narrow convolution)이라고 부른다.

형 코퍼스의 경우 자주 사용하지 않는 어휘를 필터링할 수 있다. 그런 다음 정수 인덱스가 어휘 목록의 각 단어에 할당된다.

```
from nltk.tokenize import sent_tokenize, wordpunct_tokenize
import re

corpus = ['The cat sat on the mat . It was a nice mat !',
          'The rat sat on the mat . The mat was damaged found at 2 places.']

vocab ={}
word_index = {}
for doc in corpus:
    for sentence in sent_tokenize(doc):
        tokens = wordpunct_tokenize(sentence)
        tokens = [token.lower().strip() for token in tokens]
        tokens = [token for token in tokens
                        if re.match('^[a-z,.;!?]+$',token) is not None ]
        for token in tokens:
            vocab[token] = vocab.get(token, 0)+1
# 빈값에는 i= 0, OOV에는 1을 할당
i = 2
for word, count in vocab.items():
    word_index[word] = i
    i +=1
print(word_index.items())

# 출력은 다음과 같다.
dict_items([('the', 2), ('cat', 3), ('sat', 4), ('on', 5), ('mat', 6),
('.', 7), ('it', 8), ('was', 9), ('a', 10), ('nice', 11), ('!', 12),
('rat', 13), ('damaged', 14), ('found', 15), ('at', 16), ('places', 17)])
```

이제 코퍼스를 단어 인덱스 배열로 변환할 수 있다. 코퍼스에서는 각각의 문장과 문서의 길이가 다르다. 합성곱은 임의의 너비의 입력을 처리할 수 있지만, 구현을 쉽게 하기 위해 네트워크에 고정된 크기의 입력으로 정의할 수도 있다. 짧은 문장은 제로 패딩을 하고 긴 문장은 고정된 문장 길이에 맞게 잘라 문서 수준에서 동일하게 처리할 수 있다. 다음은 keras.preprocessing 모듈로 문장과 문서를 제로 패딩하고 데이터를 준비하는 방법을 알려 주는 코드다.

```
from keras.preprocessing.sequence import pad_sequences


SENTENCE_LEN = 10; NUM_SENTENCES=3;
for doc in corpus:
    doc2wordseq = []
    sent_num =0
    for sentence in sent_tokenize(doc):
        words = wordpunct_tokenize(sentence)
        words = [token.lower().strip() for token in words]
        word_id_seq = [word_index[word] if word_index.get(word) is not
         None \
                                     else 1 for word in words]

        padded_word_id_seq = pad_sequences([word_id_seq],
                                    maxlen=SENTENCE_LEN,
                                    padding='post',
                                    truncating='post')
        if sent_num < NUM_SENTENCES:
            doc2wordseq = doc2wordseq + list(padded_word_id_seq[0])
    doc2wordseq = pad_sequences([doc2wordseq],
                            maxlen=SENTENCE_LEN*NUM_SENTENCES,
                            padding='post',
                            truncating='post')
    print(doc2wordseq)


# 샘플 아웃풋
[ 2 3 4 5 2 6 7 0 0 0 8 9 10 11 6 12 0 0 0 0 0 0 0 0 0 0 0 0 0 0]
[ 2 13 4 5 2 6 7 0 0 0 2 6 9 14 15 16 1 17 7 0 0 0 0 0 0 0 0 0 0 0]
```

각 문서 입력은 doc_length(= SENTENCE_LEN * NUM_SENTENCES) 크기의 1차원 텐서임을 알 수 있다. 이 텐서는 첫 번째 층인 네트워크의 임베디드 층을 통과해 워드 인덱스를 밀집 단어 표현으로 변환하므로 'doc_length x embedding_dimension' 형태의 2차원 텐서를 얻는다. 앞에서 소개한 모든 전처리 코드는 Preprocess 클래스에 번들로 제공되며, 사이킷런 모듈의 fit과 transform 메소드를 포함한다. fit 메소드로 훈련 코퍼스를 입력으로 받아서 어휘 목록을 만들고, 단어 인덱스를 각 단어에 할당한다. 그런 다음 앞에서 설명한 대로 transfrom 메소드로 테스트 또는 보류 집합을 패딩된 단어 인덱스 시퀀스로 변환한다. transform 메소드는 fit 메소드에서 계산된 단어 인덱스를 사용할 것이다.

임베딩 행렬은 GloVe 또는 Word2vec으로 초기화될 수 있다. 여기서는 50차원 GloVe 임베딩으로 임베딩 매트릭스를 초기화한다. GloVe에 없거나 OOV 단어들은 다음과 같이 초기화된다.

- OOV 단어 – 훈련 데이터 단어(색인 1번)에서 제외된 어휘는 모든 GloVe 벡터의 평균으로 초기화된다.
- GloVe에서 찾을 수 없는 단어는 모든 Glove 벡터와 동일한 차원의 무작위 벡터의 평균에 의해 초기화된다

다음 코드의 _init_embedding_matrix 메소드는 앞에서 논의한 GloVe의 Class와 하는 일이 같다.

```
# oov를 평균 벡터로 채워 넣는다
self.embedding_matrix[1] = np.mean(self.embedding_matrix, axis=0)
for indx in missing_word_index:
    self.embedding_matrix[indx] = np.random.rand(self.EMBEDDING_DIM)+
                                                self.embedding_matrix[1]
```

임베딩 행렬을 초기화했으면 이제 다음과 같이 첫 번째 층인 임베딩층을 만들 준비가 된 것이다.

```
from keras.layers import Embedding
embedding_layer = Embedding(vocab_size,
                            embedding_dim,
                            weights=[embedding_weights],
                            input_length=max_seq_length,
                            trainable=True,
                            name='embedding')
```

다음으로 합성곱층을 구축해야 한다. 모든 문장에 동일한 1차원 합성곱 필터를 적용한다. 즉, 모든 문장에 동일한 합성곱 필터 가중치를 공유한다. 먼저, 람다(lambda) 층을 사용해서 입력을 문장별로 나눈다. 그런 다음 합성곱 필터 C를 사용하면 각 문장의 2차원 텐서의 모양 ($SENTENCE\_LEN \times EMBEDDING\_DIM$)이 다음과 같이 (($SENTENCE\_LEN-filter+1) \times C$) 텐서로 변환될 것이다. 다음 코드가 같은 기능을 한다.

```
# sentence_len=30, embedding_dim=50, num_sentences = 10으로 만들자.
# 모든 문장에 이용한 합성곱 필터는 다음과 같다.
word_conv_model = Conv1D(filters= 6,
                         kernel_size= 5,
                         padding="valid",
                         activation="relu",
```

```
                          trainable = True,
                          name = "word_conv",
                          strides=1)

for sent in range(num_sentences):
    ## 입력 문서에서 하나의 문장을 받는다.
    sentence = Lambda(lambda x : x[:, sent*sentence_len:
                                (sent+1)*sentence_len, :])(z)
    ## 문장 모양: (None, 30, 50)
    conv = word_conv_model(sentence)
    ## 합성곱 형태: (None, 26, 6)
```

k-max 풀링층은 케라스에서 제공되지 않는다. k-max 풀링은 커스텀 층으로 구현할 수 있다. 커스텀 층을 구현하려면 다음 세 가지 방법이 있다.

- call(x): 층의 로직이 구현되는 곳이다.

- compute_output_shape(input_shape): 커스텀 층이 입력의 모양을 변경하는 경우 필요하다.

- build(input_shape): 층의 가중치를 정의한다(예제의 층에는 가중치가 없으므로 여기서는 필요 없다).

다음은 k-max 풀링층의 전체 코드다.

```
import tensorflow as tf
from keras.layers import Layer, InputSpec

class KMaxPooling(Layer):
    def __init__(self, k=1, **kwargs):
        super().__init__(**kwargs)
        self.input_spec = InputSpec(ndim=3)
        self.k = k

    def compute_output_shape(self, input_shape):
        return (input_shape[0], (input_shape[2] * self.k))

    def call(self, inputs):
        # top_k는 마지막 차원에서 적용되므로
        # 마지막 두 개의 차원 교체
        shifted_input = tf.transpose(inputs, [0, 2, 1])
```

```
# top_k를 추출하고 2개의 텐서[values, indices]를 리턴
top_k = tf.nn.top_k(shifted_input, k=self.k, sorted=True,
                    name=None)[0]
# 차원이 감소된 출력값을 리턴
return top_k
```

위 k-max 풀링층을 단어의 합성곱 결과에 적용하면 문장 임베딩층을 만들 수 있다.

```
for sent in range(num_sentences):
    ## 입력 문서로부터 하나의 문장 구하기
    sentence = Lambda(lambda x : x[:,sent*sentence_len:
    (sent+1)*sentence_len, :])(z)
    ## 문장 형태: (None, 30, 50)
    conv = word_conv_model(sentence)
    ## 합성곱 형태: (None, 26, 6)
    conv = KMaxPooling(k=3)(conv)
    # 문장마다 pooled values 전이
    conv = Reshape([word_filters*sent_k_maxpool,1])(conv)
    ## k 최대 풀링과 reshape를 거친 뒤의 형태: (None, 18=6*3, 1)"
```

각 문장의 모양을 30×50에서 18×1로 변환한 다음, 위 텐서를 연결해서 문장 임베딩을 얻는다. 케라스에서 Concatenate 층은 다음과 같이 구현할 수 있다.

```
z = Concatenate()(conv_blocks) if len(conv_blocks) > 1 else conv_blocks[0]
z = Permute([2,1], name='sentence_embeddings')(z)
## 출력되는 문장 임베딩의 모양: (None, 10, 18)
```

앞에서 한 것처럼 1차원 합성곱과 이에 뒤따르는 k-max 풀링을 기존 문장 임베딩에 적용해 '문서' 임베딩을 얻는다. 이로써 텍스트를 위한 문서 모델이 완성된다. 이제 학습시키려는 과제에 따라 다음 계층이 정의될 수 있을 것이다. 분류 작업의 경우 문서 임베딩을 밀집층에 연결할 수 있으며, 그 뒤에는 k-클래스 분류 문제에 대해 K개의 유닛을 갖는 최종 소프트맥스 층이 있다. 최종 층 앞에는 하나 이상의 밀집층을 둘 수 있다. 다음은 지금까지 설명한 내용을 구현한 코드다.

```
sent_conv = Conv1D(filters=16,
                   kernel_size=3,
                   padding="valid",
```

```
                    activation="relu",
                    trainable = True,
                    name = 'sentence_conv',
                    strides=1)(z)

z = KMaxPooling(k=5)(sent_conv)
z = Flatten(name='document_embedding')(z)
for i in range(num_hidden_layers):
    layer_name = 'hidden_{}'.format(i)
    z = Dense(hidden_dims, activation=hidden_activation,
                name=layer_name)(z)
model_output = Dense(K, activation='sigmoid',name='final')(z)
```

전체 코드는 cnn_document_model 모듈에 포함돼 있다.

리뷰 감성 분류기 구현

이제 앞에서 구현한 CNN 문서 모델을 훈련해서 감성 분류기를 구축해 보자. 모델을 훈련하기 위해 https://www.kaggle.com/bittlingmayer/amazonreviews의 아마존 감성 분석 리뷰 데이터 세트를 사용하겠다. 이 데이터 세트는 수백만 개의 아마존 고객 리뷰(입력 텍스트)와 별점(출력 레이블)으로 구성돼 있다. 데이터 형식은 다음과 같다. 레이블 뒤에 공백이 있고, 리뷰 제목 뒤에 콜론(:)과 공백이 있으며, 그다음 리뷰 텍스트가 있다. 이 데이터 세트는 널리 사용되는 IMDB 영화 리뷰 데이터 세트보다 훨씬 크다. 또한 이 데이터 세트는 여러 제품과 영화에 대한 다양한 리뷰를 포함하고 있다.

```
__label__<X> <summary/title>: <Review Text>
```

```
Example:
__label__2 Good Movie: Awesome.... simply awesome. I couldn't put this down
and laughed, smiled, and even got tears! A brand new favorite author.
```

여기에서 __label__1은 별점 1-2점을 매긴 리뷰에 해당하고, __label__2는 별점 4-5점을 매긴 리뷰에 해당한다. 별점 3점의 리뷰, 즉 중립적인 감성을 가진 리뷰는 이 데이터 세트에 포함되지 않았다. 이 데이터 세트에는 총 360만 개의 훈련 예제와 40만 개의 테스트 예제가 있다. 훈련 예제에서 무작위 샘플 크기 200,000으로 시작하면 훈련을 진행하면서 좋은 하이퍼 파라미터를 추측할 수 있을 것이다.

```
train_df = Loader.load_amazon_reviews('train')
print(train_df.shape)

test_df = Loader.load_amazon_reviews('test')
print(test_df.shape)

dataset = train_df.sample(n=200000, random_state=42)
dataset.sentiment.value_counts()
```

다음으로 Preprocess 클래스로 코퍼스를 다음과 같이 패딩된 단어의 인덱스 시퀀스로 변환한다.

```
preprocessor = Preprocess()
corpus_to_seq = preprocessor.fit(corpus=corpus)

holdout_corpus = test_df['review'].values
holdout_target = test_df['sentiment'].values
holdout_corpus_to_seq = preprocessor.transform(holdout_corpus)
```

GloVe 클래스를 사용해 GloVe로 임베딩을 초기화하고 문서 모델을 만들자. 또한 합성곱 필터 수, 활성화 함수, 히든 유닛 등 문서 모델 파라미터를 정의해야 한다. 네트워크의 과대 적합을 피하기 위해 입력층과 합성곱층, 심지어 최종 층이나 밀집층의 사이에도 드롭아웃층을 넣을 수 있다. 또한 앞에서 본 것처럼 밀집층에 가우스 노이즈 층을 배치하는 것이 정규화가 잘 된다. DocumentModel 클래스는 다음과 같이 정의된 모든 파라미터로 초기화될 수 있다. 모델 파라미터에 대한 초기화를 잘 하기 위해 몇 번의 에포크와 샘플링된 작은 훈련 예제로 시작한다. 처음에는 IMDB 데이터의 논문에서 언급한 것처럼 6개의 단어 합성곱 필터로 시작했으나, 모델이 과소 적합됐다. 즉, 훈련 정확도가 80%를 넘지 않았고 단어 필터의 수가 계속 증가했다. 유사하게, 우리는 많은 수의 문장 합성곱 필터를 발견했다. 합성곱층에 ReLU와 tanh 활성화 함수를 모두 시도했다. https://arxiv.org/pdf/1406.3830.pdf에서 언급한 모델은 tanh 활성화 함수를 사용한 것이다.

```
glove=GloVe(50)
initial_embeddings = glove.get_embedding(preprocessor.word_index)
amazon_review_model =
DocumentModel(vocab_size=preprocessor.get_vocab_size(),
                        word_index = preprocessor.word_index,
                        num_sentences = Preprocess.NUM_SENTENCES,
                        embedding_weights = initial_embeddings,
```

```
                            conv_activation = 'tanh',
                            hidden_dims=64,
                            input_dropout=0.40,
                            hidden_gaussian_noise_sd=0.5)
```

다음은 이 모델의 전체 파라미터 목록이다. 전체 샘플 360만 건을 훈련에 사용했다.

```
{
    "embedding_dim":50,
    "train_embedding":true,
    "sentence_len":30,
    "num_sentences":10,
    "word_kernel_size":5,
    "word_filters":30,
    "sent_kernel_size":5,
    "sent_filters":16,
    "sent_k_maxpool":3,
    "input_dropout":0.4,
    "doc_k_maxpool":4,
    "sent_dropout":0,
    "hidden_dims":64,
    "conv_activation":"relu",
    "hidden_activation":"relu",
    "hidden_dropout":0,
    "num_hidden_layers":1,
    "hidden_gaussian_noise_sd":0.5,
    "final_layer_kernel_regularizer":0.0,
    "learn_word_conv":true,
    "learn_sent_conv":true
}
```

마지막으로 전체 훈련을 시작하기 전에 적절한 배치 크기를 알아내야 한다. 256과 같이 사이즈가 큰 배치는 학습률이 매우 느리기 때문에 배치 크기를 64로 설정했다. rmsprop 최적화기(optimizer)로 모델을 학습하고 케라스가 사용하는 기본 학습률로 시작했다. 다음은 TrainingParameters 클래스에 저장된 학습 파라미터의 전체 목록이다.

```
{"seed":55,
 "batch_size":64,
```

```
    "num_epochs":35,
    "validation_split":0.05,
    "optimizer":"rmsprop",
    "learning_rate":0.001}
```

다음은 훈련을 시작하는 코드다.

```
train_params = TrainingParameters('model_with_tanh_activation')

amazon_review_model.get_classification_model().compile(
                                        loss="binary_crossentropy",
                                        optimizer=
                                          train_params.optimizer,
                                        metrics=["accuracy"])
checkpointer = ModelCheckpoint(filepath=train_params.model_file_path,
                        verbose=1,
                        save_best_only=True,
                        save_weights_only=True)

x_train = np.array(corpus_to_seq)
y_train = np.array(target)

x_test = np.array(holdout_corpus_to_seq)
y_test = np.array(holdout_target)

amazon_review_model.get_classification_model().fit(x_train, y_train,
                    batch_size=train_params.batch_size,
                    epochs=train_params.num_epochs,
                    verbose=2,
                    validation_split=train_params.validation_split,
                    callbacks=[checkpointer])
```

이 모델을 CPU에서 훈련시켰고, 다음은 에포크 5번 이후의 결과다. 190k 샘플에서는 에포크 1번도 너무 느려서 실행하는 데 약 10분이 걸린다. 그러나 에포크 5번 이후에 훈련 및 검증의 정확도가 92% 에 이르는 것을 볼 수 있다.

```
Train on 190000 samples, validate on 10000 samples
   Epoch 1/35
```

```
- 577s - loss: 0.3891 - acc: 0.8171 - val_loss: 0.2533 - val_acc: 0.8369
Epoch 2/35
- 614s - loss: 0.2618 - acc: 0.8928 - val_loss: 0.2198 - val_acc: 0.9137
Epoch 3/35
- 581s - loss: 0.2332 - acc: 0.9067 - val_loss: 0.2105 - val_acc: 0.9191
Epoch 4/35
- 640s - loss: 0.2197 - acc: 0.9128 - val_loss: 0.1998 - val_acc: 0.9206
Epoch 5/35
...
...
```

400,000개의 리뷰 세트를 검토해 이 모델을 평가했으며 정확도는 92%였다. 이를 통해 모델이 이 리뷰 데이터에 적합(fitting)하다는 것을 명확하게 알 수 있으며, 더 많은 데이터가 있으면 개선의 여지도 있을 것이다. 지금까지의 전체 훈련 프로세스에서 전이학습의 주요 용도는 단어 임베딩을 초기화하는 데 GloVe 임베딩 벡터를 사용하는 것이었다. 여기서 사용한 데이터가 매우 크기 때문에 바닥에서부터 가중치를 학습하게 할 수 있었다. 그럼, 전체 훈련 과정에서 가장 많이 업데이트된 단어 임베딩을 확인해 보자.

가장 많이 변경된 임베딩은 무엇일까?

초기 GloVe 임베딩과 최종 학습된 임베딩을 가져와서 각 단어에 대한 차이에 노름(norm)을 취해 비교할 수 있다. 그다음 노름 값을 정렬해 어떤 단어가 가장 많이 변경됐는지 확인할 수 있다. 작업 코드는 다음과 같다.

```
learned_embeddings = amazon_review_model.get_classification_model()
                            .get_layer('embedding').get_weights()[0]
embd_change = {}
for word, i in preprocessor.word_index.items():
    embd_change[word] = np.linalg.norm(initial_embeddings[i]-
                                        learned_embeddings[i])
embd_change = sorted(embd_change.items(), key=lambda x: x[1],
                    reverse=True)
embd_change[0:20]
```

가장 많이 업데이트된 임베딩이 의견(opinion)과 관련된 단어임을 확인할 수 있다.

전이학습 – IMDB 데이터 세트에 적용

전이학습을 사용해야 하는 상황 중 하나는 작업에 필요한 레이블이 있는 데이터가 적은데 비슷한 다른 도메인의 훈련 데이터는 많을 때다. IMDB 데이터 세트(http://ai.stanford.edu~amaas/data/sentiment/)는 이진 감성 분류 데이터 세트다. 훈련을 위한 25,000개 영화 리뷰 세트와 테스트를 위한 25,000개 세트가 있다. 이 데이터 세트에 관한 논문이 많지만, 최상의 결과는 구글의 레(Le)와 미콜로프(Mikolov)의 단락 벡터(paragraph vector)(https://arxiv.org/pdf/1405.4053.pdf)로 수행한 것이다. 그들은 이 데이터 세트로 92.58%의 정확도를 달성했다. SVM으로는 89%를 달성했다. 이 데이터 세트는 적절한 크기이며, 이 데이터로 CNN 모델을 처음부터 훈련시킬 수 있다. 그 결과는 SVM과 같다. 이에 관해서는 다음 절에서 논의한다.

이제 IMDB 데이터의 작은 샘플(예: 데이터의 5%)로 모델을 작성해 보자. 많은 실제 시나리오에서 불충분한 훈련 데이터의 문제에 직면하게 된다. 적은 데이터 세트로는 CNN을 학습시킬 수 없다. 따라서 이 데이터 세트로 모델을 만들기 위해 전이학습을 사용하겠다.

다른 데이터 세트와 마찬가지로 데이터를 전처리하고 준비하는 동일한 단계를 거친다.

```
train_df = Loader.load_imdb_data(directory = 'train')
train_df = train_df.sample(frac=0.05, random_state = train_params.seed)
# 5%만 취한다.
print(train_df.shape)


test_df = Loader.load_imdb_data(directory = 'test')
print(test_df.shape)


corpus = train_df['review'].tolist()
target = train_df['sentiment'].tolist()
corpus, target = remove_empty_docs(corpus, target)
print(len(corpus))


preprocessor = Preprocess(corpus=corpus)
corpus_to_seq = preprocessor.fit()


test_corpus = test_df['review'].tolist()
test_target = test_df['sentiment'].tolist()
test_corpus, test_target = remove_empty_docs(test_corpus, test_target)
print(len(test_corpus))
```

```
test_corpus_to_seq = preprocessor.transform(test_corpus)

x_train = np.array(corpus_to_seq)
x_test = np.array(test_corpus_to_seq)

y_train = np.array(target)
y_test = np.array(test_target)

print(x_train.shape, y_train.shape)

glove=GloVe(50)
initial_embeddings = glove.get_embedding(preprocessor.word_index)

# IMDB 모델
```

이제 훈련된 모델을 먼저 로드하자. 두 가지 방법이 있는데, 모델의 하이퍼 파라미터로 로드하거나 DocumentModel 클래스에서 모델 가중치를 학습한 모델을 로드할 수 있다.

```
def load_model(file_name):
        with open(file_name, "r", encoding= "utf-8") as hp_file:
            model_params = json.load(hp_file)
            doc_model = DocumentModel( **model_params)
            print(model_params)
        return doc_model
def load_model_weights(self, model_weights_filename):
    self._model.load_weights(model_weights_filename, by_name=True)
```

그 다음에 앞에서 했던 방법으로 사전 훈련된 모델을 로드하고 학습된 가중치를 다음과 같이 새 모델로 전이시킨다. 사전 훈련된 모델의 임베딩 행렬이 더 크고 코퍼스보다 더 많은 단어를 포함하고 있다. 따라서 사전 훈련된 모델의 임베딩 행렬을 직접 사용할 수 없다. GloVe 클래스의 update_embedding 메소드를 사용해 훈련 모델로부터 임베딩된 IMDB 모델과 GloVe 초기화 임베딩을 업데이트한다.

```
amazon_review_model = DocumentModel.load_model("model_file.json")
amazon_review_model.load_model_weights("model_weights.hdf5")
learned_embeddings = amazon_review_model.get_classification_model() \
        .get_layer('embedding').get_weights()[0]
```

```
# GloVe 임베딩 업데이트.
glove.update_embeddings(preprocessor.word_index,
                        np.array(learned_embeddings),
                        amazon_review_model.word_index)
```

이제 전이학습 모델을 구축할 준비가 모두 끝났다. 먼저 IMDB 모델을 만들고 다른 사전 훈련된 모델에서 가중치를 초기화하자. 데이터의 양이 적으므로 이 네트워크의 하위 층은 훈련하지 않을 것이다. 그래서 trainable=False로 설정한다. 여기서는 드롭아웃을 크게 하고 마지막 층만 훈련할 것이다.

```
initial_embeddings = glove.get_embedding(preprocessor.word_index)
                                        # 업데이트된 임베딩을 얻는다.


imdb_model = DocumentModel(vocab_size=preprocessor.get_vocab_size(),
                           word_index = preprocessor.word_index,
                           num_sentences=Preprocess.NUM_SENTENCES,
                           embedding_weights=initial_embeddings,
                           conv_activation = 'tanh',
                           train_embedding = False,
                           learn_word_conv = False,
                           learn_sent_conv = False,
                           hidden_dims=64,
                           input_dropout=0.0,
                               hidden_layer_kernel_regularizer=0.001,
                               final_layer_kernel_regularizer=0.01)
```

```
# 단어 & 문장의 conv filters 전이
for l_name in ['word_conv','sentence_conv','hidden_0', 'final']:
    imdb_model.get_classification_model() )\
            .get_layer(l_name).set_weights(weights=amazon_review_model
                            .get_classification_model()
                            .get_layer(l_name).get_weights())
```

몇 번의 에포크로 훈련하고, 은닉층과 최종 시그모이드 층에서만 미세 튜닝하고 나면 25k 테스트 세트에서 86%의 정확도를 얻을 수 있다. SVM 모델로 이 작은 데이터 세트를 훈련하고 나서 전체 25k 테스트 세트를 예측했더니 82%의 정확도만 얻을 수 있었다. 이로써 확실히 전이학습은 더 적은 데이터로도 더 나은 모델을 만들 수 있다고 할 수 있다.

Word2vec 임베딩으로 전체 IMDB 데이터 세트 훈련

이제 학습된 Word2vec 임베딩을 전이해 전체 IMDB 데이터 세트를 문서 CNN 모델로 훈련해 보자.

 아마존 리뷰 모델에서는 학습된 가중치를 사용하지 않는다. 여기서는 처음부터 모델을 훈련하겠다. 실제로 논문에서도 이렇게 했다.

이 코드는 앞의 IMDB 훈련 코드와 매우 유사하다. 아마존 모델에서 가중치 로드 부분을 제외하기만 하면 된다. 이 코드는 리포지터리에 있는 imdb_model.py 모듈에 있으며, 모델 파라미터는 다음과 같다.

```
{
    "embedding_dim":50,
    "train_embedding":true,
    "embedding_regularizer_l2":0.0,
    "sentence_len":30,
    "num_sentences":20,
    "word_kernel_size":5,
    "word_filters":30,
    "sent_kernel_size":5,
    "sent_filters":16,
    "sent_k_maxpool":3,
    "input_dropout":0.4,
    "doc_k_maxpool":5,
    "sent_dropout":0.2,
    "hidden_dims":64,
    "conv_activation":"relu",
    "hidden_activation":"relu",
    "hidden_dropout":0,
    "num_hidden_layers":1,
    "hidden_gaussian_noise_sd":0.3,
    "final_layer_kernel_regularizer":0.04,
    "hidden_layer_kernel_regularizer":0.0,
    "learn_word_conv":true,
    "learn_sent_conv":true,
    "num_units_final_layer":1
}
```

훈련 중에 지나친 과대 적합을 피하기 위해 여기서는 또 다른 트릭을 사용했다. 처음 10에포크 이후에 임베디드 층의 훈련을 멈추고(즉, train_embedding = False), 나머지 층만 학습했다. 50번의 에포크 후에 IMDB 데이터 세트에서 89%의 정확도를 달성했는데, 이 결과는 논문에서 주장하는 수치와 같다. 훈련 전에 임베딩 가중치를 초기화하지 않은 경우 모델이 과대 적합되기 시작했고 정확도 검증에서도 80%를 넘지 못했다.

CNN 모델로 문서 요약하기

리뷰는 많은 문장으로 구성돼 있다. 이러한 문장의 일부는 중립적이지만, 일부는 전체 문서의 성향을 결정할 수 있다. 리뷰를 요약하거나 사용자가 리뷰에서 실제로 의견을 표현한 문장을 강조 표시하는 것은 매우 유용하다. 실제로 이러한 방법을 통해 예측 결과를 설명하고 모델을 이해할 수 있다.

논문에도 설명되어 있지만 텍스트 요약을 위한 첫 번째 단계는 각 문장에 중요도 점수를 할당해 문서의 돌출맵(saliency map)을 만드는 것이다. 주어진 문서의 돌출맵을 생성하기 위해 다음과 같은 기법을 적용할 수 있다.

1. 먼저 네트워크의 전방 전달을 통해 문서에 대한 클래스 예측을 생성한다.

2. 네트워크의 예측을 뒤집어서 의사 레이블(pseudo label)을 만든다.

3. 의사 레이블을 실제 레이블처럼 손실 함수에 제공한다. 이 의사 레이블을 선택함으로써 최대 손실을 유도할 수 있다. 그리고 그에 따라 역전파가 클래스 레이블을 결정하는 데 가장 많이 기여한 문장 임베딩의 가중치를 수정하게 한다. 따라서 실제 양의 레이블의 경우 의사 레이블을 0으로 하면 강한 긍정 문장의 임베딩은 최대 변화, 즉 높은 기울기 노름(gradient norm)을 보일 것이다

4. 문장 임베딩층에 손실 함수의 미분을 계산한다.

5. 가장 중요한 문장이 위에 가도록 내림차순 기울기 노름으로 문장을 정렬한다.

케라스에서 구현하려면 앞에서처럼 전처리를 하고 x_train과 y_train의 넘파이 배열을 구해야 한다. 먼저 훈련된 IMDB 모델과 학습된 가중치를 로드한다. 그런 다음 도함수와 손실 함수를 구하기 위해 최적화기로 모델을 컴파일한다.

```
imdb_model = DocumentModel.load_model(config.MODEL_DIR+
                                    '/imdb/model_02.json')
imdb_model.load_model_weights(config.MODEL_DIR+ '/imdb/model_02.hdf5')
model = imdb_model.get_classification_model()
```

```
model.compile(loss="binary_crossentropy", optimizer='rmsprop',
              metrics=["accuracy"])
```

이제 앞에서 언급한 1단계를 수행한다. 즉, 전방으로 전달할 의사 레이블을 생성한다.

```
preds = model.predict(x_train)
# 예측 레이블 뒤집기
pseudo_label = np.subtract(1,preds)
```

케라스 함수 model.optimizer.get_gradients()를 사용해서 기울기를 계산한다.

```
# 학습된 문장 임배딩을 가져온다.
sentence_ebd = imdb_model.get_sentence_model().predict(x_train)

input_tensors = [model.inputs[0], # 입력 데이터
# 샘플당 가중치
                 model.sample_weights[0],
                 model.targets[0], # 레이블
                 ]
# 문장 임베딩층의 텐서 변수
weights = imdb_model.get_sentence_model().outputs
# 전체 모델의 손실에 대하여 기울기 계산
# 문장 임베딩층의 변수
gradients = model.optimizer.get_gradients(model.total_loss, weights)
get_gradients = K.function(inputs=input_tensors, outputs=gradients)
```

이제 다음과 같이 하나의 문서(예: 문서 번호 10)에 대한 기울기를 계산할 수 있다.

```
document_number = 10
K.set_learning_phase(0)
inputs = [[x_train[document_number]], # X
          [1], # sample weights
          [[pseudo_label[document_number][0]]], # y
          ]
grad = get_gradients(inputs)
```

이제 문장을 단계적 차이를 나타내는 노름으로 정렬할 수 있다. 텍스트 문장을 얻기 위해 전처리 과정에서 사용한 것과 같은 nltk sent_tokenize 함수를 사용한다.

```
sent_score = []
for i in range(Preprocess.NUM_SENTENCES):
    sent_score.append((i, -np.linalg.norm(grad[0][0][i])))
sent_score.sort(key=lambda tup: tup[1])
summary_sentences = [ i for i, s in sent_score[:4]]

doc = corpus[document_number]
label = y_train[document_number]
prediction = preds[document_number]
print(doc, label , prediction)

sentences = sent_tokenize(doc)
for i in summary_sentences:
    print(i, sentences[i])
```

다음은 **부정적인** 리뷰다.

Wow, what a great cast! Julia Roberts, John Cusack, Christopher Walken, Catherine Zeta-Jones, Hank Azaria...what's that? A script, you say? Now you're just being greedy! Surely such a charismatic bunch of thespians will weave such fetching tapestries of cinematic wonder that a script will be unnecessary? You'd think so, but no. America's Sweethearts is one missed opportunity after another. It's like everyone involved woke up before each day's writing/shooting/editing and though "You know what? I've been working pretty hard lately, and this is guaranteed to be a hit with all these big names, right? I'm just gonna cruise along and let somebody else carry the can." So much potential, yet so painful to sit through. There isn't a single aspect of this thing that doesn't suck. Even Julia's fat suit is lame.

처음 두 문장은 매우 긍정적으로 보인다. 이 문서의 예상 점수는 0.15로 적절하다. 요약은 어떤지 보자.

4 Surely such a charismatic bunch of thespians will weave such fetching tapestries of cinematic wonder that a script will be unnecessary?
2 A script, you say?
6 America's Sweethearts is one missed opportunity after another.

이번에는 다른 긍정적인 예를 보자. 여기서는 우리 모델이 0.98로 예측했다.

This is what I was expecting when star trek DS9 premiered. Not to slight DS9. That was a wonderful show in it's own right, however it never really gave the fans more of what they wanted. Enterprise is that show. While having a similarity to the original trek it differs enough to be original in it's own ways. It makes the ideas of exploration exciting to us again. And that was one of the primary ingredients that made the original so loved. Another ingredient to success was the relationships that evolved between the crew members. Viewers really cared deeply for the crew. Enterprise has much promise in this area as well. The chemistry between Bakula and Blalock seems very promising. While sexual tension in a show can often become a crutch, I feel the tensions on enterprise can lead to much more and say alot more than is typical. I think when we deal with such grand scale characters of different races or species even, we get some very interesting ideas and television. Also, we should note the performances, Blalock is very convincing as Vulcan T'pol and Bacula really has a whimsy and strength of character that delivers a great performance. The rest of the cast delivered good performances also. My only gripes are as follows. The theme. It's good it's different, but a little to light hearted for my liking. We need something a little more grand. Doesn't have to be orchestral. Maybe something with a little more electronic sound would suffice. And my one other complaint. They sell too many adds. They could fix this by selling less ads, or making all shows two parters. Otherwise we'll end up seeing the shows final act getting wrapped up way too quickly as was one of my complaints of Voyager.

요약은 다음과 같다.

2 That was a wonderful show in it's own right, however it never really gave the fans more of what they wanted.

5 It makes the ideas of exploration exciting to us again.

6 And that was one of the primary ingredients that made the original so loved.

8 Viewers really cared deeply for the crew.

요약 문장이 매우 잘 뽑혔음을 알 수 있다. 리뷰를 이해하기 위해 전체를 읽어볼 필요가 없다. 이 텍스트 CNN 모델은 IMDB 데이터 세트의 최신 모델과 비교해도 부족하지 않을 뿐만 아니라 한 번 학습시키면 텍스트 요약과 같은 다른 고급 텍스트 분석 과제도 처리할 수 있다.

CNN 모델을 이용한 다중 클래스 분류

이제 다중 클래스 분류에 동일한 모델을 적용해 보겠다. 이를 위해 20 NewsGroup 데이터 세트를 사용하겠다. CNN 모델로 훈련시키기에는 데이터 세트가 적다. 그래서 좀 더 간단한 문제로 모델을 훈련해 보겠다. 앞에서 논의한 것처럼 이 데이터 세트는 20개 클래스가 상당히 혼합돼 있고 SVM으로 최대

70%의 정확도를 보인다. 여기서는 CNN 분류기를 구축하기 위해서 이 데이터 세트 중 6가지 대범주를 취할 것이다. 먼저 20개의 범주를 6개의 대범주에 매핑하겠다. 다음은 사이킷런에서 데이터 세트를 처음 로드하는 코드다.

```python
def load_20newsgroup_data(categories = None, subset='all'):
        data = fetch_20newsgroups(subset=subset,
                                shuffle=True,
                                remove=('headers', 'footers', 'quotes'),
                                categories = categories)
        return data


dataset = Loader.load_20newsgroup_data(subset='train')
corpus, labels = dataset.data, dataset.target
test_dataset = Loader.load_20newsgroup_data(subset='test')
test_corpus, test_labels = test_dataset.data, test_dataset.target
```

다음으로, 20개의 클래스를 다음과 같이 6개 범주로 매핑한다.

```python
six_groups = {
    'comp.graphics':0,'comp.os.ms-
        windows.misc':0,'comp.sys.ibm.pc.hardware':0,
    'comp.sys.mac.hardware':0, 'comp.windows.x':0,
    'rec.autos':1, 'rec.motorcycles':1, 'rec.sport.baseball':1,
    'rec.sport.hockey':1,
    'sci.crypt':2, 'sci.electronics':2,'sci.med':2, 'sci.space':2,
    'misc.forsale':3,
    'talk.politics.misc':4, 'talk.politics.guns':4,
    'talk.politics.mideast':4,
    'talk.religion.misc':5, 'alt.atheism':5, 'soc.religion.christian':5
    }
map_20_2_6 = [six_groups[dataset.target_names[i]] for i in range(20)]
labels = [six_groups[dataset.target_names[i]] for i in labels]
test_labels = [six_groups[dataset.target_names[i]] for i in
                test_labels]
```

모델 초기화에 이어 동일한 전처리 단계를 수행한다. GloVe 임베딩으로 임베딩 벡터도 초기화했다. 자세한 코드는 리포지토리의 20newsgrp_model 모듈에 있다. 다음은 모델의 하이퍼 파라미터다.

```
{
    "embedding_dim":50,
    "train_embedding":false,
    "embedding_regularizer_l2":0.0,
    "sentence_len":30,
    "num_sentences":10,
    "word_kernel_size":5,
    "word_filters":30,
    "sent_kernel_size":5,
    "sent_filters":20,
    "sent_k_maxpool":3,
    "input_dropout":0.2,
    "doc_k_maxpool":4,
    "sent_dropout":0.3,
    "hidden_dims":64,
    "conv_activation":"ReLU",
    "hidden_activation":"ReLU",
    "hidden_dropout":0,
    "num_hidden_layers":2,
    "hidden_gaussian_noise_sd":0.3,
    "final_layer_kernel_regularizer":0.01,
    "hidden_layer_kernel_regularizer":0.0,
    "learn_word_conv":true,
    "learn_sent_conv":true,
    "num_units_final_layer":6
}
```

다음은 테스트 세트에 모델을 적용한 상세 결과다.

	precision	recall	f1-score	support
0	0.80	0.91	0.85	1912
1	0.86	0.85	0.86	1534
2	0.75	0.79	0.77	1523
3	0.88	0.34	0.49	382
4	0.78	0.76	0.77	1027
5	0.84	0.79	0.82	940
avg / total	0.81	0.80	0.80	7318

```
[[1733    41   114    1   14      9]
 [  49  1302   110   11   47     15]
 [ 159    63  1196    5   75     25]
 [ 198    21    23  130    9      1]
 [  10    53    94    0  782     88]
 [  22    30    61    0   81   746]]
0.8047280677780815
```

이 데이터 세트에 SVM을 적용해 얻을 수 있는 최고 정확도를 알아보자.

```
from sklearn.feature_extraction.text import TfidfVectorizer
from sklearn.svm import SVC
tv = TfidfVectorizer(use_idf=True, min_df=0.00005, max_df=1.0,
                     ngram_range=(1, 1), stop_words = 'english',
                     sublinear_tf=True)
tv_train_features = tv.fit_transform(corpus)
tv_test_features = tv.transform(test_corpus)


clf = SVC(C=1,kernel='linear', random_state=1, gamma=0.01)
svm=clf.fit(tv_train_features, labels)
preds_test = svm.predict(tv_test_features)


from sklearn.metrics import
        classification_report,accuracy_score,confusion_matrix


print(classification_report(test_labels, preds_test))
print(confusion_matrix(test_labels, preds_test))
print(accuracy_score(test_labels, preds_test))
```

다음은 SVM 모델을 수행한 결과다. 최고의 교차 유효성 검증 정확도(cross-validation accuracy)를 얻을 수 있도록 파라미터 C를 조정했다.

	precision	recall	f1-score	support
0	0.86	0.89	0.87	1912
1	0.83	0.89	0.86	1534
2	0.75	0.78	0.76	1523
3	0.87	0.73	0.80	382
4	0.82	0.75	0.79	1027

```
5              0.85    0.76    0.80    940

avg / total 0.82    0.82    0.82    7318
```

```
0.82344902978956
```

이 텍스트 CNN 모델은 다중 클래스 분류의 경우에도 비슷한 결과를 보인다. 여기서도 앞에서처럼 훈련된 모델을 사용해 텍스트 요약 또한 수행할 수 있다.

문서 임베딩 시각화

앞에서 소개한 문서 CNN 모델에는 문서 임베딩층이 있다. 이 층에서 모델이 배운 특성을 시각화해 보자. 먼저 테스트 세트를 가져와서 다음과 같이 문서 임베딩을 계산한다.

```
doc_embeddings = newsgrp_model.get_document_model().predict(x_test)
print(doc_embeddings.shape)
```

```
(7318, 80)
```

모든 테스트 문서에서 80차원의 임베딩 벡터를 얻었다. 이 벡터를 시각화하기 위해 2차원 공간에 벡터를 투영하고 많이 쓰이는 t-SNE로 차원을 감소해서 다음과 같이 산점도를 나타낸다.

```
from utils import scatter_plot

_proj = TSNE(n_components=2, random_state=42,
                ).fit_transform(doc_embeddings)
f, ax, sc, txts = scatter_plot(doc_proj, np.array(test_labels))
```

이 코드의 출력은 다음과 같다.

흩어져 있는 레이블 (0-5)는 여섯 개의 클래스를 나타낸다. 보다시피 모델은 적절한 임베딩을 학습했고 80차원 공간에서 6개의 클래스를 잘 구분했다. 이러한 임베딩을 정보 검색이나 텍스트 검색과 같은 다른 텍스트 분석 작업에 사용할 수 있다. 주어진 쿼리 문서의 밀집 임베딩(dense embedding)을 계산한 다음, 전체 코퍼스에서 유사한 임베딩과 비교하면 된다. 이렇게 하면 키워드 기반 쿼리 결과도 신장되고 검색 성능도 향상시킬 수 있다.

정리

이 장에서는 자연 언어 처리, 텍스트 분류, 텍스트 요약, 텍스트 도메인에서의 딥러닝 CNN 모델 적용에 대한 개념을 배웠다. 전이학습의 예시에서 대부분 유스케이스의 첫 단계는 단어 임베딩이었다. 특히 훈련 데이터가 적을수록 더욱 그렇다. 거대한 아마존 제품 리뷰 데이터 세트에서 학습한 텍스트 CNN 모델에 전이학습을 적용해서 관련은 있지만 다른 도메인인 작은 영화 리뷰 데이터 세트에서 예측하는 방법을 살펴봤다.

또한 학습된 CNN 모델을 다른 텍스트 처리 작업에 사용하는 과제, 가령 밀집 벡터로 문서를 요약하고 표현하는 것으로 정보 검색 시스템에서 검색 성능을 향상시키는 데 사용하는 방법을 배웠다.

오디오 이벤트 식별과 분류 | 8장

이전 장에서 실제 문제에 전이학습을 적용하는 몇 가지 흥미로운 사례를 살펴봤다. 더 견고하고 우수한 모델을 얻기 위해 전이학습을 적용하는 다양한 방법과 더 적은 훈련 데이터라는 제약을 처리하는 방법도 살펴봤다. 앞에서 다룬 이미지와 텍스트 데이터는 두 가지 형태의 비정형 데이터였다. 이 장에서는 새로운 실세계 문제인 오디오 이벤트를 식별하고 분류하는 문제를 다룰 것이다.

VGG 또는 인셉션(Inception: 영상 데이터에 사용 가능)과 같은 효율적인 사전 훈련된 이미지 인식 모델이나 Word2vec, GloVe(텍스트 데이터에 사용 가능)와 같은 단어 임베딩 기반 모델의 장점을 취할 수 없는 오디오 데이터에 사전 훈련된 딥러닝 모델을 만드는 것은 엄청난 도전이다. 그렇다면 오디오 데이터에 대한 전략이 무엇인지 궁금할 것이다. 이 장에서는 혁신적인 접근 방식을 다룰 것이므로 좀 더 지켜보기 바란다. 이 장에서 다룰 주요한 내용은 다음과 같다.

- 오디오 이벤트 분류의 이해

- 실세계 문제 해결 방안 구상

- 오디오 이벤트에 대한 탐색적 분석

- 오디오 이벤트의 특성 엔지니어링과 표현

- 전이학습과 오디오 이벤트 분류

- 딥러닝 오디오 이벤트 식별기 구축

이 장에서는 오디오 이벤트를 식별하고 분류하는 실제 사례를 살펴볼 것이다. 오디오 특성 엔지니어링, 전이학습, 딥러닝, 객체 지향 프로그래밍과 같은 개념이 분류를 위한 강력하고 자동화된 오디오 이벤트 식별자를 구축하는 데 사용될 것이다. 이 장을 따라하기 위한 코드는 깃허브 저장소 https://github.com/dipanjanS/hands-on-transfer-learning-with-python의 8장 폴더를 참조하면 된다.

오디오 이벤트 분류의 이해

지금쯤이면 분류 또는 범주화의 기본 작업을 알고 있을 것이다. 여기서 대개는 특정한 그룹 또는 범주로 레이블이나 주석이 달려 있는 구조화되거나 비구조화된 데이터를 갖고 있다. 분류 자동화의 주된 과제는 나중에 예측할 데이터 포인트에 다양한 데이터 속성이나 특성을 기반으로 특정 범주 중 하나로 각 데이터 포인트 또는 레코드를 분류할 수 있는 모델을 구축하는 것이다.

이전 장에서 이미 텍스트와 이미지 분류를 살펴봤다. 이 장에서는 오디오 이벤트 분류에 관해 살펴보겠다. 오디오 이벤트도 기본적으로 하나의 이벤트이거나 오디오 신호를 수집하는 일반적 행동에서 발생한다. 보통 짧은 오디오 클립으로 오디오 이벤트를 나타내는데, 반복 중일 때도 소리가 대개 비슷하기 때문이다. 하지만 때로는 긴 오디오 클립으로 복잡한 오디오 이벤트를 나타내기도 한다. 오디오 이벤트의 예로는 놀이터에서 놀고 있는 어린이의 소리, 사이렌 경보, 개 짖는 소리 등이 있다. 실제로 구글은 오디오 이벤트에 수작업으로 주석을 추가해서 **AudioSet**(https://research.google.com/audioset/index.html)라는 대규모 데이터 세트를 구축했으며, 오디오 이벤트 식별과 분류에 관한 여러 논문을 썼다. 여기서는 더 작은 데이터 세트를 사용할 테지만, 관심 있는 독자라면 이 632개가 넘는 오디오 이벤트 클래스의 거대한 데이터 세트를 살펴봐야 할 것이다. 이 데이터 세트는 유튜브에서 추출한 것으로 수작업 레이블이 있는 2,084,320개의 10초짜리 사운드 클립이다.

실세계 문제에서의 설정

여기서 다루는 실제 사례 케이스 스터디의 주 목적은 오디오 이벤트 식별과 분류다. 이것은 지도 학습 문제로, 특정 범주(소리의 출처)에 속하는 오디오 데이터 샘플이 포함된 오디오 이벤트 데이터 세트를 다룬다.

전이학습과 딥러닝의 개념을 활용한 강건한 분류기가 소리의 출처가 어디인지 정확하게 예측해 모든 주어진 오디오 샘플이 사전에 결정된 범주 중 하나에 속하게 해야 한다. 사용할 데이터는 널리 알려진 UrbanSound8K다(https://urbansounddataset.weebly.com/). 이 데이터 세트는 도시의 일상에서 녹음한 8,732개의 레이블된 오디오 사운드 파일(지속 시간은 보통 4초 혹은 그 이상)로 이루어져 있다. 이 데이터 세트의 10가지 사운드 범주는 다음과 같다.

- air_conditioner
- car_horn
- children_playing

- dog_bark

- drilling

- engine_idling

- gun_shot

- jackhammer

- siren

- street_music

이 데이터 세트 및 기타 잠재적인 데이터 세트나 계획 등에 대한 자세한 설명을 보려면 'UrbanSound' 웹 사이트를 방문해서 제작자인 J. 살라몬(J. Salamon), C. 재코비(C. Jacoby), JP 벨로(JP Bello)가 2014년 11월 미국 올랜도에서 열린 22번째 "ACM International Conference on Multimedia"에서 발표한 "A Dataset and Taxonomy for Urban Sound Research(도시의 소리 연구를 위한 데이터 세트와 분류 체계)"라는 놀라운 문서(http://www.justinsalamon.com/uploads/4/3/9/4/4394963/salamon_urbansound_acmmm14.pdf)를 확인해 보기 바란다. 아울러 NYU의 **도시 과학과 발전 센터(Center for Urban Science and Progress, CUSP)** 가 이것을 현실로 만들어준 것에 감사를 표한다.

데이터를 얻으려면 웹 사이트에서 양식을 채워야 하며 그 후에 이메일을 통해 다운로드 링크[1]를 받을 수 있다. 파일의 압축을 풀면 10개의 폴더(10개의 폴드)에 있는 모든 오디오 파일과 데이터 세트에 대한 자세한 정보가 들어 있는 'readme' 파일을 볼 수 있다.

오디오 이벤트의 탐색적 분석

여기서는 오디오 데이터 분석, 시각화, 모델링 및 모델 평가라는 일반적인 작업 흐름을 따를 것이다. 모든 데이터가 다운로드되면 WAV 형식의 오디오 데이터 샘플을 포함하는 폴더가 총 10개 보일 것이다. UrbanSound8K.csv 파일에 각 오디오 파일에 대한 메타 데이터 정보가 들어 있는 메타 데이터 폴더도 있다. 이 파일로 각 파일 클래스의 레이블을 지정할 수도 있고 파일 이름 명명법을 이해하여 같은 작업을 할 수도 있다.

---

1 (옮긴이) 현재는 간단한 서류를 작성하고 양식을 제출하면 페이지에서 바로 다운로드 링크를 제공해주는 간단한 방식으로 변경됐다. 총 5.6GB 정도의 용량이다.

각 오디오 파일의 이름은 특정 형식으로 지정된다. 이름은 [fsID]-[classID]-[occurrenceID]-[sliceID].
wav 형식으로, 다음과 같이 채워져 있다.

- [fsID]: 발췌한 (조각) 레코드의 프리사운드 ID

- [classID]: 소리 클래스의 숫자 식별자

- [occurrenceID]: 원본 녹음에서 다른 소리의 발생을 구별하기 위한 숫자 식별자

- [sliceID]: 동일하게 발생한 것에서 가져온 여러 조각을 구분하는 숫자 식별자

각 클래스 식별자는 특정 클래스 레이블에 매핑할 수 있는 숫자다. 바로 뒤에서 이를 더 확장할 것이다.
오디오 데이터에 대한 기본적인 탐색적 분석부터 시작해 보자. 예제를 직접 실행하려면 깃허브 저장소
에서 주피터 노트북 Exploratory Analysis Sound Data.ipynb를 참조하면 된다.

먼저 librosa 모듈을 포함해 다음과 같이 종속성 파일을 로드한다. 모듈이 없는 경우 설치해야 한다.

```
import glob
import os
import librosa
import numpy as np
import matplotlib.pyplot as plt
from matplotlib.pyplot import specgram
import pandas as pd
import librosa.display
import IPython.display
import soundfile as sf


%matplotlib inline
```

librosa 모듈은 오디오와 음악 분석을 위한 탁월한 오픈 소스 파이썬 프레임워크다. 이 프레임워크를
좀 더 자세하게 확인해 보기를 바란다. 다음 절에서는 오디오 데이터에서 추출한 특성을 분석할 것이
다. 이제 분석을 위해 하나의 데이터 폴더를 로드해 보자.

```
files = glob.glob('UrbanSound8K/audio/fold1/*')
len(files)
```

873

각 폴더에는 870개 이상의 오디오 샘플이 포함돼 있다. metadata와 readme 파일의 정보를 기반으로 오디오 샘플 범주를 매핑하는 클래스 ID를 만들 수 있다.

```
class_map = {'0' : 'air_conditioner', '1' : 'car_horn',
             '2' : 'children_playing', '3' : 'dog_bark',
             '4' : 'drilling', '5' : 'engine_idling',
             '6' : 'gun_shot', '7' : 'jackhammer',
             '8' : 'siren', '9' : 'street_music'}
pd.DataFrame(sorted(list(class_map.items())))
```

추가 분석을 위해 이 클래스 각각에 속하는 10개의 다른 오디오 샘플을 가져와 보자.

```
samples = [(class_map[label],
           [f for f in files if f.split('-')[1] == label][0])
                              for label in class_map.keys()]


samples

[('street_music', 'UrbanSound8K/audio/fold1\108041-9-0-11.wav'),
 ('engine_idling', 'UrbanSound8K/audio/fold1\103258-5-0-0.wav'),
 ('jackhammer', 'UrbanSound8K/audio/fold1\103074-7-0-0.wav'),
 ('air_conditioner', 'UrbanSound8K/audio/fold1\127873-0-0-0.wav'),
 ('drilling', 'UrbanSound8K/audio/fold1\14113-4-0-0.wav'),
 ('children_playing', 'UrbanSound8K/audio/fold1\105415-2-0-1.wav'),
 ('gun_shot', 'UrbanSound8K/audio/fold1\102305-6-0-0.wav'),
 ('siren', 'UrbanSound8K/audio/fold1\106905-8-0-0.wav'),
 ('car_horn', 'UrbanSound8K/audio/fold1\156194-1-0-0.wav'),
 ('dog_bark', 'UrbanSound8K/audio/fold1\101415-3-0-2.wav')]
```

샘플 데이터 파일을 만들었으므로 분석하기 전에 오디오 데이터를 메모리로 읽어 들여야 한다. librosa가 오디오 파일 중 일부(길이나 속도가 너무 짧은 샘플)에 오류를 냈다. 그래서 파이썬 프레임워크인 soundfile을 활용해 미가공 데이터와 원본 샘플 속도를 얻기 위해 오디오 파일을 읽을 것이다. https://pypi.org/project/SoundFile/에서 soundfile 프레임워크에 대한 자세한 정보를 얻을 수 있다.

오디오 샘플 속도는 일반적으로 Hz 또는 kHz로 측정되는 초당 오디오 샘플 수로 정의된다(1kHz는 1,000Hz다). librosa의 기본 샘플링 속도는 22,050Hz이기 때문에 일관성을 유지하기 위해 모든 오디오 데이터를 다시 샘플링할 것이다. 다음은 데이터를 읽어서 미가공 오디오 데이터의 총 길이를 보기 위한 코드다.

```
def get_sound_data(path, sr=22050):
data, fsr = sf.read(path)
data_22k = librosa.resample(data.T, fsr, sr)
if len(data_22k.shape) > 1:
    data_22k = np.average(data_22k, axis=0)
    return data_22k, sr


sample_data = [(sample[0], get_sound_data(sample[1])) for sample in
                samples]
[(sample[0], sample[1][0].shape) for sample in sample_data]
[('street_music', (88200,)), ('engine_idling', (88200,)),
 ('jackhammer', (88200,)), ('air_conditioner', (44982,)),
 ('drilling', (88200,)), ('children_playing', (88200,)),
 ('gun_shot', (57551,)), ('siren', (88200,)),
 ('car_horn', (5513,)), ('dog_bark', (88200,))]
```

대부분 오디오 샘플은 지속 시간이 약 4초지만, 일부는 매우 짧다. 주피터 노트북은 다음 코드로 오디오 자체를 노트북에 내장하고 재생할 수 있다는 장점이 있다.

sample_data에 다음을 입력하자.

```
print(data[0], ':')
IPython.display.display(IPython.display.Audio(data=data[1][0],rate=data[1][1]))
```

그러면 다음처럼 생성된다.

파형을 플로팅해 다양한 오디오 소스의 모습을 시각화해 보자. 다음은 전형적인 오디오 샘플의 파형 진폭 그림을 그리는 코드다.

```
i = 1
fig = plt.figure(figsize=(15, 6))
```

```
for item in sample_data:
    plt.subplot(2, 5, i)
    librosa.display.waveplot(item[1][0], sr=item[1][1], color='r',
                                 alpha=0.7)
    plt.title(item[0])
    i += 1
plt.tight_layout()
```

작성된 그림은 다음과 같다.

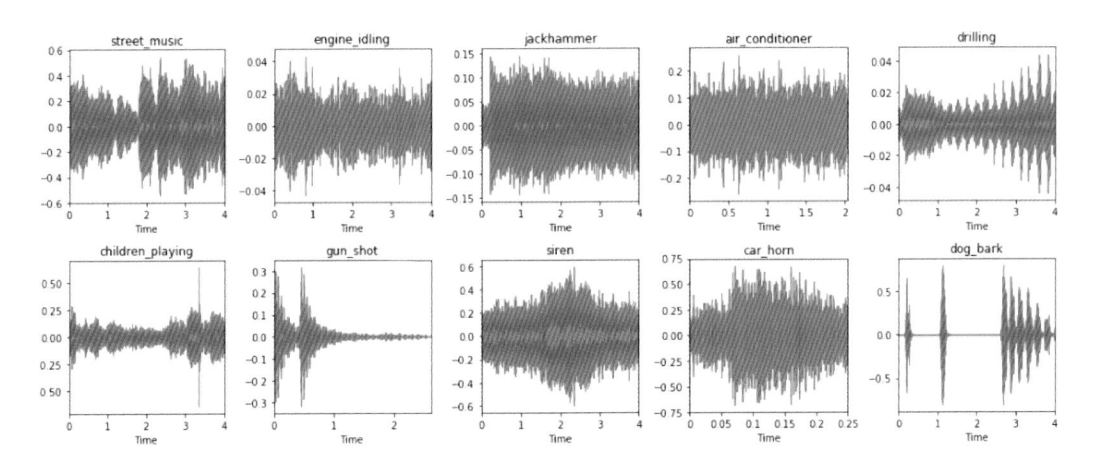

이 그림에서 다른 오디오 데이터 샘플의 소스 레이블과 해당 오디오 파형을 명확히 확인할 수 있다. 이 그림은 흥미로운 통찰력을 제공한다. **엔진 공회전(engine_idling), 착암기(jackhammer), 에어컨 (air_conditioner)**과 같은 소스는 일반적으로 시간이 지나도 변하지 않는 일정한 사운드가 있는 소리, 즉 등폭(constant amplitude)이다. **사이렌(siren)**과 **자동차 경적(car_horn)**도 보통 일정한 파형의 진폭인데, 간헐적으로 그 진폭이 증가한다.

총성(gun_shot)과 같은 소리는 대개 처음에는 거대한 소음이었다가 조용해진다. 그리고 **개 짖는 소리 (dog_bark)**는 간헐적으로 흘러 나온다. 즉, 정적 외에도 높은 진폭이 짧은 간격으로 나오는 소리다. 더 흥미로운 패턴을 찾을 수 있는가?

오디오 데이터의 또 다른 흥미로운 시각화 기술은 스펙트로그램(spectrograms)이다. 일반적으로 스펙트로그램은 오디오 데이터의 주파수 스펙트럼을 나타내는 시각적 표현 기술이다. **소노그래프 (sonograph)**와 **보이스그램(voicegram)**이 많이 쓰인다. 오디오 샘플을 스펙트로그램으로 시각화하면 다음과 같다.

```
i = 1
fig = plt.figure(figsize=(15, 6))
for item in sample_data:
    plt.subplot(2, 5, i)
    specgram(item[1][0], Fs=item[1][1])
    plt.title(item[0])
    i += 1
plt.tight_layout()
```

스펙트로그램은 다음과 같다.

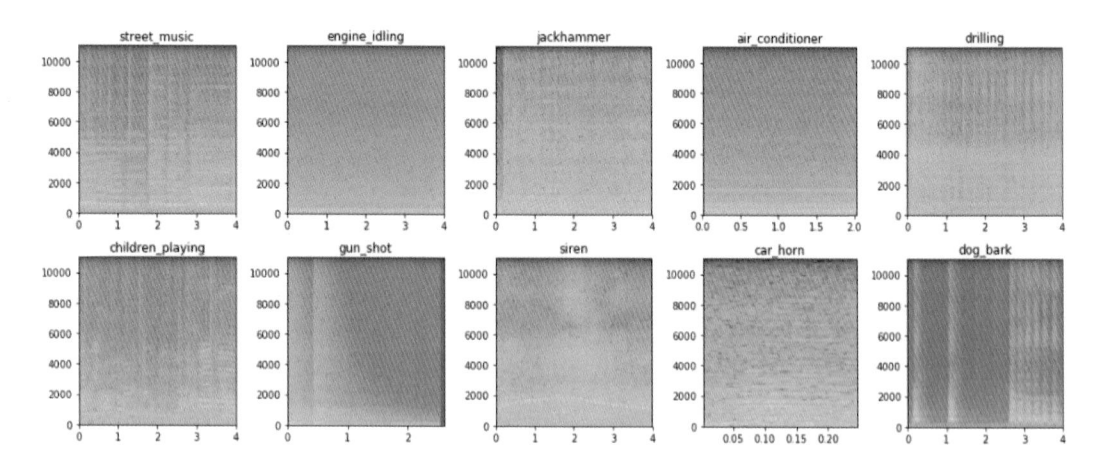

스펙트로그램을 통해서 오디오 데이터를 멋진 이미지로 나타낼 수 있는데, 이는 **합성곱 신경망(CNN)** 같은 모델에서 유용하다. 다른 오디오 소스에서는 스펙트로그램을 통해 눈에 띄는 차이점을 분명히 볼 수 있으므로 특성을 추출할 수 있을 것이다. 여기서는 멜 스펙트로그램(mel spectrogram)을 사용한다. 멜 스펙트로그램은 멜 척도(mel-scale)에서 스펙트로그램을 그리기 때문에 기본 스펙트로그램보다 일반적으로 더 낫다. **멜**이라는 이름은 '멜로디'라는 단어에서 유래했다. 이것은 그 척도가 음높이 비교를 기반으로 함을 나타낸다. 멜 척도는 청자가 서로 같은 거리에 있을 때의 음높이가 지각 척도가 된다. CNN으로 스펙트로그램에서 이런 특성을 추출할 수 있다면 매우 유용할 것이다. 다음은 멜 스펙트로그램을 그릴 수 있는 코드다.

```
i = 1
fig = plt.figure(figsize=(15, 6))
for item in sample_data:
    plt.subplot(2, 5, i)
```

```
    S = librosa.feature.melspectrogram(item[1][0], sr=item[1]
    [1],n_mels=128)
    log_S = librosa.logamplitude(S)
    librosa.display.specshow(log_S, sr=item[1][1],
    x_axis='time',y_axis='mel')
    plt.title(item[0])
    plt.colorbar(format='%+02.0f dB')
    i += 1
plt.tight_layout()
```

멜 스펙트로그램은 다음과 같다.

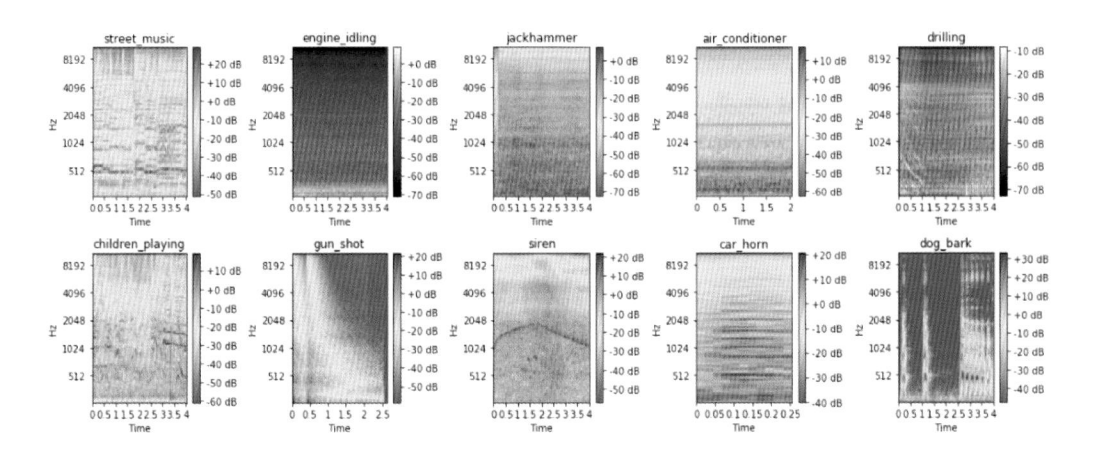

멜 척도를 사용하면 오디오 소스를 기반으로 한 스펙트로그램 구분이 훨씬 쉬워진다. 다음 절에서는 특성 엔지니어링의 기본 소스로 사용할 수 있는 몇 가지 구체적인 시각적 기술에 초점을 맞춘다. 먼저 gun_shot 오디오 샘플의 멜 스펙트로그램을 살펴보자.

```
y = sample_data[6][1][0]
S = librosa.feature.melspectrogram(y, sr=22050, n_mels=128)
log_S = librosa.logamplitude(S)
plt.figure(figsize=(12,4))
librosa.display.specshow(log_S, sr=22050, x_axis='time', y_axis='mel')
plt.colorbar(format='%+02.0f dB')
```

스펙트로그램은 다음과 같다.

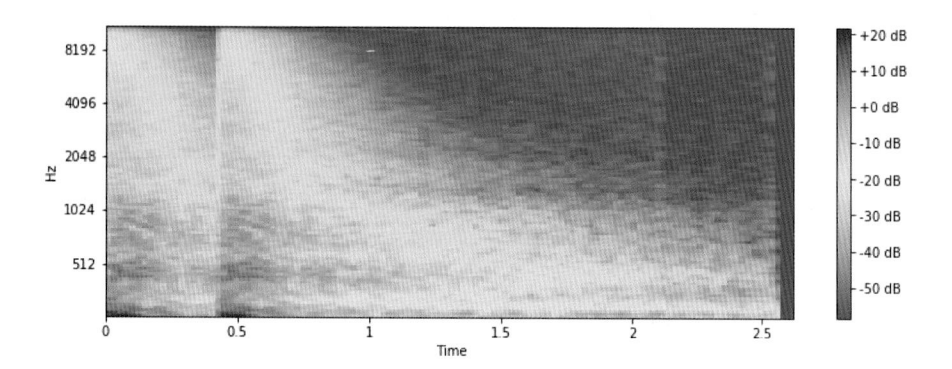

이 스펙트로그램은 이 오디오 소스에 대한 오디오 파형 그래프의 모습과 일치한다. 오디오의 다른 재미있는 측면은 보통 어떤 오디오의 시계열 데이터라도 운율적 소리(harmonic)와 두드리는 소리 (percussive)[2]의 구성 요소로 분해할 수 있다는 것이다. 이를 통해 모든 오디오 샘플을 완전히 새롭고 흥미로운 표현으로 나타낼 수 있다. 이 구성 요소로 스펙트로그램을 그려 보자.

```
y_harmonic, y_percussive = librosa.effects.hpss(y)
S_harmonic = librosa.feature.melspectrogram(y_harmonic,sr=22050,
                                            n_mels=128)
S_percussive = librosa.feature.melspectrogram(y_percussive,sr=22050)
log_Sh = librosa.power_to_db(S_harmonic)
log_Sp = librosa.power_to_db(S_percussive)


# 새로운 형상을 만든다.
plt.figure(figsize=(12,6))
plt.subplot(2,1,1)
librosa.display.specshow(log_Sh, sr=sr, y_axis='mel')
plt.title('mel power spectrogram (Harmonic)')
plt.colorbar(format='%+02.0f dB')
plt.subplot(2,1,2)
librosa.display.specshow(log_Sp, sr=sr, x_axis='time', y_axis='mel')
plt.title('mel power spectrogram (Percussive)')
plt.colorbar(format='%+02.0f dB')
plt.tight_layout()
```

---

2 (옮긴이) 일정한 소리가 연속되는 운율적(harmonic)인 소리와 두드리는(percussive) 소리를 좀 더 직관적으로 구분하고자 한다면 다음 사이트에서 각각 분리된 소리를 들어볼 것을 추천한다. http://mir.ilsp.gr/harmonic_percussive_separation.html

스펙트로그램은 다음과 같다.

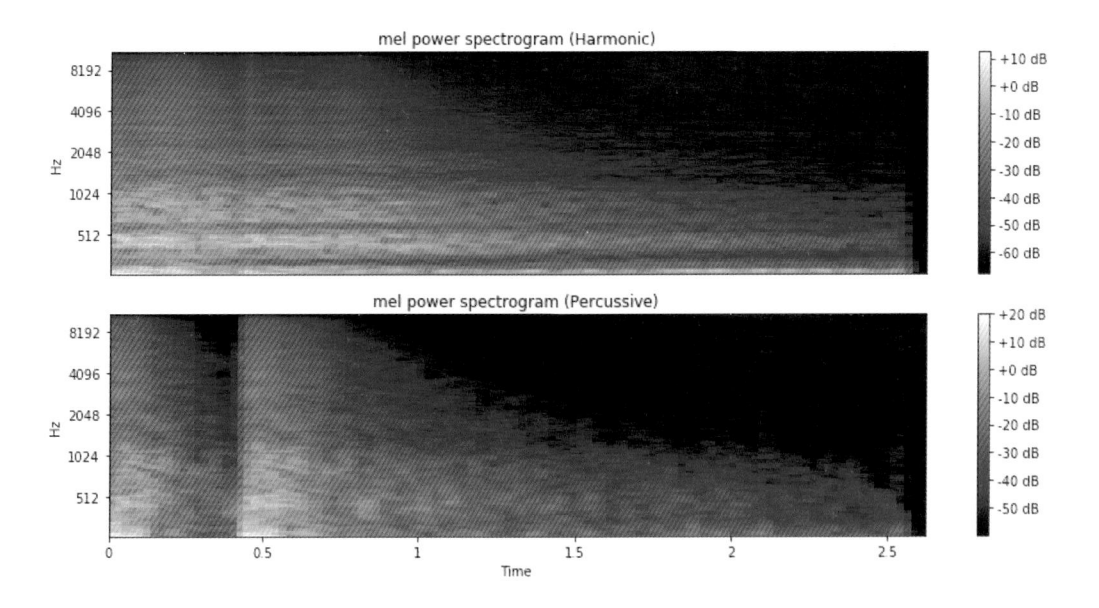

오디오 샘플의 두 가지 다른 구성 요소인 운율적 소리와 두드리는 소리가 스펙트럼에 대조적으로 표시돼 있는 것을 볼 수 있다.

이 오디오 데이터의 또 다른 흥미로운 그림은 크로마그램(chromagram)을 사용하는 것이다. 이는 12개의 다른 음높이 클래스, 즉 {C, C#, D, D#, E, F, F#, G, G#, A, A#, B}를 바탕으로 오디오 샘플 신호의 음높이 강도를 보여준다. 이것은 시간의 경과에 따라 오디오 신호의 다양한 음높이 강도를 묘사하는 훌륭한 시각적 도구가 될 수 있다. 일반적으로 푸리에 변환 또는 큐 변환(Q-transform)은 크로마그램을 구축하기 전에 미가공 오디오 신호에서 이루어진다.

```
C = librosa.feature.chroma_cqt(y=y_harmonic, sr=sr)
# 새로운 형상 만들기
plt.figure(figsize=(12, 4))
# 크로마그램 표시: 시간의 함수로 반음계 높이의 클래스를 에너지로 표시
librosa.display.specshow(C, sr=sr, x_axis='time', y_axis='chroma',
                         vmin=0, vmax=1)
plt.title('Chromagram')
plt.colorbar()
plt.tight_layout()
```

크로마그램은 다음과 같다.

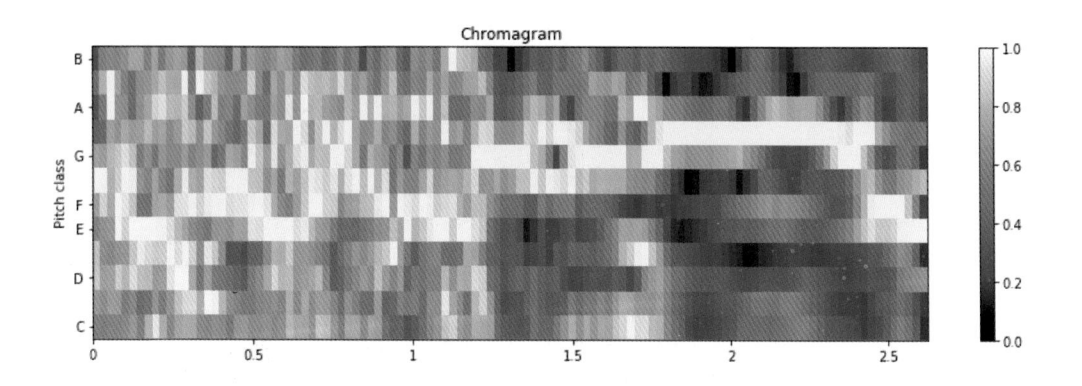

이것은 시간의 경과에 따른 gun_shot 오디오 샘플의 다양한 음높이 강도를 명확하게 볼 수 있다는 점에서 특성 추출을 위한 기본 이미지로 매우 효과적이다. 다음 절에서 특성 추출을 위해 이러한 기술 중 일부를 사용한다.

특성 엔지니어링과 오디오 이벤트의 표현

미가공 오디오 데이터에서 강력한 분류 모델을 구축하려면 견고하고 우수한 특성 표현이 필요하다. 특성 엔지니어링을 위해 이전에 배운 기술 중 일부를 활용하겠다. 예제를 직접 실행하려면 주피터 노트북 Feature Engineering.ipynb에 이 절에 쓰인 코드가 있으니 활용하기 바란다. 여기서는 이전에 가져온 모든 라이브러리를 재사용하고 joblib를 활용해 디스크에 특성을 저장하겠다.

```
from sklearn.externals import joblib
```

다음으로, 모든 파일 이름을 로드하고 오디오 데이터를 읽을 수 있는 유틸리티 함수를 정의하고 오디오의 하위 샘플에 대한 윈도 인덱스도 가져올 수 있게 한다. 이는 바로 뒤에서 활용할 것이다.

```
# 파일 이름 얻기
ROOT_DIR = 'UrbanSound8K/audio/'
files = glob.glob(ROOT_DIR+'/**/*')

# 미가공 오디오 데이터 로드
def get_sound_data(path, sr=22050):
```

```
    data, fsr = sf.read(path)
    data_resample = librosa.resample(data.T, fsr, sr)
    if len(data_resample.shape) > 1:
        data_resample = np.average(data_resample, axis=0)
    return data_resample, sr

# 오디오 하위 샘플의 시작 및 종료 색인을 가져오는 함수
def windows(data, window_size):
    start = 0
    while start < len(data):
        yield int(start), int(start + window_size)
        start += (window_size / 2)
```

여기서 따라할 특성 엔지니어링 전략은 약간 복잡하지만, 간략하게 설명하려고 노력하겠다. 우리는 이미 오디오 데이터 샘플의 길이가 다양하다는 것을 알고 있다. 그럼에도 불구하고 견고한 분류기를 구축하려면 각 샘플의 특성이 일관성을 유지해야 한다. 따라서 각 오디오 파일에서 오디오 하위 샘플(고정 길이)을 추출하고 그 각 하위 샘플에서 특성을 추출하겠다.

총 세 가지 특성 엔지니어링 기술로 세 가지 특성 표현 맵을 구현함으로써 궁극적으로 각각의 오디오 하위 샘플에 대한 3차원 이미지 특성 지도를 만들 것이다. 다음 다이어그램은 여기서 수행할 작업 흐름을 보여준다.

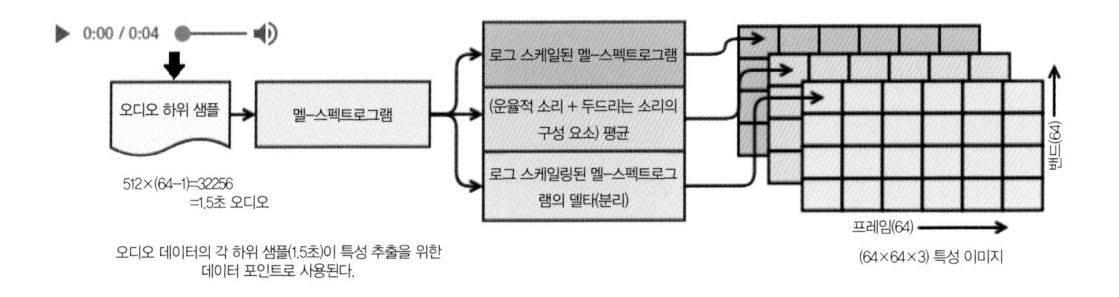

오디오 데이터의 각 하위 샘플(1.5초)이 특성 추출을 위한 데이터 포인트로 사용된다.

(64×64×3) 특성 이미지

이 아이디어는 IEEE 2015에서 캐롤 J. 픽잭(Karol J. Piczak)의 탁월한 논문인 "Environmental sound classification with convolutional neural networks(합성곱 신경망을 이용한 주변 환경의 소리 분류)"(https://ieeexplore.ieee.org/document/7324337)에 나와 있다. 그는 CNN 특성 추출에 사용할 수 있는 일반적인 필수 특성에 멜 스펙트로그램을 활용했다. 그러나 여기서는 최종 특성 지도에 대한 몇 가지 변형을 시도할 것이다.

먼저, 총 프레임 수(열) **64**, 밴드(행) **64**로 정의해서 (64×64)차원의 예제 특성 지도를 각각 형성한다. 그런 다음 이를 기반으로 오디오 데이터 샘플에서 하위 샘플을 형성할 수 있도록 오디오 데이터 원도를 추출하겠다.

각 오디오의 하위 샘플을 고려해 멜 스펙트로그램을 만드는 것부터 시작한다. 이를 통해 첫 번째 특성 지도인 로그 스케일된 멜 스펙트로그램을 만들고, 평균 특성 지도로 운율적 소리와 두드리는 소리를 구성 요소(다시 로그 스케일된)로 하는 오디오의 하위 샘플로 만들면 세 번째 특성 지도는 로그 스케일된 멜 스펙트로그램의 델타[3] 또는 도함수가 될 것이다. 이러한 각각의 특성 지도는 64×64 이미지로 표현될 수 있으며, 이를 결합해 각 오디오의 하위 샘플에 대한 (64, 64, 3)차원의 3D 특성 지도를 얻을 수 있다. 이제 이 작업 흐름의 함수를 정의해 보자.

```
def extract_features(file_names, bands=64, frames=64):
    window_size = 512 * (frames - 1)
    log_specgrams_full = []
    log_specgrams_hp = []
    class_labels = []
    # 각각의 오디오 샘플에 대해
    for fn in file_names:
        file_name = fn.split('\')[-1]
        class_label = file_name.split('-')[1]
        sound_data, sr = get_sound_data(fn, sr=22050)
        # 데이터에 있는 각각의 오디오 신호 하위 샘플 윈도에 대해
        for (start,end) in windows(sound_data, window_size):
            if(len(sound_data[start:end]) == window_size):
                signal = sound_data[start:end]

                # 로그 스케일된 멜 스펙토그램을 구한다.
                melspec_full = librosa.feature.melspectrogram(signal,
                                                    n_mels =
                                                    bands)

                logspec_full = librosa.logamplitude(melspec_full)
                logspec_full = logspec_full.T.flatten()[:,np.newaxis].T

                # 운율적 소리와 두드리는 소리에 대한
                # 로그 스케일의 평균값을 구한다.
```

3   (옮긴이) 델타 함수와 델타 함수의 미분에 대한 기초 개념은 다음 링크에서 확인할 수 있다. https://www.scienceall.com/%EB%8D%B8%ED%83%80%ED%95%A8%EC%88%98%CE%B4-function-2/

```
                y_harmonic, y_percussive =librosa.effects.hpss(signal)
                melspec_harmonic =
                        librosa.feature.melspectrogram(y_harmonic,
                n_mels=bands)
                melspec_percussive =
                        librosa.feature.melspectrogram(y_percussive,
                n_mels=bands)
                logspec_harmonic =
                        librosa.logamplitude(melspec_harmonic)
                logspec_percussive =
                        librosa.logamplitude(melspec_percussive)
                logspec_harmonic = logspec_harmonic.T.flatten()[:,
                                        np.newaxis].T
                logspec_percussive = logspec_percussive.T.flatten()[:,
                                        np.newaxis].T
                logspec_hp = np.average([logspec_harmonic,
                                        logspec_percussive],
                                        axis=0)
            log_specgrams_full.append(logspec_full)
            log_specgrams_hp.append(logspec_hp)
            class_labels.append(class_label)
# 처음 두 특성 지도 만들기.
log_specgrams_full = np.asarray(log_specgrams_full).reshape(
                            len(log_specgrams_full), bands,
                            frames, 1)
log_specgrams_hp = np.asarray(log_specgrams_hp).reshape(
                            len(log_specgrams_hp), bands,
                            frames, 1)
features = np.concatenate((log_specgrams_full,
                    log_specgrams_hp,
                    np.zeros(np.shape(
                        log_specgrams_full))),
                    axis=3)
# 로그 스케일된 멜-스펙트로그램에서
# (도함수) 델타에 세 번째 특성 지도 만들기
for i in range(len(features)):
    features[i, :, :, 2] = librosa.feature.delta(features[i,
                                            :, :, 0])


return np.array(features), np.array(class_labels, dtype = np.int)
```

이제 이 함수를 사용할 준비가 됐다. 이전의 작업 흐름에서 설명한 전략을 바탕으로 8,732개의 오디오 샘플 데이터로 많은 하위 특성 지도를 만들 수 있을 것이다.

```
features, labels = extract_features(files)
features.shape, labels.shape
((30500, 64, 64, 3), (30500,))
```

8,732개의 오디오 데이터 파일에서 총 30,500개의 특성 지도를 얻었다. 이 정도면 훌륭하다. 앞에서 설명한 것처럼 각 특성 지도의 크기는 (64, 64, 3)이다. 이제 30,500데이터 포인트를 기반으로 한 오디오 소스의 전반적인 클래스 표현을 살펴보자.

```
from collections import Counter
Counter(labels)
Counter({0: 3993, 1: 913, 2: 3947, 3: 2912, 4: 3405,
         5: 3910, 6: 336, 7: 3473, 8: 3611, 9: 4000})
```

서로 다른 범주에 속한 데이터 요소의 전반적인 분포가 상당히 균일하고 좋은 것을 알 수 있다. 1 경적(car_horn)과 6 총소리(gun_shot)와 같은 일부 범주의 경우 다른 범주와 비교해 표현력이 매우 부족하기는 하다. 일반적으로 이 범주의 오디오 데이터 지속 시간이 다른 범주보다 훨씬 짧기 때문에 이미 예상했던 일이다. 이제 다음과 같이 특성 지도를 시각화해 보자.

```
class_map = {'0' : 'air_conditioner', '1' : 'car_horn', '2' :
            'children_playing','3' : 'dog_bark', '4' : 'drilling','5' :
            'engine_idling','6' : 'gun_shot', '7' : 'jackhammer', '8' :
            'siren', '9' : 'street_music'}
categories = list(set(labels))
sample_idxs = [np.where(labels == label_id)[0][0] for label_id in
              categories]
feature_samples = features[sample_idxs]

plt.figure(figsize=(16, 4))
for index, (feature_map, category) in enumerate(zip(feature_samples,
                                          categories)):
    plt.subplot(2, 5, index+1)
    plt.imshow(np.concatenate((feature_map[:,:,0],
                              feature_map[:,:,1],
```

```
                              feature_map[:,:,2]),
                              axis=1),
                              cmap='viridis')
        plt.title(class_map[str(category)])
    plt.tight_layout()
    t = plt.suptitle('Visualizing Feature Maps for Audio Clips')
```

특성 지도는 다음과 같다.

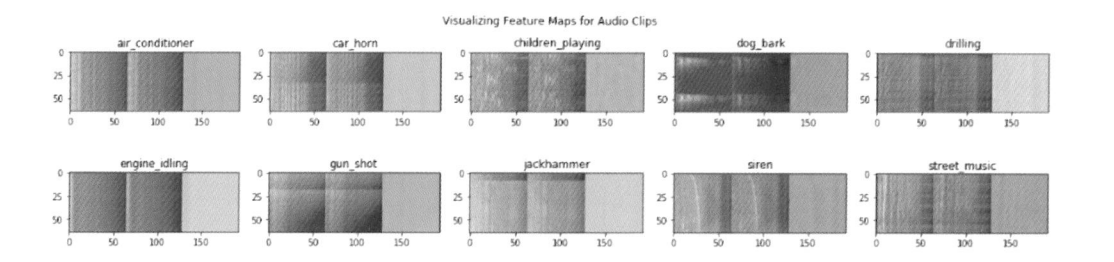

이 다이어그램은 각 소리의 일부 샘플 특성 지도가 어느 오디오 범주에 속하는지를 보여준다. 분명히 각 특성 지도는 3차원 이미지다. 이제 이 기본 특성을 디스크에 저장한다.

```
joblib.dump(features, 'base_features.pkl')
joblib.dump(labels, 'dataset_labels.pkl')
```

이러한 기본 특성은 다음 절에서 추가할 특성 엔지니어링을 위한 출발점이 될 것이며, 이것이 전이학습이 진정한 위력을 발휘하는 부분이다.

전이학습을 통한 오디오 이벤트 분류

이제 오디오 이벤트 분류기를 만들 준비가 됐다. 기본 특성 지도가 있지만, 더 많은 특성 엔지니어링을 할 것이다. 이러한 이미지를 수집하기 위해 처음부터 CNN을 구축한 다음 전체가 연결된 깊은 **다층 퍼셉트론(MLP)**에 연결해 분류기를 만들 수도 있다. 그러나 여기서는 특성 추출을 위해 사전 훈련된 모델 중 하나로 전이학습의 위력을 활용하겠다. 좀 더 구체적으로 말하면 VGG-16 모델을 특성 추출기로 사용하고 이러한 특성을 전체가 연결된 심층 네트워크(fully-connected deep network)로 훈련할 것이다.

기본 특성으로 데이터 세트 구축하기

첫 번째 단계는 기본 특성을 로드하고 훈련, 검증 및 테스트 데이터 세트를 만드는 것이다. 이를 위해 디스크에서 기본 특성과 레이블을 로드해야 한다.

```
features = joblib.load('base_features.pkl')
labels = joblib.load('dataset_labels.pkl')
data = np.array(list(zip(features, labels)))
features.shape, labels.shape


((30500, 64, 64, 3), (30500,))
```

이제 데이터를 무작위로 섞어 훈련 및 검증, 테스트 데이터 세트를 만든다.

```
np.random.shuffle(data)
train, validate, test = np.split(data,
[int(.6*len(data)),int(.8*len(data))])
train.shape, validate.shape, test.shape


((18300, 2), (6100, 2), (6100, 2))
```

마지막으로 다음 코드를 통해 각 데이터 세트의 클래스별 분포를 확인한다.

```
print('Train:', Counter(item[1] for item in train),'nValidate:',
Counter(item[1] for item in validate),'nTest:',Counter(item[1] for item
        in test))
Train: Counter({9: 2448, 2: 2423, 0: 2378, 5: 2366, 8: 2140,
            7: 2033, 4: 2020, 3: 1753, 1: 542, 6: 197})
Validate: Counter({0: 802, 5: 799, 2: 774, 9: 744, 8: 721,
            7: 705, 4: 688, 3: 616, 1: 183, 6: 68})
Test: Counter({0: 813, 9: 808, 2: 750, 8: 750, 5: 745, 7: 735,
            4: 697, 3: 543, 1: 188, 6: 71})
```

이 데이터 세트는 클래스별로 일관되고 균일하게 데이터가 분포돼 있다.

특성 추출을 위한 전이학습

이제 재미있는 부분을 살펴보자. 전이학습을 활용해 각 데이터 포인트에 대한 기본 특성 지도 이미지에서 유용한 특성을 추출할 준비가 됐다. 이를 위해 이미지에 매우 효과적인 특성 추출기로 입증되고 사전 훈련도 잘 된 딥러닝 모델을 사용하겠다. 바로 VGG-16 모델을 사용할 것이다. 그렇지만 (이전 장에서 수행한 것과 같은) 미세 튜닝 없이 평범한 특성 추출기로 사용하겠다.

미세 튜닝을 하면 우수하고 더 나은 분류기가 될 테니 원한다면 해도 된다. 기본 이미지를 처리할 수 있는 몇 가지 기본 유틸리티와 함수를 정의하는 것으로 시작하자.

```
from keras.preprocessing import image
from keras.applications.imagenet_utils import preprocess_input
from PIL import Image
def process_sound_data(data):
    data = np.expand_dims(data, axis=0)
    data = preprocess_input(data)
    return data
```

이제 VGG-16 모델을 로드하고, 특성 추출기로만 사용할 것이다. 즉, 최종 밀집층은 사용하지 않을 것이다.

```
from keras.applications import vgg16
from keras.models import Model
import keras
vgg = vgg16.VGG16(include_top=False, weights='imagenet',input_shape=
                (64, 64, 3))
output = vgg.layers[-1].output
output = keras.layers.Flatten()(output)
model = Model(vgg.input, output)
model.trainable = False
model.summary()
```

Layer (type)	Output Shape	Param #
input_2 (InputLayer)	(None, 64, 64, 3)	0
block1_conv1 (Conv2D)	(None, 64, 64, 64)	1792

```
block1_conv2 (Conv2D)          (None, 64, 64, 64)     36928

...

...

block5_conv3 (Conv2D)          (None, 4, 4, 512)      2359808

block5_pool (MaxPooling2D)     (None, 2, 2, 512)      0

flatten_2 (Flatten)            (None, 2048)           0
=================================================================
Total params: 14,714,688
Trainable params: 0
Non-trainable params: 14,714,688
```

앞의 모델 요약에서 볼 때 입력 기반 특성 지도 이미지는 (64, 64, 3)차원으로 크기 2,048의 벡터인 1
차원 특성을 얻게 될 것이 분명하다. 제네릭 함수(generic function)를 만들어서 **병목(bottleneck)
특성**으로 알려져 있는 특성을 얻는 것이 전이학습을 활용하는 데 도움이 될 것이다.

```
def extract_tl_features(model, base_feature_data):
    dataset_tl_features = []
    for index, feature_data in enumerate(base_feature_data):
        if (index+1) % 1000 == 0:
            print('Finished processing', index+1, 'sound feature maps')
        pr_data = process_sound_data(feature_data)
        tl_features = model.predict(pr_data)
        tl_features = np.reshape(tl_features,
                                 tl_features.shape[1])
        dataset_tl_features.append(tl_features)
    return np.array(dataset_tl_features)
```

이제 이 함수로 VGG-16 모델에서 각 오디오의 하위 샘플 기본 특성 지도 이미지의 유용한 특성을 추
출할 수 있다. 모든 데이터 세트에 이렇게 해 보자.

```
# 훈련 데이터 세트의 특성 추출
train_base_features = [item[0] for item in train]
train_labels = np.array([item[1] for item in train])
train_tl_features = extract_tl_features(model=model,
                          base_feature_data=train_base_features)

# 검증 데이터 세트의 특성 추출
validate_base_features = [item[0] for item in validate]
validate_labels = np.array([item[1] for item in validate])
validate_tl_features = extract_tl_features(model=model,
                          base_feature_data=validate_base_features)

# 테스트 데이터 세트의 특성 추출
test_base_features = [item[0] for item in test]
test_labels = np.array([item[1] for item in test])

test_tl_features = extract_tl_features(model=model,
                       base_feature_data=test_base_features)

train_tl_features.shape, validate_tl_features.shape, test_tl_features.shape
((18300, 2048), (6100, 2048), (6100, 2048))
```

이러한 특성과 레이블을 디스크에 저장해두면 나중에 언제라도 분류기를 만들 때 사용할 수 있고 노트북을 항상 열어둘 필요도 없다.

```
joblib.dump(train_tl_features, 'train_tl_features.pkl')
joblib.dump(train_labels, 'train_labels.pkl')
joblib.dump(validate_tl_features, 'validate_tl_features.pkl')
joblib.dump(validate_labels, 'validate_labels.pkl')
joblib.dump(test_tl_features, 'test_tl_features.pkl')
joblib.dump(test_labels, 'test_labels.pkl')
```

분류 모델 만들기

이제 이전 절에서 추출한 특성에 대한 분류 모델을 만들 준비가 됐다. 예제를 직접 실행하려는 경우 Modeling.ipynb 주피터 노트북에서 이 절에 사용된 코드를 확인할 수 있다. 몇 가지 중요한 종속성 파일을 로드하는 것부터 시작해 보자.

```
from sklearn.externals import joblib
import keras
from keras import models
from keras import layers
import model_evaluation_utils as meu
import matplotlib.pyplot as plt

%matplotlib inline
```

분류기를 평가하고 나중에 그 성능을 테스트하기 위해 model_evaluation_utils라는 멋진 모듈 평가 유틸리티를 사용할 것이다. 이제 특성 세트와 데이터 포인트 클래스 레이블을 로드해 보자.

```
train_features = joblib.load('train_tl_features.pkl')
train_labels = joblib.load('train_labels.pkl')
validation_features = joblib.load('validate_tl_features.pkl')
validation_labels = joblib.load('validate_labels.pkl')
test_features = joblib.load('test_tl_features.pkl')
test_labels = joblib.load('test_labels.pkl')
train_features.shape, validation_features.shape, test_features.shape

((18300, 2048), (6100, 2048), (6100, 2048))

train_labels.shape, validation_labels.shape, test_labels.shape

((18300,), (6100,), (6100,))
```

모든 특성 세트와 해당 레이블이 로드됐음을 알 수 있다. 입력 특성 세트는 이전 절에서 사용한 VGG-16 모델에서 얻은 크기 2,048의 1차원 벡터다. 범주형 클래스 레이블을 딥러닝 모델에 입력하기 전에 우선 원-핫 인코딩으로 변환한다. 다음은 변환하기 위한 코드다.

```
from keras.utils import to_categorical
train_labels_ohe = to_categorical(train_labels)
validation_labels_ohe = to_categorical(validation_labels)
test_labels_ohe = to_categorical(test_labels)
train_labels_ohe.shape, validation_labels_ohe.shape, test_labels_ohe.shape

((18300, 10), (6100, 10), (6100, 10))
```

이제 네 개의 은닉층이 있는 전체가 연결된 네트워크로 딥러닝 분류기를 만든다. 과대 적합을 피하기 위해 드롭아웃과 같은 일반적인 구성 요소를 사용하고 최적화기로 아담(Adam)을 쓸 것이다. 다음은 모델 아키텍처에 대한 자세한 내용을 보여주는 코드다.

```
model = models.Sequential()
model.add(layers.Dense(1024, activation='relu',
          input_shape=(train_features.shape[1],)))
model.add(layers.Dropout(0.4))
model.add(layers.Dense(1024, activation='relu'))
model.add(layers.Dropout(0.4))
model.add(layers.Dense(512, activation='relu'))
model.add(layers.Dropout(0.5))
model.add(layers.Dense(512, activation='relu'))
model.add(layers.Dropout(0.5))
model.add(layers.Dense(train_labels_ohe.shape[1],activation='softmax'))
model.compile(loss='categorical_crossentropy',
              optimizer='adam',metrics=['accuracy'])
model.summary()
```

Layer (type)	Output Shape	Param #
dense_1 (Dense)	(None, 1024)	2098176
dropout_1 (Dropout)	(None, 1024)	0
dense_2 (Dense)	(None, 1024)	1049600
dropout_2 (Dropout)	(None, 1024)	0
dense_3 (Dense)	(None, 512)	524800
dropout_3 (Dropout)	(None, 512)	0
dense_4 (Dense)	(None, 512)	262656
dropout_4 (Dropout)	(None, 512)	0

```
dense_5 (Dense)          (None, 10)          5130
=================================================================
```

```
Total params: 3,940,362
Trainable params: 3,940,362
Non-trainable params: 0
```

이 모델은 AWS **p2.x** 인스턴스에서 배치 크기 128로 약 50에포크 동안 훈련됐다. 이 모델을 훈련시킬 때는 GPU를 사용하는 것이 좋다. 견고한 모델을 얻기 위해서 다음과 같이 에포크와 배치 크기를 정할 수 있다.

```
history = model.fit(train_features, train_labels_ohe,epochs=50,
                    batch_size=128,
                    validation_data=(validation_features,
                    validation_labels_ohe),shuffle=True, verbose=1)
Train on 18300 samples, validate on 6100 samples
Epoch 1/50
18300/18300 - 2s - loss: 2.7953 - acc: 0.3959 - val_loss: 1.0665 - val_acc:
0.6675
Epoch 2/50
18300/18300 - 1s - loss: 1.1606 - acc: 0.6211 - val_loss: 0.8179 - val_acc:
0.7444
...
...
Epoch 48/50
18300/18300 - 1s - loss: 0.2753 - acc: 0.9157 - val_loss: 0.4218 - val_acc:
0.8797
Epoch 49/50
18300/18300 - 1s - loss: 0.2813 - acc: 0.9142 - val_loss: 0.4220 - val_acc:
0.8810
Epoch 50/50
18300/18300 - 1s - loss: 0.2631 - acc: 0.9197 - val_loss: 0.3887 - val_acc:
0.8890
```

유효성 검증 정확도가 **89%**에 가까운데, 이는 상당히 놀랍고 기대되는 일이다. 아울러 전반적인 정확도와 손실 플롯을 통해서 모델이 어떻게 보이는지 파악하고 아이디어도 얻을 수 있다.

```
f, (ax1, ax2) = plt.subplots(1, 2, figsize=(12, 4))
t = f.suptitle('심층 신경망의 성능', fontsize=12)
f.subplots_adjust(top=0.85, wspace=0.2)
epochs = list(range(1,51))
ax1.plot(epochs, history.history['acc'], label='훈련 정확도')
ax1.plot(epochs, history.history['val_acc'], label='검증 정확도')
ax1.set_ylabel('정확도값')
ax1.set_xlabel('에포크')
ax1.set_title('정확도')
l1 = ax1.legend(loc="best")
ax2.plot(epochs, history.history['loss'], label='훈련 손실')
ax2.plot(epochs, history.history['val_loss'], label='검증 손실')
ax2.set_ylabel('손실값')
ax2.set_xlabel('에포크')
ax2.set_title('손실')
l2 = ax2.legend(loc="best")
```

생성된 그림은 다음과 같다.

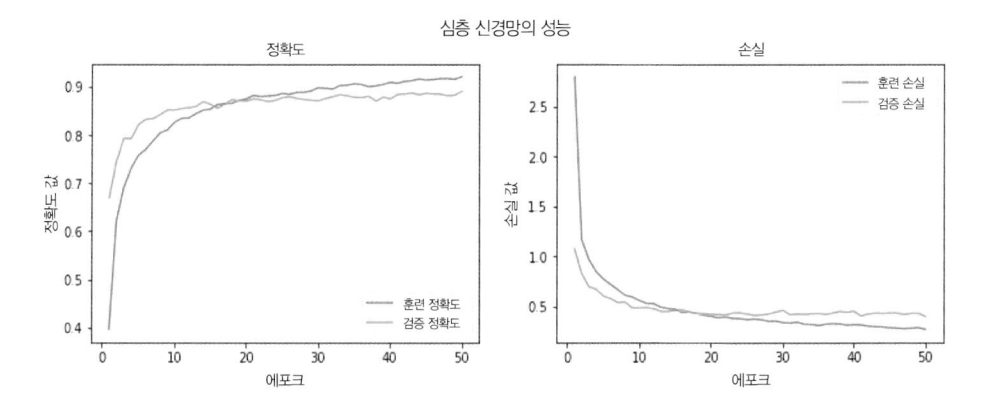

그림에서 훈련과 검증 사이의 모델의 손실과 정확도가 매우 일정하다는 것을 알 수 있다. 다소 과대 적합됐을 수도 있지만, 차이가 매우 작으므로 무시해도 될 것이다.

분류기 성능 평가

이제 말 그대로 모델을 테스트해 볼 차례다. 테스트 데이터 세트로 모델을 예측하고 그 다음에 실제 레이블에 대해 평가할 것이다. 이를 위해 먼저 테스트 데이터에 대한 모델의 예측을 가져온 다음, 코드를 통해 숫자 레이블에서 실제 텍스트 레이블로 역매핑해야 한다.

```
predictions = model.predict_classes(test_features)
class_map = {'0' : 'air_conditioner', '1' : 'car_horn',
             '2' : 'children_playing', '3' : 'dog_bark',
             '4' : 'drilling', '5' : 'engine_idling',
             '6' : 'gun_shot', '7' : 'jackhammer',
             '8' : 'siren', '9' : 'street_music'}
test_labels_categories = [class_map[str(label)]for label in
                          test_labels]
prediction_labels_categories = [class_map[str(label)]for label in
             predictions] category_names = list(class_map.values())
```

이제 model_evaluation_utils 모듈을 사용해 모델의 테스트 데이터 성능을 평가해 보겠다. 전반적인 성능 행렬(performance metrics)부터 시작할 것이다.

```
meu.get_metrics(true_labels=test_labels_categories,
                predicted_labels=prediction_labels_categories)
Accuracy: 0.8869
Precision: 0.8864
Recall: 0.8869
F1 Score: 0.8861
```

전반적인 모델 정확도와 f1 Score는 89%에 가깝다. 훌륭한 결과이고 유효성 검증 데이터 세트에서 얻은 것과도 일관성이 있다. 다음으로 클래스 모델 성능을 살펴보자.

```
meu.display_classification_report(true_labels=test_labels_categories,
                predicted_labels=prediction_labels_categories,
                classes=category_names)
```

	precision	recall	f1-score	support
car_horn	0.87	0.73	0.79	188
siren	0.95	0.94	0.94	750
drilling	0.88	0.93	0.90	697
gun_shot	0.94	0.94	0.94	71
children_playing	0.83	0.79	0.81	750
air_conditioner	0.89	0.94	0.92	813
jackhammer	0.92	0.93	0.92	735
engine_idling	0.94	0.95	0.95	745

dog_bark	0.87	0.83	0.85	543
street_music	0.81	0.81	0.81	808
avg / total	0.89	0.89	0.89	6100

이렇게 하면 모델이 실제로 잘 동작하는 정확한 클래스와 문제가 있는 위치를 명확히 구분할 수 있다. 대부분 클래스는 상당히 잘 동작하는 것 같다. 특히 gun_shot, jackhammer, engine_idling 등과 같은 기기 사운드의 결과가 매우 좋다.

street_music 및 children_playing가 문제가 가장 심각한 것 같다. 혼동 행렬(confusion matrix)을 이용하면 분류가 가장 잘못된 부분을 찾고 이를 더 잘 이해할 수 있을 것이다.

```
meu.display_confusion_matrix_pretty(true_labels=test_labels_categories,
                       predicted_labels=prediction_labels_categories,
                       classes=category_names)
```

행렬표는 다음과 같다.

		car_horn	siren	drilling	gun_shot	children_playing	air_conditioner	jackhammer	engine_idling	dog_bark	Predicted: street_music
	car_horn	137	4	15	0	3	3	4	1	2	19
	siren	1	705	5	0	7	18	1	2	6	5
	drilling	1	2	650	0	1	4	29	2	4	4
	gun_shot	0	0	1	67	0	0	0	1	2	0
Actual:	children_playing	2	11	13	1	592	14	2	7	31	77
	air_conditioner	2	0	6	1	8	768	7	10	2	9
	jackhammer	0	0	28	0	0	14	680	11	0	2
	engine_idling	1	0	3	0	4	10	4	707	8	8
	dog_bark	1	9	8	2	37	10	0	1	448	27
	street_music	12	15	12	0	64	18	10	7	14	656

행렬의 대각선을 보면 모델 예측 대부분이 정확하다는 것을 알 수 있는데, 이 정도면 매우 훌륭한 결과다. 잘못된 분류와 관련해 거리의 음악(street_music), 개 짖는 소리(dog_bark), 아이들 노는 소리(children_playing)에 속하는 샘플은 서로 잘못 분류됐는데, 이러한 이벤트는 모두 밖에서 발생하고 동시에 발생할 수도 있기 때문에 예측 가능한 결과다. 드릴 소리(drilling)와 착암기 소리(jackhammer)도 동일

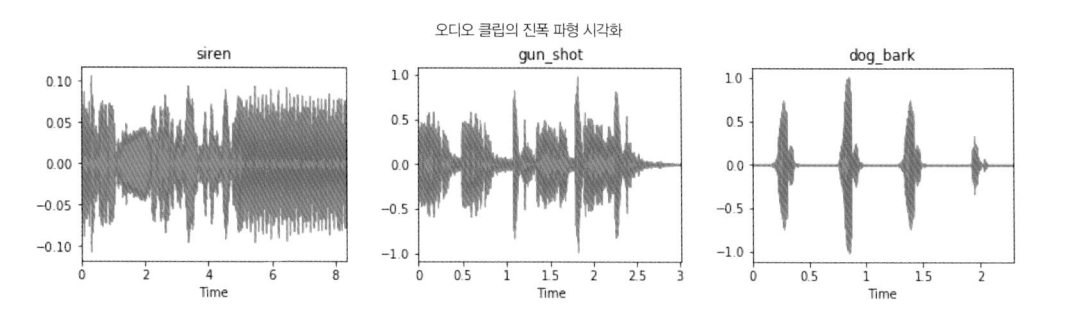

시각화를 기반으로 했을 때 오디오 소스와 파이프라인은 지금까지 잘 작동하고 있는 것 같다. 이제 이 오디오 파일의 기본 특성 지도를 추출해 보자.

```
siren_feature_map = ai.extract_base_features(siren_audio)[0]
gunshot_feature_map = ai.extract_base_features(gunshot_audio)[0]
dogbark_feature_map = ai.extract_base_features(dogbark_audio)[0]
feature_maps = [siren_feature_map, gunshot_feature_map,dogbark_feature_map]
plt.figure(figsize=(14, 3))
t = plt.suptitle('오디오 클립의 특성 지도 시각화',fontsize=14)
fig.subplots_adjust(top=0.8, wspace=0.1)
for index, (feature_map, category) in
    enumerate(zip(feature_maps,actual_sounds)):
        plt.subplot(1, 3, index+1)
        plt.imshow(np.concatenate((feature_map[:,:,0],
                                   feature_map[:,:,1],
                                   feature_map[:,:,2]), axis=1),
                                cmap='viridis')
plt.title(category)
plt.tight_layout(pad=1.5)
```

특성 지도는 다음과 같다.

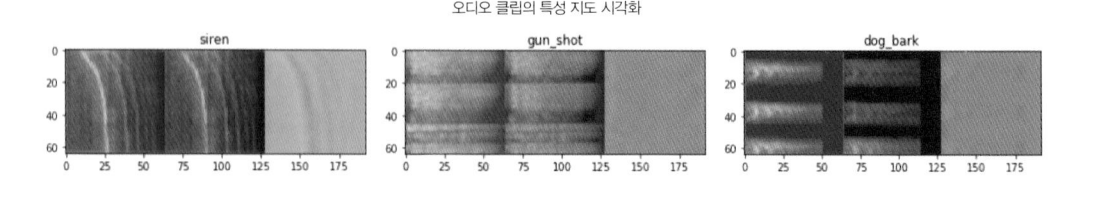

이미지 특성 지도는 훈련 단계에서 관찰한 내용을 토대로 상당히 일관성 있게 보여준다. 이제 예측 파이프라인을 활용해 각 사운드의 오디오 소스 클래스를 예측할 준비가 됐다.

```
predictions =
    [ai.prediction_pipeline(audiofile_path,return_class_label=True)
                    for audiofile_path in sound_paths]
result_df = pd.DataFrame({'Actual Sound': actual_sounds,
                            'Predicted Sound': predictions,
                            'Location': sound_paths})
result_df
```

최종적으로 다음과 같이 예측할 수 있다.

	Actual Sound	Location	Predicted Sound
0	siren	UrbanSound8K/test/sirenpolice.wav	siren
1	gun_shot	UrbanSound8K/test/gunfight.wav	gun_shot
2	dog_bark	UrbanSound8K/test/dog_bark.wav	dog_bark

예제 모델이 모든 오디오 샘플을 정확하게 식별한 것 같다. 노트북에서 AudioIdentifier 클래스를 확인해 예측 파이프라인을 어떻게 구현했는지 확인할 수 있다. 이 파이프라인을 구축하기 위해서 이번 장에서 배운 모든 개념을 활용했다.

정리

이 장에서는 오디오 식별과 분류를 포함한 완전히 새로운 문제 및 사례 연구를 살펴봤다. 데이터 유형을 시각화하고 이해하기 위한 효과적인 기술을 포함한 오디오 데이터와 신호를 둘러싼 개념을 다뤘다.

또한 효과적인 특성 엔지니어링 기술과 전이학습으로 오디오 데이터의 이미지 표현에서 효과적인 형상을 추출하는 방법도 살펴봤다. 이것은 전이학습의 가능성과 한 도메인(이미지)에서 다른 도메인(오디오)으로 지식을 활용해 매우 강력하고 효과적인 분류기를 만들 수 있는 방법을 보여준다. 마지막으로, 오디오 데이터의 새로운 샘플을 식별하고 분류하기 위한 완벽한 엔드-투-엔드(end to end) 파이프라인을 구축했다. 각자 웹에서 주석이 있는 추가 오디오 데이터 세트를 찾아 여기서 배운 전이학습의 개념을 활용해 더 크고 나은 오디오 식별자와 분류기를 만들어 보자. 전이학습에 대한 더 흥미로운 예시와 사례 연구에 지속해서 관심을 가지기를 바란다.

9장 딥드림

이번 장에서는 진정한 **인공지능(AI)**의 최전선에 있는 핵심 아이디어의 하나인 생성적 딥러닝에 대해 집중적으로 소개한다. 전이학습을 활용한 **합성곱 신경망(CNN)**으로 어떻게 생각과 이미지 패턴을 시각화하는지에 중점을 둘 것이다. 합성곱 신경망은 합성곱망(convnet)이 이전에 생각했거나 꿈꿔본 적이 없는 방식으로 이미지 패턴을 생성한다. 구글에서 2015년에 처음 배포한 딥드림(DeepDream)은 딥 네트워크 이미지로부터 생성한 흥미로운 패턴으로 큰 반향을 불러일으켰다. 이번 장에서 다룰 주요 주제는 다음과 같다.

- 동기 부여 – 심리적 환각
- 컴퓨터 비전에서의 알고리즘적 환각
- CNN의 내부층을 시각화해 CNN이 배운 것 이해하기
- 딥드림 알고리즘과 자신만의 꿈을 만드는 법

이전 장과 마찬가지로, 여기서도 직관적 실습 예제와 개념적 지식의 조합을 시도할 것이다. 이 장의 코드는 필요한 경우 깃허브 저장소의 9장 폴더(https://github.com/dipanjanS/hands-on-transfer-learning-with-python)에서 참조할 수 있다.

소개

신경 딥드림에 대해 자세히 설명하기 전에 사람이 경험하는 비슷한 행동을 살펴보자. 구름에서 어떤 모양을 찾거나 텔레비전에서 불안정하고 잡음이 있는 신호를 찾으려고 하거나 심지어 토스트에서 검게 그을린 얼굴 모양을 본 적이 있는가?

환각(Pareidolia)은 사람이 임의의 자극에서 패턴을 찾게 만드는 심리적 현상이다. 인간은 실제로 존재하지 않는 것에서 얼굴이나 패턴을 인지하려는 경향이 있다. 이것은 종종 인간의 특성으로 여겨진다. 없는 패턴을 보거나(거짓인 긍정), 반대로 있는 패턴을 보지 못하는(거짓인 부정) 진화적 결과의 중요성을 명심해야 한다. 가령 사자가 없는데 사자를 보는 것은 전혀 치명적이지 않지만, 엄연히 존재하는 사자를 보지 못하는 것은 당연히 매우 치명적이다.

환각의 신경학적 기초가 이루어지는 장소는 **방추형 이랑(fusiform gyrus)**이라고 부르는 뇌의 측두엽 부근으로, 사람이나 다른 동물이 얼굴이나 다른 물체를 인식하는 신경세포가 있는 곳이다.

컴퓨터 비전의 알고리즘적 환각

컴퓨터 비전의 주요 작업 중 하나는 특정한 물체 감지와 얼굴 감지다. 내부적으로 그러한 알고리즘을 실행해 얼굴을 감지하는 얼굴 감지 특성이 있는 전자 장치가 많다. 그렇다면 이 소프트웨어 앞에 환각-유도 물체를 배치하면 어떻게 될까? 때때로 이러한 소프트웨어는 사람이 하는 것과 정확히 똑같은 방식으로 얼굴을 인식한다. 때로는 동의할 만하지만 때로는 완전히 새로운 얼굴로 관심을 유도한다.

인공 신경망을 이용한 물체 인식 시스템의 경우, 상위 레벨의 특성/레이어는 얼굴이나 물체와 같이 눈에 더 잘 띄는 특성에 해당한다. 이러한 특성을 강화하면 컴퓨터가 무엇을 봤는지 알 수 있다. 이것은 네트워크가 이전에 본 훈련 세트의 이미지를 반영한다. 인셉션(Inception) 네트워크로 환각-유도 이미지에서 본 물체를 예측해 보자. 다음 사진에 있는 팬지 꽃을 사용하자. 개인적으로는 이 꽃들이 나비처럼 보이기도 하고 두꺼운 콧수염을 가진 화난 남자의 얼굴로 보이기도 한다.

여기서 인셉션 모델은 무엇을 보는지 살펴보자. 예제에 사용할 사전 훈련된 인셉션 네트워크 모델은 이미지넷 데이터에서 훈련됐다. 다음 코드로 모델을 로드한다.

```
from keras.applications import inception_v3
from keras import backend as K
from keras.applications.imagenet_utils import decode_predictions
from keras.preprocessing import image
K.set_learning_phase(0)

model = inception_v3.InceptionV3(weights='imagenet',include_top=True)
```

이미지 파일을 읽어서 하나의 이미지를 데이터 배치로 변환하기 위해, 즉 인셉션 네트워크 모델에서 prediction 함수의 예상 입력을 변환하기 위해 다음 함수를 사용한다.

```
def preprocess_image(image_path):
    img = image.load_img(image_path)
    img = image.img_to_array(img)
    # 단일 이미지를 이미지 1의 배치로 변환
    img = np.expand_dims(img, axis=0)
    img = inception_v3.preprocess_input(img)
    return img
```

이제 이 방법으로 입력 이미지를 전처리하고 모델이 보는 객체를 예측해 보자. 이미지넷에서 1,000개의 모든 클래스의 확률을 예측하기 위해서 model.predict 메소드를 사용한다. 이 확률 배열을 실제 클래스 레이블인 확률 점수의 내림차순으로 정렬된 클래스 레이블로 변환하기 위해서 케라스의 decode_predictions 메소드를 사용한다. 총 1,000개의 이미지넷 클래스 목록 또는 신셋(synset)은 http://image-net.org/challenges/LSVRC/2017/browse-synsets에서 참고할 수 있다. 이때 팬지 꽃은 모델이 훈련할 클래스의 알려진 세트에 포함되지 않는다는 점에 주의하자.

```
img = preprocess_image(base_image_path)
preds = model.predict(img)
for n, label, prob in decode_predictions(preds)[0]:
    print (label, prob)
```

예측: 최상위 예측 클래스 중 어느 것도 분명하게 예측하고 있지 않은데, 이것은 모델이 이 특별한 꽃을 이전에 본 적이 없기 때문에 나온 결과다.

```
bee 0.022255851
earthstar 0.018780833
sulphur_butterfly 0.015787734
daisy 0.013633176
cabbage_butterfly 0.012270376
```

앞의 사진에서 모델은 **벌**을 찾았다. 그도 그럴 것이 노란 꽃 중앙에 검정/갈색 그늘이 있는 아래 부분이 벌처럼 보이기 때문이다. 또한 모델은 **배추 흰나비**와 **노랑나비** 등 노란색과 흰색의 몇몇 나비를 봤는데 사람도 흘깃 보면 그렇게 인지할 수 있을 것이다. 다음 사진은 식별된 객체/클래스의 실제 이미지를 보여준다. 분명히 이 네트워크에서 특성 탐지기의 은닉층 일부분이 이 입력으로 활성화된 것 같다. 아마도 예측을 하기 전에 곤충/조류의 날개를 탐지하는 필터가 색상 관련 필터와 함께 활성화됐을 것이다.

배추 흰나비　　　노랑 나비　　　벌

이미지넷의 아키텍처와 그 안에 포함된 특성 지도의 수는 엄청나게 많다. 잠시 이 날개를 감지하는 특성 지도층을 알고 있다고 가정해 보자. 이제 입력 이미지에서 이 층의 특성을 추출할 수 있다. 그렇다면 이 층이 활성화되는 입력 이미지도 변경할 수 있을까? 이 말은 입력 이미지에는 존재하지 않을지라도 날개와 같은 대상을 더 많이 볼 수 있도록 입력 이미지를 수정해야 함을 의미한다. 결과적으로 이미지는 꿈과 같은 것이고, 나비는 도처에 있다. 이것이 바로 딥드림(DeepDream)에서 이루어지는 일이다.

이제 인셉션 네트워크의 일부 특성 지도를 살펴보자. 합성곱 모델이 학습한 것을 이해하기 위해 합성곱 필터를 시각화해 보겠다.

특성 지도 시각화

CNN 모델을 시각화하는 것은 중간층의 특성 지도를 살펴보는 것이며, 이 특성 지도는 주어진 특정 입력에 대해 네트워크의 다양한 합성곱 및 풀링층이 출력한 결과다. 이것은 입력이 네트워크에 의해 어떻게 처리되는지, 그리고 어떻게 다양한 이미지 특성이 계층적으로 추출되는지를 보여준다. 모든 특성 지도는 너비와 높이, 깊이(채널)의 삼차원으로 이루어진다. 여기서는 InceptionV3 모델을 시각화하 겠다.

래브라도(Labrador) 개의 다음 입력 사진으로 다양한 특성 지도를 시각화해 보자. InceptionV3 모델은 깊이가 매우 깊기 때문에 몇 개의 층만 시각화해 볼 것이다.

먼저, 입력 이미지를 가져와서 전체 내부 활성화를 출력하는 모델을 만든다. InceptionV3의 활성화층 이름은 activation_i다. 다음 코드로 로드된 Inception 모델에서 활성화층을 제거할 수 있다.

```
activation_layers = [ layer.output for layer in model.layers if
                      layer.name.startswith("activation_")]

layer_names = [ layer.name for layer in model.layers if
                layer.name.startswith("activation_")]
```

이제 다음 코드로 입력 이미지를 가져와서 앞서 언급한 활성화층 특성을 하나의 리스트로 출력하는 모델을 만들어 보자.

```
from keras.models import Model
activation_model = Model(inputs=model.input, outputs=activation_layers)
```

출력을 활성화하는 데는 predict 함수를 사용한다. 이전에 정의한 것과 동일한 전처리 함수로 이미지 전처리해서 특성 인셉션 네트워크에 입력한다.

```
img = preprocess_image(base_image_path)
activations = activation_model.predict(img)
```

이 활성화 결과를 그림으로 나타낼 수 있다. 층 안의 필터 수를 기반으로 해서 하나의 활성화층에 있는 모든 필터/특성 지도를 그리드로 나타내면 다음 코드에서 볼 수 있듯이 넘파이(NumPy) 배열로 이미지 그리드를 정의할 수 있다(일부 코드는 다음 사이트에서 가져왔다: https://blog.keras.io/how-convolutional-neural-networkssee-the-world.html).

```
import matplotlib.pyplot as plt

images_per_row = 8

idx = 1 #활성화층의 인덱스
layer_activation=activations[idx]
# 특성 지도에서 특성의 개수
n_features = layer_activation.shape[-1]
# 특성 지도의 모양 (1, 사이즈1, 사이즈2, 특성_n)
r = layer_activation.shape[1]
c = layer_activation.shape[2]
# 행렬에서 활성화된 채널 격자화
n_cols = n_features // images_per_row
display_grid = np.zeros((r * n_cols, images_per_row * c))
print(display_grid.shape)
```

이제 다음 코드로 활성화층의 모든 특성 지도를 반복문을 통해 스케일링해서 격자형으로 출력하자.

```
# 필터를 큰 수평 격자로 변경
for col in range(n_cols):
    for row in range(images_per_row):
        channel_image = layer_activation[0,:, :, col *
                                    images_per_row + row]
        # 시각적으로 멋있어 보이도록 후처리
        channel_image -= channel_image.mean()
        channel_image /= channel_image.std()
        channel_image *= 64
        channel_image += 128
        channel_image = np.clip(channel_image, 0,
                        255).astype('uint8')
```

```
        display_grid[col * r : (col + 1) * r,
        row * c : (row + 1) * c] = channel_image

# 그리드로 보여주기
scale = 1. / r
plt.figure(figsize=(scale * display_grid.shape[1],
        scale * display_grid.shape[0]))
plt.title(layer_names[idx]+" #filters="+str(n_features))
plt.grid(False)
plt.imshow(display_grid, aspect='auto', cmap='viridis')
```

다음은 다양한 층의 출력이다.

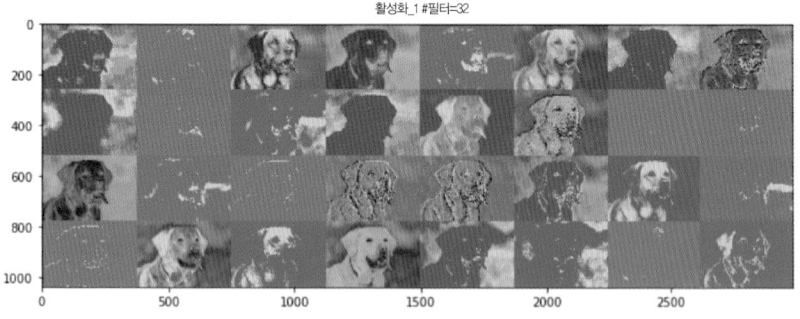

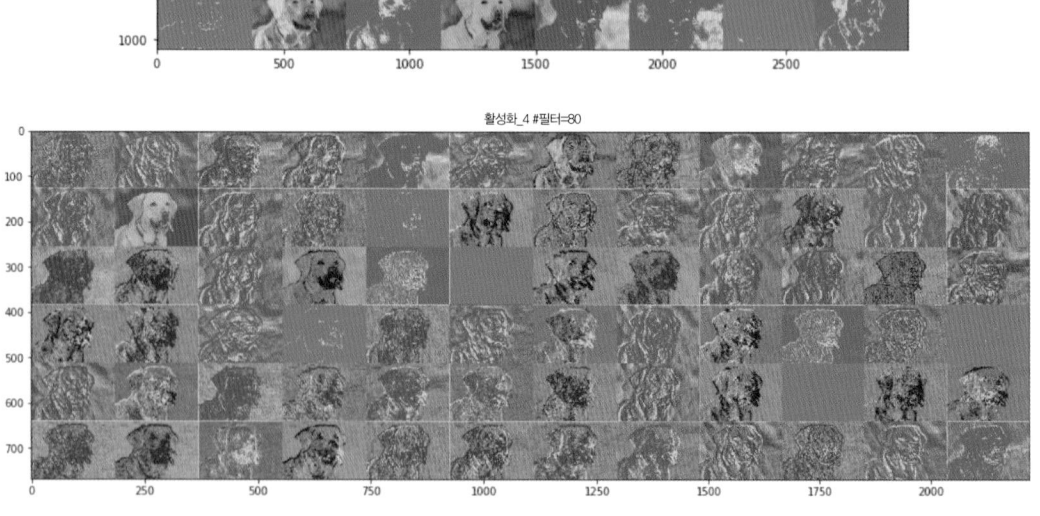

앞 두 개의 활성층은 다양한 에지를 감지하고 수집한다. 여기서는 처음 그림에 있는 거의 모든 정보를
유지하고 활성화했다.

다음 그림을 살펴보자. 이 그림은 네트워크 중간에 있는 층을 시각화한 것이다. 여기서는 코, 눈, 혀, 입 등과 같은 고급 특성을 인식하기 시작했다.

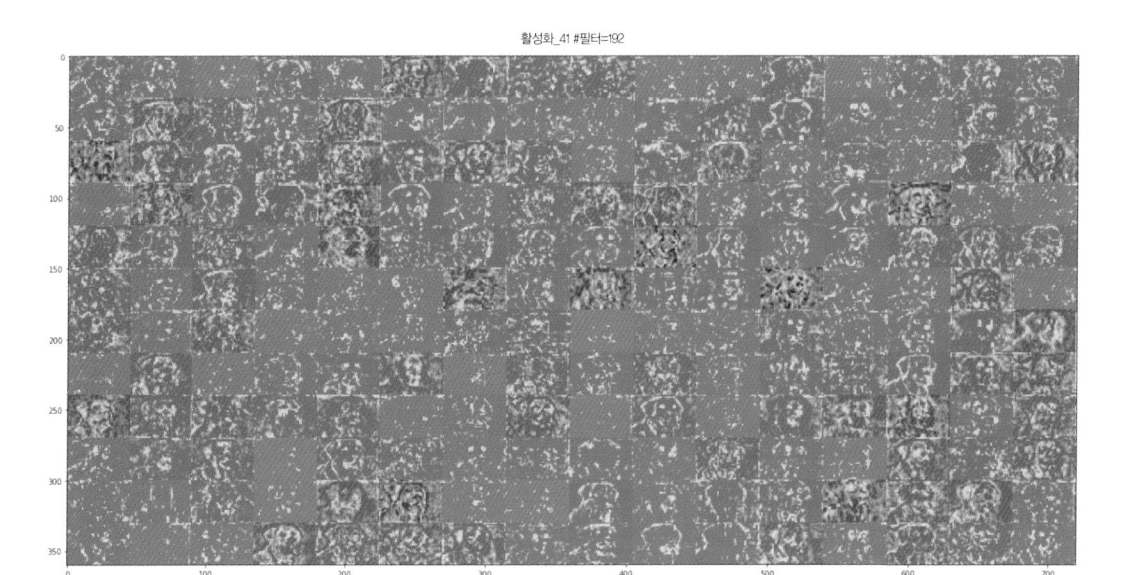

고차원으로 갈수록 특성 지도를 시각적으로 해석하기가 어려워진다. 상층에서 활성화될수록 특정 입력에 대해서는 최소의 정보를 담게 되고 대상 클래스의 이미지에 대해서는 더 많은 (이 경우에는 개에 대한) 정보를 담게 된다.

InceptionV3에서 학습한 필터를 시각적으로 표시하는 다른 방법은 각각의 필터에서 최대 활성값의 출력을 시각적 패턴으로 보여주는 것이다. 입력 공간에서 경사 상승법을 수행하면 된다. 기본적으로 이미지 공간에서 경사 상승의 방향으로 이동하는 최적화로 관심 영역의 활성화(레이어에서 뉴런의 활성화)가 최대가 되는 입력 이미지를 찾는 것이다. 결과적으로 선택한 필터에 최대로 반응하는 입력 이미지가 출력된다.

각 활성층에는 많은 특성 지도가 있다. 다음 코드는 마지막 활성층에서 단일 특성 지도를 추출할 수 있는지 알려준다. 이 활성값이 실제로 여기서 최적화하고자 하는 손실 값이다.

```
layer_name = 'activation_94'
filter_index = 0
layer_output = model.get_layer(layer_name).output
loss = K.mean(layer_output[:, :, :, filter_index])
```

이 손실 함수에 대해 입력 이미지의 기울기를 계산하려면 다음의 케라스 백엔드 기울기 함수를 사용한다.

```
grads = K.gradients(loss, model.input)[0]
# 0으로 나누는 실수를 피하기 위해 나누기 전에 1e-5를 더한다.
grads /= (K.sqrt(K.mean(K.square(grads))) + 1e-5)
```

랜덤 노이즈가 될 수 있는 활성화층과 시작 입력 이미지가 주어지면 경사 상승법을 적용해 특성 지도가 나타내는 패턴을 가져와 기울기를 계산한다. 다음의 generate_pattern 함수로 이 작업을 할 수 있다. deprocess_image 메소드로 출력 패턴을 정규화해서 이미지 행렬에서 가능한 RGB 값으로 나타낼 수도 있다. 다음 코드를 보면 좀 더 명확히 알 수 있을 것이다. 코드에 각 행을 설명하는 주석이 있다.

```
def generate_pattern(layer_name, filter_index, size=150):
    # 고려한 층의 n번째 필터의 활성화를 최대화하는 손실 함수를 만든다.
    layer_output = model.get_layer(layer_name).output
    loss = K.mean(layer_output[:, :, :, filter_index])
    # 이 손실 입력 영상의 wrt로 그래디언트를 계산
    grads = K.gradients(loss, model.input)[0]
    # 정규화 트릭: 기울기 정규화
    grads /= (K.sqrt(K.mean(K.square(grads))) + 1e-5)
    # 이 함수로 주어진 그림에 손실과 기울기를 반환한다.
    iterate = K.function([model.input], [loss, grads])
    # 약간의 노이즈가 있는 회색 이미지에서 시작
    input_img_data = np.random.random((1, size, size, 3)) * 20 + 128.
    # 40단계의 기울기 상승 실행
    step = 1.
    for i in range(40):
        loss_value, grads_value = iterate([input_img_data])
        input_img_data += grads_value * step
        img = input_img_data[0]
    return deprocess_image(img)

def deprocess_image(x):
    # 정규화 텐서: 중심 0., 표준편차 0.1인지 확인
    x -= x.mean()
    x /= (x.std() + 1e-5)
    x *= 0.1
```

```
# [0, 1]로 클립
x += 0.5
x = np.clip(x, 0, 1)
# RGB 배열로 변환
x *= 255
x = np.clip(x, 0, 255).astype('uint8')
return x
```

다음 그림은 일부 필터층의 시각화 결과다. 첫 번째 층에는 다양한 유형의 도트 패턴이 있다.

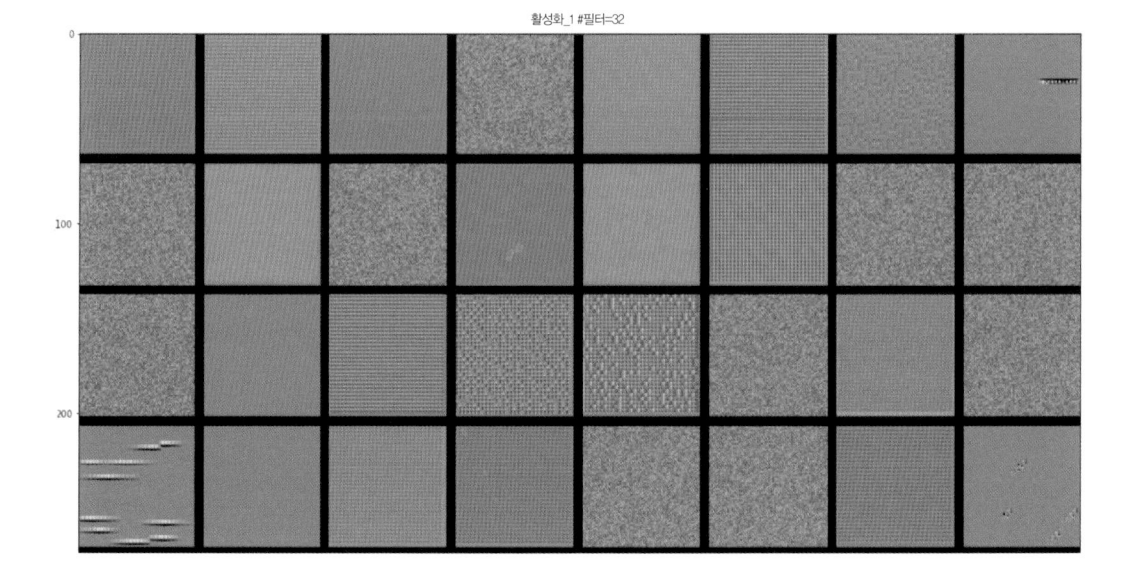

딥드림

딥드림(DeepDream)은 동명의 영화 제목을 딴 것인데, 심층 CNN 코드인 '인셉션'으로 학습한 표현을 활용하는 예술적 이미지 수정 기술이다. 특정 입력 이미지를 가공해 몽환적인 사진으로 만들면 새의 깃털, 개처럼 보이는 얼굴, 개의 눈과 같은 예술적 알고리즘의 환각으로 가득차게 할 수 있다. 딥드림은 이미지넷에서 훈련되는데, 이 데이터 세트는 개의 품종과 새의 종류가 상당히 과장돼 있다.

딥드림 알고리즘은 다음과 같은 몇 가지 차이점을 제외하고 경사 상승법을 이용한 합성곱망(convNet)의 필터 시각화 기법과 거의 동일하다.

- 딥드림에서는 전체 층의 활성화가 최대가 되지만, 시각화에서는 특정 필터만 최대가 되므로 많은 특성 지도의 시각화가 혼합된다.

- 무작위 노이즈 입력이 아니라 소스 이미지에서부터 시작한다. 그러므로 최종 시각화는 소스의 시각적 패턴을 수정하고 다소 예술적인 방식으로 이미지의 요소를 왜곡한다.

- 입력 이미지는 다른 스케일(**옥타브**라고 한다)에서 처리되는데, 이것이 시각화의 품질을 향상시킨다.

이제 이전 절에서 사용한 시각화 코드를 조정해 보자. 먼저, loss 함수와 기울기 계산을 변경해야 한다. 다음은 이 작업을 할 수 있는 코드다.

```
layer_name = 'activation_41'
activation = model.get_layer(layer_name).output

# 손실에 비경계 픽셀만 연결시킴으로써 경계에서의 가공을 피할 수 있다.
scaling = K.prod(K.cast(K.shape(activation), 'float32'))
loss = K.sum(K.square(activation[:, 2: -2, 2: -2, :])) / scaling

# 생성한 이미지를 텐서로 보유
dream = model.input

# 손실을 고려해 꿈의 기울기 계산
grads = K.gradients(loss, dream)[0]

# 기울기 정규화
grads /= K.maximum(K.mean(K.abs(grads)), 1e-7)

iterate_grad_ac_step = K.function([dream], [loss, grads])
```

두 번째로 입력 이미지를 변경해서 딥드림 알고리즘을 실행할 수 있도록 제공한다. 세 번째 변경은 다음 코드처럼 한 이미지에 경사 상승법을 바로 적용하지 않고 다양한 비율로 입력 이미지를 만들고 나서 경사 상승법을 적용하는 것이다.

```
num_octave = 4 # 기울기 방향으로 이동하는 크기의 수
octave_scale = 1.4 # 크기 사이에 사이즈 비율
iterations = 20 # 크기별 상승 단계의 수

# 손실 값이 10보다 커지면 기울기 방향으로의 이동을 막아서
```

```
# 작품이 추해지는 것을 막는다.

max_loss = 20.

base_image_path = 'Path to Image You Want to Use'
# 넘파이 배열로 이미지 로드
img = preprocess_image(base_image_path)
print(img.shape)
# 기울기 방향으로 이동할 다른 크기의 이미지를
# 튜플 모양의 리스트로 준비
original_shape = img.shape[1:3]
successive_shapes = [original_shape]
for i in range(1, num_octave):
    shape = tuple([int(dim / (octave_scale ** i)) for dim in
                    original_shape])
    successive_shapes.append(shape)

# 순서가 커지도록 리스트의 모양을 역순으로 정렬
successive_shapes = successive_shapes[::-1]

# 넘파이 이미지 배열을 가장 작은 크기로 재조정
original_img = np.copy(img)
shrunk_original_img = resize_img(img, successive_shapes[0])
print(successive_shapes)

# 이미지 형태에 대한 옥타브 예제 (1318, 1977)
[(480, 720), (672, 1008), (941, 1412), (1318, 1977)]
```

다음 코드는 딥드림 알고리즘에 대한 몇 가지 유틸리티 함수를 보여준다. 함수 deprocess_image는 기본적으로 InceptionV3 모델에 대한 전처리 입력의 역 연산자다.

```
import scipy

def deprocess_image(x):
    # Util 함수는 텐서를 유용한 이미지로 변환한다.
    if K.image_data_format() == 'channels_first':
        x = x.reshape((3, x.shape[2], x.shape[3]))
        x = x.transpose((1, 2, 0))
```

```
    else:
        x = x.reshape((x.shape[1], x.shape[2], 3))
    x /= 2.
    x += 0.5
    x *= 255.
    x = np.clip(x, 0, 255).astype('uint8')
    return x

def resize_img(img, size):
    img = np.copy(img)
    factors = (1,
                float(size[0]) / img.shape[1],
                float(size[1]) / img.shape[2],
                1)
    return scipy.ndimage.zoom(img, factors, order=1)

def save_img(img, fname):
    pil_img = deprocess_image(np.copy(img))
    scipy.misc. (fname, pil_img)
```

가장 작은 옥타브부터 가장 큰 옥타브에 이르기까지 연속적인 스케일에 이전에 정의한 손실이 각 스케일에서 극대화되도록 경사 상승법을 실행한다. 경사 상승법이 끝난 후, 최종 이미지는 40%씩 업스케일링 된다. 각 업스케일링 단계에서 일부 이미지의 세부 정보가 손실되지만 원래 이미지의 크기를 알고 있으므로 손실된 정보를 추가하면 복원할 수 있다.

```
MAX_ITRN = 20
MAX_LOSS = 20
learning_rate = 0.01


for shape in successive_shapes:
    print('Processing image shape', shape)
    img = resize_img(img, shape)
    img = gradient_ascent(img,
                            iterations=MAX_ITRN,
                            step=learning_rate,
                            max_loss=MAX_LOSS)
    upscaled_shrunk_original_img = resize_img(shrunk_original_img,
                                                shape)
```

```
    same_size_original = resize_img(original_img, shape)
    lost_detail = same_size_original - upscaled_shrunk_original_img
    print('adding lost details', lost_detail.shape)
    img += lost_detail
    shrunk_original_img = resize_img(original_img, shape)
    save_img(img, fname='dream_at_scale_' + str(shape) + '.png')

save_img(img, fname='final_dream.png')
```

예제

다음은 딥드림 출력의 몇 가지 예시다.

- 활성화층 41에서 경사 상승법 실행: 이전에 시각화한 동일한 층에 개 이미지가 함께 입력돼 있다. 다음 그림의 구름과 푸른 하늘 일부에서 동물을 볼 수 있다.

- 활성화층 45에서 경사 상승법 실행: 다음 사진에서는 산에서 개처럼 보이는 동물의 얼굴을 볼 수 있다.

- 활성화층 50에서 경사 상승법 실행: 다음 사진에서는 구름과 푸른 하늘의 일부에서 특정 잎과 같은 패턴이 생생한 꿈처럼 나타나는 것을 볼 수 있다.

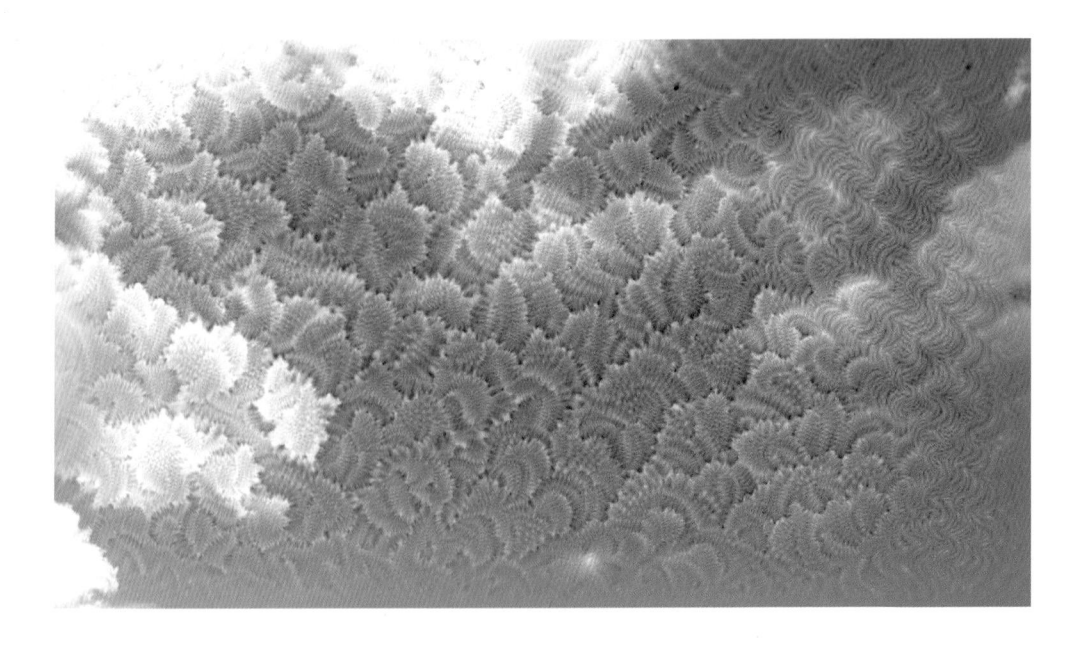

코드 저장소 일부에 이처럼 꿈을 생성하기 위한 원본 이미지가 공유돼 있다.

정리

이 장에서는 컴퓨터 비전의 알고리즘 환각에 대해 학습했다. CNN 모델이 다양한 시각화 기법인 전방 전달 패스 기반 활성화 시각화, 경사 상승법 기반 필터 시각화 등에서 어떻게 해석될 수 있는지 설명했다. 마지막으로 딥드림 알고리즘을 소개했는데, 이 알고리즘은 경사 상승법 기반 시각화 기술을 약간 변형한 것이다. 딥드림 알고리즘은 컴퓨터 비전 또는 이미지 처리 작업에 적용되는 전이학습의 한 예다.

스타일 전이를 중점적으로 다룬 다음 장에서 유사한 활용 방법을 다시 다룰 것이다.

10장 | 스타일 전이

그림을 잘 그리려면 소수의 사람만 숙달할 수 있는 특별한 기술이 필요하다. 그림은 내용과 스타일의 복잡한 상호작용을 표현한다. 한편 사진은 원근과 빛의 조합이다. 이 둘을 합쳤을 때의 결과는 매우 놀랍다. 이 과정을 **예술적 스타일 전이**라고 한다. 다음이 그 예다.

여기서 입력 이미지는 독일 튀빙겐의 네카프론트(Neckarfront in Tübingen)고 스타일 이미지는 빈센트 반 고흐의 유명한 그림 "별이 빛나는 밤(The Starry Night)"이다. 매우 흥미롭지 않은가? 다음 이미지를 보자.

왼쪽 이미지: 독일 튀빙겐에 있는 네카프론트를 찍은 원본 사진. 오른쪽 이미지: 그림(삽입된 그림: 빈센트 반 고흐의 '별이 빛나는 밤')에 스타일을 주입해서 생성된 이미지. 출처: 개티스 외. "A Neural Algorithm for Artistic Style(예술적 스타일의 신경 알고리즘)"(arXiv:1508.06576v2).

이 그림을 자세히 보면 오른쪽에 있는 이미지는 왼쪽 사진의 내용을 추출한(형상화한) 것이다. 그림의 스타일, 색상, 획의 패턴(stroke pattern)으로 최종 결과가 그려졌다. 이 매력적인 출력은 개티스(Gatys) 등의 논문 "A Neural Algorithm for Artistic Style(예술적 스타일의 신경 알고리즘)"(https://arxiv.org/abs/1508.06576)에서 제시한 전이학습 알고리즘의 결과다. 여기서는 구현 관점에서 이 논문의 복잡한 내용을 논의할 것이며, 어떻게 이 기법을 직접 실습할 수 있을지 살펴볼 것이다.

이 장에서는 신경 스타일 전이 시스템(neural style transfer system)을 구축하기 위해 전이학습과 함께 딥러닝의 활용에 초점을 맞추겠다. 이 장의 주요 관심 영역은 다음과 같다.

- 신경 스타일 전이의 이해

- 이미지 전처리 방법

- 손실 함수 만들기

- 커스텀 최적화기 구성

- 스타일 전이의 동작

이 장에서는 신경 전이, 손실 함수, 최적화에 관한 이론적 개념을 다룰 것이다. 아울러 신경 전이 모델을 구현하기 위해 실질적인 접근법을 사용할 것이다. 이 장의 코드는 깃허브 저장소 https://github.com/dipanjanS/hands-on-transfer-learning-with-python 10장 폴더에서 참조할 수 있다.

신경 스타일 전이의 이해

신경 스타일 전이는 특정 타깃 이미지에 참조 이미지의 **스타일**을 적용하면서 타깃 이미지의 원래 **내용**은 변경되지 않도록 하는 과정이다. 여기서 스타일은 참조 이미지에 존재하는 색상, 패턴 및 질감으로 정의되며, 내용은 이미지의 전체 구조와 상위 수준의 구성 요소로 정의된다.

여기서 주된 목적은 원본 타깃 이미지의 내용을 유지하면서 타깃 이미지에 참조 이미지의 스타일을 겹치거나 적용하는 것이다. 이 개념을 수학적으로 표현하려면 다음과 같은 3가지 이미지를 고려해야 한다. 원본 내용(**c**로 표시), 참조 스타일(**s**로 표시), 생성된 이미지(**g**로 표시)가 그것이다. c와 g가 내용 면에서 얼마나 다른 이미지인지 측정할 방법이 필요하다. 또한 출력 스타일의 특성이라는 측면에서 출력 이미지는 스타일 이미지와 차이가 크지 않아야 한다. 일반적으로 신경 전이의 목적 함수는 다음과 같은 공식으로 나타낸다.

$$L_{style\ transfer} = \mathrm{argmin}_g \, \alpha L_{content}(c, g) + \beta L_{style}(s, g)$$

여기에서 α와 β는 내용과 스타일의 구성 요소가 전체적인 손실에 얼마나 영향을 주는가를 제어하는 가중치다. 이 표현은 다음과 같이 더 단순화할 수 있다.

$$loss = dist(content(I_c) - content(I_g)) + dist(style(I_s) - style(I_g))$$

이 공식의 구성 요소는 다음과 같이 정의할 수 있다.

- dist는 노름 함수다. 예: L2 노름 거리.

- style(...)은 참조 스타일과 생성된 이미지의 스타일 표현을 계산하는 함수다.

- content(...)는 원래의 내용과 생성된 이미지의 내용 표현을 계산하는 함수다.

- I_c, I_s, I_g는 각각 내용, 스타일, 생성된 이미지다.

따라서 손실을 최소화하면 생성될 스타일(I_g)이 참조 스타일(I_s)에 가까워지며 생성될 내용(I_g)도 참조한 내용(I_c)에 가까워진다. 이렇게 되면 효과적으로 스타일을 전이할 수 있다. 여기서 최소화하고자 하는 손실 함수는 **내용 손실(content loss)**, **스타일 손실(style loss)**, 그리고 곧 논의할 **총 변동 손실(total variation loss)**의 세 부분으로 구성된다. 핵심 아이디어나 목적은 원래의 타깃 이미지 내용을 유지하면서 타깃 이미지에 참조 이미지의 스타일을 겹치거나 적용하는 것이다. 그 외에 신경 스타일 전이에서 기억해야 할 사항은 다음과 같다.

- **스타일**은 참조 이미지에 나타나는 색상 팔레트, 특정 패턴 및 텍스처로 정의될 수 있다.

- **내용**은 전체 구조 및 원래 타깃 이미지의 상위 수준 구성 요소로 정의될 수 있다.

지금까지 컴퓨터 비전에서 딥러닝의 진정한 위력이라고 알고 있는 **합성곱 신경망(CNN)** 모델 등은 손실 함수를 만들 때 올바른 이미지 표현을 추출하기 위해 쓰였다. 이 장에서는 전이학습의 원칙하에서 최적의 특성을 추출하기 위한 신경 스타일 전이 시스템을 구축할 것이다. 이미 이전 장에서 컴퓨터 비전과 관련 과제에 쓰이는 사전 훈련된 모델에 관해 논의했다. 이 장에서는 많이 알려진 VGG-16 모델을 특성 추출기로 다시 한번 사용한다. 신경 스타일 전이의 주요 단계는 다음과 같다.

- VGG-16으로 스타일과 내용, 생성된 이미지에 대한 층 활성화 계산.

- 앞서 언급한 특정 손실 함수를 정의하기 위해 위에서 계산한 활성화를 사용.

- 마지막으로, 전체 손실을 최소화하기 위한 경사 하강(gradient descent) 사용.

신경 스타일 전이의 핵심 원칙과 이론적 개념에 대해 자세히 알아보고 싶다면 다음 문서를 추천한다.

- 리온 A. 개티스(Leon A. Gatys) , 알렉산더 S. 에커(Alexander S. Ecker), 마티아스 베트게(Matthias Bethge)의 "A Neural Algorithm of Artistic Style(예술적 스타일의 신경 알고리즘)"(https://arxiv.org/abs/1508.06576).

- 저스틴 존슨(Justin Johnson), 알렉산더 알라히(Alexandre Alahi), 리 페이페이(Li Fei-Fei)의 "Real-Time Style Transfer and Super-Resolution(실시간 스타일 전이와 초해상도)"(https://arxiv.org/abs/1603.08155).

이미지 전처리 방법

네트워크의 구현을 위한 첫 번째이자 가장 중요한 단계는 데이터나 이미지의 전처리다. 다음 코드로 크기 및 채널 조정을 위한 이미지 전처리와 후처리를 할 수 있다.

```python
import numpy as np
from keras.applications import vgg16
from keras.preprocessing.image import load_img, img_to_array


def preprocess_image(image_path, height=None, width=None):
    height = 400 if not height else height
    width = width if width else int(width * height / height)
    img = load_img(image_path, target_size=(height, width))
    img = img_to_array(img)
    img = np.expand_dims(img, axis=0)
    img = vgg16.preprocess_input(img)
    return img
def deprocess_image(x):
    # 평균 픽셀로 zero-center 제거
    x[:, :, 0] += 103.939
    x[:, :, 1] += 116.779
    x[:, :, 2] += 123.68
    # 'BGR'->'RGB'
    x = x[:, :, ::-1]
    x = np.clip(x, 0, 255).astype('uint8')
    return x
```

여기서는 자체 정의한 손실 함수와 조작 방법을 쓸 것이기 때문에 특정한 플레이스홀더(placeholder)를 정의해야 한다. 케라스(keras)는 백엔드로 텐서플로(예: tensorflow, theano, CNTK)처럼 무거운 것도 구동할 수 있는 고수준 라이브리임을 기억하자. 플레이스홀더에서 뒤에 있는 텐서 객체를 활용하도록 고수준의 추상화를 할 것이다. 다음 코드는 신경망에 입력 텐서와 스타일, 내용 및 생성될 이미지의 플레이스홀더를 만드는 과정이다.

```
from keras import backend as K

#  변화하려는 이미지의 경로.
TARGET_IMG = 'lotr.jpg'
# 스타일 이미지의 경로.
REFERENCE_STYLE_IMG = 'patternl.jpg'

width, height = load_img(TARGET_IMG).size
img_height = 480
img_width = int(width * img_height / height)

target_image = K. constant(preprocess_image(TARGET_IMG,
                          height=img_height,
                          width=img_width))

style_image = K.constant(preprocess_image(REFERENCE_STYLE_IMG,
                        height=img_height,
                        width=img_width))

# 생성될 이미지의 플레이스홀더
generated_image = K.placeholder ((1, img_height, img_width, 3))

# 3개의 이미지를 단일 배치로 결합
input_tensor = K. concatenate ([target_image,
                              style_image,
                              generated_image], axis=0)
```

이전 장에서 했던 것처럼 최상위 전체 결합층 없이 사전 훈련된 VGG-16 모델을 로드한다. 여기서 유일한 차이점은 모델 입력에 입력 텐서의 사이즈 차원을 더해준다는 것이다. 다음 코드로 사전 훈련된 모델을 구축할 수 있다.

```
model = vgg16.VGG16(input_tensor=input_tensor,
                    weights='imagenet',
                    include_top=False)
```

손실 함수 구축

앞에서 논의한 것과 같이, 신경 스타일 전이는 결국 내용과 스타일의 손실 함수에 대한 문제다. 이 절에서 필요한 손실 함수에 대해 논의하고 정의한다.

내용 손실

CNN 기반 모델에서 최상위 계층의 활성화는 더 전역적이고 추상적인 정보(예: 얼굴과 같은 고수준 구조)를 포함하며, 하단 층은 이미지에 대한 국소 정보(예: 눈, 코, 에지, 코너와 같은 저수준 구조)를 포함한다. 여기서는 이미지 내용에 대한 올바른 표현을 포착하기 위해 CNN의 상층을 활용한다. 따라서 사전 훈련된 VGG-16 모델을 사용할 때의 내용 손실은 타깃 이미지를 통해 계산된 상위 층(주어진 특성 표현)의 활성화 계산과 생성된 이미지를 통해 계산된 동일한 층의 활성화 사이의 L2 노름(스케일과 제곱의 유클리드 거리)으로 정의할 수 있다. 보통 CNN의 상위 층으로부터 이미지의 내용과 관련된 특성적 표현을 받는다고 가정하면 생성된 이미지는 기본 타깃 이미지와 유사해 보일 것이다. 다음 코드는 내용 손실을 계산하는 함수다.

```
def content_loss(base, combination):
    return K.sum(K.square (combination-base))
```

스타일 손실

개티스 등이 쓴 신경 전이에 관한 논문 "A Neural Algorithm of Artistic Style(예술적 스타일의 신경 알고리즘)"(https://arxiv.org/abs/1508.06576)에서는 이미지의 내용과 관계 없이 모든 공간 크기에서 참조한 스타일 이미지의 모양 또는 출현과 관련된 정보를 포착해서 의미 있는 패턴과 표현을 추출하기 위해 CNN에서 (하나가 아닌) 여러 개의 합성곱층을 사용했다. 스타일 표현은 CNN의 다른 층에서 서로 다른 특성 사이의 상관 관계를 계산한다.

원래 논문에 따라 여기서는 **그램 행렬(Gram matrix)**을 활용할 것이며, 합성곱층에서 생성된 특성 표현에 대해서도 동일한 계산을 수행할 것이다. 주어진 합성곱층(conv layer)에서 생성된 특성 지도 사이의 내적을 그램 행렬로 계산한다. 내적은 상응하는 특성 세트의 공분산에 비례하므로 함께 활성화되는 층의 특성 사이의 상관 관계 패턴을 포착할 수 있을 것이다. 이러한 특성의 상관 관계는 이미지 구성 요소나 타깃 스타일에는 없지만, 특정 공간 스케일의 패턴에서는 나타나는 질감과 모양의 통계를 집계하는 데 도움이 된다.

따라서 스타일 손실은 참조 스타일의 그램 행렬과 생성된 이미지의 차이에 대한 프로베니우스 노름(Frobenius norm)(행렬에서의 유클리드 노름)의 제곱과 스케일로 정의된다. 이 손실을 최소화할수록 참조 스타일 이미지와 생성 이미지에서 공간 스케일의 질감 차이는 비슷해질 것이다. 다음 코드는 그램 행렬 계산에 기초해서 스타일의 손실 함수를 정의한 것이다.

```
def style_loss(style, combination, height, width) :
    def build_gram_matrix(x):
        features = K.batch_flatten(K.permute_dimensions(x, (2, 0, 1)))
        gram_matrix = K.dot (features, K. transpose (features))
        return gram_matrix

    S = build_gram_matrix(style)
    C = build_gram_matrix(combination)
    channels = 3
    size = height * width
    return K.sum(K.square (S - C))/(4. * (channels ** 2) * (size ** 2))
```

총 변동 손실

스타일과 내용 손실을 줄이기 위한 최적화는 때때로 너무 픽셀화되고 노이즈가 있는 출력으로 이어지기도 한다. 이를 극복하기 위해 총 변동 손실이 도입됐다. **총 변동 손실(total variation loss)**은 '정규화 손실'과 비슷하다. 발생할 이미지를 공간 연속적이고 매끄럽게 보이기 위해 도입됐기 때문에 화소에 노이즈가 과다하게 나타나는 것을 방지한다. 함수는 다음과 같이 정의된다.

```
def total_variation_loss(x):
    a = K.square(
        x[:, :img_height - 1, :img_width - 1, :] - x[:, 1:, :img_width.
        -1, :])
```

```
    b = K.square(
        x[:, :img_height - 1, :img_width - 1, :] - x[:, :img_height -
            1, 1:, :])
    return K.sum(K.pow(a + b, 1.25))
```

총 손실 함수

신경 전이를 위한 총 손실 함수의 구성 요소를 정의했으므로 다음 단계는 구성 요소를 결합하는 것이
다. 내용 및 스타일 정보는 CNN 네트워크의 다른 깊이에서 포착되므로 적절한 층에 각각의 손실 유형
을 적용하고 계산해야 한다. 스타일 손실을 위해서 합성곱층 1부터 5까지를 취하고 각 층에 적절한 가
중치를 설정한다.

다음은 전체 손실 함수를 구축하기 위한 코드다.

```
# 가중 평균 손실 함수에 대한 가중치
content_weight = 0.05
total_variation_weight = 1e-4


content_layer = 'block4_conv2'
style_layers = ['block1_conv2', 'block2_conv2',
        'block3_conv3','block4_conv3', 'block5_conv3']
style_weights = [0.1, 0.15, 0.2, 0.25, 0.3]


# 전체 손실 값 초기화
loss = K.variable(0.)


# 내용 손실 추가
layer_features = layers[content_layer]
target_image_features = layer_features[0, :, :, :]
combination_features = layer_features[2, :, :, :]
loss += content_weight * content_loss(target_image_features,
                    combination_features)


# 스타일 손실 추가
for layer_name, sw in zip(style_layers, style_weights):
    layer_features = layers[layer_name]
    style_reference_features = layer_features[1, :, :, :]
```

```
    combination_features = layer_features[2, :, :, :]
    sl = style_loss(style_reference_features, combination_features,
                    height=img_height, width=img_width)
    loss += (sl*sw)


# 전체 편차의 손실 값 추가
loss += total_variation_weight * total_variation_loss(generated_image)
```

커스텀 최적화기 만들기

우리의 목표는 최적화 알고리즘으로 전체 손실을 반복적으로 최소화하는 것이다. 개티스 등이 참여한 논문에서는 L-BFGS 알고리즘으로 최적화했다. 이 알고리즘은 비선형 최적화 문제와 파라미터 추정에 널리 쓰이는 준-뉴턴(Quasi-Newton) 방법에 기초한 최적화 알고리즘이다. 이 방법이 보통의 경사 하강법보다 더 빨리 수렴한다.

사이파이(SciPy)는 scipy.optimize.fmin_l_bfgs_b();로 구현되지만, 여기서 다루는 3차원 이미지 매트릭스가 아닌 평평한 1차원 벡터에만 적용할 수 있다는 한계가 있기 때문에 손실 함수와 기울기의 값을 두 개의 개별 함수로 전이해야 한다. 패턴에 기반한 Evaluator 클래스를 만들고, 그다음 케라스(keras)의 창시자인 프랑소와 숄레(François Chollet)처럼 독립적으로 분리해서 계산하지 않고 한 번에 손실 및 경사 값을 계산하겠다. 이렇게 하면 처음 호출할 때 손실 값이 반환되고 그다음 호출할 때는 기울기가 캐시에 저장된다. 이것이 독립적으로 연산하는 것보다 더 효율적이다. 다음 코드는 평가를 위한 Evaluator 클래스를 정의한 것이다.

```
class Evaluator(object):

    def __init__(self, height=None, width=None):
        self.loss_value = None
        self.grads_values = None
        self.height = height
        self.width = width

    def loss(self, x):
        assert self.loss_value is None
        x = x.reshape((1, self.height, self.width, 3))
```

```
        outs = fetch_loss_and_grads([x])
        loss_value = outs[0]
        grad_values = outs[1].flatten().astype('float64')
        self.loss_value = loss_value
        self.grad_values = grad_values
        return self.loss_value

    def grads(self, x):
        assert self.loss_value is not None
        grad_values = np.copy(self.grad_values)
        self.loss_value = None
        self.grad_values = None
        return grad_values
evaluator = Evaluator(height=img_height, width=img_width)
```

스타일 전이의 작동

퍼즐의 마지막 조각은 모든 블록을 합쳐서 스타일 전이를 작동하는 것이다! 예술/스타일 및 내용 이미지는 데이터 디렉터리에서 참조할 수 있다. 다음 코드는 손실과 기울기를 평가하는 방법을 알려 준다. 또한 일정한 반복 후에 신경 스타일 전이 프로세스에서 이미지가 어떻게 변하는지 이해하기 위해 다음 코드와 같이 일정한 간격/문자(5, 10 등)로 출력을 다시 쓴다.

```
from scipy.optimize import fmin_l_bfgs_b
from scipy.misc import imsave
from imageio import imwrite
import time

result_prefix = 'st_res_'+TARGET_IMG.split('.')[0]
iterations = 20

# 생성된 이미지의 픽셀에 대해 scipy 기반 최적화 (L-BFGS)를 실행해
# 신경 스타일 손실을 최소화한다.
# 이것이 초기 상태, 타깃 이미지가 된다.
# `scipy.optimize.fmin_l_bfgs_b`로는 평면 벡터만 처리할 수 있다는 점을
# 명심해야 한다.
```

```
x = preprocess_image(TARGET_IMG, height=img_height, width=img_width)
x = x.flatten()


for i in range(iterations):
    print('Start of iteration', (i+1))
    start_time = time.time()
    x, min_val, info = fmin_l_bfgs_b(evaluator.loss, x,
                                     fprime=evaluator.grads, maxfun=20)
    print('Current loss value:', min_val)
    if (i+1) % 5 == 0 or i == 0:
        # 현재 생성된 이미지를 5회마다 반복해 저장
        img = x.copy().reshape((img_height, img_width, 3))
        img = deprocess_image(img)
        fname = result_prefix + '_iter%d.png' %(i+1)
        imwrite(fname, img)
        print('Image saved as', fname)
    end_time = time.time()
    print('Iteration %d completed in %ds' % (i+1, end_time - start_time))
```

신경 전이가 계산 비용이 많이 드는 작업이라는 것이 이제 꽤 명백해졌다. 예제 이미지 세트의 경우, 각
반복에 8GB RAM이 장착된 Intel i5 CPU에서 500-1,000초가 걸렸다(i7 또는 Xeon 프로세서에서는
훨씬 더 빠르다!). 다음 코드는 AWS p2.x 인스턴스에서 GPU로 얻은 속도를 보여준다. 이때는 각 반
복에 25초밖에 걸리지 않았다. 이 코드는 또한 몇 번 반복됐을 때의 출력을 보여준다. 각 문자에 소요
된 손실과 시간을 인쇄하고, 다섯 번 반복할 때마다 생성된 이미지를 저장한다.

```
Start of iteration 1
Current loss value: 10028529000.0
Image saved as st_res_lotr_iter1.png
Iteration 1 completed in 28s
Start of iteration 2
Current loss value: 5671338500.0
Iteration 2 completed in 24s
Start of iteration 3
Current loss value: 4681865700.0
Iteration 3 completed in 25s
Start of iteration 4
Current loss value: 4249350400.0
```

.

.

.

```
Start of iteration 20
Current loss value: 3458219000.0
Image saved as st_res_lotr_iter20.png
Iteration 20 completed in 25s
```

이제 신경 전이 모델이 어떻게 내용 이미지에 스타일 전이를 했는지를 알 수 있을 것이다. 모든 스타일과 내용 이미지 쌍에 대해 일정하게 반복한 후에는 체크포인트를 출력해야 한다는 사실을 잊지 말자. 예제 시스템에서 스타일 전이의 마법을 이해하고 로드하기 위해 Matplotlib과 Skimage를 활용한다!

매우 인기가 많았던 영화 '반지의 제왕'의 다음 이미지를 내용 이미지로 사용하고, 멋진 꽃무늬 예술 작품을 스타일 이미지로 사용하겠다.

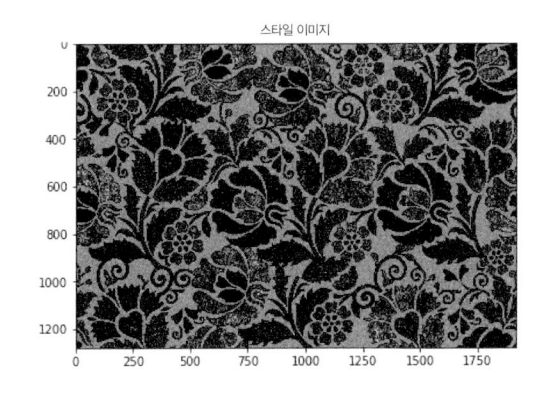

다음 코드로 다양하게 반복한 후에 생성될 스타일 이미지를 로드한다.

```
from skimage import io
from glob import glob
from matplotlib import pyplot as plt

%matplotlib inline
content_image = io.imread('lotr.jpg')
style_image = io.imread('pattern1.jpg')

iter1 = io.imread('st_res_lotr_iter1.png')
iter5 = io.imread('st_res_lotr_iter5.png')
```

```
iter10 = io.imread('st_res_lotr_iter10.png')
iter15 = io.imread('st_res_lotr_iter15.png')
iter20 = io.imread('st_res_lotr_iter20.png')
fig = plt.figure(figsize = (15, 15))
ax1 = fig.add_subplot(6,3, 1)
ax1.imshow(content_image)
t1 = ax1.set_title('Original')

gen_images = [iter1,iter5, iter10, iter15, iter20]

for i, img in enumerate(gen_images):
    ax1 = fig.add_subplot(6,3,i+1)
    ax1.imshow(content_image)
    t1 = ax1.set_title('Iteration {}'.format(i+5))
plt.tight_layout()
fig.subplots_adjust(top=0.95)
t = fig.suptitle('LOTR Scene after Style Transfer')
```

다음은 5회 반복할 때마다 원본 이미지와 생성된 스타일 이미지를 보여주는 출력이다.

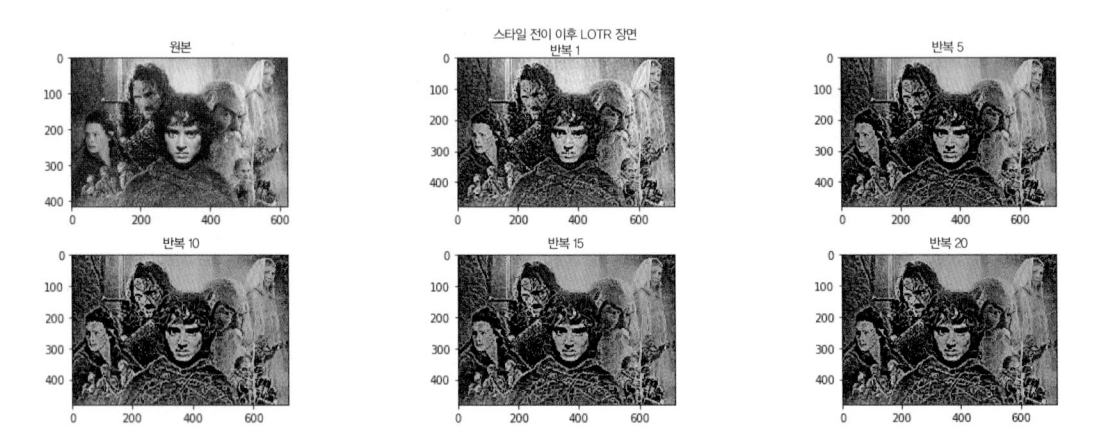

다음은 고해상도의 최종 스타일 이미지다. 멋진 빈티지 룩을 제공하는 영화 이미지에서 꽃무늬의 질감과 스타일이 어떻게 원래 "반지의 제왕"에 천천히 전이됐는지를 볼 수 있다.

스타일 전이의 예를 하나 더 보자. 다음 그림에서 내용 이미지는 영화 "블랙 팬서(Black Panther)"의 유명한 허구 도시인 와칸다(Wakanda)를 담고 있다. 스타일 이미지는 반 고흐가 그린 매우 유명한 그림 "별이 빛나는 밤(The Starry Night)"이다! 이것을 스타일 전이 시스템의 입력 이미지로 사용하겠다.

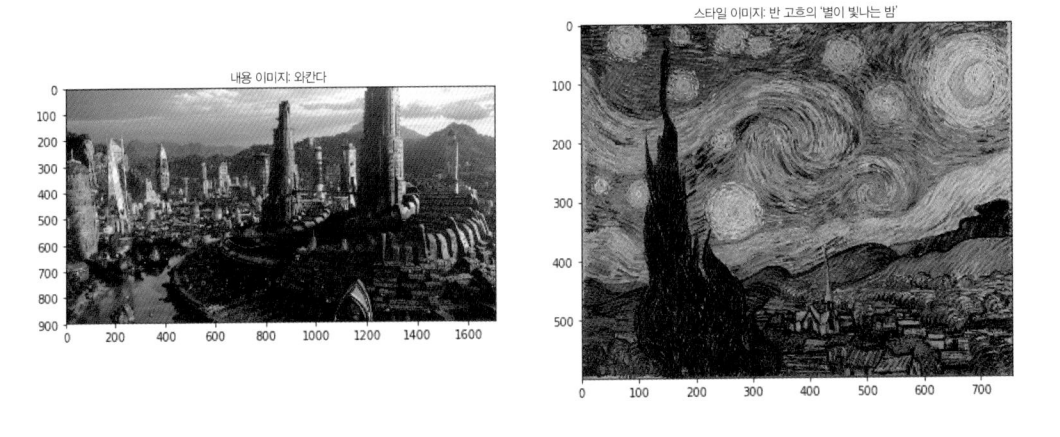

다음은 이미지에 최종 스타일 이미지가 묘사된 고해상도 이미지다. 스타일 그림의 질감, 모서리, 색상 및 패턴이 도시 내용 이미지로 어떻게 전이됐는지 명확히 알 수 있다.

하늘과 건물은 반 고흐의 그림에서 보는 것과 매우 유사한 형태지만, 내용 이미지의 전체적인 구조는 그대로 유지돼서 아주 매력적이다. 각자 평소 관심이 있던 이미지를 활용해 같은 작업을 시도해 보자!

정리

이 장은 딥러닝의 위력을 활용해 예술을 창조하는 매우 새로운 기술을 제시했다. 사실 데이터 과학은 올바른 방식으로 데이터를 사용하는 과학일 뿐만 아니라, 기술 혁신이 그 원동력이 된다. 이 장에서는 신경 전이의 핵심 개념과 효과적인 손실 함수를 사용해 문제를 표현하고 설정하는 방법, 전이학습과 VGG-16과 같은 사전 훈련된 모델의 위력을 활용해 올바른 형상 표현을 추출하는 방법을 다뤘다.

컴퓨터 비전 분야는 계속 진화하고 있으며, 전이학습과 결합된 딥러닝은 혁신과 새로운 활용을 위한 문을 열었다. 이 장의 예제는 이 분야의 광범위한 새로운 정보를 이해하는 데 도움이 될 것이며, 더 나아가 신경 전이와 같은 시스템을 구축하기 위해 새로운 기법, 모델 및 방법을 시도할 수 있게 도와줄 것이다. 앞으로 이미지에 캡션 넣기와 색에 관한 더 흥미롭고 복잡한 사례 연구를 소개할 것이다.

이전 장에서는 **자연 언어 처리(NLP)**뿐만 아니라 컴퓨터 비전 문제에 전이학습을 적용하는 몇 가지 사례 연구를 살펴봤다. 그러나 이러한 문제는 각각의 특정 영역에서 발생했다. 이 장에서는 컴퓨터 비전과 NLP라는 두 가지 유명한 영역을 결합한 지능형 시스템 구축에 중점을 둘 것이다. 좀 더 구체적으로 말하면 자동 이미지 캡션 생성기를 만들기 위해 기계 번역과 결합된 객체 인식 시스템을 구축하는 데 집중할 것이다.

이미지에 캡션 넣기는 새로운 아이디어는 아니다. 보통 책이나 논문, 소셜 미디어와 같이 다양한 미디어 소스에 있는 이미지에는 의미와 상황을 설명하는 적절한 텍스트 설명이 있다. 이미지 캡션 작업이 어려운 이유는 이 과제가 보통 하나 이상의 문장이 자유 자재로 흘러가는 자연 언어로 구성돼 있기 때문이다. 그러므로 구조화되지 않은 텍스트 데이터에 이미지 캡션을 생성하는 것은 전통적인 이미지 분류 문제를 푸는 것과 다르다.

적절한 이미지 캡션을 만드는 단어 시퀀스의 생성은 **VGG(Visual Geometry Group)** 또는 인셉션(Inception)과 같은 컴퓨터 비전 영역에서 숙련된 사전 훈련 모델과 **순환 신경망(RNN)** 또는 **장단기 메모리(Long Short-Term memory, LSTM)**와 같은 시퀀스 모델의 조합으로 할 수 있다. 이 장에서는 자동으로 이미지 캡션을 넣거나 장면 인식 시스템을 만드는 흥미로운 방법을 살펴본다.

딥러닝과 전이학습을 바탕으로 하는 이 시스템을 구축하기 위해 주로 다음 내용을 다룬다.

- 이미지 캡션 넣기의 이해

- 목표 설정

- 데이터 이해

- 이미지 캡션 넣기 자동화 접근 방식

- 전이학습과 이미지 특성 추출

- 캡션을 위한 어휘집 작성

- 이미지 캡션 데이터 세트 생성기 구축

- 이미지에 언어 인코더 – 디코더 딥러닝 모델 구축

- 이미지 캡션 넣기 딥러닝 모델 훈련

- 자동으로 이미지 캡션 넣기의 실제

여기서는 자동 이미지 캡션 생성기를 구축하기 위해 컴퓨터 비전과 NLP의 필수 개념을 다룬다. 널리 사용되는 이미지 데이터 세트 위에 이 시스템을 구현하기 위해 전이학습과 결합된 적합한 딥러닝 아키텍처를 깊이 파고들 것이다. 또한 새로운 사진과 장면에서 자동 이미지 캡션 생성기를 빌드하고 테스트하는 방법을 보여줄 것이다. 이 장의 코드는 깃허브 저장소의 11장 폴더(https://github.com/dipanjanS/hands-on-transfer-learning-with-python)에 있으므로 필요할 때 참조하기 바란다. 또한 보너스 예제도 다룰 것이다.

이미지 캡션 넣기의 이해

먼저 이미지에 캡션 넣기의 중요성과 의미를 이해하는 것이 좋다. 이 작업을 간단하게 정의하면 임의의 이미지에 자연스러운 텍스트 설명을 작성하고 기록하는 것이라고 할 수 있다. 그것은 일반적으로 이미지의 다양한 장면이나 이벤트를 설명하는 데 사용된다. 이것을 일반적으로 **장면 인식**이라고도 한다. 다음 예제를 살펴보자.

이 장면에 적합한 캡션이나 설명은 무엇일까? 이 장면에 대해 가능한 설명을 모두 정리하면 다음과 같을 것이다.

- 흙 언덕 위에서 모토크로스(motocross)하는 사람

- 언덕 위 공중에 떠 있는 이륜차를 탄 남자

- 흙길을 빠르게 달리는 흙 묻은 이륜차를 타는 사람

- 공중에서 검정 오토바이를 타고 있는 사람

이 캡션은 모두 유효하고 유사하지만, 동일한 의미를 전달하는 데 다른 단어를 사용하고 있다. 이것이 바로 자동 이미지 캡션 생성이 결코 쉽지 않은 이유다.

실제로 빈얄스(Vinyals)는 자신이 공동으로 참여해 2015년에 출판한 이미지 캡션 넣기를 설명한 유명한 논문 "Show and Tell: Neural Image Caption Generator(보고 말하기: 신경 이미지 캡션 생성기)"(https://arxiv.org/abs/1411.4555)에서 다음과 같이 언급했는데, 이를 통해 시스템 구축에 관한 영감을 얻었다.

> *"이미지의 내용을 자동으로 설명하는 것은 컴퓨터 비전과 자연 언어 처리를 연결하는 인공지능의 근본적인 문제다."*

사람은 사진이나 이미지를 몇 초 동안 살펴보는 것만으로도 충분히 자연 언어로 캡션을 만들어낼 수 있다. 그러나 **인공지능(AI)**으로 이 작업을 하는 것은 대부분 컴퓨터 비전 문제가 인식 및 분류 문제에 초점을 뒀기 때문에 매우 어려웠다. 컴퓨터 비전의 핵심 문제와 관련되어 복잡성이 증가하는 주요 작업에는 다음과 같은 것이 있다.

- **이미지 분류와 인식**: 여기에는 고전적인 지도 학습 문제가 포함되는데, 주된 목적은 미리 정의된 여러 클래스 범주(**클래스 레이블**이라고도 함)를 기반으로 특정 범주에 이미지를 할당하는 것이다. 유명한 이미지넷 대회의 과제도 그중 하나다.

- **이미지 주석**: 좀 더 복잡한 작업으로, 이미지의 여러 요소에 대한 설명으로 이미지에 주석을 추가할 수 있다. 보통 이미지의 특정 부분이나 영역에 대한 범주나 자연 언어 기반의 텍스트 설명이 포함된다.

- **이미지 캡션 넣기 또는 장면 인식**: 정확한 자연어 기반 텍스트 설명으로 이미지를 설명하려고 하는 또 다른 복잡한 작업이다. 이 장에서 주로 다룰 부분이 이것이다.

이미지에 캡션을 넣는 작업이 새로울 것은 없다. 이미지에서 개별 엔티티(entitles)의 텍스트 설명을 합쳐서 이미지를 설명하거나 템플릿 기반의 텍스트 생성 기술을 활용하는 접근 방식이 이미 있었다. 그러나 딥러닝은 보다 강건하고 효율적인 방법으로 이 과제에 접근한다.

목표 설정

실제 사례 연구의 주요 목표는 이미지에 캡션 넣기 또는 장면 인식이다. 크게 보면 지도 학습의 문제지만, 전통적인 분류 문제와는 다르다. 여기서는 Flickr8K 이미지 데이터 세트를 다룰 텐데, 이 이미지 데이터 세트는 이미지 또는 장면의 샘플에 해당 자연어 캡션이 있다. 기본 아이디어는 이러한 이미지로부터 학습할 수 있는 자동 이미지 캡션 넣기 시스템을 구축하는 것이다.

앞에서 언급했듯이, 전통적인 이미지 분류 시스템은 보통 이미지를 미리 정의된 클래스로 분류하거나 범주화한다. 이 책에서는 이미 이전 장에서 그러한 시스템을 구축했다. 그러나 이미지 캡션 넣기 시스템의 출력은 일반적으로 자연어로 텍스트 설명을 구성하는 단어 시퀀스다. 이것은 전통적인 지도 학습 분류 시스템보다 좀 더 난이도가 있다.

훈련용 이미지 데이터를 기반으로 해당 캡션 설명을 제작하도록 지도하는 것이 예제 모델 훈련의 특성이다. 그러나 모델 구축에 대한 접근 방식은 약간 다르다. 늘 그랬듯이 이 시스템을 구축하기 위해 전이학습과 딥러닝의 개념을 활용한다. 보다 구체적으로, **심층 합성곱 신경망(Deep Convolutional Neural Networks, DCNN)**과 시퀀셜 모델을 조합해서 사용할 것이다.

데이터 이해하기

이번에는 모델을 제작할 때 사용할 데이터를 살펴보자. 간단하게 Flickr8K 데이터 세트를 사용한다. 이 데이터 세트에는 잘 알려진 이미지 공유 웹 사이트인 Flickr에서 가져온 이미지가 포함돼 있다. 이 데이터 세트는 https://forms.illinois.edu/sec/1713398에서 내려받을 수 있다.[1] 각 이미지에는 그 이미지에 대한 설명이 있다. 소스 및 각 이미지에 대한 텍스트 기반 캡션 5개가 포함돼 있다. 일반적으로 샘플 이미지에는 다음과 같이 여러 개의 캡션이 있다.

---

1 (옮긴이) 일리노이 대학의 링크에서 내려받는 방법 외에도 캐글의 웹사이트(https://www.kaggle.com/shadabhussain/flickr8k#Flickr_Data.zip)에서도 받을 수 있다. 총 이미지 파일은 8,091개다. 데이터에 대한 자세한 설명은 제이슨 브라운리(Jason Brownlee)의 다음 링크에서 참고할 수 있다. https://machinelearningmastery.com/develop-a-deep-learning-caption-generation-model-in-python/

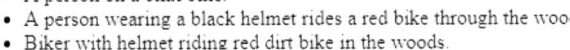

- A BMX bike rider in a black and red uniform on a dirt bike.
- A person on a bmx bike.
- A person wearing a black helmet rides a red bike through the woods.
- Biker with helmet riding red dirt bike in the woods.
- Dirt bike rider getting ready to start down the slope.

이미지와 그에 해당하는 캡션을 볼 수 있다. 모든 캡션이 동일한 이미지나 장면을 설명하고는 있지만, 이미지의 특정 부분이나 다른 부분에 집중하고 있기 때문에 자동화하기가 어렵다. 다음 논문도 참고하면 도움이 될 것이다: 미카 호도시(Micah Hodosh) 외, "Framing Image Description as a Ranking Task: Data, Models and Evaluation Metrics(랭킹 과제로 이미지 설명 구성하기: 데이터, 모델, 평가 지표)" IJCAI, 2015(https://pdfs.semanticscholar.org/f126/ec304cdad464f6248ac7f73a186ca26db526.pdf).

다운로드 링크를 클릭하면 두 개의 파일이 있을 것이다.

- Flickr8k_Dataset.zip: 모든 원시 이미지 및 사진을 담고 있는 1GB ZIP 아카이브.
- Flickr8k_text.zip: 사진에 대한 캡션 설명이 있는 모든 자연어 텍스트 설명의 3MB ZIP 아카이브.

Flickr_8k.devImages.txt, lickr_8k.trainImages.txt, Flickr_8k.testImages.txt 파일은 각각 6,000, 1,000, 1,000개의 이미지 파일명으로 구성되어 있다. 여기서는 dev와 train 이미지를 결합해 7,000개의 이미지를 훈련 데이터 세트로 만들고 1,000개의 이미지를 테스트 데이터 세트로 사용할 것이다. Flickr8k.token.txt 파일 안에 있는 각각의 이미지에는 5개의 비슷한 캡션이 달려 있다.

자동화된 이미지 캡션 넣기의 접근 방식

이제 자동 이미지 캡션 넣기 시스템 구축에 접근하는 방식에 관해 논의할 차례다. 앞에서 언급했듯이, 이 책의 접근 방식은 이미지 캡션 넣기에 전이학습과 딥러닝 기반의 접근 방식을 결합해서 활용하는 것이다. 이 방식은 오리올 빈얄스(Oriol Vinyals)가 공동으로 쓴 유명한 논문인 "Show and Tell: A Neural Image Caption Generator(보고 말하기: 신경 이미지 캡션 생성기)"(2015)(https://arxiv.org/abs/1411.4555)에서 영감을 얻었다. 먼저 접근 방식에 대한 개념적 개요를 설명하고 자동 이미지 캡션 넣기 시스템을 구축하는 데 사용할 실질적인 접근 방식으로 넘어갈 것이다. 이제 시작해 보자!

개념적 접근

성공적으로 이미지에 캡션을 넣는 시스템을 구현하기 위해서는 주어진 이미지를 단어 시퀀스로 해석할 방법이 필요하다. 이미지에서 올바른 관련 특성을 추출하는 데는 DCNN을 활용하고 RNN 또는 LSTM 과 같은 반복적인 신경망 모델과 함께 하이브리드 생성 모델을 구성해 주어진 소스 이미지에 대해 캡션 으로 단어 시퀀스를 생성할 것이다.

따라서 개념적으로는 단일 하이브리드 모델을 구축하자는 아이디어로, 모델은 소스 이미지 I를 입력으로 받아서 타깃 출력에 해당하는 가능도(likelihood) $P(S \mid I)$를 최대화하게 훈련된다. 여기서 S는 예제 단어의 집합이고, $S=\{S_1, S_2, \cdots, S_n\}$과 같이 나타낼 수 있다. 각 단어에 해당하는 S_w는 이미 구축해 놓은 어휘 사전에서 가져온 어휘를 의미한다. 캡션 S는 입력 이미지에 알맞은 설명을 할 수 있어야 한다.

신경 기계 번역(Neural Machine Translation)은 이러한 시스템을 구축하는 데 훌륭한 영감을 준다. 일반적으로 언어 번역을 위한 모델에서 사용하는 모델 아키텍처에는 RNN 또는 LSTM을 사용하는 인 코더 – 디코더 아키텍처가 포함된다. 이때 인코더에 포함된 LSTM 모델은 소스 언어에서 입력된 문장 을 읽어서 밀집 고정 길이 벡터로 변환한다. 그런 다음 이 벡터는 LSTM 디코더 모델의 초기 은닉 상태 에서 사용되고, 궁극적으로 타깃 언어로 된 출력 문장을 생성한다.

이미지 캡션 넣기에도 유사한 전략을 취해서 이미지인 원본 데이터의 입력을 처리하는 인코더로 DCNN 모델을 활용할 것이다. 이미 이미지에서 효과적이고 풍부한 특성을 추출하는 CNN 기반 모델 의 강점을 살펴봤다. 따라서 소스 이미지 데이터를 밀집 수치 고정 길이 벡터(dense numeric fixed-length vector)로 변환한다. 일반적으로 전이학습 방식에서 활용하는 사전 훈련된 모델이 가장 효과적 이다. 사전 훈련된 모델을 이용해서 생성한 벡터는 디코더 LSTM 모델에 입력으로 사용되며, 단어 시 퀀스로 캡션 설명을 생성한다. 원래 논문에서 얻은 영감에 따르면, 최대화하려는 목적 함수의 모양을 다음과 같이 수학적으로 표현할 수 있다.

$$\Theta^* = \operatorname*{argmax}_{\Theta} \sum_{I, S} \log \, p(S, I)$$

여기서 Θ는 모델 파라미터를 의미하고 I는 입력 이미지를 나타내며 S는 단어 시퀀스로 구성된 해당 캡 션 설명이다. 총 단어의 개수가 N인 캡션 설명은 다음과 같이 $\{S_0, S_1, \cdots, S_N\}$에 대한 연쇄 규칙의 결 합 확률로 모델링할 수 있다.

$$\log\, p(S, I) = \sum_{t=0}^{N}\log\, p(S_t \mid I, S_0, S_1, \cdots, S_{t-1})$$

따라서 모델을 훈련하는 동안 이미지 캡션의 짝 (I, S)가 입력되면 확률적 경사 하강의 개념과 같은 효율적인 알고리즘으로 전체 훈련 데이터에서 위의 방정식에 있는 로그 확률의 합이 최적화되게 한다. 앞의 방정식에서 오른쪽에 있는 단어의 순서를 고려하면 RNN 기반 모델이 최선의 선택인데, 단어 수가 가변적인 경우 메모리 상태 h_t에 의해 $t{-}1$까지의 연속된 정보가 표현되기 때문이다. 업데이트는 비선형 함수 $f(\cdots)$를 사용해 이전 $t{-}1$ 상태와 입력 쌍(이미지와 다음 단어) x_t에 기초해 다음처럼 매 단계에 이뤄진다.

$$h_{t+1} = f(h_t, x_t)$$

일반적으로 x_t는 이미지 특성과 단어이며, 이것이 입력이 된다. 이미지 특성 파악에는 앞에서 언급한 DCNN을 활용한다. 함수 f에는 이 책의 앞쪽에서 설명한 것과 같이 기울기 소멸과 탐색 같은 문제를 처리하는 데 매우 효과적인 LSTM을 사용한다. LSTM 메모리 블록을 간략히 살펴보기 위해 "Show and Tell(보고 말하기)" 논문에 있는 다음 다이어그램을 참조한다.

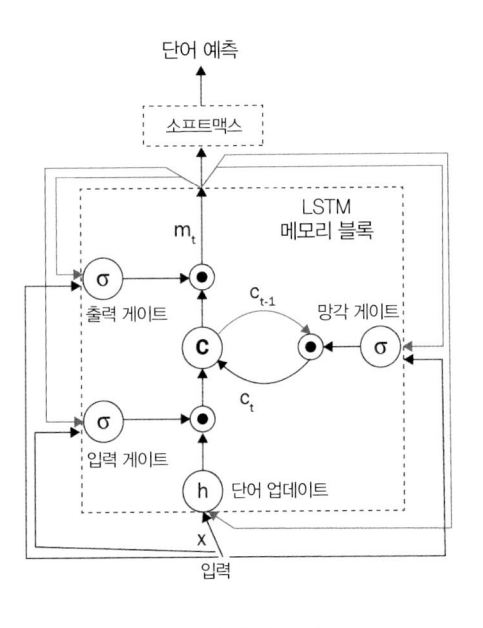

메모리 블록에는 입력과 출력, 망각 게이트에 의해 제어되는 LSTM 셀 c가 포함된다. 시간(t) 스텝마다 셀 c는 이전 시간(t−1) 스텝까지 입력된 지식을 인코딩한다. 세 개의 게이트는 0 또는 1일 경우 게이트 층에서 값을 유지할 것인지 기각할 것인지를 반복적으로 결정하는 층이다. 순환 연결은 앞의 그림에 파란색으로 표시했다. 보통 모델에는 여러 개의 LSTM이 있는데, $t-1$에서의 LSTM의 출력 m_{t-1}은 시간 t에서 다음 LSTM에 공급된다. 그러므로 시간 $t-1$에서의 LSTM의 출력 m_{t-1}은 세 개의 게이트를 이용해 시간 t에서 메모리 블록에 다시 공급된다. 실제 셀 값도 마찬가지 방식으로 망각 게이트를 사용해 다시 공급된다. 시간 t에서의 메모리 출력 m_t는 일반적으로 소프트맥스에 공급되어 다음 단어를 예측한다. 이것은 보통 출력 게이트 o_t와 현재 셀 상태 c_t로부터 구할 수 있다. 이 몇 가지 정의와 연산이 다음 도표에 필요한 방정식과 함께 표시돼 있다.

$$
\begin{aligned}
i_t &= \sigma(W_{ix}x_t + W_{im}M_{t-1}) \\
f_t &= \sigma(W_{fx}x_t + W_{fm}m_{t-1}) \\
o_t &= \sigma(W_{ox}x_t + W_{om}m_{t-1}) \\
c_t &= f_t \odot c_{t-1} + i_t \odot h(W_{cx}x_t + W_{cm}m_{t-1}) \\
m_t &= o_t \odot c_t \\
p_{t+1} &= Softmax(m_t)
\end{aligned}
$$

여기서, $\odot$는 현재 게이트 상태 및 값에 특별히 사용되는 곱셈 연산자(product operator)다. W 행렬은 네트워크가 학습하는 파라미터다. 이 게이트는 기울기의 폭발과 소실 같은 문제를 처리한다. 네트워크의 비선형성은 정규 시그모이드 σ와 쌍곡 탄젠트 h 함수에 의해 도입된다. 앞에서 논의했듯이 메모리 출력 m_t는 다음 단어를 예측하기 위해서 소프트맥스에 공급된다. 여기서 출력은 모든 단어에 대한 확률 분포다.

이제 이러한 지식으로 무장된 LSTM 기반 시퀀스 모델에 필요한 단어 임베딩층과 소스 이미지에서 밀집 특성을 생성하는 CNN 기반 모델과 결합해야 한다. 여기서 LSTM 모델의 목적은 앞에서 정의한 방정식 $p(S_t \mid I, S_0, S_1, \cdots, S_{t-1})$을 기반으로 예측된 모든 이전 단어와 입력 이미지에서 캡션 텍스트의 각 단어를 예측하는 것이다. LSTM의 순환 연결을 단순화하기 위해 여기서는 연속된 LSTM을 표현하는 펼쳐진 형태로 그것을 표현할 것이다. 이때 다음 그림과 같이 같은 파라미터를 공유한다.

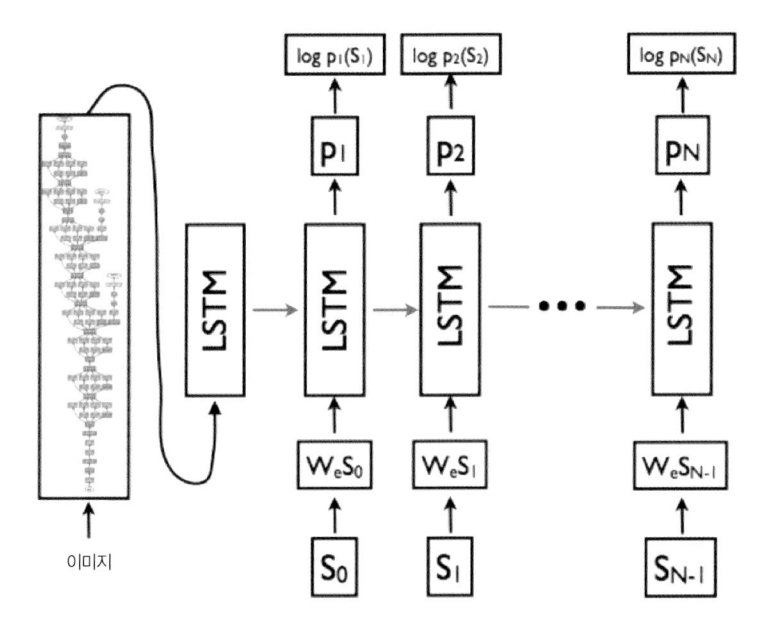

이 그림에서 파란색의 수평 화살표로 표시된 순환 연결은 LSTM 아키텍처에서 전방 전달 연결(feed-forward connection)로 변환된다. 또한 시간 $t-1$에서의 LSTM의 출력 m_{t-1}은 다음 시간 t에서 LSTM으로 공급된다. 소스 입력 이미지가 I이고 캡션이 $S=\{S_0, S_1, \cdots, S_N\}$인 것을 고려하면 앞에서 설명한 아키텍처의 주요 작업은 다음 그림처럼 나타낼 수 있다.

$$
\begin{aligned}
x_{-1} &= CNN(I) \\
x_t &= W_e S_t, & t &\in \{0 \cdots N-1\} \\
p_{t+1} &= LSTM(x_t), & t &\in \{0 \cdots N-1\}
\end{aligned}
$$

여기서 캡션에 있는 각 텍스트 단어의 차원이 어휘집(고유한 단어(unique words))의 크기와 같도록 원-핫 벡터 S_t로 나타난다. 또한 캡션의 〈START〉를 나타내는 S_0와 〈END〉를 나타내는 S_N처럼 시작과 끝을 나타내는 특수 표지 또는 구분 기호로서의 단어가 있다는 점을 주목해야 한다. 이를 통해 LSTM에서 캡션이 완전히 생성된 시점을 알 수 있다.

입력 이미지 I는 DCNN 모델에 입력돼 고밀도 특성 벡터를 생성하고 단어는 임베딩층을 기반으로 한 밀집 워드 임베딩 W_e으로 변환된다. 그러므로 최소화할 전체 손실 함수는 다음 방정식과 같이 매 스텝에 있는 오른쪽 단어의 음의 로그 가능도(negative log likelihood) 표현이다.

$$L(I, S) = -\sum_{t=1}^{N} \log\, p_t(S_t)$$

이 손실은 DCNN, LSTM 및 임베딩 층을 포함하는 예제 모델의 모든 파라미터를 훈련하는 동안 최소화된다. 이제 지금까지 살펴본 내용을 실제로 적용하는 방법을 살펴보자.

유용한 실습 방법

지금까지 이미지 캡션 생성기를 성공적으로 구축하기 위한 기본 개념과 이론을 알아봤다. 이제부터 관련 문제를 구체적으로 살펴보겠다. 이미지에 캡션을 넣는 모델을 구축하는 주된 작업은 다음과 같은 요소로 이루어진다.

- 이미지 특성 추출기 – 전이학습과 DCNN 모델

- 텍스트 캡션 생성기 – LSTM과 시퀀스 기반 언어 모델

- 인코더 – 디코더 모델

캡션 생성 시스템을 구현하기 전에 이 세 가지 구성 요소에 대해 간략하게 살펴보자.

이미지 특성 추출기 – 전이학습과 DCNN 모델

예제 시스템의 주요 입력 중 하나는 소스 이미지 또는 사진이다. 알다시피 **머신러닝(ML)** 또는 딥러닝 모델은 원본 이미지를 그대로 사용할 수 없다. 이미지에서 관련 특성을 추출하는 과정이 필요하다. 그런 다음에 인식 및 분류와 같은 작업에 사용할 수 있다.

이미지–특성 추출기는 기본적으로 입력 이미지를 가져와서 풍부한 계층적 특성 표현을 추출하고 고정 길이 밀집 벡터 형식으로 출력한다. 앞에서 이미 컴퓨터 비전의 과제를 처리하는 DCNN의 위력을 봤다. 여기서는 사전 훈련된 VGG-16 모델을 특성 추출기로 사용해 모든 이미지에서 병목 특성을 추출함으로써 전이학습의 위력을 활용해 본다. 기억을 환기하기 위해서 다음 다이어그램에 제시된 VGG-16 모델을 보자.

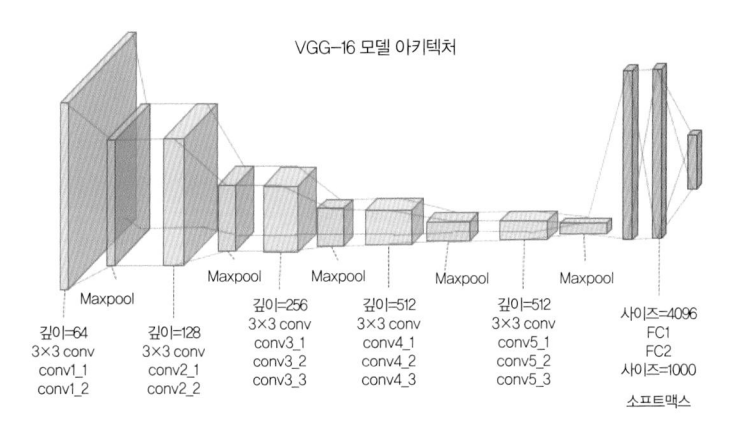

특성 추출을 위해 모델 상위층의 소프트맥스 층을 제거하고 나머지 층을 사용해 입력 이미지에서 고밀도 특성 벡터를 얻는다. 이것은 일반적으로 인코딩 프로세스의 일부이며, 그 출력은 캡션이 생성되는 디코더에 공급된다.

텍스트 캡션 생성기 – LSTM과 시퀀스 기반 언어 모델

기존 시퀀스 기반 언어 모델은 시퀀스에서 이미 발생한 이전 단어를 기반으로 다음 단어를 예측한다. 앞 절에서 설명한 것과 같이 이미지에 캡션을 넣는 문제는 DCNN 모델의 특성을 바탕으로 단어가 캡션 시퀀스에 미리 생성돼 있고 LSTM 모델이 시간 스텝마다 캡션의 다음 단어를 예측할 수 있어야 한다는 것이다.

임베딩층은 캡션 데이터 사전이나 어휘집에 있는 한 번 이상 등장한 모든 단어로부터 워드 임베딩을 생성한다. 이 사전은 일반적으로 LSTM 모델(디코더의 일부)에 대한 입력으로 제공돼 이미지 특성 및 이전 단어 순서를 바탕으로 캡션에서 그다음 단어를 생성한다. 기본 아이디어는 입력 이미지를 설명하는 데 가장 합리적인 단어 시퀀스를 최종적으로 생성하는 것이다.

인코더 – 디코더 모델

이 모델은 이전의 두 구성 요소를 함께 묶는 모델 아키텍처다. 원래 신경 기계 번역에서 큰 성공을 거두었는데, 한 언어의 단어를 인코더로 입력하면 디코더가 다른 언어의 단어를 출력한다. 장점은 하나의 문제를 해결하기 위해 연결이 끊긴 별도의 모델을 구축하는 대신 엔드–투–엔드 단일 아키텍처로 두 구성 요소를 연결해 문제를 해결할 수 있다는 것이다.

DCNN 모델은 일반적으로 소스 입력 이미지를 고정 길이 밀집 벡터로 인코딩하는 인코더로 구성된다. 그런 다음 LSTM 기반 시퀀스 모델에 의해 단어 시퀀스로 디코딩되어 원하는 캡션을 제공한다. 또한 앞에서 설명한 것처럼 이 모델은 입력 이미지에서 캡션 텍스트의 가능도(likelihood)가 극대화되도록 훈련해야 한다. 나중에 모델을 개선하기 위해 디테일을 추가할 수 있다. 이제 이 접근법으로 자동 이미지 캡션 생성기를 구현해 보자.

전이학습과 이미지 특성 추출

모델을 만드는 첫 번째 단계로 전이학습의 원칙에 맞게 소스 이미지에서 올바른 특성을 추출하기 위해서 사전 훈련된 DCNN 모델을 활용한다. 작업을 단순화하기 위해, VGG-16 모델을 미세 튜닝하거나 나머지 모델 아키텍처에 연결하지 않을 것이다. 여러 개의 LSTM으로 시퀀스 모델을 만들면 GPU에서도 훈련 시간이 오래 걸리기 때문에 빠른 훈련을 위해 사전에 모든 이미지에서 병목 특성을 추출하겠다.

시작하기 전에 소스 데이터 세트인 Flickr8k_text 폴더에서 모든 소스의 이미지 파일 이름과 해당 캡션을 로드한다. 또한 앞에서 언급한 것처럼 dev와 train 데이터 세트의 이미지를 통합한다.

```python
import pandas as pd
import numpy as np
# 훈련 파일 이름 읽기
with open('../Flickr8k_text/Flickr_8k.trainImages.txt','r') as tr_imgs:
    train_imgs = tr_imgs.read().splitlines()

# dev 이미지 파일 읽기
with open('../Flickr8k_text/Flickr_8k.devImages.txt','r') as dv_imgs:
    dev_imgs = dv_imgs.read().splitlines()

# 테스트 이미지 파일 읽기
with open('../Flickr8k_text/Flickr_8k.testImages.txt','r') as ts_imgs:
    test_imgs = ts_imgs.read().splitlines()

# 이미지 캡션 읽기
with open('../Flickr8k_text/Flickr8k.token.txt','r') as img_tkns:
    captions = img_tkns.read().splitlines()
```

```
# dev와 훈련 이미지 이름을 하나의 세트로 합치기
train_imgs = train_imgs + dev_imgs
```

이제 입력 이미지 파일 이름을 정렬하고 해당 캡션을 로드했으니 소스 이미지와 해당 캡션을 매핑하는
사전 기반 맵(dictionary-based map)을 작성해야 한다. 앞에서 언급했듯이 하나의 이미지에 5명의
서로 다른 사람이 캡션을 썼기 때문에 각 이미지에 5개의 캡션 목록이 있다. 다음 코드로 이들을 연결
해 주는 작업을 할 것이다.

```
from collections import defaultdict

caption_map = defaultdict(list)
# 이미지마다 5개의 캡션을 목록에 저장
for record in captions:
    record = record.split('\t')
    img_name = record[0][:-2]
    img_caption = record[1].strip()
    caption_map[img_name].append(img_caption)
```

나중에 훈련과 테스트 용 데이터 세트를 구축할 때 이것을 활용할 것이다. 지금은 특성 추출에 초점을
맞추자. 이미지에서 특성을 추출하기 전에 원본 입력 이미지를 올바른 사이즈로 전처리하고 사용할 모
델을 기반으로 픽셀값을 스케일링한다. 다음은 이미지 전처리 단계다.

```
from keras.preprocessing import image
from keras.applications.vgg16 import preprocess_input as
preprocess_vgg16_input

def process_image2arr(path, img_dims=(224, 224)):
    img = image.load_img(path, target_size=img_dims)
    img_arr = image.img_to_array(img)
    img_arr = np.expand_dims(img_arr, axis=0)
    img_arr = preprocess_vgg16_input(img_arr)
    return img_arr
```

또한 전이학습을 활용하기 위해 사전 훈련된 VGG-16 모델을 불러와야 한다. 코드는 다음과 같다.

```
from keras.applications import vgg16
from keras.models import Model

vgg_model = vgg16.VGG16(include_top=True, weights='imagenet',
                        input_shape=(224, 224, 3))
vgg_model.layers.pop()
output = vgg_model.layers[-1].output
vgg_model = Model(vgg_model.input, output)
vgg_model.trainable = False

vgg_model.summary()
```

Layer (type)	Output Shape	Param #
input_1 (InputLayer)	(None, 224, 224, 3)	0
block1_conv1 (Conv2D)	(None, 224, 224, 64)	1792
...		
...		
block5_conv3 (Conv2D)	(None, 14, 14, 512)	2359808
block5_pool (MaxPooling2D)	(None, 7, 7, 512)	0
flatten (Flatten)	(None, 25088)	0
fc1 (Dense)	(None, 4096)	102764544
fc2 (Dense)	(None, 4096)	16781312

```
Total params: 134,260,544
Trainable params: 0
Non-trainable params: 134,260,544
```

소프트맥스층을 제거하고 모델을 훈련할 수 없게 만드는 이유는 매우 분명하다. 입력 이미지에서 밀집 특성 벡터를 추출하는 데만 관심이 있기 때문이다. 이제 입력 이미지에서 올바른 특성을 추출하는 유틸리티 함수를 작성하자.

```
def extract_tl_features_vgg(model, image_file_name,
                            image_dir='../Flickr8k_imgs/'):
    pr_img = process_image2arr(image_dir+image_file_name)
    tl_features = model.predict(pr_img)
    tl_features = np.reshape(tl_features, tl_features.shape[1])
    return tl_features
```

이제 이미지 특성을 추출하고 훈련 및 테스트 데이터 세트를 구축해서 이전에 작성한 함수와 사전 훈련
된 모델을 모두 테스트해 보자.

```
img_tl_featureset = dict()
train_img_names = []
train_img_captions = []
test_img_names = []
test_img_captions = []

for img in train_imgs:
    img_tl_featureset[img] = extract_tl_features_vgg(model=vgg_model,
                                image_file_name=img)
    for caption in caption_map[img]:
        train_img_names.append(img)
        train_img_captions.append(caption)
for img in test_imgs:
    img_tl_featureset[img] = extract_tl_features_vgg(model=vgg_model,
                                image_file_name=img)
    for caption in caption_map[img]:
        test_img_names.append(img)
        test_img_captions.append(caption)
train_dataset = pd.DataFrame({'image': train_img_names, 'caption':
                                train_img_captions})
test_dataset = pd.DataFrame({'image': test_img_names, 'caption':
                                test_img_captions})
print('Train Dataset Size:', len(train_dataset), '\tTest Dataset Size:',
len(test_dataset))


Train Dataset Size: 35000  Test Dataset Size: 5000
```

다음 코드로 훈련 데이터 세트를 확인할 수 있다.

```
train_dataset.head(10)
```

이 코드의 출력은 다음과 같다.

	caption	image
0	A black dog is running after a white dog in th...	2513260012_03d33305cf.jpg
1	Black dog chasing brown dog through snow	2513260012_03d33305cf.jpg
2	Two dogs chase each other across the snowy gro...	2513260012_03d33305cf.jpg
3	Two dogs play together in the snow .	2513260012_03d33305cf.jpg
4	Two dogs running through a low lying body of w...	2513260012_03d33305cf.jpg
5	A little baby plays croquet .	2903617548_d3e38d7f88.jpg
6	A little girl plays croquet next to a truck .	2903617548_d3e38d7f88.jpg
7	The child is playing croquette by the truck .	2903617548_d3e38d7f88.jpg
8	The kid is in front of a car with a put and a ...	2903617548_d3e38d7f88.jpg
9	The little boy is playing with a croquet hamme...	2903617548_d3e38d7f88.jpg

입력 이미지당 5개의 캡션이 있으며, 이것이 예제 데이터 세트에서도 유지된 것을 확인할 수 있다. 이제 모델을 실행할 때마다 특성을 추출하는 작업을 반복하는 대신 모델 학습 중에도 특성을 메모리에 쉽게 불러오기 위해 이 데이터 세트 기록과 전이학습을 통해 습득한 이미지의 특성을 디스크에 저장한다.

```
# 데이터 세트 기록 저장
train_dataset = train_dataset[['image', 'caption']]
test_dataset = test_dataset[['image', 'caption']]

train_dataset.to_csv('image_train_dataset.tsv', sep='\t', index=False)
test_dataset.to_csv('image_test_dataset.tsv', sep='\t', index=False)

# 전이학습된 이미지 특성 저장
from sklearn.externals import joblib
joblib.dump(img_tl_featureset, 'transfer_learn_img_features.pkl')


['transfer_learn_img_features.pkl']
```

또한 필요한 경우 다음 코드를 통해 이미지의 특성이 어떻게 보이는지 확인할 수 있다.

```
[(key, value.shape) for key, value in
                        img_tl_featureset.items()][:5]


[('3079787482_0757e9d167.jpg', (4096,)),
 ('3284955091_59317073f0.jpg', (4096,)),
 ('1795151944_d69b82f942.jpg', (4096,)),
 ('3532192208_64b069d05d.jpg', (4096,)),
 ('454709143_9c513f095c.jpg', (4096,))]


[(k, np.round(v, 3)) for k, v in img_tl_featureset.items()][:5]


[('3079787482_0757e9d167.jpg',
    array([0., 0., 0., ..., 0., 0., 0.], dtype=float32)),
 ('3284955091_59317073f0.jpg',
  array([0.615, 0.   , 0.653, ..., 0., 1.559, 2.614], dtype=float32)),
 ('1795151944_d69b82f942.jpg',
  array([0.   , 0.   , 0.   , ..., 0., 0.   , 0.538], dtype=float32)),
 ('3532192208_64b069d05d.jpg',
  array([0.   , 0.   , 0.   , ..., 0., 0.   , 2.293], dtype=float32)),
 ('454709143_9c513f095c.jpg',
  array([0.   , 0.   , 0.131, ..., 0.833, 4.263, 0.   ], dtype=float32))]
```

다음 절에서 모델링에 이 특성을 사용할 것이다.

캡션에 쓸 어휘집 작성

다음 단계는 캡션 데이터를 전처리하고 캡션에 쓸 어휘 또는 메타 데이터 사전을 작성하는 것이다. 먼저 훈련 데이터 세트의 기록을 읽고 텍스트 캡션을 전처리하는 함수를 작성한다.

```
train_df = pd.read_csv('image_train_dataset.tsv', delimiter='\t')
total_samples = train_df.shape[0]
total_samples


35000


# 텍스트 캡션 전처리 함수
```

```
def preprocess_captions(caption_list):
    pc = []
    for caption in caption_list:
        caption = caption.strip().lower()
        caption = caption.replace('.', '').replace(',', '').replace("'",
                        '  ').replace("'", "").replace('"', '')
        caption = caption.replace('&','and').replace('(','').replace(')',
                                                    '').replace('-', ' ')
        caption = ' '.join(caption.split())
        caption = '<START> '+caption+' <END>'
        pc.append(caption)
    return pc
```

이제 캡션을 전처리하고 고유한 단어를 숫자로 변환하거나 그 반대로 변환하는 유틸리티를 포함한 어휘의 기본 메타 데이터를 구축해 보자.

```
# 캡션 데이터 전처리
train_captions = train_df.caption.tolist()
processed_train_captions = preprocess_captions(train_captions)

tc_tokens = [caption.split() for caption in
                        processed_train_captions]
tc_tokens_length = [len(tokenized_caption) for tokenized_caption
                        in tc_tokens]

# 어휘 메타 데이터 구축
from collections import Counter

tc_words = [word.strip() for word_list in tc_tokens for word in
                        word_list]
unique_words = list(set(tc_words))
token_counter = Counter(unique_words)

word_to_index = {item[0]: index+1 for index, item in
                enumerate(dict(token_counter).items())}
word_to_index['<PAD>'] = 0
index_to_word = {index: word for word, index in
                        word_to_index.items()}
```

```
vocab_size = len(word_to_index)
max_caption_size = np.max(tc_tokens_length)
```

어휘 메타 데이터를 디스크에 저장해 나중에 모델 훈련과 예측을 위해 언제든지 재사용할 수 있게 하는 것도 중요하다. 그렇지 않으면 모델이 단어를 다시 생성할 때 어휘와 숫자의 매핑이 상이한 다른 버전의 단어로 훈련될 가능성도 있다. 그렇게 되면 잘못된 결과가 나오고 귀중한 시간도 잃게 된다.

```
from sklearn.externals import joblib

vocab_metadata = dict()
vocab_metadata['word2index'] = word_to_index
vocab_metadata['index2word'] = index_to_word
vocab_metadata['max_caption_size'] = max_caption_size
vocab_metadata['vocab_size'] = vocab_size
joblib.dump(vocab_metadata, 'vocabulary_metadata.pkl')


['vocabulary_metadata.pkl']
```

필요한 경우 다음 코드를 통해 어휘 메타 데이터의 내용을 확인할 수 있으며 일반적으로 전처리된 텍스트 캡션이 이미지 중 하나에서 어떻게 보일지 확인할 수 있다.

```
# 어휘 메타 데이터 체크
{k: v if type(v) is not dict
        else list(v.items())[:5]
            for k, v in vocab_metadata.items()}


{'index2word': [(0, '<PAD>'), (1, 'nearby'), (2, 'flooded'),
                (3, 'fundraising'), (4, 'snowboarder')],
 'max_caption_size': 39,
 'vocab_size': 7927,
 'word2index': [('reflections', 4122), ('flakes', 1829),
        ('flexing', 7684), ('scaling', 1057), ('pretend', 6788)]}

# 전처리 캡션 체크
processed_train_captions[0]


'<START> a black dog is running after a white dog in the snow <END>'
```

모델을 훈련하는 동안 딥러닝 모델의 입력으로 사용할 데이터 생성 함수를 구축하면서 위에서 살펴본 코드를 활용할 것이다.

이미지 캡션 데이터 세트 생성기 구축

대용량 데이터를 사용하는 복잡한 딥러닝 시스템에서 필수 단계 중 하나는 효율적인 데이터 세트 생성기를 구축하는 것이다. 이는 특히 이미지와 텍스트 데이터를 다루기 때문에 예제 시스템과 매우 관련이 깊다. 또한 여기서는 훈련 중에 동일한 데이터를 모델에 여러 번 전달해야 하는 시퀀스 모델을 다룬다. 목록에 있는 모든 데이터의 압축을 풀어 데이터 세트를 미리 구축하는 것이 이 문제를 해결하는 가장 효율적인 방법이다. 예제 시스템에 생성기의 위력을 활용해 보자.

우선, 다음 코드로 전이학습에서 학습한 이미지 특성과 어휘 메타 데이터를 로드한다.

```
from sklearn.externals import joblib

tl_img_feature_map = joblib.load('transfer_learn_img_features.pkl')
vocab_metadata = joblib.load('vocabulary_metadata.pkl')


train_img_names = train_df.image.tolist()
train_img_features = [tl_img_feature_map[img_name] for img_name in train_img_names]
train_img_features = np.array(train_img_features)

word_to_index = vocab_metadata['word2index']
index_to_word = vocab_metadata['index2word']
max_caption_size = vocab_metadata['max_caption_size']
vocab_size = vocab_metadata['vocab_size']

train_img_features.shape

(35000, 4096)
```

35,000개의 이미지가 있고 각 이미지에는 차원 크기가 4,096인 밀집 특성 벡터가 있다. 이제 입출력 쌍을 생성할 모델–데이터 세트 생성기를 구축해 보자. 해당 영상 캡션을 만들기 위해 단어의 밀집 특성 벡터로 변환된 소스 이미지를 매 시간 스텝에 추가해 사용할 것이다. 해당 출력은 (맞춰야 하는) 다음 단어가 된다. 다음 그림은 이 접근법을 좀 더 분명하게 보여준다.

이제 모델을 훈련하자! 여기서는 모델을 약 30~50에포크로 훈련시켰고 약 30에포크와 50에포크에서
모델을 저장했다.

```
BATCH_SIZE = 256
EPOCHS = 30
cap_lens = [(cl-1) for cl in tc_tokens_length]
total_size = sum(cap_lens)

history = model.fit_generator(
    dataset_generator(processed_captions=processed_train_captions,
                      transfer_learnt_features=train_img_features,
                      vocab_size=VOCABULARY_SIZE,
                      max_caption_size=MAX_CAPTION_SIZE,
                      batch_size=BATCH_SIZE),
    steps_per_epoch=int(total_size/BATCH_SIZE),
    callbacks=[reduce_lr],
    epochs=EPOCHS, verbose=1)


Epoch 1/30
1617/1617 - 724s 448ms/step - loss: 4.1236 - acc: 0.2823
Epoch 2/30
1617/1617 - 725s 448ms/step - loss: 3.9182 - acc: 0.3150
Epoch 3/30
1617/1617 - 724s 448ms/step - loss: 3.8286 - acc: 0.328
...
...
Epoch 29/30
1617/1617 - 724s 447ms/step - loss: 3.6443 - acc: 0.3885
Epoch 30/30
1617/1617 - 724s 448ms/step - loss: 3.4656 - acc: 0.4078

model.save('ic_model_rmsprop_b256ep30.h5')
```

이 모델을 저장하고 나면 훈련을 재개했을 때 20에포크를 더 훈련하여 50회에서 멈추게 할 수도 있다.
당연히 케라스의 모델 체크 포인트를 사용하면 일정 간격으로 자동 저장할 수 있다.

```
EPOCHS = 50

history_rest = model.fit_generator(
    dataset_generator(processed_captions=processed_train_captions,
                      transfer_learnt_features=train_img_features,
                      vocab_size=VOCABULARY_SIZE,
                      max_caption_size=MAX_CAPTION_SIZE,
                      batch_size=BATCH_SIZE),
    steps_per_epoch=int(total_size/BATCH_SIZE),
    callbacks=[reduce_lr],
    epochs=EPOCHS, verbose=1, initial_epoch=30)

Epoch 31/50
1617/1617 - 724s 447ms/step - loss: 3.3988 - acc: 0.4144
Epoch 32/50
1617/1617 - 724s 448ms/step - loss: 3.3633 - acc: 0.4184
...
...
Epoch 49/50
1617/1617 - 724s 448ms/step - loss: 3.1330 - acc: 0.4509
Epoch 50/50
1617/1617 - 724s 448ms/step - loss: 3.1260 - acc: 0.4523

model.save('ic_model_rmsprop_b256ep50.h5')
```

이것으로 예제 모델의 훈련 과정을 마친다. 성공적으로 이미지에 캡션을 넣는 모델을 훈련시켰고 이것을 사용해 새로운 이미지에도 이미지 캡션을 생성할 수 있다.

모델 훈련 팁: 일반적으로 이미지에 캡션을 넣는 모델은 많은 양의 데이터를 사용하고 훈련에도 많은 파라미터가 필요하다. 딥러닝 모델을 훈련하는 데는 데이터를 생성하는 생성기를 사용하는 것이 좋다. 그렇지 않으면 메모리 문제가 발생할 가능성이 있다. 또한 이 모델은 Tesla K80 GPU가 있는 Amazon AWS p2.x 인스턴스에서 에포크당 12분의 실행 시간이 필요하다. 이 모델을 기존 시스템에서 훈련하기에는 시간이 너무 오래 걸리므로 GPU에서 모델 빌드를 고려해야 한다.

또한 훈련 과정 중 모델 정확도와 손실, 학습률에 따른 추이를 살펴볼 수 있다.

```
epochs = list(range(1,51))
losses = history.history['loss'] + history_rest.history['loss']
accs = history.history['acc'] + history_rest.history['acc']
lrs = history.history['lr'] + history_rest.history['lr']

f, (ax1, ax2, ax3) = plt.subplots(1, 3, figsize=(14, 4))
title = f.suptitle("모델 훈련 기록", fontsize=14)
f.subplots_adjust(top=0.85, wspace=0.35)

ax1.plot(epochs, losses, label='Loss')
ax2.plot(epochs, accs,   label='Accuracy')
ax3.plot(epochs, lrs, label='Learning Rate')

ax1.set_xlabel('Epochs')
ax2.set_xlabel('Epochs')
ax3.set_xlabel('Epochs')
ax1.set_ylabel('Loss')
ax2.set_ylabel('Accuracy')
ax3.set_ylabel('Learning Rate')
```

이 코드에 대한 출력은 다음과 같다.

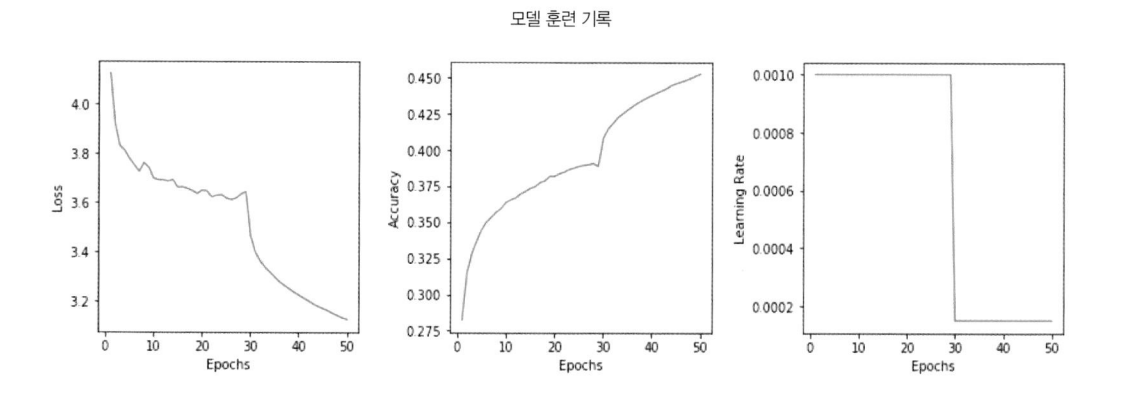

에포크 28과 29쯤에서 정확도가 약간 감소하고 손실이 증가할 때 콜백이 성공적으로 학습률을 낮춰서 에포크 30 이후의 정확도가 향상됐다. 이를 통해 예제 모델의 행동에 대한 유용한 통찰력을 얻을 수 있다!

이미지에 캡션을 넣는 딥러닝 모델 평가

모델을 훈련하고 나서 성능을 평가하지 않는 것은 말이 되지 않는다. 그에 따라 Flickr8K 데이터 세트에서 총 1,000개의 이미지가 있는 테스트 데이터 세트로 딥러닝 모델의 성능을 평가한다. 로드된 의존성 패키지가 없다면 그것을 불러오는 것부터 시작한다.

```
import pandas as pd
import numpy as np
import matplotlib.pyplot as plt

pd.options.display.max_colwidth = 500

%matplotlib inline
```

데이터와 모델 불러오기

다음 단계는 필요한 데이터와 모델, 디스크에 있는 기타 에셋(asset)을 메모리로 로드하는 것이다. 먼저 테스트 데이터 세트와 훈련된 딥러닝 모델을 로드한다.

```
# 테스트 데이터 세트 로드
test_df = pd.read_csv('image_test_dataset.tsv', delimiter='\t')

# 모델 로드
from keras.models import load_model

model1 = load_model('ic_model_rmsprop_b256ep30.h5')
model2 = load_model('ic_model_rmsprop_b256ep50.h5')
```

이제 테스트 데이터에서 추출한 이미지 특성과 어휘 메타 데이터 같은 필요한 메타 데이터 에셋을 로드해야 한다.

```
from sklearn.externals import joblib

tl_img_feature_map = joblib.load('transfer_learn_img_features.pkl')
vocab_metadata = joblib.load('vocabulary_metadata.pkl')
word_to_index = vocab_metadata['word2index']
```

```
index_to_word = vocab_metadata['index2word']
max_caption_size = vocab_metadata['max_caption_size']
vocab_size = vocab_metadata['vocab_size']
```

그리디 서치와 빔 서치의 이해

딥러닝 기반의 신경 이미지 캡션 넣기 모델(neural image captioning model)의 예측 생성은 기본 분류 또는 범주화 모델처럼 간단하지 않다는 것을 기억하자. 매 시간 스텝마다 입력 이미지 특성에 기초해 모델로부터 단어의 시퀀스를 생성해야 한다. 이러한 단어 시퀀스 캡션을 생성하는 방법은 여러 가지다.

그중 한 가지 접근법은 **샘플링** 또는 **그리디 서치**(greedy search)로 알려져 있다. ⟨START⟩ 토큰과 이미지 특성에서 시작해 LSTM 출력으로부터 'p1'을 기반으로 한 첫 번째 단어를 생성한다. 그런 다음 입력으로 동일한 예측된 단어를 입력하고 다음 (앞에서 설명한 펼쳐진 형태로) LSTM의 'p2'를 기반으로 다음 단어를 생성한다. 이 단계는 캡션의 끝을 나타내는 ⟨END⟩ 토큰에 도달할 때까지 계속되거나 미리 정의된 임곗값을 기반으로 가능한 최대 길이에 도달할 때까지 토큰의 생성을 계속한다.

두 번째는 그리디 서치보다 조금 더 효과적이라고 알려진 **빔 서치**(beam search) 방법이다. 이전에 각 시퀀스에서 생성된 단어를 고려해서 각 스텝에서 가장 확률적으로 가능성이 높은 단어를 선택하는 것으로, 샘플링 작업과 정확히 일치한다. 빔 서치는 그리디 서치 기술의 확장으로 단어의 출력 시퀀스 중에서 가장 가능성이 높은 리스트를 반환한다. 따라서 각 시퀀스가 구성될 때 시간 스텝 t+1에서 다음 단어를 생성하기 위해 그리드 서치를 하거나 가장 확률이 높은 다음 단어를 생성하는 대신에 다음 스텝에서 확장 가능한 모든 단어를 바탕으로 k개의 가장 좋은 문장을 반복적으로 고려한다. k 값은 캡션 시퀀스를 생성하기 위해 보통 유저가 지정하는 매개변수로 전체 병렬수를 통제하거나 빔 서치를 제어한다. 따라서 빔 서치에서는 캡션 시퀀스에서 첫 번째 단계 출력으로 k개의 가장 가능성이 높은 단어로 시작하고, 그중 하나가 최종 상태에 도달할 때까지 다음 시퀀스 단어를 계속 생성한다. 빔 서치에 관한 세부 내용은 이 책의 범위를 벗어나므로 관심 있는 사람은 인공지능의 맥락에서 설명한 빔 서치에 관한 표준 문헌을 참조하기를 추천한다.

빔 서치 기반 캡션 생성기 구현

이제 캡션 시퀀스를 생성하는 기본 빔 서치 기반 알고리즘을 구현하겠다.

```python
from keras.preprocessing import image, sequence

def get_raw_caption_sequences(model, word_to_index, image_features,
                              max_caption_size, beam_size=1):
    start = [word_to_index['<START>']]
    caption_seqs = [[start, 0.0]]

    while len(caption_seqs[0][0]) < max_caption_size:
        temp_caption_seqs = []
        for caption_seq in caption_seqs:
            partial_caption_seq = sequence.pad_sequences(
                                        [caption_seq[0]],
                                        maxlen=max_caption_size,
                                        padding='post')
            next_words_pred = model.predict(
                                    [np.asarray([image_features]),
                                     np.asarray(partial_caption_seq)])[0]
            next_words = np.argsort(next_words_pred)[-beam_size:]

            for word in next_words:
                new_partial_caption, new_partial_caption_prob =
                                        caption_seq[0][:], caption_seq[1]
                new_partial_caption.append(word)
                new_partial_caption_prob += next_words_pred[word]
                temp_caption_seqs.append([new_partial_caption,
                                          new_partial_caption_prob])
                caption_seqs = temp_caption_seqs
                caption_seqs.sort(key = lambda item: item[1])
                caption_seqs = caption_seqs[-beam_size:]
    return caption_seqs
```

이렇게 하면 빔 서치로 입력 이미지 특성 기반의 캡션을 생성할 수 있다. 그러나 그것은 각 스텝의 이전 토큰들을 기반으로 하는 토큰들의 미가공 시퀀스(raw sequence)다. 따라서 앞에서 소개한 함수로 입력 이미지의 캡션으로부터 깔끔한 텍스트 문장을 생성할 수 있도록 래퍼 함수를 만든다.

```python
def generate_image_caption(model, word_to_index_map, index_to_word_map,
                           image_features, max_caption_size,
                           beam_size=1):
    raw_caption_seqs = get_raw_caption_sequences(model=model,
                                    word_to_index=word_to_index_map,
                                    image_features=image_features,
                                    max_caption_size=max_caption_size,
                                    beam_size=beam_size)
    raw_caption_seqs.sort(key = lambda l: -l[1])
    caption_list = [item[0] for item in raw_caption_seqs]
    captions = [[index_to_word_map[idx] for idx in caption]
                                    for caption in caption_list]
    final_captions = []
    for caption in captions:
        start_index = caption.index('<START>')+1
        max_len = len(caption)
                    if len(caption) < max_caption_size
                    else max_caption_size
        end_index = caption.index('<END>')
                    if '<END>' in caption
                    else max_len-1
        proc_caption = ' '.join(caption[start_index:end_index])
        final_captions.append(proc_caption)
    return final_captions
```

또한 모델을 훈련할 때 초기 캡션을 전처리하는 데 사용할 캡션 전처리 함수가 필요하다.

```python
def preprocess_captions(caption_list):
    pc = []
    for caption in caption_list:
        caption = caption.strip().lower()
        caption = caption.replace('.', '')
                        .replace(',', '')
                        .replace("'", "")
                        .replace('"', '')
        caption = caption.replace('&','and')
                        .replace('(','')
                        .replace(')', '')
```

```
                        .replace('-', ' ')
        caption = ' '.join(caption.split())
        pc.append(caption)
    return pc
```

BLEU 채점의 이해와 구현

이제 예제 모델이 얼마나 잘 동작하는지 평가하기 위해 적절한 모델–성능 평가 기준을 선택해야 한다. 이를 위한 적절한 측정 항목은 바로 **BLEU(Bilingual Evaluation Understudy)** 점수다. BLEU 점수는 언어를 번역하는 기계 번역에서 모델의 성능을 평가하는 탁월한 알고리즘이다. BLEU는 생성된 결과가 사람 수준의 번역에 가까울수록 점수가 높다. 이것이 현재까지는 모델 출력과 사람 수준의 출력을 비교하는 데 가장 널리 사용되는 측정법의 하나다.

BLEU 알고리즘의 간단한 원리는 생성된 텍스트 캡션을 정답(reference) 캡션의 세트로 평가하는 것이다(일반적으로 하나의 캡션을 하나 또는 그 이상의 캡션으로 평가한다. 이 경우 이미지당 캡션 5개로 평가를 진행한다). 점수는 각 캡션에 대해 계산한 후 전체 코퍼스에 평균화해 전반적인 품질 평가를 얻는다. BLEU 점수는 항상 0에서 1까지의 범위이며 점수가 1에 가까울수록 고품질 번역을 나타낸다. 사람도 이미지 캡션을 넣는 동안 실수를 범할 수 있고 정답(reference) 텍스트 데이터 역시 완벽하지 않으므로 여기서는 완벽한 1을 달성하는 것이 아니라 전반적인 BLEU 점수를 높이는 것이 목적이다.

NLTK(http://www.nltk.org/api/nltk.translate.html#nltk.translate.bleu_score.corpus_bleu)의 translate 모듈에 있는 corpus_bleu (…) 함수로 BLUE 점수를 계산할 것이다. 1, 2, 3, 4그램[3]에 대한 전체 누적 BLEU 점수를 계산할 것이다. 앞에서 사용한 평가 함수에서 설명했듯이, bleu2, bleu3, bleu4 점수의 경우 각 n-gram 점수에 동일한 가중치가 할당된다.

```
from nltk.translate.bleu_score import corpus_bleu

def compute_bleu_evaluation(reference_captions,
                            predicted_captions):
    actual_caps = [[caption.split() for caption in sublist]
                        for sublist in reference_captions]
    predicted_caps = [caption.split() for caption in predicted_captions]
    bleu1 = corpus_bleu(actual_caps, predicted_caps, weights=(1.0, 0, 0, 0))
```

---

3 (옮긴이) 이 책에서 1-gram, 2-gram은 영어 단어 1개, 영어 단어 2개로 이해하면 된다.

```
    bleu2 = corpus_bleu(actual_caps, predicted_caps, weights=(0.5, 0.5, 0, 0))
    bleu3 = corpus_bleu(actual_caps, predicted_caps, weights=(0.3, 0.3, 0.3, 0))
    bleu4 = corpus_bleu(actual_caps, predicted_caps, weights=(0.25, 0.25, 0.25, 0.25))
    print('BLEU-1: {}'.format(bleu1))
    print('BLEU-2: {}'.format(bleu2))
    print('BLEU-3: {}'.format(bleu3))
    print('BLEU-4: {}'.format(bleu4))
    return [bleu1, bleu2, bleu3, bleu4]
```

테스트 데이터에서 모델 성능 평가

이제 모델의 성능 평가를 위한 모든 구성 요소가 준비됐다. 테스트 데이터 세트에서 모델의 성능을 평가하기 위해 전이학습 방법으로 이전에 추출한 이미지 특성을 로드해 입력으로 사용한다. 다음과 같이 캡션을 로드하고 전처리한 후 각 이미지의 참조 캡션 목록으로 분리한다.

```
test_images = list(test_df['image'].unique())
test_img_features = [tl_img_feature_map[img_name]
                            for img_name in test_images]
actual_captions = list(test_df['caption'])
actual_captions = preprocess_captions(actual_captions)
actual_captions = [actual_captions[x:x+5]
                        for x in range(0, len(actual_captions),5)]
 actual_captions[:2]
 [['the dogs are in the snow in front of a fence',
   'the dogs play on the snow',
   'two brown dogs playfully fight in the snow',
   'two brown dogs wrestle in the snow',
   'two dogs playing in the snow'],
  ['a brown and white dog swimming towards some in the pool',
   'a dog in a swimming pool swims toward sombody we cannot see',
   'a dog swims in a pool near a person',
   'small dog is paddling through the water in a pool',
   'the small brown and white dog is in the pool']]
```

각 이미지 캡션이 BLEU 점수를 계산하는 동안 캡션의 참조 세트가 깔끔한 별도의 리스트를 만드는 방법을 명확하게 볼 수 있다. 이제 BLEU 점수를 생성하고 빔 사이즈에 다른 값으로 모델의 성능을 테스트할 수 있다. 여기 몇 가지 예가 있다.

```
# 모델 1 : 빔 사이즈 1 - 에포크 30
   predicted_captions_ep30bs1 = [generate_image_caption(model=model1,
                                    word_to_index_map=word_to_index,
                                    index_to_word_map=index_to_word,
                                        image_features=img_feat,
                                 max_caption_size=max_caption_size,
                                 beam_size=1)[0]
                                        for img_feat
                                            in test_img_features]
   ep30bs1_bleu = compute_bleu_evaluation(
                          reference_captions=actual_captions,
                          predicted_captions=predicted_captions_ep30bs1)
   BLEU-1: 0.5049574449416513
   BLEU-2: 0.3224643449851107
   BLEU-3: 0.22962263359362023
   BLEU-4: 0.1201459697546317

# 모델 2 : 빔 사이즈 1 - 에포크 50
   predicted_captions_ep50bs1 = [generate_image_caption(model=model2,
                                    word_to_index_map=word_to_index,
                                    index_to_word_map=index_to_word,
                                         image_features=img_feat,
                                 max_caption_size=max_caption_size,
                                     beam_size=1)[0]
                                        for img_feat
                                            in test_img_features]
   ep50bs1_bleu = compute_bleu_evaluation(
                          reference_captions=actual_captions,
                          predicted_captions=predicted_captions_ep50bs1)
```

더 높은 수준의 n-gram을 고려하면 점수가 떨어지기 시작한다. 전반적으로 이 프로세스는 실행 시간이 많이 걸리며 빔 사이즈가 커질수록 더 많은 시간이 필요하다. 여기서는 빔 사이즈 1, 3, 5, 10인 실험을 시도했다. 다음 표는 각 실험에 대한 모델의 성능을 보여준다.

```
    modelep30_caption_text = 'Caption(ep30): '+
model30ep_captions_outdoor1[i-1]
    modelep50_caption_text = 'Caption(ep50): '+
model50ep_captions_outdoor1[i-1]
    plt.xlabel(modelep30_caption_text+'\n'+modelep50_caption_text,size=11,
    wrap=True)
fig.tight_layout()
plt.subplots_adjust(top=0.955)
```

이 코드의 출력은 다음과 같다.

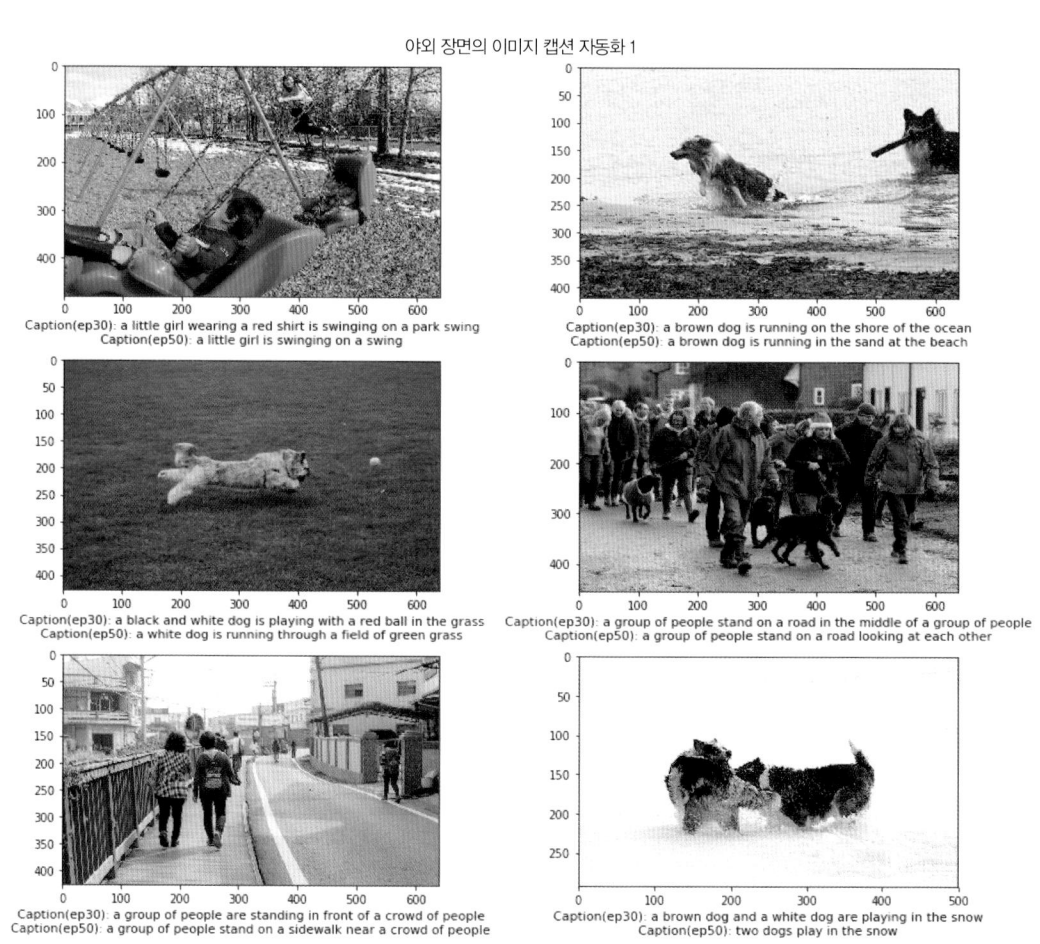

이전 이미지를 기반으로 각 장면을 올바르게 식별한 것을 볼 수 있다. 하지만 완벽한 모델은 아니다. 두 번째 줄 오른쪽 이미지에 있는 사람 그룹은 명확하게 인식한 반면 옆에 있는 개는 잘 식별하지 못했기 때문이다. 또한, 예제 모델은 녹색 공을 빨간색 공으로 식별하는 것과 같은 색상 식별 실수를 했다. 전 반적으로 생성된 캡션을 원본 이미지에 확실히 적용할 수 있다!

다음 이미지는 보다 다양한 야외 장면에서 캡션을 생성했으며 인기 있는 야외 활동을 기반으로 한다. 이번에는 하나의 특정 장면에만 집중하는 대신 다른 유형의 장면에서 모델이 얼마나 잘 작동하는지 확 인하기 위해 다양한 활동에 중점을 둘 것이다.

야외 장면의 이미지 캡션 자동화 2

Caption(ep30): a man in a blue shirt is in the water with a boat in the background
Caption(ep50): a man in a blue shirt and a boat in the water

Caption(ep30): a man is riding a dirt bike in the woods
Caption(ep50): a man rides a dirt bike in the woods

Caption(ep30): a man is climbing a rock rock rock wall
Caption(ep50): a man in a red shirt is climbing a rock wall

Caption(ep30): a man in a blue jacket is playing in the snow
Caption(ep50): a man in a blue jacket is playing in the snow

Caption(ep30): a man in a red jacket is standing in the snow
Caption(ep50): a man in a blue jacket is skiing down a snowy mountain

Caption(ep30): a surfer in a blue wetsuit is surfing on a wave
Caption(ep50): a man in a blue wetsuit is riding a wave into the ocean

이 이미지에서는 오프로드 바이킹 타기, 스키 타기, 서핑, 카약 타기, 암벽 등반과 같은 다양한 야외 활 동에 중점을 뒀다. 생성된 캡션은 각 장면과 관련이 있으며 장면을 잘 묘사하고 있다. 경우에 따라 모델 은 매우 구체적으로 사람이 무엇을 입고 있는지도 묘사했다. 그러나 앞에서 언급했듯이 몇 가지 시나리오에서 색상을 잘못 식별했는데, 이는 아마도 고해상도 이미지에 대한 훈련과 더 많은 데이터의 사용으로 향상시킬 수 있을 것이다.

인기 있는 스포츠의 샘플 이미지에 캡션 넣기

모델 테스트의 마지막 부분에서는 전 세계에서 펼쳐지는 다양한 스포츠에 중점을 둔 Flickr의 여러 이미지를 가져왔다. 한두 가지 스포츠 장면에만 초점을 맞추지 않고 다양한 스포츠 장면을 활용해 매우 흥미로운 결과를 얻을 수 있었다. 캡션을 생성하는 코드는 이전 절과 같고 단지 원본 이미지만 변경한 것이다. 자세한 코드는 주피터 노트북에서 참조할 수 있다. 다음은 스포츠 장면의 첫 번째 배치에서 캡션 생성기를 실행한 결과다.

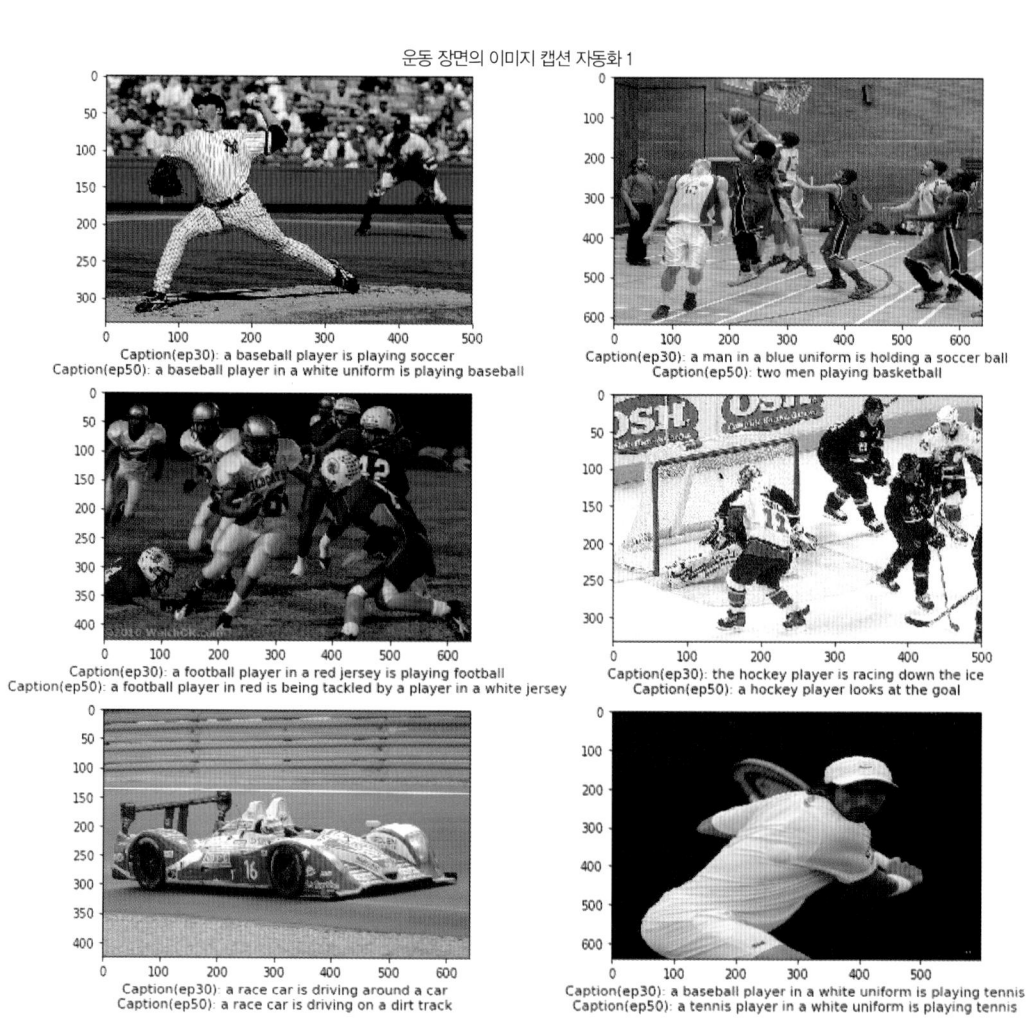

운동 장면의 이미지 캡션 자동화 1

이 이미지를 통해 50에포크로 훈련된 모델이 30에포크인 모델보다 시각적으로 더 자세히 묘사한다는 것을 분명히 알 수 있다. 여기에는 흰색, 파란색, 빨간색과 같은 특정 셔츠와 의류 색상이 포함된다. 또한 축구에서의 태클, 하키에서 골을 보는 것, 경주를 위한 더트 트랙에서의 운전과 같은 캡션에 언급된 특정 활동을 볼 수 있다. 이것은 분명히 생성된 캡션에 깊이와 의미를 더해 준다. 30에포크로 구성된 모델은 일부 이미지에서 정확한 스포츠 활동과 관련해 몇 가지 실수를 했다.

이제 캡션 생성기가 이전 세트와 완전히 다른 몇 가지 스포츠 활동을 어떻게 처리하는지 알아보기 위해 운동 장면의 마지막 세트를 살펴보자.

운동 장면의 이미지 캡션 자동화 2

Caption(ep30): a man in a helmet is riding a bmx bike
Caption(ep50): a person rides a dirt bike on a hill

Caption(ep30): a person in a blue shirt is doing a trick in the air on a bike
Caption(ep50): a man is riding a motorcycle on a dirt hill

Caption(ep30): a man doing a trick on a skateboard on a ramp
Caption(ep50): a man doing a skateboard trick on a ramp

Caption(ep30): a skateboarder does a jump on his skateboard
Caption(ep50): a boy in a red shirt does a trick on his skateboard in a skate park

Caption(ep30): two boys are playing soccer in a field
Caption(ep50): a soccer player is playing soccer

Caption(ep30): a group of children playing with a soccer ball in the grass
Caption(ep50): two people are playing soccer on a grassy hill

이 결과를 통해 두 모델이 모두 잘 동작하며 30에포크에서 훈련된 모델은 축구 경기를 하는 아이 또는 소년을 구별하고, 심지어 경주에서 BMX 자전거의 색과 액세서리를 구별하는 것과 같은 여러 시나리오에서 아주 잘 작동하는 것을 확인했다. 전반적으로 두 모델 다 성능이 뛰어나며 사람이 장면을 묘사하는 것과 비슷한 방법으로 풍경을 설명했다.

예제 모델이 각 활동을 정확하게 구별했을 뿐만 아니라 의미 있고 적용 가능한 캡션을 생성하는 데 성공했다. 직접 여러 장면에서 캡션 생성기를 만들고 테스트해 보기 바란다!

개선할 점들

이 장에서 사용한 접근법처럼 모델을 개선하는 방법은 다양하다. 다음은 모델을 개선할 수 있는 몇 가지 사항이다.

- 구글의 인셉션 모델과 같이 더 우수한 이미지 특성 추출 모델 사용하기.
- 고해상도 및 고품질의 훈련 이미지(GPU 성능 필요!).
- Flickr30K 또는 이미지 늘리기와 같은 데이터 세트를 기반으로 한 더 많은 훈련 데이터.
- 모델에서 어텐션(attention) 유도.

필요한 데이터와 인프라가 있다면 이러한 아이디어를 활용해 보는 것도 좋을 것이다!

정리

이 장은 이 책 전체 내용 중에서 가장 다루기 힘든 실세계 문제를 다루었다. 이미지와 텍스트 데이터 조합, 즉 컴퓨터 비전과 NLP를 포함한 서로 다른 도메인을 결합해서 전이학습과 생성적 딥러닝을 완벽하게 결합시키는 조합이었다. 이미지에 캡션을 넣기 위해 필요한 주요 구성 요소를 이해하고, 처음부터 직접 모델을 구축하는 데 꼭 필요한 개념을 다뤘다. 사전 훈련된 컴퓨터 시각 모델을 활용해 캡션을 생성할 이미지에서 올바른 특성을 추출한 다음, LSTM과 같은 일부 순차 모델과 결합해 캡션을 생성함으로써 전이학습 원리를 효과적으로 활용했다. 순차적 모델을 효율적이고 효과적으로 평가하는 것은 어려웠지만, 업계 표준인 BLEU 스코어를 목적에 맞게 활용했다. 채점 기능을 처음부터 구현하고 테스트 데이터 세트에서 모델을 평가했다.

마지막으로, 이전에 구축된 모든 자산과 구성 요소를 사용해 일반적인 자동으로 이미지에 캡션을 넣는 시스템을 처음부터 구축하고, 다양한 도메인의 다양한 이미지에서 이를 테스트했다. 이것이 컴퓨터 비전과 NLP의 아름다운 조합인 이미지 캡션 넣기의 세계에 대한 좋은 소개였기를 바란다. 물론 각자 자신만의 이미지에 캡션 넣기 시스템을 구축해 볼 것을 권한다!

색은 자연의 미소다.

– 레이 헌트

1840년대까지 세상에는 흑백 사진밖에 없었다. 1908년에 노벨 물리학상을 받은 가브리엘 리프만(Gabriel Lippmann) 덕분에 컬러 사진의 시대가 시작됐다. 이스트먼 코닥(Eastman Kodak)은 1935년 컬러 사진을 찍기 위해 코닥 크롬(Kodachrome)이라는 인티그럴 트라이팩(integral tripack)[1] 컬러 필름을 발표했다.

컬러 이미지는 단순히 미학이나 아름다움에 관한 것이 아니라 흑백 이미지보다 훨씬 많은 정보를 담고 있다. 색은 실세계 대상물에 중요한 속성이고 우리를 둘러싼 세계에 또 다른 차원을 더한다. 색의 중요성은 역사적인 미술과 사진 작품에 채색하는 많은 프로젝트를 통해서도 알 수 있다. 어도비 포토샵(Photoshop)이나 김프(GIMP)[2] 같은 도구의 출현과 함께 사람들은 오래된 사진을 컬러 사진으로 만들려고 고심해왔다. reddit r/Colorization 하위 그룹의 사람들은 온라인 커뮤니티를 통해 그들의 경험을 공유하고 흑백 이미지를 컬러 이미지로 변환하는 작업을 하고 있다.

지금까지 이 책에서 전이학습의 놀라운 이점을 보여주는 다양한 영역과 시나리오를 다뤘다. 이 장에서는 딥러닝으로 이미지 채색의 개념을 소개하고 결과를 향상시키기 위해 전이학습을 활용해 볼 것이다. 이 장에서 다루는 내용은 다음과 같다.

- 문제 설명

- 이미지 채색의 이해

---

1 (옮긴이) 필름 등이 빛의 파장이나 색의 종류에 따라 달리 반응하는 것을 감색성(Color Sensitivity)이라고 한다. 감색성이 다른 3종의 유제(乳劑)를 동일한 지지체(支持體)에 칠한 보통의 컬러 필름을 인티그럴 트라이팩이라고 한다(출처: 네이버 웹용 영어사전 검색 결과 일부 인용).

2 (옮긴이) GIMP는 이미지 편집 프로그램으로, 공식 사이트 https://www.gimp.org/에서 내려받아 사용할 수 있다.

- 컬러 이미지

- 심층 신경망 기반 채색하기 네트워크 구축

- 개선

- 도전 과제

다음 절에서는 색 정보 없이 캡처한 이미지를 흑백 정보와 단색 정보, 그레이 스케일이라고도 칭할 것이다. 이 용어들을 바꿔 쓸 수 있는 개념으로 사용하겠다.

문제 설명

사진을 통해 특정 시간의 사건을 보존할 수 있다. 그것은 단지 기억을 되살리는 것을 돕는 것이 아니라 과거의 중요한 사건에 대한 통찰력을 제공한다. 컬러 사진이 주류가 될 때까지 사진의 역사는 흑백으로 촬영됐다. 이미지 채색하기는 주어진 그레이 스케일 이미지를 그럴듯한 컬러 버전으로 변환하는 것이다.

이미지 채색 과제를 다른 측면에서 접근할 수도 있다. 수동 프로세스는 시간이 많이 걸릴 뿐만 아니라 놀라운 기술이 필요하다(https://www.reddit.com/r/Colorization/에서 **r/Colorization**의 하위 그룹 참조). 컴퓨터 비전과 딥러닝 분야의 연구자들이 프로세스를 자동화하는 다양한 방법을 연구하고 있다. 이 장에서는 심층 신경망이 어떻게 이 작업에 활용될 수 있는지 알아본다. 또한 결과를 향상시키기 위해 전이학습의 위력을 이용할 것이다.

더 진행하기 전에 각자 이 문제에 대해 생각해 보기를 바란다. 어떻게 이 과제에 접근할 것인지 생각해보자. 정답을 찾아 출발하기 전에, 컬러 이미지와 관련된 개념적 정보를 제공하기 위해 다음 절에서 당면한 과제를 수행하는 데 필요한 기본 개념을 설명한다.

컬러 이미지

100년 전만 해도 흑백 사진은 선택 사항이 아니라 한계였다. 디지털과 모바일 시대가 도래하면서 흑백또는 회색조 이미지를 예술적 선택에 의해 렌더링할 수 있게 됐다. (디지털카메라 또는 전화기에 있는)캡처 장치에서 옵션을 흑백 이미지로 변경하면 극적인 효과를 내는 것은 분명하다.

컬러 이미지 이전에도 우리는 컬러와 형식적 컬러 모델을 이해하고 있었다. 토머스 영(Thomas Young)은 1802년에 세 종류의 광 수용기(photoreceptor)(원뿔 세포[cone cell]라고도 함)가 존재한다고 가정했다(다음 그림 참조). 그는 이론적으로 어떻게 이 세 개의 원뿔 세포가 각각 특정한 가시광선 범위에서만 민감할 수 있는지에 대해 자세히 설명했다. 이 이론은 원추 세포가 각각 짧고 중간 길이고 길 때 그에 따라 청색, 녹색, 적색을 더 선호한다는 내용으로 발전했다.

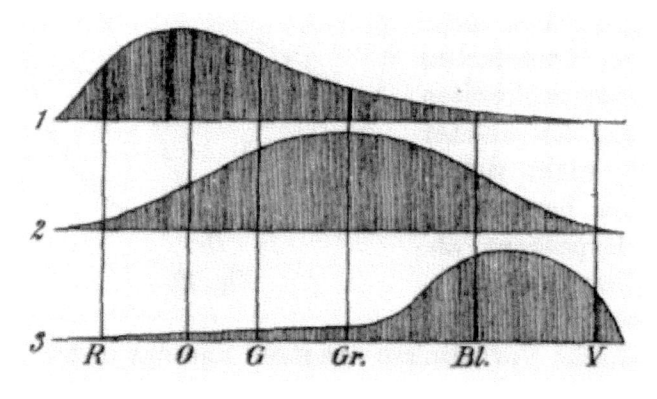

토머스 영(Thomas Young)과 헤르만 헬름홀츠(Hermann Helmholtz): 세 가지 원뿔 세포 이론
(출처: https://en.wikipedia.org/wiki/Color_space#/media/File:YoungHelm.jpg)

색에 대한 이해와 발전은 색을 어떻게 인식하는가 하는 색상 이론의 형식화로 이어졌다. 색상 이론은 이제 그 자체로 완전한 하나의 분야라서 여기서도 간략하게 살펴볼 것이다. 이 책에서는 이 주제에 관해 자세한 설명은 하지 않는다.

색상 이론

색상 이론은 간단히 말하면 믹싱과 매칭, 복제 방법 등 색상 인식에 대한 가이드를 위한 공식적인 프레임워크다. 색상 휠, 기본 색상, 보조 색상 등으로 색을 공식적으로 정의하려는 시도가 수년 동안 있었다. 그에 따라 색상 이론은 채도, 색조, 조합법 등과 같이 색상과 관련된 특성을 형식적으로 정의하는 더욱더 폭넓은 분야가 됐다.

색상 모델과 색상 공간

색상 모델은 색상 표현에 대한 색상 이론의 형식이다. 색상 모델은 추상적 수학 개념으로 **색 공간**이라고 불리는 그 구성 요소에 대한 정확한 이해와 관련이 있다. 대부분 색상 모델은 특정 색상 구성 요소를 나타내는 3~4개의 숫자로 구성된 튜플로 표시된다.

RGB

토머스 영의 트라이콘 이론(tri-cone theory)인 **빨강, 초록, 파랑(RGB)**의 연속은 가장 오래 됐으면서도 가장 널리 사용되는 색상 모델과 색상 공간이다. RGB는 부가적 색상 모델이다. 이 모델은 빨강, 초록, 파랑의 세 가지 빛의 구성 요소를 다양한 농도로 추가함으로써 가시적인 색의 완벽한 스펙트럼을 구현한다. 추가하는 색 공간은 다음 다이어그램과 같다.

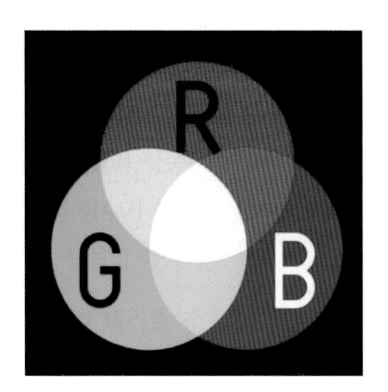

RGB 색 공간(출처: SharkD의 영어 위키피디아. 최근 버전은 자코볼루스[Jacobolus]가 공용 도메인 en.wikipedia로 이전해 업로드했다.
https://commons.wikimedia.org/w/index.php?curid=2529435)

각 구성 요소의 세기가 0일 때는 검정색으로 나타나고, 세기가 가장 강할 때는 흰색으로 인식된다. 단순하기는 해도 이 색상 모델과 색상 공간이 CRT, LCD, LED를 포함한 대부분 전자 디스플레이의 기본을 형성한다.

YUV

Y는 **밝기(luminance)**를 나타내고 **U**와 **V** 채널은 **색차(chrominance)**를 나타낸다. 이 인코딩 체계는 사람의 색 인식을 매핑하기 위해 비디오 시스템에서 널리 사용된다. UV 채널은 주로 적색과 청색의 상대적인 양을 결정하는 데 도움이 된다. 이 방식은 낮은 대역폭을 사용하고 전이 오류가 나타나지 않기 때문에 널리 사용된다.

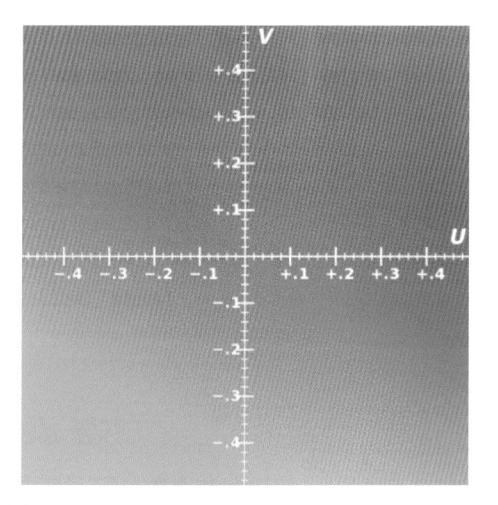

YUV 색 공간(출처: 토닐 저작권 보유, CC BY-SA 3.0, https://commons.wikimedia.org/w/index.php?curid=6977944)

이 이미지는 1.5Y에서의 UV 색 채널 샘플 표현이다.

LAB

장치 독립적 색상 공간 참조는 국제 조명 위원회에서 개발했다. L 채널은 색의 밝기를 나타낸다(0은 어두운 반면 100에서는 흰색이 확산된다). **A**는 녹색과 자홍색(magenta) 사이의 위치를 나타내고 **B**는 파란색과 노란색 사이의 위치를 나타내며 다음과 같이 표시된다.

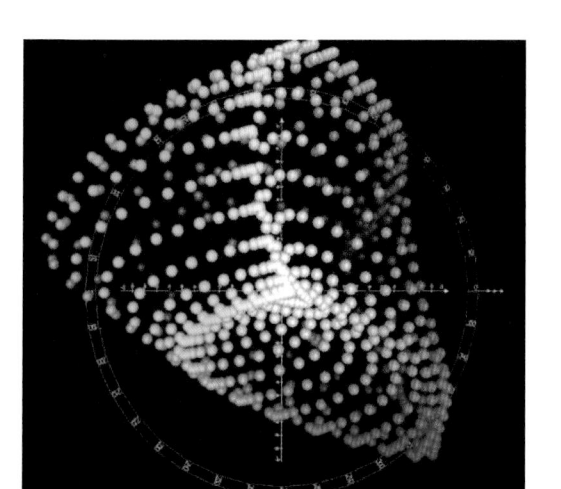

LAB 색 공간(출처: 홀거 kkk 에버딩[Holger kkk Everding] 저작권 보유, CC BY-SA 4.0, https://commons.wikimedia.org/w/index.php?curid=38366968)

이 세 가지 외에도 다양한 색상 모델이 있다. 여기서는 이미지 채색이라는 목적에 맞는 다소 흥미로운 접근법을 취하겠다.

문제 상태 재검토

가장 널리 사용되는 컬러 모델인 RGB를 따를 경우, 모델을 훈련해서 입력 흑백 이미지를 컬러로 매핑하는 것은 상당히 어려운 작업이 될 것이다.

딥러닝 연구자들이 문제에 접근하고 설정하는 방식은 상당히 창의적이다. 이미지 채색하기의 경우, 연구자들은 그레이 스케일 이미지의 사실적인 색 환각이라는 목표를 달성하기 위해 다른 입력을 활용하는 영리한 방법을 썼다.

초기 시도에서는 참조 이미지나 컬러 낙서의 형태에 색상을 유도하는 다양한 입력을 주는 것이 효과가 뛰어났다. 레빈(Levin)이 공저한 도서와 웰시(Welsh)가 공저한 도서를 참조하라.

최근 연구는 심층 CNN에 전이학습을 활용해서 전체 프로세스를 자동화하는 데 중점을 두고 있다. 결과는 매우 고무적이고 때로는 사람을 속일 수 있을 만큼 훌륭하다.

최근 연구는 그레이 스케일 채널을 하나의 구성 요소처럼 포함해서 컬러 모델에 전이학습의 위력을 활용하려고 한다. 아마 들어본 적이 있을 것이다. 이제 다른 측면에서 문제점을 살펴보겠다.

앞에서 보편화된 RGB 색상 공간 이외에 LAB에 대해서도 논의했다. LAB 색상 공간에는 그레이 스케일 값이 L 채널(밝기)로 포함돼 있으며 나머지 두 채널(a 와 b)에는 색상 속성이 있다. 따라서 색채 문제는 수학적으로 다음과 같이 모델링할 수 있다.

$$F : XL \rightarrow (\widetilde{X_a}, \widetilde{X_b})$$

이 방정식은 주어진 데이터에 있는 동일한 이미지 a와 b 채널에 L 채널을 매핑하는 함수다. 이것은 다음 이미지로 설명할 수 있다.

원본

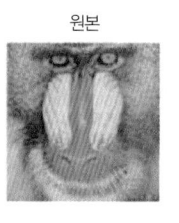

L에서 A와 B 채널로의 변환

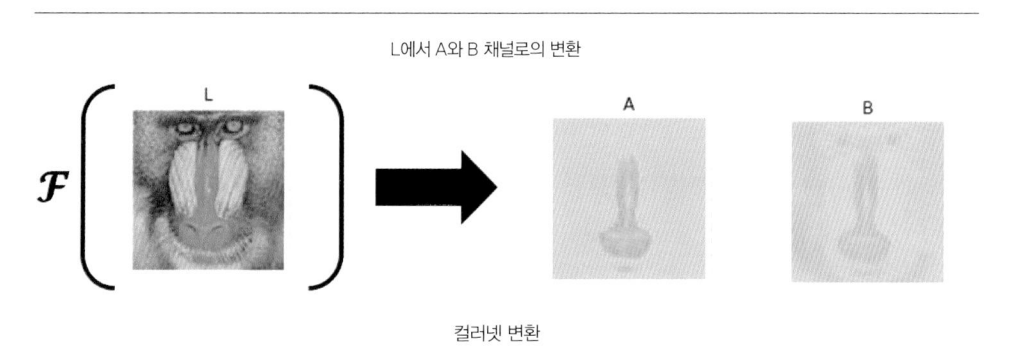

컬러넷 변환

간단히 말하면, 이미지 채색 작업은 하나의 채널(회색 음영 L 채널)을 다음과 같이 두 개의 색 채널(A 와 B)로 변환하는 작업이다.

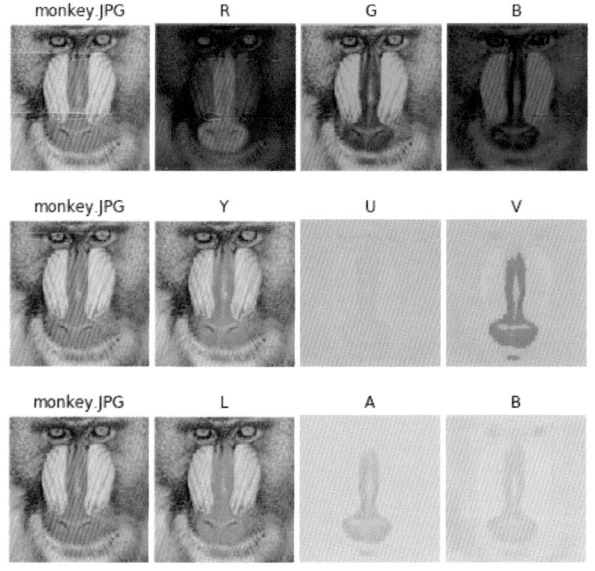

컬러 이미지와 그 조합 – RGB, YUV, LAB

이 그림은 L, A, B 채널의 컬러 이미지를 보여준다. 장(Zhang)과 공저자(2016), 그리고 페데리코 (Federico)와 공저자(2017)(https://arxiv.org/abs/1603.08511)의 연구는 유사한 전제를 바탕으로 한다. 자세한 내용은 다음 절에서 살펴볼 것이다.

 "Deep Koalarization: Image Colorization using CNN and Inception-ResNet-v2(Deep Koalarization: CNN과 인셉션 ResNet-v2를 사용한 이미지 채색)"(https://arxiv.org/ abs/1712.03400)를 읽어보기를 바란다. 페데리코 발다사레(Federico Baldassarre), 디에고 곤잘레스 모린(Diego Gonzalez-Morin), 루카스 로데스-귀라오 (Lucas Rodes-Guirao)가 협력해 자세한 정보와 통찰력을 제공해준 것에 감사를 표한다. 케라스로 이 문서를 훌륭하게 구현한 에밀 월너(Emil Wallner)에게도 감사를 표한다.

유사한 프로세스가 YUV 색 공간에도 적용될 수 있음을 유의해야 한다. 제프 황(Jeff Hwang)과 공저 자들이 "Image Colorization with Deep Convolutional Neural Networks(이미지 채색과 심층 합 성곱 신경망)"이라는 제목의 논문에서 논의한 것과 같이 색상 공간을 활용한 시도 역시 잘 진행됐다 (http://cs231n.stanford.edu/reports/2016/pdfs/219_Report.pdf).

채색 심층 신경망 구축

이제 채색 심층 신경망 또는 컬러넷(colornet)을 구축할 차례다. 이전 절에서 설명한 것처럼 LAB(또 는 YUV)와 같은 대체 색 공간을 활용하면 채색 작업을 수학적으로 변환할 수 있다. 변환식은 다음과 같다.

$$F : XL \to (\widetilde{X_a}, \widetilde{X_b})$$

수학 공식과 독창성은 좋다. 그렇다면 이러한 변형을 학습할 이미지는 어디에 있을까? 딥러닝 네트워 크는 늘 데이터에 굶주려 있는데 다행스럽게도 다양한 오픈소스 데이터 세트의 이미지 세트를 이용할 수 있다. 이 장에서는 이미지넷의 몇 가지 샘플 이미지를 사용한다. 이미지넷은 거대한 데이터 세트이 기 때문에 문제 세트에 대해 몇 가지 색 이미지를 무작위로 선택한다. 이후 절에서 이 하위 세트를 선택 한 이유와 몇 가지 뉘앙스에 대해 논의할 것이다.

 발다사레와 공저자들의 논문 "Deep Koalarization: Image Colorization using CNN and Inception-ResNet-v2(Deep Koalarization: CNN과 인셉션 ResNet-v2을 사용한 이미지 채색)"(https://arxiv.org/abs/1712.03400)에서 개발한 이미지 추출 유틸리티를 이 장의 이미지넷 샘플의 부분 집합을 선별하기 위해 사용하려고 한다. 데이터 추출을 위한 코드는 https://github.com/baldassarreFe/deep-koalarization/tree/master/dataset에 있다.

이 장의 코드와 예제 이미지는 깃허브 저장소 colornet_vgg16.ipynb 노트북에 있다.

전처리

필요한 데이터 세트를 얻거나 준비한 후에 해야 할 첫 번째 단계는 전처리다. 이미지 채색 작업은 다음과 같은 전처리 단계를 거친다.

- **재스케일링**: 이미지넷은 클래스와 사이즈(차원) 측면에서 모든 종류의 이미지가 포함된 다양한 데이터 세트다. 구현하기 위해서는 모든 이미지를 일정한 크기로 다시 조정해야 한다.

- **24비트 RGB 활용**: 사람의 눈은 2백만에서 1천만 가지 컬러만 구별할 수 있으므로 24비트 RGB를 사용해 약 1,600만 컬러를 사용할 수 있다. 채널당 비트 수를 줄이면 더 적은 리소스로 모델을 더 빠르게 훈련할 수 있다. 이는 단순히 픽셀값을 255로 나누는 것만으로도 얻을 수 있는 결과다.

- **RGB에서 LAB로**: LAB 색상 공간에서는 이미지 채색을 쉽게 해결할 수 있으므로 스키 이미지를 RGB 이미지에서 LAB 채널로 추출해 변환할 것이다.

표준화

LAB 색상 공간의 값은 −128에서 +128 사이다. 신경망은 입력값의 스케일에 민감하기 때문에 −128에서 +128 사이로 변환된 픽셀값을 −1에서 +1 사이의 범위로 정규화한다. 동일한 내용이 다음 코드에 있다.

```
def prep_data(file_list=[],
              dir_path=None,
              dim_x=256,
              dim_y=256):
    # 이미지 가져오기

    X = []
for filename in file_list:
```

```
    X.append(img_to_array(
                    sp.misc.imresize(
                    load_img(
                    dir_path+filename),
                    (dim_x, dim_y))
            )
    )
    X = np.array(X, dtype=np.float64)
    X = 1.0/255*X
    return X
```

변환이 완료되면 데이터를 훈련 세트와 테스트 세트로 분할한다. 분할에는 사이킷런에서 train_test_split 유틸리티를 사용한다.

손실 함수

모델은 손실 함수 또는 목적 함수를 개선하면서 학습한다. 작업은 원래의 컬러 이미지와 모델 출력 간의 차이를 최소화하기 위해 역전파로 최적의 파라미터를 학습한다. 모델의 출력 컬러 이미지를 그레이스케일 이미지의 색 환각이라고도 한다. 여기서는 **평균 제곱근 오차(MSE)**를 손실 함수로 사용해 구현한다. 요약하면 다음 방정식과 같다.

$$C(X, \theta) = \frac{1}{2HW} \sum_{k \in \{a, b\}} \sum_{i=1}^{H} \sum_{j=1}^{W} \left(X_{ki, j} - \widetilde{X}_{ki, j} \right)^2$$

본래의 색과 컬러넷 출력 사이의 손실 함수(출처: 발다사레 외 공저)

케라스에서는 손실 함수를 이용해 케라스 모델을 컴파일하는 동안 파라미터를 세팅하는 것처럼 쉽게 할 수 있다. 여기서는 모델을 훈련하는 데 (논문에 있는 Adam 대신) RMSprop 최적화기를 사용하겠다.

인코더

합성곱신경망(CNN)은 놀라운 이미지 분류기다. 그것은 위치 불변의 특성 추출을 통해 분류한다. 그런데 이 과정에서 입력 이미지가 왜곡되는 경향이 있다.

이미지 채색의 경우, 이 왜곡은 재앙이 될 수 있다. 그래서 인코더로 $H \times W$차원의 입력 그레이 스케일 이미지를 $H/8 \times W/8$로 변환한다. 인코더에 제로 패딩을 쓰면 서로 다른 층에서도 이미지의 종횡비를 유지할 수 있다. 다음은 위에서 설명한 인코더를 보여줄 케라스 코드다.

```
# 인코더
enc_input = Input(shape=(DIM, DIM, 1,))
enc_output = Conv2D(64, (3,3),
              activation='relu',
              padding='same', strides=2)(enc_input)
enc_output = Conv2D(128, (3,3),
               activation='relu',
               padding='same')(enc_output)
enc_output = Conv2D(128, (3,3),
              activation='relu',
              padding='same', strides=2)(enc_output)
enc_output = Conv2D(256, (3,3),
              activation='relu',
              padding='same')(enc_output)
enc_output = Conv2D(256, (3,3),
              activation='relu',
              padding='same', strides=2)(enc_output)
enc_output = Conv2D(512, (3,3),
              activation='relu',
              padding='same')(enc_output)
enc_output = Conv2D(512, (3,3),
              activation='relu',
              padding='same')(enc_output)
enc_output = Conv2D(256, (3,3),
              activation='relu',
              padding='same')(enc_output)
```

이 코드는 1, 3, 5층에서 스트라이드(stride) 사이즈를 2로 한다는 점이 흥미롭다. 스트라이드 사이즈 2는 이미지 크기를 반으로 줄이지만, 여전히 종횡비를 유지할 수 있다. 이를 통해 원본 이미지를 왜곡시키지 않고 정보의 밀도를 높일 수 있다.

전이학습 – 특성 추출

이 장에서 논의된 이미지 색상 네트워크는 아주 독창적인 네트워크다. 그 독창성은 모델을 향상시키기 위해 전이학습을 사용하는 방식에서 비롯된 것이다. 사전 훈련된 네트워크는 학습 패턴을 전이하고 모델 성능을 향상시키는 데 도움이 되는 특성 추출기로도 활용될 수 있음을 잘 알고 있을 것이다.

현재 설정에서는 전이학습용으로 사전 훈련된 VGG16(사전 훈련된 초기 모델 활용)을 사용한다. VGG16은 특정 형식으로 입력해야 하기 때문에 입력된 그레이 스케일 이미지(네트워크의 인코더 부분에 입력되는 동일한 그레이 스케일 이미지)의 크기를 조정하고 누락된 채널 정보를 보완하기 위해 동일한 이미지를 세 번 연결해서 변환할 것이다.

다음은 입력 그레이 스케일 이미지를 가져와서 필요한 임베딩을 생성하는 코드다.

```
# 임베딩 생성
def create_vgg_embedding(grayscaled_rgb):
    gs_rgb_resized = []
    for i in grayscaled_rgb:
        i = resize(i, (224, 224, 3),
                    mode='constant')
        gs_rgb_resized.append(i)
    gs_rgb_resized = np.array(gs_rgb_resized)
    gs_rgb_resized = preprocess_input(gs_rgb_resized)
    with vgg16.graph.as_default():
      embedding = vgg16.predict(gs_rgb_resized)
    return embedding
```

이 코드는 1,000×1×1 사이즈의 출력 특성 벡터를 생성한다

융합층

이전 장에서 구축한 대부분 네트워크는 케라스의 API를 이용해 만들었다. 이런 맥락에서 전이학습을 활용한 융합층(Fusion layer)은 혁신적인 방법이라 할 수 있다. 앞에서 입력 그레이 스케일 이미지를 인코더와 사전 훈련된 VGG16이라는 다른 두 개의 네트워크에 입력으로 활용했던 것을 기억하는가? 두 네트워크의 출력이 다른 모양일 것이므로 VGG16을 1,000번 반복하고 나서 인코더 출력과 결합하거나 융합한 다음 출력할 것이다. 다음은 융합층을 준비하기 위한 코드다.

```
# 융합
fusion_layer_output = RepeatVector(32*32)(emd_input)
fusion_layer_output = Reshape(([32,32,
                               1000]))(fusion_layer_output)
fusion_layer_output = concatenate([enc_output,
                                   fusion_layer_output], axis=3)
fusion_layer_output = Conv2D(DIM, (1, 1),
                            activation='relu',
                            padding='same')(fusion_layer_output)
```

VGG16의 출력은 지속적으로 인코더 출력의 깊이 축에 부착된다. 그 결과 VGG16에서 추출한 이미지의 특성 임베딩이 전체 이미지에 고르게 퍼진다.

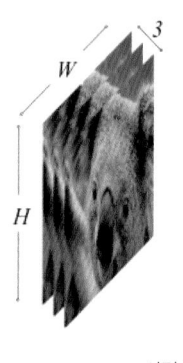
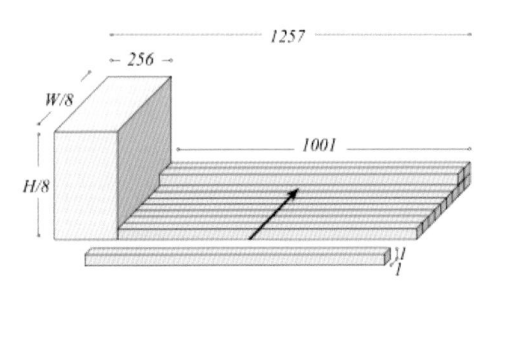

사전 훈련된 네트워크에 연결된 그레이 스케일 입력(왼쪽), 융합층(오른쪽)
출처: 발다사레 외.

특성 추출기 또는 사전 훈련된 VGG16에 대한 입력과 융합층의 구조를 그림에서 확인할 수 있다.

디코더

네트워크의 마지막 단계는 디코더다. 네트워크의 처음 두 섹션은 인코더와 사전 훈련된 모델로 다양한 특성을 배우고 임베딩을 생성했다. 융합층의 출력은 크기 H/8×W/8×256의 텐서였고, 여기서 H와 W는 그레이 스케일 이미지의 원래 높이와 너비다(예제에서는 256×256). 이 입력은 5개의 합성곱과 3개의 업샘플링층으로 구축된 8층의 디코더를 통과한다. 업샘플링층은 기본 최근접 이웃 방식으로 이미지 크기를 두 배로 늘린다. 다음 코드를 통해 네트워크의 디코더 부분을 볼 수 있다.

```
# 디코더
dec_output = Conv2D(128, (3,3),
                    activation='relu',
                    padding='same')(fusion_layer_output)
dec_output = UpSampling2D((2, 2))(dec_output)
dec_output = Conv2D(64, (3,3),
                    activation='relu',
                    padding='same')(dec_output)
dec_output = UpSampling2D((2, 2))(dec_output)
dec_output = Conv2D(32, (3,3),
                    activation='relu',
                    padding='same')(dec_output)
dec_output = Conv2D(16, (3,3),
                    activation='relu',
                    padding='same')(dec_output)
dec_output = Conv2D(2, (3, 3),
                    activation='tanh',
                    padding='same')(dec_output)
dec_output = UpSampling2D((2, 2))(dec_output)
```

디코더 네트워크의 출력은 2개의 채널을 가진 원래 크기의 이미지이며, 출력 형태는 H×W×2의 텐서다. 최종 합성곱층은 활성화 함수로 쌍곡탄젠트(tanh)를 쓰고 예측된 픽셀값은 −1에서 +1사이의 범위를 유지한다.

세 가지 구성 요소가 있는 네트워크는 다음 다이어그램과 같다.

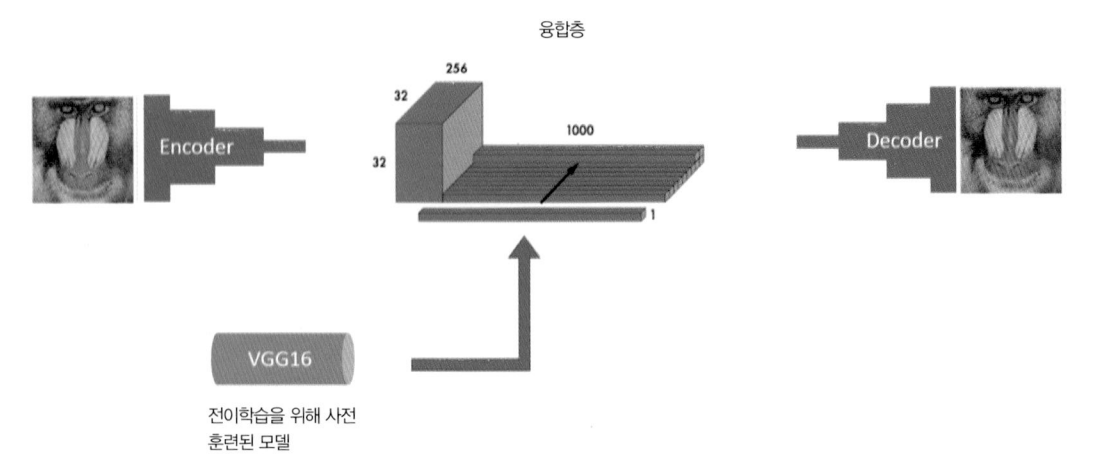

컬러넷은 인코더, 특성 추출기로 사전 훈련된 모델, 융합층, 디코더로 구성된다.

케라스로 구축된 딥러닝 모델은 대개 순차적 API로 만들어진다. 여기서는 채색 네트워크 또는 컬러넷이 융합층을 구현할 수 있도록 함수 API를 사용한다.

후처리

문제를 해결하기 위한 트릭은 아직 끝나지 않았다. '전처리' 장의 하위절에서 언급했듯이 네트워크가 올바르게 작동하기 위해서는 −1에서 +1 사이의 픽셀값으로 표준화해야 한다. 또한 LAB 색상 공간에는 두 색상 채널에 대해 −128과 +128 사이의 값이 있어야 한다. 따라서 다음 두 가지 후처리 단계를 거친다.

- 각 픽셀값에 128을 곱한 결괏값을 필요로 하는 색상 채널 범위로 놓는다.
- 그레이 스케일 입력 이미지를 채널이 두 개인 출력 이미지와 결합해 색 환각 컬러 이미지를 얻는다.

다음은 색 환각 컬러 이미지를 얻기 위한 후처리 단계의 코드다.

```
sample_img = []
for filename in test_files:
    sample_img.append(sp.misc.imresize(load_img(IMG_DIR+filename),
                                       (DIM, DIM)))
sample_img = np.array(sample_img,
                      dtype=float)
sample_img = 1.0/255*sample_img
sample_img = gray2rgb(rgb2gray(sample_img))

sample_img = rgb2lab(sample_img)[:,:,:,0]
sample_img = sample_img.reshape(sample_img.shape+(1,))

# 임베딩 입력
sample_img_embed = create_vgg_embedding(sample_img)
```

앞에서 본 것은 lab2rgb 유틸리티로 스키 이미지를 변형해 RGB 색상 공간에서 출력한 코드다. 이를 통해 출력 이미지를 쉽게 시각화할 수 있다.

훈련과 결과

복잡한 네트워크를 훈련하는 것은 까다로운 일이다. 이 장의 목적을 위해 이미지넷의 이미지 중 아주 작은 부분 집합을 선택하겠다. 네트워크를 학습하고 일반화하기 위해 케라스의 ImageDataGenerator 클래스로 데이터 세트를 보강하고 입력 데이터 세트를 변형 및 생성한다. 다음은 이미지 데이터 늘리기와 모델 훈련을 할 수 있는 코드다.

```
# 이미지 변형
datagen = ImageDataGenerator(
        shear_range=0.2,
        zoom_range=0.2,
        rotation_range=20,
        horizontal_flip=True)


def colornet_img_generator(X,
                  batch_size=BATCH_SIZE):
    for batch in datagen.flow(X, batch_size=batch_size):
        gs_rgb = gray2rgb(rgb2gray(batch))
        batch_lab = rgb2lab(batch)

        batch_l = batch_lab[:,:,:,0]
        batch_l = batch_l.reshape(batch_l.shape+(1,))

        batch_ab = batch_lab[:,:,:,1:] / 128
        yield ([batch_l,
              create_vgg_embedding(gs_rgb)], batch_ab)

history = model.fit_generator(colornet_img_generator(X_train,
                                        BATCH_SIZE),
                        epochs=EPOCH,
                        steps_per_epoch=STEPS_PER_EPOCH)
```

손실을 통해 채색 네트워크(coloring network)의 특성을 잘 찾지 못했다. 100에포크 미만에서 안정화된 것처럼 보이지만, 결과적으로 색상보다 세피아가 더 많이 나타난다. 그래서 조금 더 실험한 결과는 다음과 같다.

그레이 스케일   색 환각   원본

그레이 스케일   색 환각   원본

그레이 스케일   색 환각   원본

컬러넷 출력: 첫 번째 열은 회색 명암 입력이고 두 번째 열은 모델 출력이며 세 번째 열은 원래 이미지다

결과가 놀라운 정도는 아니지만 충분히 고무적이다. 이 결과는 배치 사이즈 64의 600에포크로 모델을 훈련해서 얻은 것이다.

도전 과제

심층 신경망은 수백 가지의 학습 가능한 파라미터를 가진 매우 강력한 모델이다. 채색 네트워크를 훈련시키는 현재의 시나리오 중 새로운 도전 과제로 논의됐던 것 중 일부는 다음과 같다.

- 현재 네트워크는 풀잎이나 스포츠 유니폼과 같은 고수준의 특성을 (어느 정도) 배운 것 같다. 작은 물체의 색상 패턴을 학습하는 것은 너무 어려웠다.

- 훈련 세트는 이미지의 매우 구체적인 하위 세트로 제한되어 테스트 데이터 세트에 반영된다. 이 모델은 훈련 세트에 없거나 많은 샘플에 포함되지 않은 대상에 대한 성능이 좋지 않았다.

- 훈련 손실이 50에포크 미만에서 안정화된 것으로 보이지만, 모델링의 성능은 수백 에포크 동안 훈련하지 않으면 매우 열악하다는 것을 알 수 있다.

- 모델은 대부분 대상을 회색 또는 세피아 색으로 채운다. 이것은 더 적은 에포크를 훈련한 모델에서 관찰할 수 있다.

이 문제 외에도 복잡한 아키텍처의 경우에는 계산과 메모리가 상당량 필요하다.

추가 개선 사항

현재의 구현 결과는 낙관적이라고 할 수 있지만 더 조정할 여지가 있다. 더 크고 다양한 데이터 세트를 활용하면 더 많이 개선할 수 있을 것이다. InceptionV3 또는 InceptionResNetV2와 같이 더욱 강력한 최신 사전 훈련 이미지 분류 모델을 활용해 개선할 수도 있다.

또한 더욱 복잡한 아키텍처로 구성된 앙상블 네트워크를 구축해 케라스의 특성 API를 활용할 수도 있다. 네트워크에 시간 정보를 제공하고 비디오를 채색하는 방법을 배울 수 있는 범위가 있는지를 확인하는 것이 다음 단계로 할 수 있는 것 중 하나다.

정리

이미지 채색은 딥러닝에서 가장 앞서가는 주제 중 하나다. 전이학습과 딥러닝에 대한 이해가 성숙해짐에 따라 적용 범위가 점점 더 흥미롭고 창조적이 되어 간다. 이미지 채색 연구는 활발한 연구가 이루어지는 분야로, 최근 딥러닝 전문가들이 흥미로운 작업을 공유하고 있다.

이 장에서는 색상 이론과 다양한 색상 모델, 색상 공간에 대해 배웠다. 단일 채널 그레이 스케일 이미지로부터 두 개의 채널 출력으로 매핑되는 문제를 설명하고 재구성했다. 그다음, 발다사례와 공저자들의 작품을 바탕으로 컬러넷을 만들었다. 인코더, 디코더, 융합 계층으로 구성된 고유한 3계층 네트워크 구현도 포함된다. 융합층 덕분에 VGG16 임베딩과 인코더 출력을 결합함으로써 전이학습을 활용할 수 있었다. 이 네트워크는 주어진 이미지 세트의 훈련을 위해 몇 가지 특유의 전처리와 후처리 단계를 필요로 했다. 여기서는 훈련과 테스트 데이터 세트를 이미지넷 샘플의 부분 집합으로 구성했다. 또한 몇 백 번의 에포크로 컬러넷을 훈련시켰다. 마지막으로, 이 모델이 채색 과제를 얼마나 잘 배웠는지를 알아보기 위해 몇 가지 색 환각 이미지를 제시했다. 훈련을 받은 컬러넷은 풀잎과 같은 특정한 고수준의 대상은 학습했지만 더 작고 자주 사용하지 않는 물체에서는 잘 작동하지 않았다. 또한 이러한 유형의 네트워크에 있을 수 있는 몇 가지 문제에 대해서도 논의했다.

이것으로 사례를 중심으로 한 시리즈의 최종 장을 마무리한다. 서로 다른 영역에 걸쳐 다른 사례를 제시했다. 각각의 사례가 이 책의 처음 두 절에서 상세히 논의된 전이학습 개념을 활용하는 데 도움을 됐을 것이다. 머신러닝과 딥러닝 분야의 선두주자 중 한 사람인 앤드류 응(Andrew Ng)은 NIPS 2016 튜토리얼에서 다음과 같이 말했다.

"전이학습은 머신러닝의 상업적 성공을 위한 차기 원동력이 될 것이다."

다양한 적용과 장점, 그리고 이 책 전반에 걸쳐 소개한 예제로 이제 전이학습의 엄청난 잠재력을 이해했으리라 믿는다.

ㅇ - ㅊ